Verlag Bibliothek der Provinz

Helmut Buchegger
WENN DER FISCH IM WASSER WEINT …
Begegnungen, Reisen, Abenteuer
(nach Tagebuchaufzeichnungen)

Grafik von Raphael Besenbäck
lektoriert von Dr. Erika Sieder
herausgegeben von Richard Pils

ISBN 978-3-99028-995-2

A-3970 WEITRA 02856/3794
www.bibliothekderprovinz.at

Umschlagbild: Original des Künstlers Willi Pernerstorfer
aus der Pfarrkirche Mobaye (ZAR), »Der reiche Fischfang«,
bearbeiteter Ausschnitt

Helmut Buchegger

WENN DER FISCH IM WASSER WEINT ...

Begegnungen, Reisen, Abenteuer

(nach Tagebuchaufzeichnungen)

Inhaltsverzeichnis

II.

III.

Vorwort

Ja, Afrika ist weit. Ein weiter Erdteil – und für das satte Westeuropa sehr weit weg. Geographisch, kulturell, ökonomisch, klimatisch, religiös. Schon beim ersten Lesen des Manuskripts dieses Buches ist mir sehr vieles bewusst geworden. Welch undifferenzierte und mit Vorurteilen belastete Einstellung zu diesem Kontinent und seinen Menschen haben wir doch!

Dieses Buch handelt von einem Traum, den sich ein österreichischer Priester erfüllt hat. Mit Entschlusskraft, Zähigkeit, Risiko- und Hilfsbereitschaft, mit Begeisterung und mit viel Demut. Sein langgehegter Traum hatte zwei Namen: Afrika und Mission. Mission nicht als Bekehrung der »armen Negerkinder« sondern als gelebte Partnerschaft in wechselseitigem Geben und Nehmen. Illusionslos war dann die Verwirklichung des Traums – in einem der ärmsten Länder Afrikas, in der Zentralafrikanischen Republik. Ob es auch Motive einer gewissen Abkehr von der Haltung des Nicht-betroffen-Seins gegeben hat und eines Verlassens unserer selbstzufriedenen Komfortzone, kommt dabei kaum zur Sprache, ist aber nicht auszuschließen.

Ich erinnere mich an die ersten Stunden eines Deutschkurses mit Flüchtlingen, hier bei uns in einer österreichischen Kleinstadt. »Ich hoffe«, sagte die Koordinatorin, »es macht Ihnen nichts aus, dass wir Sie bei einer Gruppe mit Afrikanern eingeteilt haben.« Warum sollte es, dachte ich verwundert, aber ich schwieg. Und da war ich nun, ein »Weißer« unter zwei Dutzend »Schwarzen«. Sie kamen von der Republik Kongo, von Nigeria, von Gambia, von Somalia. Ich – ganz naiv – wunderte mich, dass sich viele sprachlich nicht miteinander verständigen konnten. Afrika. So unterschiedlich wie die vierundfünfzig Länder sind die Menschen.

So habe ich die historischen und wirtschaftlichen Hintergründe, wie sie im Buch – neben den tagebuchartigen und erlebnishaften Eintragungen – dargestellt sind, als wichtigen »Nachhilfeunterricht« in Dankbarkeit angenommen.

Den Autor Helmut Buchegger kenne ich persönlich seit vielen Jahren. Ich schätze seine Predigten und die freundschaftlichen Gespräche bei einem guten Glas Rotwein. Im vorliegenden Buch kann man recht gut seine Persönlichkeit spüren, im handfesten Realitätssinn der Berichte, in denen einem Reifenwechsel in der Wüste ebenso viel Bedeutung beigemessen wird wie einem Gottesdienst, in der vom Autor neu errichteten Kirche

»seiner« Pfarre. Immer wieder musste ich beim Lesen staunen, mit welch vertrauendem Zupacken technische oder logistische Probleme gelöst wurden.

Es tut gut, wie sich der Seelsorger gewisser klerikaler Verbrämungen und Floskeln enthält. Umso wahrhaftiger wirken dann die eher sparsamen »spirituellen« Passagen. Es hat etwas gedauert, bis ich begriffen habe, dass dies nicht das Anliegen des Buches sein will. Dass vielmehr Verständnis für die aus unserer Sicht unendlich größeren Dimensionen – der Geschichte, der Entfernungen, der Not des Kontinents und vor allem der Zentralafrikanischen Republik – damit geweckt werden will. Vor allem aber ist es der unsentimentale Ausdruck einer großen Liebe für ein Land, dem Jahrhunderte hindurch seine Schätze und seine Würde geraubt worden sind.

Juni 2020
Hubert Gaisbauer

†Mgr Cyr-Nestor YAPAUPA
Bischof von Alindao (ZAR)

Alindao, 4. April 2020

Gerne bin ich der Bitte des Priesters Helmut Buchegger um eine Einführung für sein Buch nachgekommen.

Helmut Buchegger lebte vierundzwanzig Jahre in Zentralafrika. Zehn Jahre davon war er in Alindao, einer Stadt, die 2004 Bischofssitz wurde. Vierzehn Jahre seines Einsatzes verbrachte er in Mobaye. Die Städte Alindao und Mobaye waren die wichtigsten Orte seines pastoralen Dienstes. Nur dreizehn Jahre nach der Unabhängigkeit des Landes kam er im Jahre 1973 nach Zentralafrika. Die Gemeinschaft der Christen war bei seiner Ankunft bereits gut organisiert, die Pastoral erfolgreich. In der Zeit seines Aufenthaltes konnte er auch die Höhen und Tiefen der sozialen und politischen Ereignisse des Landes miterleben. Sobald er die lokale Sprache »Sango« einigermaßen beherrschte, wurde ihm die Verantwortung für die Pfarre »Sacré Coeur« in Alindao übertragen. Diese erhielt durch die Gründung der neuen Diözese im Jahre 2004 den Rang einer Kathedrale. Mit Übernahme der Pfarre war er für die Seelsorge der christlichen Gemeinde zuständig, sorgte sich aber auch um den Erhalt kirchlicher Infrastruktur. So restaurierte er die Pfarrkirche und erneuerte zur Gänze das Zentrum zur Ausbildung der Katecheten. Für die Stadt Alindao errichtete er ein Sozialzentrum für behinderte Kinder und beim Spital einen Untersuchungsraum für schwangere Frauen. Jahre später in Mobaye wurde die Situation der Gefangenen durch bauliche Maßnahmen in ihren Zellen verbessert. Diese Instandhaltungen der kirchlichen wie auch der sozialen Infrastruktur zeigen deutlich seine Sorge für die Entwicklung des Gemeinwesens auf lokaler wie nationaler Ebene. Es ist wichtig zu erwähnen, dass die einheimische Bevölkerung in der Kolonialzeit zur Zwangsarbeit verpflichtet war. Im Gegensatz dazu machten die Arbeiter jetzt die Erfahrung, dass gemeinsames Schaffen zum Fortschritt des Landes, wie auch zur sozialen und wirtschaftlichen Entwicklung ihrer eigenen Familie beiträgt.

Im Jahre 1982 kehrte Helmut Buchegger in sein Heimatland Österreich zurück, wo er dreizehn Jahre lang als verantwortlicher Priester die Pfarre Krems St. Veit leitete. Nach diesen Jahren im Dienst der Diözese

St. Pölten entschloss er sich 1997 zu einem zweiten Einsatz in Zentralafrika, ein neues Abenteuer. Diesmal sollte die Pfarre Mobaye der Ort seiner neuen Bestimmung sein, wo er für 18 Christengemeinden am Ufer des Oubangui-Flusses zuständig war. Während seines ersten Aufenthaltes in Alindao war er viel mit dem Auto unterwegs, um seine Gemeinden zu besuchen und Transporte durchzuführen. In Mobaye jedoch wurde er ein »Liebhaber« des Einbaums für seine Besuche in den Orten am Flussufer des Oubangui. Als begeisterter Pilot untenahm er mit dem diözesaneigenen Flugzeug hunderte Flüge, um Kranke zu evakuieren und Besucher, Güter oder Medikamente zu transportieren.

Das Buch informiert auch über die Schönheit des afrikanischen Kontinents, den Helmut wiederholt bereist hat, manchmal auch gemeinsam mit Freunden aus Krems. Alle waren von der Lebensfreude der Afrikaner und der Vielfalt Afrikas beeindruckt. In den Tagebuchaufzeichnungen berichtet er von seinem bewegten Leben als Priester im Dienst der Menschen, geprägt von einem soliden Glauben, gepaart mit seinem großen Selbstvertrauen.

(Übersetzung des Autors aus dem Französischen und Sango)

†Mgr Cyr-Nestor YAPAUPA
Evêque d'Alindao (ZAR)

Alindao, le 4 avril 2020

J'ai accepté volontiers la demande de l'Abbé Helmut Buchegger de préfacer son livre.

L'Abbé Helmut a vécu vingt-quatre ans comme prêtre »Fidei Donum« en Centrafrique dont dix à Alindao (une ville qui est devenue Siège épiscopale en 2004) et quatorze ans à Mobaye. Les villes d'Alindao et Mobaye sont les principaux lieux de son ministère pastoral. Depuis son arrivée en 1973, soit treize ans après l'indépendance, Helmut a pu vivre de près le haut et le bas des évènements socio-politiques de la Centrafrique. En ce temps, l'Eglise catholique était déjà structurée et la pastorale, couronnée de succès!

Dès qu'il a maitrisé la langue locale *(sango)*, il lui a été confié la charge pastorale de la Paroisse Sacré Cœur d'Alindao (qui plus tard sera érigée en Cathédrale en 2004) où en plus des activités pastorales, au sein de la communauté chrétienne, il entreprenait le maintien et la construction des bâtiments ecclésiastiques et publics: l'église paroissiale a été restaurée et le Centre catéchétiques entièrement réhabilité; un Centre Social pour les enfants handicapés a été construit pour la ville d'Alindao ainsi qu'un Centre gynécologique pour l'Hôpital du District Sanitaire d'Alindao.

Ces réalisations d'infrastructures sociales et ecclésiales étaient des témoignages illustratifs de son intérêt paternel pour le développement de la ville d'Alindao et pour le pays, et de son dévouement pastoral pour l'émancipation de l'Evangile au sein de la communauté chrétienne.

Aussi, fallait-il rappeler qu'à l'époque coloniale, la population autochtone était soumise incontestablement aux travaux forcés; désormais, les ouvriers peuvent faire l'expérience du travail en commun et contribuer librement au progrès de leur pays et au développement socio-économique de leur famille.

En 1982, Helmut Buchegger est rentré dans son pays natal en Autriche, où treize ans durant, il a travaillé comme Curé dans la Paroisse Saint Vite à Krems.

Après ces années passées au service pastoral de son Diocèse St. Pölten, il a décidé en 1997 de revenir en Centrafrique pour la seconde fois et pour une nouvelle aventure. La Paroisse Saint Joseph de Mobaye sera son nouveau lieu d'affectation; il y exerça une pastorale rurale notamment dans les dix-huit chapelles riveraines qui longent le Fleuve Oubangui.

Lors de son premier séjour pastoral à Alindao, il utilisait les voitures comme moyen de transport pour les visites pastorales et autres activités; mais à Mobaye, il est devenu un «amoureux» de la pirogue pour ses multiples tournés dans les communautés chrétiennes le long du Fleuve Oubangui.

Il mérite de souligner qu'en plus de ses activités pastorales, Helmut est un passionné de l'aviation civile. Comme pilote de l'avion du Diocèse, il a effectué de centaines de vols pour des évacuations sanitaires, le transport des visiteurs, des médicaments ou marchandises.

Aussi, faut-il rappeler que ce livre met en valeur la beauté du Continent africain qu'Helmut a pu parcourir à plusieurs occasions dont cinq fois en voiture avec ses amis de Krems. Ils étaient toujours fascinés par la joie de vivre des africains, de la diversité culturelle et des potentialités de ce Continent.

Grâce à ses notes journalières, Helmut a réussi à reconstituer l'histoire de son séjour sur le Continent Africain et parle de sa vie de prêtre au service de l'Eglise et de la société, service qu'il a assumé avec confiance, fidélité et foi solide en Jésus-Christ.

†Mgr Cyr Nestor YAPAUPA
Kota Bwa ti Vaka Da Nzapa Alindao

Alindao, na nze-oussio ti ngu 2020

Mbi yéda na vuru bè ti tene tene na ndo ti Bwa Helmut Buchegger na ya ti buku ti lo so lo sû ni so.

Bwa Helmut a sala ngu bale-use na osio (24 ans) na ti kusala ti bwa na Bé-Africa, mbilimbili na gbata ti Alindao (so a ga ande Vaka-Da-Nzapa na ngu 2004) na ya ti ngu balé-oko (10 ans) nga na Mobaye na peko ti ngu balé-oko na osio (14 ans). A gbata ti Alindao na Mobaye a yeke a ndo so lo sala kusala ti bwa da mingi na Bé-Africa.

Lo si na Bé-Africa na ngu 1973, ngu balé-oko na ota na pékoni so kodro ni a sigigi na gbé ti ngba ti amunzu-foro. Atango ti ngangu yé nga na ti a ngia so kwe a si na kodro-ni, lo ba ni na lé ti lo. Na tango ni so nga Eglise catholique a to-nda ti lungo gunda ti lo, si tene ti Nzapa a yeke mayi pendere mingi.

Na peko ni so lo inga yanga ti sango awe, lo to-nda ti kusala ti bwa na Da-Nzapa Sacré-Cœur ti Alindao; lege oko nga lo leke ambeni da mingi na ya ti église nga ya ti gbata ti Alindao, a yeke ada tongana: Da-Nzapa ti Alindao (so lo leke peko ni), a da mandango mbeti ti a catéchiste, da ndali ti akete molengué wa-nzin nga na da nganga ti awali so a yé ti du molengue na Alindao.

Akusala so kwe lo sala a yeke nzoni ta-pande ndali ti awa-christ; a fa nga nzala ti bé ti lo ti mu maboko na nzoni mayingo ti Eglise nga na ti kodro.

Na la ni so kodro ni a ngba na gbé ti ngbà ti amunzu-foro (colons), a yeke gbu azo na ngangu si ala yeke sala kusala ti sengé sengé; anda fadé so, azo a yeke sala kusala yamba si ala yeke wara ye ti pekoni ti bata na sewa ti ala nga ti mayi na kodro ti ala.

Na ngu 1982, Bwa Helmut Buchegger a kiri na kodro ti lo na Autriche, ndo so ka lo sala kusala da ande tongana bwa-mokondji na ya ti ngu balé-oko na ota (13 ans) na Da-Nzapa wamokondo Vite na Krems, na ya ti Vaka-Da-Nzapa wamokondo Pölten.

Na peko ti kusala so lo sala na kodro ti lo, lo kiri lo ga ti fani use na Bé-Afrique na ngu 1997. Lo sala kusala ti lo ti bwa na Da-Nzapa Wamokondo Joseph ti Mobaye. Lo mu tango ti lo mingi ti sala kusala ti Nzapa na ya ti akete da-nzapa balé-oko na miombé (18) so a yeke na yanga ti kota ngu ti balé Oubangui.

Kozo la-ni so lo ngba na Alindao, lo yeke sala kusala ti lo ti bwa na kutukutu, mè na pekoni so lo kiri na Mobaye, a yeke ngô si lo yeke tambula na-ni na le ti ngu ti tengbi na awa-christ nga na ada-nzapa so a yeke na yanga ti balé ti Oubangui so.

Bwa Helmut Buchegger a bungbi kusala ti lo ti bwa nga na ti kpengo na kete lapara ti Vaka-Da-Nzapa ti Bangassou. Lo mu maboko mingi na Vaka-Da-Nzapa so na legé ti yongo aguènè, na azo ti kobela ti gwé na ala na akota da-nganga, nga na akungba wala ayoro ndali ti azo ti kobela.

Fadé i diko na ya ti buku so a tene mingi na ndo ti pendere Kodro-Sese-ti azo-vouko, so Helmut a wara legé ti tambula da fani oku na kutukutu, lo na ambeni zo ti kodro ti lo ti Krems. So Helmut na aita ti lo a ba dunia ti azo-vouko, kodé ti salango yé ti ala, nga na anzoni yé so kwe a yeke na ti akodro-ni, bè ti ala a do na kota ngia mingi.

Helmut a wara légé ti sala mbayi ti tambula ti lo na Sese-ti azo-vouko, nga na ti kusala ti lo ti bwa na legé ti ambeti so lo su-ni na la oko oko na ngoï so lo ngba ti sala kusala ti Bwa na Bé-Africa. Buku so a sala tene mingi na ndo ti dunia ti Helmut na legé ti kussala so lo sala na ya ti Eglise nga na ya ti kodro. Lo sala kusala so na bé ti lo kwé, na ngangu ti lo kwé nga na ya ti mabé so lo yeke na-ni na Jésus-Christ.

I.

Afrika – Ein Beginn mit Hindernissen

Im Dezember 1974 lag ich in der Isolierabteilung des Landeskrankenhauses in St. Pölten und sah durch das Fenster in den grauen Winterhimmel. Meine Krankheit hatte mich überrascht; es war das erste Mal, dass ich so geschwächt war. Wie konnte es nur so weit kommen?

Vor mehr als einem Jahr hatte ich mit einem Cargo-Schiff namens Korhogo Europa verlassen. Es war ein Schiff der Elfenbeinküste, das in Rouen in Frankreich beladen wurde und Fracht in verschiedene Häfen Afrikas transportierte. Mit demselben Schiff fuhr auch ein Entwicklungshelfer, Günter Hons, der ebenfalls nach Zentralafrika wollte. Wir legten in Dakar, Abidjan, Lomé und schließlich in Douala an und fuhren von hier aus mit unseren Autos in die Zentralafrikanische Republik. Am 17. Mai 1973 kamen wir an, ich in Alindao[1], Günter in Mobaye, Orte, die im südlichen Zentrum des Landes liegen. Und jetzt, eineinhalb Jahre später, war ich schon wieder zurück, im Spital mit schlechten Leberwerten. Die Schwestern der Missionsstation in Alindao hatten alles versucht und mich mit großer Fürsorge gepflegt. Schwester Yvonne, früher Diätköchin in einem Spital in Frankreich, bereitete mir die leichteste Nahrung zu, aber ich konnte nichts essen, sondern erbrach alles sofort.

Wie ferngesteuert ging ich umher. Anfangs machte ich mir deswegen wenig Gedanken. Aber nach einigen Tagen wurde mir bange, und ich fragte mich, wie lange ich dies aushalten würde. Um Klarheit für meine Lage zu bekommen, musste ich einen Arzt aufsuchen. So machte ich mit unserem VW-Bus die 600 Kilometer lange Fahrt nach Bangui, denn nur dort konnte ich mit einem Arzt sprechen. Pater Theo, ein Mitbruder unserer Missionsstation, begleitete mich auf dieser 14-stündigen Fahrt.

Als ich am nächsten Tag zum Arzt ging, musste ich mich auf den Weg dorthin zweimal am Straßenrand niedersetzen, so erschöpft war ich. Der Arzt sah es sofort.

»Sie haben eine schwere Gelbsucht«, sagte er.

»Zwei Wochen absolute Bettruhe, dann sehen wir weiter.«

---

1 Stadt in der Zentralafrikanischen Republik.

Ich hatte an alles gedacht, nur nicht an eine solche Diagnose.

»Gibt es keine schnelle Behandlung«, war meine Gegenfrage.

»Leider Nein! Für eine Gelbsucht haben wir keine Medikamente. Nehmen Sie viel Vitamine, trinken Sie keinen Alkohol, essen Sie keine fetten Speisen«, war seine Antwort.

»Vor allem aber Ruhe, am besten sie bleiben im Bett liegen, damit sich die Leber erholen kann.«

Ich kehrte ins »Centre d'Acceuil« zurück, eine Herberge für Missionare und Gäste, die dort Quartier und Verpflegung fanden, wenn sie in Bangui Einkäufe machten, auf Urlaub fuhren oder, wie ich, einen Arzt konsultierten. Ich zweifelte, ob ich bei tropischen Temperaturen ohne Klimaanlage gesund werden könnte, wo die Mitbewohner in der Mission kaum Zeit für Pflege hatten, da sie ihrer Arbeit nachkommen mussten: die Gemeinden besuchen, Entwicklungsprojekte betreuen oder pastorale Aufgabe erfüllen. Kranksein in Afrika ist eine Mühe für alle, die Kranken und die Pfleger. Ich überlegte nicht lange und entschied mich für die Heimreise nach Österreich. Da ich ohne Reisepass nach Bangui gefahren war, musste er nachgebracht und rasch ein Flugticket gekauft werden. Damals flog nur Air France einmal in der Woche nach Europa. Es blieb also genügend Zeit, um alles Nötige vorzubereiten. Mein Pass wurde in Alindao Touristen anvertraut, die ihn mir nach Bangui brachten.

Ich nahm mit meinem früheren Chef in Krems, Prälat Josef Edelhauser, Kontakt auf und bat ihn, ein Bett im Krankenhaus St. Pölten zu reservieren und mich vom Flughafen Schwechat abzuholen. Er bereitete alles vor, doch mit dem Abholen vom Flugplatz hatte er allerdings großen Bedenken, wie er mir später gestand, da er Angst vor einer Ansteckung hatte. Erst das Gespräch mit einem befreundeten Arzt zerstreute seine Vorbehalte.

In Afrika war von Ansteckungsgefahr oder einer Isolierung keine Rede gewesen. Ich kaufte mein Ticket persönlich, bekam einen Platz im Flugzeug und flog am 16. Dezember 1974 zurück nach Österreich.

Prälat Edelhauser empfing mich nach einem problemlosen Flug in Schwechat und brachte mich sofort ins Spital. Von den beiden Ärzten, die ins Zimmer traten, fragte einer, ob der Patient – damit war ich gemeint – auch Deutsch spricht, eine Frage, die rasch beantwortet war. Der zweite Arzt meinte humorvoll:

»Sollten sie Gelbfieber oder die Schlafkrankheit haben, dann wären sie der Erste mit einer solchen Krankheit in unserer Anstalt und würden in die Geschichte des Hauses eingehen.«

Eine Auszeichnung auf die ich verzichten konnte. Zum Glück bestätigte sich die Diagnose des Arztes in Zentralafrika, und die Leberwerte waren ein weiterer Beweis dafür. Ich musste also für einige Wochen das Spitalsbett hüten und feierte das Weihnachtsfest im Isolierzimmer.

Ich hatte nun genügend Zeit, über die letzten Tage und Wochen nachzudenken, vor allem darüber, warum es zu dieser Gelbsucht überhaupt kommen konnte. Ich war 35 Jahre alt, fühlte mich gesund und hatte bis jetzt nie ernsthafte gesundheitliche Probleme.

Zunächst standen weitere medizinischen Untersuchungen im Vordergrund. Auch ein Kreuzstich war notwendig, um die Flüssigkeit in der Wirbelsäule zu untersuchen, da eine Lähmung am linken Arm auftrat.

Als ich nachdachte, wurden mir die Gründe für meine Lage klarer. Da ich die Landessprache Sango zunächst nicht verstand, konnte ich in Alindao noch keine pastorale Arbeit machen, mich aber anderweitig betätigen. An Projekten mangelte es nicht. Ein Brand auf der Kaffeeplantage unserer Mission hatte ein Haus zerstört, das sollte neu errichtet werden. Das Mauerwerk der Hauptkirche zeigte Sprünge als Folge der fehlenden Entsorgung des Regenwassers.

So entschied die Arbeitsgemeinschaft der Mission, den Haupteingang und die Seiten der Kirche mit Steinplatten zu pflastern, so dass Regenwasser ungehindert abfließen konnte und die Grundmauern damit von der Feuchtigkeit unberührt blieben. Solche Steinplatten gab es in der Gegend, etwa 29 Kilometer westlich von Alindao. Wir fuhren zu dem kleinen Bach und fanden Steine, die sich spalten ließen und für unser Vorhaben geeignet waren. Mit Eisenstangen, Brecheisen und Krampen brachen wir die Platten los.

Nur gab es ein Problem: Ich hatte keinen Lastwagen zur Verfügung, um diese flachen Steine nach Alindao zu bringen. Es gab zwar ein Fahrzeug mit einem Ladegewicht von fünf Tonnen, aber das benützte mein Mitbruder Corneille, der damit seine Besuche im Nordsektor unserer Mission Richtung Mingala machte, eine Entfernung von ungefähr 80 Kilometern mit etwa 20 Gemeinden. Manchmal blieb er mehrere Tage bis zu einer Woche in den Buschgemeinden und kam dann zurück, um sich zu erholen. In dieser Zeit war er bereit, mir das Auto für den Transport der

Steinplatten zu leihen. Mit Leuten der Pfarre fuhr ich zum Bach, in dem es die flachen Steine gab. Wir brachen Steinplatten von Tischgröße los, spalteten sie und beluden damit unser Fahrzeug. Da es mir nur eine begrenzte Zeit zur Verfügung stand, musste ich die Gelegenheit weidlich nützen: Ich verzichtete auf Nahrung, geregelte Ruhe und Pausen und arbeitete zusammen mit den Helfern von den Morgenstunden bis zum Abend ohne Unterbrechung.

Das ging eine Zeit lang gut, dann aber stellten sich Übermüdung, Lustlosigkeit und Schlafstörungen ein, erste Anzeichen vom Raubbau an meinen Kräften. Am Ende stand die Gelbsucht, wie ich sie jetzt erlebte. Die ständige Überforderung hatte die Abwehrkräfte meines Körpers geschwächt und damit meinen Zusammenbruch verursacht. Als Lösung kam mir in den Sinn, dass ein weiterer Lastwagen den Arbeitsdruck wesentlich vermindert hätte. Ich wäre nicht so unter Druck gestanden und hätte die Arbeit besser planen können.

Im Spital hatte ich viel Zeit zum Lesen. In einer Zeitung entdeckte ich eines Tages die Information, dass die Autos von Mercedes ab März 1975 um 15% teurer werden sollten. Das bestärkte meine Überzeugung, dass es kein Luxus wäre, einen Lastwagen für die Arbeit in der Mission von Alindao bei der Missionsverkehrsarbeitsgemeinschaft (MIVA)[2] zu beantragen.

Ich suchte die Telefonnummer und hatte sofort Kontakt mit dem damaligen Direktor Karl Kumpfmüller. Wir kannten uns ja bereits aus dem Jahre 1973, als ich für den Bischof von Bangassou, welcher ein Fahrzeug für kleinere Arbeiten benötigte, einen VW-Transporter nach Zentralafrika überstellt hatte. Damals war die Anfrage genehmigt worden und mein Name daher nicht unbekannt.

»Wie geht es immer? Schon eingelebt in Afrika?«, fragte er.

»Leider bin ich wieder zu Hause im Spital in St. Pölten wegen einer Hepatitis. Aber ich habe eine Anfrage wegen eines Autos für die Pfarre in Alindao, am besten einen Mercedes.«

Die Marke fiel mir ein, weil das einzige Fahrzeug, das ich ab und zu benutzen konnte, ein Mercedes war und ich kurz zuvor davon las.

»Wozu brauchen Sie einen Mercedes?«

An der Verwunderung in der Stimme merkte ich, dass wir nicht dasselbe

2 MIVA (=Missionsverkehrsarbeitsgemeinschaft) ist eine Vereinigung unter der Schirmherrschaft der Bischofskonferenz Österreichs zur Besorgung von Fahrzeugen und Hilfsgüter für die Mission in Entwicklungsländern.

Suche nach Steinplatten im Bach nahe von Alindao

meinten. Mercedes ist wohl der Inbegriff von Luxus und lässt eher an eine Limousine denken. So ergänzte ich:

»Einen Lastwagen, um Transporte durchführen zu können.«

»Einen Lastwagen! Das wurde schon längere Zeit nicht verlangt.«

Ich war mir nicht sicher, ob es negativ zu werten war, im Sinne einer Unmöglichkeit, oder ob es positiv gedeutet werden konnte, als ein willkommener Auftrag, einmal mit einer etwas außergewöhnlichen Bestellung konfrontiert zu sein.

»Ja, einen Lastwagen, weil in der Pfarre Alindao Transportarbeiten gemacht werden sollen.«

Es war positiv gemeint, wie ich im Laufe des Gesprächs erfuhr.

»Ja, und welches Modell wollen Sie?«

»Das habe ich mir noch nicht überlegt, aber ich werde Sie in den nächsten Tagen zurückrufen.«

Ich war freudig überrascht über dieses Gespräch und fühlte mich gleich gesünder. Plötzlich waren meine Gedanken nicht mehr mit den Ereignissen der vergangenen Tage und meiner Krankheit beschäftigt, die ich irgendwie als Versagen wertete, sondern es dominierte wieder die Zuversicht. Der Spitalsaufenthalt würde zu Ende gehen, und dann erwartete mich eine neue Aufgabe.

Zunächst aber musste ich eine Entscheidung wegen der Type des Autos treffen und dabei halfen Prospekte. Ich wusste, dass sich ganz in der Nähe des Spitals eine Mercedesvertretung befand, die sicher über solche Prospekte verfügte. Ich fasste den Plan, heimlich das Spital zu verlassen und diese Firma im Norden von St. Pölten an der Straße nach Krems aufzusuchen. Die Bedenken wegen Infektionsgefahr schob ich beiseite, weil in Afrika auch keine Rede davon gewesen war. Um die Mittagszeit, wo üblicherweise alle etwas müde sind und auch bei den Schwestern weniger

Hektik herrscht, zog ich mich an, schlich aus dem Spitalstrakt und eilte zur Mercedesvertretung. Dort erbat ich ein ganzes Paket von Prospekten über kleinere Lastwagen und ging zurück, spähte links und rechts und kam ungesehen wieder in mein Isolierzimmer.

Nun informierte ich mich in aller Ruhe über Ausstattung und technische Einzelheiten der jeweiligen Modelle. Bald war die Wahl auf einige Typen eingegrenzt. Schließlich fand ich, was ich wollte: Einen Kleinlastwagen (Mercedes 508 D) mit fünf Tonnen Ladegewicht, Dieselmotor mit Direkteinspritzung, Druckluftbremse und mit einer 24-Volt-Anlage zum Starten. Leider gab es bei diesen Modellen keinen Allradantrieb, aber das würde ich nicht unbedingt brauchen, dachte ich.

Zwei Tage später informierte ich den MIVA-Direktor von meiner Wahl und war überrascht, wie schnell er einverstanden war.

»Ja, ich kenne dieses Auto, eine gute Wahl, aber sie müssen selbst auch einen Beitrag leisten.«

Ich wusste, dass bei jedem MIVA-Projekt ein Beitrag seitens des Bittstellers zu leisten war, und hoffte, dass mir die Diözese beistehen würde.

»An welche Adresse soll das Auto geschickt werden? Normalerweise ist es die Diözese vor Ort, aber uns fehlt die Anschrift?«

»Ich werde sie bald schicken«, antwortete ich.

Nach diesem letzten Gespräch kam mir zum ersten Mal der Gedanke, dass ich dieses Auto ja selbst überstellen könnte. Fast hatte ich Angst vor dieser kühnen Idee und beschloss, zunächst einmal darüber zu schlafen. Zwar hatte ich Erfahrung mit langen Reisen per Auto, da wir als Studenten Bibeln und religiöse Literatur geheim in verschiedene Staaten des Ostens gebracht hatten, ja sogar bis Russland gekommen waren. Auch mit dem Chauffieren von Lastwagen war ich vertraut und besaß zudem die Kategorie C im Führerschein; doch eine solch abenteuerliche Reise per Lastwagen hatte ich noch nie gemacht.

Nach einer Zeit des Überlegens war ich entschlossen, diese Reise zu machen. Ich teilte meinen Entschluss dem Direktor der MIVA mit. Er war erstaunt, sprach von Gefahren und Problemen, auch dass es keine Erfahrung für eine solche Reise gäbe. Ich meinerseits brachte Gründe ins Treffen, die eine solche Reise sinnvoll erscheinen ließ: Möglichkeit, viel Gepäck, Ausrüstung und Bestandteile mitzunehmen, was sicher nicht verzollt werden müsste; eine billigere Verzollung des Autos in Zentralafrika, weil die Transportkosten per Schiff wegfallen würden, Kosten, die normalerweise zum Preis des Autos als Bemessungsgrundlage zur Verzollung beigefügt werden. Die Reise gäbe Gelegenheit, Fotos für die MIVA machen.

Meine Entschlossenheit und die angeführten Gründe überzeugten schließlich den Chef der MIVA von der Sinnhaftigkeit, und er stimmte zu.

Jetzt wollte ich so schnell wie möglich gesund werden. Nach drei Wochen konnte ich das Spital verlassen und fand Aufnahme im Kloster Maria Stein bei Eichgraben. Dort verbrachte ich einige Zeit mich zu erholen. Bei den ersten Ausflügen im Freien merkte ich erst, wie sehr mich diese Krankheit geschwächt hatte. Selbst bei kurzen Spaziergängen war ich schnell müde; ja sogar die Teilnahme an der heiligen Messe war anfangs eine Anstrengung. Mit der Zeit wurde es jedoch besser, und nach drei Monaten war ich wieder einigermaßen bei Kräften. Ich bezog mein Quartier in Krems und bekam von der MIVA die Nachricht, dass das Auto abgeholt werden kann. Ich wollte es sobald wie möglich übernehmen, um das erste Service nach den entsprechenden Kilometern noch in Österreich machen lassen zu können, denn Fehler und Mängel zeigen sich bei neuen Fahrzeugen meist bei den ersten tausend Kilometern. Zudem kann ich mir mehr Fahrpraxis aneignen, was bei außergewöhnlichen Situationen in Wüste und Steppe nützlich sein könnte.

Im April des Jahres 1975 fuhr ich nach Stadl-Paura bei Lambach und übernahm das Auto. Dann begann ich die Reise vorzubereiten. Ich musste eine Begleitperson finden und überlegte, welche Ersatzteile ich mitnehmen sollte. Wichtig war auch die Besorgung der Visa für die verschiedenen Länder.

Bei der Suche nach einer Begleitperson war die Begeisterung bei früheren Freunden groß, und so machte ich mir wenig Sorgen, zu gegebener Zeit einen Begleiter zu finden.

Inzwischen absolvierte ich mit diesem Kleinlastwagen Besuche, auch an Sonntagen, wo es für Fahrzeuge über 3 ½ Tonnen ja ein Fahrverbot gibt. Nicht nur einmal wurde ich aufgehalten und musste die Autopapiere zeigen. Ab und zu meinte ein Gendarm, ob ich von der Milchgenossenschaft wäre; vermutlich interpretierte er MIVA mit Milchverarbeitungsgesellschaft. Als ich schließlich bei meinen potentiellen Wegbegleitern auf eine Entscheidung drängte, weil ja Visa für Algerien, Niger, Nigeria, Kamerun und Zentralafrika besorgt werden mussten, merkte ich ein Zögern. Jetzt, wo es ernst wurde, konnten sich viele nicht entscheiden. Sie würden gern

In Obertauern auf Schiurlaub

Segnung des Autos durch Prälat Florian Zimmel

mitfahren, aber sie hätten keine Zeit, müssten anderen Verpflichtungen nachkommen, könnten nicht vier Wochen von zu Hause fernbleiben, hätten in der Zwischenzeit andere Aufgaben übernommen. Ich merkte, dass die anfängliche Begeisterung nicht unbedingt eine ernsthafte Zusage zur Teilnahme bedeutet hatte. Doch schließlich entschied sich Charly, diese Reise mit mir zu machen.

Da der Winter in diesem Jahr länger anhielt und es noch im April genügend Schnee gab, fuhren wir noch eine Woche nach Obertauern zum Schifahren und zur Erholung.

Mit dem Lastwagen und beladen mit Schiern und Rucksäcken ging es ins Schigebiet und wurden von Pfarrer Kaiser, einem kleinen aber quirligen Seelsorger in Untertauern herzlich aufgenommen. Diese Woche war wirklich eine Erholung in jeder Hinsicht, noch dazu bei herrlichem Wetter.

Vor der Abfahrt wollte ich in meiner Heimatpfarre Pöggstall das neue Auto für Zentralafrika segnen lassen. Meine Heimatgemeinde Pöggstall war an meinem Missionseinsatz sehr interessiert, und so fand am Pfingstmontag des Jahres 1975, dem 19. Mai, nach dem Gottesdienst die Autosegnung durch Prälat Florian Zimmel statt. Viele Menschen waren mit Neugier dabei, denn schließlich sollte das Auto per Achse durch die Sahara in die Zentralafrikanische Republik gebracht werden, eine Reise von über 8.000 Kilometern. Da dieses Auto mit Spendengeldern von der MIVA gekauft wurde, war es sinnvoll, dass auch die Bevölkerung einmal konkret ein Ergebnis ihrer Hilfe sah. Außerdem hatte auch die Diözese mit einer Spende zum Kauf dieses Autos mitgeholfen, so dass die Segnung durch den Direktor des Pastoralamtes ein zusätzliches Zeichen dieser gemeinsamen Initiative war.

Ich selber war voll Zuversicht, dass die Reise gelingen würde. Ein Lastwagen für eine solch weite Reise war ein wahrer Luxus. Es gab keine Platz-

Karl Kumpfmüller, Direktor der MIVA und Josef Höllmüller, Bürgermeister von Pöggstall

Viele waren bei der Segnung dabei

probleme für Gepäck und Ausrüstung. Ich besorgte Bestandteile für das Auto, eine Reservebatterie, eine gut ausgerüstete Werkzeugkiste, Reservereifen, Bestandteile und Filter, dazu einen Wagenheber für fünf Tonnen. An einer Tankstelle erbettelte ich mir zur Freude des Besitzers sechs entsorgte Reifen, die in der Wüste gute Dienste leisten würden, da Reifen mit Unterdruck im Tiefsand weniger einsinken. Allerdings erhitzen sie sich und platzen sehr schnell. Dazu zwei Benzinfässer für Dieselreserven.

Für unser leibliches Wohl gab es Nahrung in Dosenform, Knäckebrot und Süßigkeiten sowie Kanister für etwa 100 Liter Wasser. Da wir im Auto übernachten wollten, kaufte ich zwei klappbare Feldbetten, die später in Zentralafrika Verwendung finden würden. Jemand hatte die Idee, einige Kisten Gebrauchtkleider mitzugeben, um sie später in Afrika an Leute zu verteilen.

Wir füllten drei Kisten damit und verschlossen sie mit Bandeisen. Eine gutgemeinte Initiative, die uns später allerdings noch Probleme bereiten sollte. Kurz vor der Abreise wurde das Auto zollmäßig in Wels abgefertigt. Es gab das Zolldokument »Carnet de Passage en douane«, ein internationaler Zollausweis, der bei der Einreise wie der Ausreise eines jeden Landes bestätigt wird.
Unsere Reiseroute sollte wie folgt verlaufen:

Abschied von guten Freunden in Krems; rechts Charly, der mich begleitete

Wünsche vom Direktor der MIVA, Karl Kumpfmüller, für die Reise

Tunesien:	Tunis, Kairouan, Gafsa,
Algerien:	El Qued, Touggourt, Quargla, Ghardaia, El Golea, In Salah, Tamanrasset
Niger:	Agadez, Tanouth, Zinder
Nigeria:	Kano, Jos, Makurdi, Ogoja
Kamerun:	Mamfe, Douala, Yaoundé, Bertoua, Garoua Boulai
Zentralafrika:	Bangui

Die Entfernung von Krems über das Mittelmeer nach Genua und durch die Länder Tunesien, Algerien, Niger, Nigeria, Kamerun und Zentralafrikanische Republik bis Bangui wird 8.700 Kilometer betragen.

Erste Autoreise nach Zentralafrika 1975

Die Zeit des Aufbruchs rückte näher. Zeitgerecht hatte ich die Visa für fünf Länder besorgt: Tunesien, Algerien, Niger, Nigeria und Kamerun. Für meinen Begleiter Charly brauchte ich zusätzlich ein Visum für die Zentralafrikanische Republik. Ich selber besaß eine »Carte de séjour«, eine Aufenthaltsgenehmigung. Auch die Impfpässe waren in Ordnung.

Nach unserer Abfahrt am 16. Juni 1975 machten wir noch bei der Familie von Charly Rast. Der Vater von Charly gab uns eine zusätzliche Ausrüstung für die Wüste in Form einer kleinen Leiter zum besseren Besteigen des Lastwagens, sowie Pfosten für eventuelle Probleme im Wüstensand. Die Nacht verbrachten wir bei Familie Kumpfmüller, dem Direktor der MIVA. Am 17. Juni war um 10.30 Uhr Aufbruch. Am späteren Nachmittag ka-

Reiseroute von Österreich nach Zentralafrika

men wir bei der österreichischen Grenze in Sillian an. Bei der heimatlichen Grenze ging alles glatt. Der Chef vom Zoll auf italienischer Seite allerdings war irritiert durch die Kisten, die mit Bandeisen verschlossen waren. Alles Diskutieren, dass wir Touristen und kein Transportunternehmen wären, war vergeblich. Die Zollbeamten ließen uns warten, bis nach 2 ½ Stunden die Entscheidung gefallen war. Wir mussten für unsere Kisten 400.000 Lire Kaution zahlen, Geld, das für die Reise vorgesehen war. Zudem wurde das Auto für die Durchfahrt in Italien versiegelt, so dass wir bis Genua die Ladefläche unseres Autos nicht betreten konnten. Dabei hatten wir damit gerechnet, unser Auto im Notfall als Nachtquartier nützen zu können.

Bis Brixen lief alles gut. Wir nächtigten in Mill-Hill, einem Missionsorden. Im Kloster erfuhren wir, dass gerade einige Missionare Urlaub machten, die normalerweise in Kamerun tätig waren. Einer von ihnen würde bald wieder zurückfahren. Da der Weg bei Bamenda vorbeiführen sollte, könnte es vielleicht ein Treffen geben. Am nächsten Tag ging die Reise über Bozen, Verona, Brescia nach Genua. Die herrliche Gebirgswelt mit Schnee bis in die Niederungen weckte in mir Erinnerungen an Zeiten, in denen ich oft in den Bergen war. Etwas Wehmut erfasste mich, weil es Jahre dauern wird, bis ich wieder unsere Berge besteigen werde.

Forte Sperone

Blick auf den Hafen von Genua vom Righi aus

Nach knapp vier Stunden waren wir in Genua. Das letzte Stück der Autobahn führt kurvenreich auf Meeresniveau hinunter. Einmal angekommen, meldeten wir uns bei der Speditionsfirma, bei der unser Auto in einem Lager zwei Tage lang abgestellt werden konnte. In Genua blieben wir im Albergo Europa. Zur Abwicklung der Formalitäten kam auch Franz Kumpfmüller, der Sohn des MIVA-Chefs, nach Genua. Nachdem bei der Speditionsfirma alles erledigt war, fuhr Franz mit dem Zug wieder nach Österreich zurück.

Nach einem dürftigen Frühstück ging es mir darum, das Geld für die Kaution wieder zu bekommen. Immerhin waren es 400.000 Lire mit einem Gegenwert von 4.000 österreichischen Schillingen. Nach vielem Fragen fand sich ein Weg. Die Banco di San Giorgio würde das Geld retournieren, versprach man uns. Nach dieser Nachricht suchten wir die Adresse dieser Bank und tatsächlich erhielten wir das Geld, allerdings in Landeswährung, was uns auf der weiteren Reise wenig nützen wird.

Um die Zeit nicht weiter sinnlos zu vertun, machten wir eine Wanderung und peilten den Hügel Righi[3] mit der Festung Sperone an. Den Aufstieg auf diese Anhöhe machten wir zu Fuß. Längere Zeit suchten wir nach einem Ristorante. Leider waren alle Lokalitäten gesperrt. Dafür aber gab es einen herrlichen Rundblick auf das Meer mit dem Hafen, den Landungsstegen, den einfahrenden Schiffen, deren dumpfe Sirenen deutlich zu hören waren. Man sah die kurvige Autobahn von Norden kommend, Hügel mit rotleuchtenden Dächern von Häusern, die sich vereinzelt zu Grüppchen scharten, mittendrin die Kirche. Nach dem Abstieg machten wir einen Spaziergang durch die Stadt mit den lebendigen Geschäftsstraßen.

3 Der Hügel Righi gehört zu Genua und liegt 302 m über dem Meeresspiegel. Hier befindet sich die Befestigung des »Forte Castellaccio«; auch mit einer Seilbahn zu erreichen.

Unser Auto vor dem Einparken in die Fähre

Überfahrt mit der Fähre nach Tunis

Am nächsten Tag holten wir das Auto von der Speditionsfirma. Beim Zoll vor dem Einparken auf die Fähre ging alles glatt. Schwierig war es nur, die Summe von Lire loszuwerden, die uns für die Kaution zurückerstattet worden war. Schließlich wechselte die Banca d'Italia auf der Piazza De Ferrari unsere Lire in französische Francs.

Das Schiff hatte Verspätung und kam erst gegen neun Uhr an. Nochmals kam ein Zöllner und kontrollierte das Zolldokument »Carnet de passage en douane«, und wir fuhren in die Fähre. Während ich im Schiff herumwanderte, hörte ich plötzlich meinen Namen aus dem Bordlautsprecher. Ich möge mich beim Kapitän in der Empfangsbar melden. Etwas stimmte also nicht. Mir kamen Zweifel, ob ich vielleicht etwas Wichtiges vergessen hätte. Obwohl ich die Type des Wagens angegeben hatte, hatte ich nur für einen Platz bezahlt. Wurde etwa diesbezüglich reklamiert? Doch der Kapitän wollte lediglich wissen, was ich im Auto transportierte, da es sich schließlich um einen Lastwagen handelte. Ich erklärte ihm, dass ich drei Kisten und persönliche Sachen geladen hätte. Als Beweis dafür hatte ich schon eine Ladeliste vorbereitet, mit der er zufrieden war.

Doch bei mir blieb dennoch ein gewisses Unbehagen wegen der vielen bevorstehenden Grenzen, die wir noch passieren mussten. Was, wenn es an den einsamen Grenzübergängen bei unserer Wüstenreise Schwierigkeiten geben sollte? Meine Bedenken sollten sich früher als erwartet bestätigen.

Vor der Reise war ich schon erstaunt gewesen über den niedrigen Preis der Schiffsfahrt nach Tunis. Jetzt klärte sich die angeblich günstige Fahrt auf: Essen und Quartier waren im Preis nicht eingerechnet. Wieder wechselten wir Geld, damit wir Kost und Quartier auf der Fähre in Lire bezahlen konnten. Schließlich erfuhren wir, dass sich die Abfahrt verzögerte, da der Schiffsmotor eine Panne hatte. Zwei Kolben mussten ausgewechselt werden.

La Goulette – Der Hafen von Tunis

Am 21. Juni 1975 um 5 Uhr früh erlebten wir im Morgengrauen die Abfahrt aus Genua. Während der Reise trafen wir Leute aus Wien und Deutschland. Einer davon nannte sich Franz; er war schon vier Mal mit einem VW-Bus in der Sahara gewesen. Er gab uns gute Ratschläge, die uns für das Abenteuer, auf das wir uns eingelassen hatten, zuversichtlich werden ließen. Zunächst kam Korsika in Sicht. Gegen 6 Uhr abends sahen wir Sardinien am Horizont, eingetaucht in wunderbares Abendrot. Auf dem Schiff war ein buntes Gemisch von Menschen verschiedenster Nationen versammelt, auch viele Tunesier auf dem Weg nach Hause.

In diesem Ambiente feierte ich meinen 36. Geburtstag. Wir leisteten uns ein gutes Essen, doch wurde ich auch nachdenklich. Wird die Reise gut verlaufen? Werden wir den eventuellen Schwierigkeiten gewachsen sein? Zwar hatte ich ein großes Gottvertrauen, aber war es wirklich Gottes Wille, dass wir diese Reise machten? Leise Zweifel hatten sich eingeschlichen. Solche Fragen waren freilich in dieser Situation müßig, unser Schiff steuerte bereits auf Tunis zu.

Meine Überlegungen wurden brüsk durch einen nochmaligen Aufruf im Bordlautsprecher unterbrochen. Ich wurde daran erinnert, dass an der Windschutzscheibe meines Fahrzeugs ein Zettel fehlte. Ich hatte ihn tatsächlich in der Kabine vergessen und befestigte ihn nun, wie vorgesehen, am Auto.

In den Abendstunden des 22. Juni, einem Sonntag, kam Tunesien durch den abendlichen Nebel in Sicht.

Um 19.30 Uhr legten wir im Hafen La Goulette nach einem grandiosen Umkehrmanöver an und gingen an Land. Die Autos fuhren in den Zollbereich, und unter den vielen Reisenden warteten auch wir. Versicherung, Führerschein und Personalien wurden kontrolliert. Alles dauerte lange.

Wir waren fast die letzten Passagiere, als ein Zöllner kam und uns mitteilte, dass unser Auto erst am nächsten Tag abgefertigt würde. Es war gegen 23 Uhr abends, wir selbst waren müde und gar nicht so ungehalten, als wir das erfuhren. Um 8 Uhr früh, meinte er, sollten wir wiederkommen. Nichtsahnend der kommenden Probleme schliefen wir gut in einem nahen Hotel. Nach dem Frühstück am nächsten Tag machten wir uns auf den Weg zum Zollgebäude und sahen unseren Lastwagen durch ein Gitter unbeschadet stehen. Zuversichtlich wandte ich mich an die Zollwache beim Eingang mit der Bitte, den Wagen abzuholen. Doch der Mann verlangte plötzlich Papiere, »connaissements«, wie er sagte, Papiere, die einfach notwendig wären. Jetzt erst wurde mir die prekäre Lage allmählich bewusst. Ich begriff, dass unser Auto am Abend zuvor unter »Transportunternehmen« gereiht wurde und aus dem Status des Touristenverkehrs gefallen war. Die berühmten »connaissements« würde ich beim Schifffahrtsunternehmen erhalten, informierte mich der Wachposten.

Also rasch in dieses Büro. Die Dame sah mich verwundert an und meinte, sie hätte weder vom Auto noch von der Ladung die entsprechenden Papiere. Natürlich konnte sie sie nicht haben, dachte ich, denn ich bekam ja als Tourist keine ausgestellt. Jetzt nur keine Schwäche oder Unsicherheit zeigen. Ich verlangte klar und deutlich meine Unterlagen mit dem Verweis, dass selbst der Kapitän mit meinem Auto befasst war. Die Dame verschwand und kam mit dem großen Buch für die Schiffsladung zurück und fand tatsächlich ganz am Ende eine Eintragung mit Bleistift vom Kapitän persönlich, die lautete: »Drei Kisten Nr. 34.100«. Die Nummer war unser österreichisches Autokennzeichen.

Nach einiger Zeit wurden uns die entsprechenden Papiere ausgestellt. Damit war eine erste Hürde genommen. Mit den »Connaissements« in der Hand ging ich zurück zum Zollbereich. Doch der freundliche Herr sagte mir, dass die Abfertigung nur über eine Speditionsfirma möglich wäre. Also mussten wir eine solche finden.

Inzwischen war uns klar geworden, dass die Kisten größere Probleme machen würden als das Auto selbst. Es kam uns der Gedanke, sie vorher los zu werden, da sie immer wieder ein Hindernis sein würden. Güterverkehr war eben nicht mit Tourismus vereinbar, was mir auch einleuchtete. Bei der Suche nach einer Speditionsfirma hatten wir wenig Glück. Niemand wollte sich dieser Sache annehmen. Den ganzen Tag über versuchten wir, einen sinnvollen Kontakt zu knüpfen, aber vergebens. Schließlich gab uns jemand den Rat, den Sekretär des Bischofs zu fragen, den wir am nächsten Tag tatsächlich trafen. Den Rest des Tages nutzten wir für Besichtigungen. Wir fuhren zunächst nach Karthago. Die alte Kirche, in welcher der große Kirchenlehrer Augustinus im 5. Jahrhundert gewirkt hatte, ist heute ein Museum.

Da wir in einem Hotel in Hafennähe wohnten, fuhren wir mit dem Zug ins Zentrum. Die Stadt Tunis war nett und sauber, atmosphärisch aber doch ganz anders als Städte in Europa. Wir tauchten spürbar in einen anderen Kulturkreis ein. Pulsierendes Leben war überall zu spüren. Im Dom konnten wir gerade noch das Ende eines Gottesdienstes erleben, an dem hauptsächlich ältere Frauen teilnahmen. Es wurde Französisch gebetet und gesungen; nur ein paar Tunesier aus der Stadt waren zugegen, darunter auch eine afrikanische Familie. Anschließend gönnten wir uns ein Abendessen, tunesische Spezialität: Ziegenfleisch, scharf und pikant. So verbrachten wir diesen Tag als Touristen in der Hoffnung, dass der kommende Tag eine Lösung unseres Problems bringen würde.

Die Fenster unseres Hotelschlafzimmers zeigten in Richtung Meer. Das regelmäßige Rauschen der Wellen die sich am sandigen Ufer brachen, war sehr beruhigend. Der nächste Tag begann gut, allerdings fühlte sich Charly nicht wohl. Ich besuchte den Sekretär des Bischofs, der bereits Bescheid wusste und mich zu einer Speditionsfirma führte. Der Beamte machte den Vorschlag, die Ladung mit dem Flugzeug zu schicken. Dann fiel das Wort »Tunesische Schifffahrtslinie«. Der Bischof (in Krawatte) kannte einen Verantwortlichen von der tunesischen Linie CTN (Compagnie Tunesienne de Navigation). Es gab Verbindungen mit Marseille und Pointe Noire. Ich fuhr zum Hafen, besuchte diesen Herrn und erfuhr, dass ich in der Stadt und nicht im Hafen beginnen müsse. Mit den »connaissements« für die Ladung, ausgestellt von der Schifffahrtslinie, konnte ich nun ein Ansuchen um Lagerung der Kisten im Hafen stellen und dann die Erlaubnis vom Zoll für die Wiederausfuhr der Waren erhalten.

Im Rückblick erkannte ich, dass meine Bedenken an der italienischen Grenze bezüglich möglicher Schwierigkeiten mit diesen Kisten an den Grenzen nicht unbegründet gewesen waren. Der Chef der Zollstelle in San Candido bei der Einreise nach Italien hatte sich gut aus der Affäre gezogen und kurzerhand das Auto versiegelt. Damit war für ihn das Problem gelöst, nicht aber für uns, denn wir benötigten das Fahrzeug für die weitere Reise als Schlafplatz und Nahrungsdepot. Eigentlich verdankten wir es dem Kapitän, dass schon in Tunis die Zollprobleme akut wurden. Ich irrte mit den Papieren der Schifffahrtsgesellschaft im Hafen umher, um die richtigen Leute vom Zoll zu finden, die allerdings schon Dienstschluss hatten.

Am nächsten Tag, dem 24. Juni, fühlte sich Charly krank. Wir würden sehen, wie sich sein Gesundheitszustand entwickelte. In den folgenden Tagen durfte ich den ganzen Dschungel administrativer Möglichkeiten kennen lernen. Ich besuchte in fünf Tagen etwa 25 Büros, manche davon sogar öfter. Es ging darum, die Kisten vom Auto innerhalb des Zollbereiches in ein anderes Depot zu bringen, um sie per Schiff nach Pointe Noire zu transportieren. Gleichzeitig musste der Lastwagen aus dem Zoll kommen. Dabei wurden sowohl die Versicherung des Autos wie auch die Zolldokumente in Frage gestellt. Um die Gültigkeit meiner Zollpapiere zu garantieren, wandte ich mich an die Österreichische Botschaft um das »Carnet de passage en douane« bestätigen zu lassen. Das wurde schließlich akzeptiert.

Als auch Zweifel an der Gültigkeit unserer Autoversicherung aufkamen, holte ich Informationen vom Touring Club, der meine Versicherung für rechtens erklärte. Ich konnte mir die Schikanen nur durch eine übertriebene Angst erklären, die in allen Büros herrschte. Schließlich erfuhr ich, dass wenige Wochen zuvor ein nicht unbedeutender Korruptionsfall aufgeflogen war, so dass jetzt alle Beamten selbst letzte Gewissheiten in Zweifel zogen und sich hüteten Entscheidungen zu treffen.

Schließlich war der »reçeveur« beim Zoll von der Richtigkeit all meiner Dokumente überzeugt und erklärte mir, dass es für die Lösung unseres Problems nur zwei Möglichkeiten gäbe:

1. Wir können auf Grund des Zolldokumentes unseres Autos weiterreisen, aber ohne Kisten;
2. Wenn die Kisten auf dem Auto bleiben, müssten wir nach Marseille oder Genua zurückkehren.

Vor diese Alternative gestellt, entschied ich mich natürlich für den Transfer der Kisten auf ein Schiff, damit die Ware nach Pointe Noire gelangte. Vier Tage nach unserer Ankunft, am 26. Juni, war der amtliche, zollmäßige

Hürdenlauf schließlich beendet. Am Morgen brachte ich die Kisten mit dem Auto unter Zollbegleitung in das Depot der tunesischen Schifffahrtslinie. Die Kisten wurden entladen, ohne Kontrolle übernommen und mit der Adresse versehen.

Ich bezahlte die Frachtgebühren und war heilfroh, dass ich diese Sorge los war, denn immerhin hatten wir noch 12 Grenzübergänge zu passieren. Gegen 12 Uhr war es dann soweit: Ich verließ den Zoll und fühlte mich glücklich wie ein siegreicher Marathonläufer. Vier Tage von einem Büro in ein anderes zu hasten, war doch anstrengend. Ich stellte das Auto vor das Hotel in dem Charly diese Tage im Bett verbrachte und verkündete laut und froh, dass wir weiterreisen können. Eigentlich wollte ich ihm damit Mut machen und einen eventuellen Heilungsprozess beschleunigen. Charlys Zustand hatte sich zwar gebessert, aber von einer »Saharatauglichkeit« konnte noch nicht die Rede sein. Um Gewissheit bezüglich seines Gesundheitszustandes zu haben, entschieden wir uns zu einer Änderung der Reiseroute. Nach unserem ursprünglichen Plan sollte es von Tunis aus Richtung Kairouan direkt nach Süden gehen; doch wegen der gesundheitlichen Probleme blieben wir im Norden und fuhren Richtung Westen nach Constantine. Damit wollten wir etwas Zeit gewinnen, um zu sehen, wie sich der Zustand meines Begleiters entwickelte, und ob Charly für die wärmeren Gebiete überhaupt reisetauglich wird. Mit fragwürdiger Gesundheit wollten wir uns nicht auf das Abenteuer Sahara einlassen.

So nahmen wir die Straße nach Beja und Jendouba und fuhren Richtung Algerien. Die erste Nacht im Auto mit Selbstversorgung und Nachtlager machten wir etwa 20 Kilometer vor der Staatsgrenze nach Algerien. Wir blieben außerhalb der Wohngebiete und wähnten uns allein. Aber bald waren Menschen da und beobachteten uns. Zehn Tage waren wir nun schon unterwegs und stellten an diesem 27. Juni fest, dass wir noch nicht sehr weit gekommen waren. Die Probleme beim Zoll hatten uns viel Zeit gekostet. Doch jetzt gab es einen Vorteil: Wir waren selbst die handelnden Akteure und bestimmten Reiseroute und Reisegeschwindigkeit.

Die tunesische Grenze passierten wir am nächsten Tag gegen neun Uhr. An der algerischen Grenze dauerte es etwas länger, doch es gab keine Probleme. Man informierte uns sogar über die bessere Straße, um nach Constantine zu kommen, aber eigentlich nur, weil einer ihrer Zollkollegen mit-

Änderung der Route nach Constantine

Erstes Nachtlager vor der algerischen Grenze

fahren wollte. Charly ging es bei dieser Fahrt schlecht. Die Straßen waren kurvenreich, das Gelände hügelig, was die Durchschnittsgeschwindigkeit sehr minderte. Um 17 Uhr waren wir in → **Constantine*** und suchten mit unserem Lastwagen in den engen Straßen einen Arzt, um seinen Rat einzuholen. Er verschrieb Medikamente und riet zu einer Ruhe von drei bis vier Tagen und meinte, wir könnten dann ja weitersehen.

Im Gespräch mit einer Frau erfuhr ich vom Campingplatz, genannt »Tcebel Ouach«, nur wenige Kilometer von Constantine entfernt. Der Platz war eigentlich ein Pinienhain, ausgerüstet mit dem Notwendigsten. Wir parkten auf einem schattigen Plätzchen und unterbrachen für einige Tage die Reise, um zu sehen, wie sich der Gesundheitszustand von Charly entwickelte. Wir besprachen die Lage und dachten auch an die Möglichkeit eines Heimfluges, falls es keine Besserung geben sollte, rechneten aber nicht wirklich mit diesem Ernstfall. Denn dann wäre ich mit dem Auto allein unterwegs, ein Gedanke, der mir etwas Schauder verursachte.

Wir blieben hier drei Tage, genossen die Ruhe und hofften, dass dies der Gesundung von Charly nützen würde. Wir waren nicht die einzigen Camper, denn es kamen auch viele Leute aus der Stadt, die einen Spaziergang machten, besonders am Abend. Schatten gab es den ganzen Tag. Nachts hörten wir das Konzert der Frösche, da wir nahe bei einem Teich lagerten.

Ich hatte ein nettes Gespräch mit einer Frau, die sehr offen von den Spannungen in der Gesellschaft erzählte. Junge und alte hatten oft Probleme miteinander, sie stellten Kleidung und Verschleierung in Frage. Was früher selbstverständlich war, galt heute nicht mehr. Sie erzählte es mit echter Sorge ohne Beschuldigung, ehrlich und offen.

---

* Der Pfeil verweist auf weiterführende Informationen im Buchteil »Orientierungshilfe« (S. 418)

Constantine mit der Schlucht des Flusses Rhumel; im Hintergrund ein Pinienhügel

Die ruhigen Tage brachten mich zum Nachdenken. Mein Abschied war diesmal harmonischer als im Jahre 1972, als ich nach Frankreich gegangen war, um Französisch zu lernen. Jetzt lag aber mehr Verantwortung auf mir. Im Blick auf die vielfältigen, vor mir liegenden noch unbekannten Schwierigkeiten, stellte ich mir immer wieder die Frage, ob die Entscheidung wirklich richtig gewesen war. Dann aber fasste ich schnell wieder Zuversicht und freute mich über diese einmalige Gelegenheit der Fahrt durch die Sahara.

Zunächst aber ging es wirklich um die Gesundheit meines Begleiters. Charlys Zustand war zwar stabil, aber es gab keine Zeichen einer wirklichen Besserung. Unterdessen versorgte ich die »Küche« und genoss die ruhigen Tage, um innerlich Ruhe zu finden. Am dritten Tag unseres Aufenthaltes auf dem Campingplatz war meine erste Frage nach dem Erwachen am Morgen: »Charly, wie geht es Dir heute?«

Die Antwort war desillusionierend: »Schlecht! Ich glaube ich muss heimfahren!« Damit wurde eine Entscheidung notwendig, mit der wir nicht gerechnet hatten. Ein längerer Aufenthalt hier war nicht mehr zu verantworten, weil zu dieser Zeit bereits Regenfälle im Süden von Algerien und im Niger möglich waren, welche eine Weiterreise extrem erschweren, ja sogar unmöglich machen könnten. Es wurde also Ernst mit dem Heimflug. Wir fuhren mit unserem Lastwagen zum Internationalen Flughafen in Constantine. Man sagte uns, dass es tatsächlich in wenigen Stunden einen Flug nach Marseille gäbe und auch noch Platz vorhanden wäre.

Ein neues Problem ergab sich allerdings bezüglich der Bezahlung des Flugtickets. Bei der Einreise musste alles Geld deklariert werden. Um es zu vereinfachen, hatten wir unser Geld zusammengelegt und auf einem einzigen Formular unter meinem Namen vermerkt. Daher hatte Charly offiziell kein Geld zur Verfügung, um das Flugticket zu bezahlen. Es musste

oben: Brücken sind charakteristisch für Constantine

rechts: Reiseroute von Tunis nach Touggourt

ein Zöllner gesucht werden, der sich bereit erklärte, die Behebung von 600 französische Francs auf meinem Zettel zu bestätigen, damit ich aufgrund des fehlenden Betrags bei der Ausreise keine Probleme bekomme.

Wir kauften das Flugticket, holten das Gepäck vom Auto und trennten uns im Zollbereich, jeder mit sehr gemischten Gefühlen. Ich wartete außerhalb des Flugplatzes am Straßenrand, bis die Boeing abgehoben und Kurs in Richtung Marseille genommen hatte.

In dieser Minute wurde mir meine ernste Lage so richtig bewusst. Mir kamen fast die Tränen, weil ich jetzt mit dem Lastwagen allein war, keinen Plan B für diese Situation vorbereitet hatte, und noch 6.000 Kilometer mit den anstrengendsten Passagen vor mir lagen. In einer solchen Situation benötige ich zunächst Ruhe, um meine Gedanken zu sammeln, Möglichkeiten zu erwägen, um einen neuen Plan für die weitere Vorgangsweise fassen zu können. So fuhr ich nach der Abreise von Charly wieder auf den Campingplatz zurück und verbrachte den ersten Tag allein in meinem Auto.

Es gab nur drei Möglichkeiten, die entstandene Situation zu lösen:

1. Ich fahre zurück nach Europa, suche eine andere Begleitperson und unternehme einen zweiten Versuch.
2. Ich informiere mich bei Reise- und Schiffsagenturen, ob es eine Möglichkeit gibt, das Auto zu verladen und so die Reise nach Douala zu machen.
3. Ich versuche allein, die Sahara mit dem Auto zu durchqueren.

Punkt eins schloss ich sofort aus. Es gab viele Leute, die mir von dieser Reise abgeraten hatten. Für sie war es zu gefährlich, zudem war ich selbst gerade von einer schweren Krankheit genesen, so dass eine derartige Belastung unverantwortlich wäre. Auch aus Stolz und um nicht lächerlich dazustehen, kam diese Variante nicht in Frage. Sie würden sich in ihren Bedenken bestätigt sehen und mir Vorhaltungen machen, dass ich gleich auf sie hätte hören sollen. Also kam nur der zweite Punkt in Betracht. So besuchte ich diverse Schiffsagenturen in Constantine und erkundigte mich über die Möglichkeiten einer Schiffsreise mit meinem Auto von einem Hafen in Algerien nach Douala. Dabei machte ich die Erfahrung, dass es keine Schiffe gab, die von Afrika nach Afrika fuhren. Alle Verbindungen gingen nach Europa und von dort wieder nach Afrika. Für mich war das eine Erkenntnis wirtschaftlich-politischer Art. Die Handelswege zeigten mir, wie es um die internationalen, wirtschaftlichen Beziehungen wirklich stand. Es gab in diesem Kontinent nichts zu transportieren. Afrika produzierte und lieferte Rohstoffe, die den Weg nach Europa nahmen. Dort wurden sie verarbeitet und kamen als veredelte Produkte wieder zurück oder wurden an andere verkauft. So schied also auch diese Variante zu meinem großen Bedauern aus.

Blieb also die letzte Möglichkeit übrig, selber mit dem Auto die Wüste zu durchqueren. Trotz anfänglicher Zweifel, wollte ich doch einen Versuch wagen. Ich konnte genügend Treibstoff als Reserve mitnehmen, war gut mit Nahrung und Wasser versorgt, was selbst bei schwierigen Verhältnissen für einige Wochen zum Überleben reichen würde. So beschloss ich, sozusagen versuchsweise einmal tausend Kilometer in Richtung Süden zu fahren.

Mit etwas Glück und einem festen Vertrauen müsste es eigentlich gelingen. Zuvor aber musste ich meine Route neu planen. Den ursprünglichen Weg nach Kairouan (rote Pfeile) hatten wir wegen Charlys Erkrankung aufgegeben und den Weg im Norden nach Constantine (blauer Pfeil) gewählt. Nach seiner Abreise entschied ich mich, eine der Straßen nach Süden zu nehmen (blauer Pfeil) und über Biskra, Touggourt und Quargla auf die Hauptroute nach Tamanrasset zu treffen.

Es war der 30. Juni, als ich nun allein den Campingplatz verließ und zunächst Richtung Batna aufbrach, etwa 100 Kilometer südlich von Constantine. Mit algerischem Dinar kaufte ich 400 Liter Diesel. Durch gebirgiges Land auf kurvigen Straßen kam ich nach Touggourt. Etwas außerhalb der Stadt nächtigte ich im Auto. Immerhin hatte ich an diesem Tag 453 Kilometer zurückgelegt. Am 1. Juli wurde ich sehr früh wach, bereitete

Rast in der Wüste; in der Nähe von Wasserquellen gibt es immer interessierte Touareg

Siesta am Straßenrand im Schatten der Autoplane

mir ein kleines Frühstück und setzte die Reise in Richtung Quargla fort. Eine angekündigte, direkte Route quer durch die Wüste Richtung El Golea fand ich nicht.

So machte ich einen Umweg und fuhr nach Ghardaia. In der Mittagshitze bastelte ich mit der Plane einen Schatten und hielt eine Stunde lang Siesta. Dann ging es weiter nach El Golea. Der angekündigte Campingplatz war eine Enttäuschung. So wählte ich das Hotel und leistete mir den Luxus einer Dusche und eines klimatisierten Zimmers. Es gab sogar ein Schwimmbecken, in dem ich mich erfrischte konnte.

Bei Durchsicht meiner Finanzen stellte ich fest, dass mein Barbestand abzüglich der beweisbaren Ausgaben mit dem Zolldokument übereinstimmte, es bei der Ausreise also keine Probleme geben dürfte. Im Gespräch hörte ich, dass die Route im Niger gesperrt sein könnte. Das wäre eine sehr schlimme Überraschung für mich.

Zwei Engländer, die gerade aus diesem Land kamen, erzählten mir dann genau das Gegenteil, dass sie keinerlei Schwierigkeiten gehabt hatten. Das gab mir wieder Zuversicht, dass die Gerüchte vielleicht doch nicht stimmten. Die Route nach In Salah am nächsten Tag war eintönig. Es wurde immer heißer. Nach einer kurzen Rast interessierte mich während der Fahrt die Temperatur. Ich hielt im Schatten des Autos ein Thermometer in den Fahrtwind und sah, dass es 51 Grad Celsius zeigte. Man sagt, dass hier der heißeste Punkt der Sahara sei. Die Freundlichkeit der Leute erstaunte mich. In einem einfachen Restaurant lud mich jemand an den Tisch und begann ein Gespräch. Lange konnte ich die Gemeinschaft jedoch nicht genießen, denn ich wollte noch ein Stück weiterfahren.

Die gute Sandstraße war nur ein kurzes Vergnügen, dann begann eine Wellblechpiste, die an die 100 Kilometer lang andauern sollte. Fährt man

Campingplatz in Tamanrasset

Wohnhaus der »Brüder von Charles de Foucauld« in Tamanrasset

auf solchen Pisten ganz langsam, braucht man Stunden für lange Strecken und das Fahrzeug wird permanent durchgerüttelt. Am besten ist eine Geschwindigkeit von etwa 75 bis 80 Stundenkilometern. Diese schnelle Art auf der Piste zu fahren, erfordert konzentrierte Aufmerksamkeit. Diese Geschwindigkeit zu erreichen, war die erste Herausforderung. Im Bereich von 40 bis 60 km/h konnte das Auto durch die Rillen zu schlingern beginnen und in eine gefährliche Querlage kommen. War diese Phase einmal überwunden, brummte der Wagen auf den Spitzen dieses wellenförmigen Untergrundes dahin; allerdings waren Bremswirkung und Bodenhaftung äußerst reduziert, so dass jede Kurve rechtzeitig anzuschneiden war.

In Arak, einem Ort zwischen In Salah und Tamanrasset, wollte ich das Auto zur Rast etwas abseits abstellen, blieb aber sofort im Sand stecken. Aber es gab Leute, die mir heraushalfen. Ein technischer Zeichner wollte als Autostopper mitkommen. Da ich in dieselbe Richtung fuhr, nahm ich ihn nach Tamanrasset mit.

Am Abend bemerkte ich bei der Hinterachse Ölspuren rund um die Abdeckung des Differentialgetriebes. Am folgenden Tag untersuchte ich die öligen Ränder beim Differentialgehäuse und entdeckte, dass Schrauben nicht nur an der Abdeckung, sondern auch an der Karosserie locker waren. Die stundenlange Fahrt über die Wellblechpiste mit dem ständigen Vibrieren hatte sie gelockert. Ich zog sie fest, füllte Öl nach und fuhr weiter. Von nun an kontrollierte ich alle 200 Kilometer die Schrauben und stellte jedes Mal fest, dass sie wieder locker waren. Gegen Mittag hatte ich eine Reifenpanne, die ich in praller Sonne reparierte. Auch Diesel musste nachgefüllt werden. Der Tankvorgang ging direkt mit einem Schlauch aus dem Fass auf der Ladefläche in das Reservoir.

In Tamanrasset angekommen fuhr ich auf den Campingplatz und konnte sogar in einer kleinen Hütte schlafen. Es gab erstaunlich viele Touristen in »Tam«, wie die Stadt kurz genannt wird. In der Frische des Morgens wechselte ich alle Reifen, denn vor mir lagen 800 Kilometer nur Wüste. Für diese Strecke benützte ich gebrauchte Reifen, die ich mit Unterdruck versah, da sie damit mit größerer Fläche auf dem Sandboden auflagen. Diese Weisheit stammt von den Kamelen. Die Oberfläche ihrer Füße vergrößert sich bei jedem Auftritt, sodass sie nur ganz wenig in den Sand einsinken, was ihnen das Gehen sehr erleichtert. Gegen Mittag war ich mit der Arbeit fertig und rechtschaffen müde. Am Nachmittag machte ich Bekanntschaft mit einem irischen Priester, der mir das Haus der Kleinen Schwestern von Charles de Foucauld zeigte und auch das Haus, in welchem der Wüstenmissionar gelebt hatte.

Am folgenden Tag feierten wir um 6.30 Uhr im Haus von Charles de Foucauld zusammen mit einer netten Gemeinschaft von Schwestern einen Gottesdienst. Nach den vielen Tagen der einsamen Reise, war diese Gemeinschaft wie ein schönes Geschenk. Um beruhigt weiterfahren zu können, suchte ich nach einer Lösung zur Befestigung der lockeren Schrauben. Ich fand sie, indem ich je zwei Schrauben mit einem Bandeisen verband, und die Enden dann um die Schraube bog, so dass sie sich nicht mehr lösen konnten.

Es war bereits der 5. Juli. Ab Tamanrasset begann der eigentliche Teil der Saharafahrt mit 800 Kilometer Länge, hauptsächlich Sand und Dünen. Nur an der Grenze zum Niger gab es eine Zollstelle mit dem Namen In Guezzam. Ich hatte Respekt vor diesem Abschnitt der Wüste und wollte ihn nicht allein befahren. So sprach ich einen Touareg auf der Straße in Tamanrasset an, und fragte ihn, ob er mich bis zur Grenze begleiten könnte. Er war einverstanden, und wir besprachen Zeitpunkt und Preis. Offensichtlich war mein Ansinnen nicht so befremdlich, denn es löste keine Verwunderung aus. Der Plan war zwar kostspielig, aber nach einigem Verhandeln war der »Guide« bereit für 400 französischen Francs, etwa 900 österreichische Schilling, mitzufahren. Er schlug vor, die Zollformalitäten zu erledigen und dann bis zur Dämmerung in die Wüste zu fahren. Doch bei der Polizei war an diesem Vormittag niemand anwesend, so dass ich es am Nachmittag wieder versuchte.

Tamanrasset ist ganz auf Tourismus eingestellt: Preise, Kinos, Ausflüge ins Gebirge, Reisen. Es waren viele Schweizer und Franzosen unter den Tou-

Abend in der Wüste südlich von Tamanrasset

Touareg im Süden von Algerien

risten, von denen viele von Süden nach Norden fuhren. Am Nachmittag blieb ich hartnäckig und wartete bei der Polizeistation. Schließlich erfuhr ich, dass das Fest der Unabhängigkeit gefeiert wurde. Daher das Fehlen auf dem Posten und der eingeschränkte Zolldienst. Erst gegen 18 Uhr kamen Beamte und erledigten die Abfertigung korrekt und freundlich. Nach der Kontrolle fuhren wir noch etwa 30 Kilometer Richtung Süden und blieben irgendwo stehen, um zu nächtigen. Es war eine eigenartige Situation. Wir kannten uns nicht, waren ganz allein in der menschenleeren Wüste und versuchten Kontakt zu knüpfen. Ich wusste, dass die Touareg der Regierung mit Misstrauen begegneten und den Menschen aus dem Norden Algeriens eher feindselig gesinnt waren.

Militär, Polizei und Beamte stammten alle aus dem Norden und waren der Regierung gegenüber loyal. Im Gespräch bestätigte mein Begleiter diese Überlegungen, ohne sich näher dazu zu äußern. Auf kulinarischer Ebene ging es besser. Ich bereitete mein Abendessen mit einigen Dosen zu; der Gast hatte seine eigene Speise mit, schließlich war er Muslim und misstraute Dosengerichten aus Europa. Dann aber bot er mir Tee an. Für das Aroma ging er kurz zuvor in die Wüste und kam mit ganz kleinen Pflänzchen zurück, dem Geruch nach ähnlich der Minze, die er dem Tee beifügte. Ich wunderte mich, wie er diese kleinen Pflänzchen in der schnell hereinbrechenden Dämmerung finden konnte. Das gemeinsame Essen lockerte die Stimmung, und er erzählte von früher, von seinen Reisen durch die Wüste bis Agadez im Niger, eine Fußreise von 50 Tagen. Er sprach dann von seinen Expeditionen mit den Ingenieuren zur Vermessung der Straßen. Er kannte die Wüste wie seine Westentasche.

Am nächsten Tag brachen wir zeitig auf. Nach dem asphaltierten Abschnitt gab es bis zur Grenze nur noch Wüstensand ohne Richtungsweiser.

Ehemalige Zollhütte nahe der algerischen Grenze

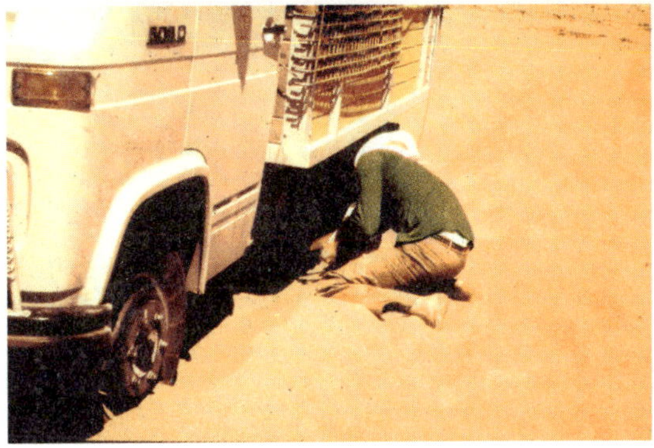

Manchmal steckte der Wagen bis zur Achse im Sand

Wir hielten uns an die Spuren, die ab und zu sichtbar waren, wenn der Wind sie nicht verweht hatte. Weggeworfene Konservendosen und anderer Abfall deuteten darauf hin, dass hier schon vorher Menschen gewesen waren.

Die Fahrtrichtung deutete mein »Guide« jeweils mit einer Handbewegung an. »Jetzt musst Du diese Richtung nehmen«, sagte er, und deutete etwas nach rechts, weg von der südlichen Richtung. Ich fuhr dieser Richtung nach und wusste, dass wir jetzt die Hauptrichtung verließen. Nach einer halben Stunde fragte ich, ob wir immer noch richtig wären; er nickte mit dem Kopf und bestätigte die eingeschlagene Richtung. Etwas später wieder eine andere Handbewegung, die mehr nach links zeigte. Ich folgte der Richtung und wollte dazu eine Bestätigung: »Ist diese Richtung in Ordnung?« Wieder ein Kopfnicken, und so ging es durch völlig unberührtes Gebiet eine halbe Stunde weiter. Plötzlich sah ich in der Ferne Spuren im Sand und vermutete, dass wir wieder auf einer häufig frequentierten Route waren. Ich fragte: »Warum haben wir einen solchen Umweg gemacht?«

»Mit Deinem Auto hättest Du es durch den tiefen Sand nicht geschafft«, meinte mein Begleiter. Er informierte mich nun über die Qualität des Sandbodens, der verschiedene Eigenschaften hatte. War der Sand sehr hell, dann war er auch sehr fein und glich Mehl.

Das Auto hätte Mühe durchzukommen, würde einsinken und stecken bleiben. War er dagegen dunkelbraun, dann trug er besser, und man konnte mit 60 bis 80 Kilometer Geschwindigkeit fahren.

In einer alten, zerfallenen Zollhütte, schon nahe der Grenze, machten wir eine längere Mittagsrast. Vor dem Betreten der Hausruine blickte mein Guide prüfend zu Boden und klärte mich auf, dass auch in der Wüste auf Spuren von Schlangen zu achten wäre. Nach einer Rast ging es weiter, und wir waren am Abend an der Grenze Algeriens. Mein Guide hatte mich schon vor dem Polizei- und Zollposten verlassen, weil er von diesen nicht gesehen werden wollte. Seine Führerdienste waren illegal, erfuhr ich jetzt, da es auch vom Staat beauftragte Wüstenbegleiter gab. Als das Finanzielle geregelt war, ging es zur algerischen Grenze.

Dank der Vorabfertigung in Tamanrasset waren die Formalitäten hier schnell erledigt. Bis zur Grenze des Nachbarstaates Niger lagen noch etwa 10 Kilometer. Dieser Abschnitt hatte feinen Sand, so dass ich stecken blieb und die Nacht im Niemandsland verbrachte. Experten wissen, dass der Sand am Morgen besser trägt als zu Mittag oder am Abend, denn er ist durch die nächtliche Feuchtigkeit kompakter und somit tragfähiger. Tatsächlich hatte ich am nächsten Tag weniger Mühe, mich aus dem »Sandgefängnis« zu befreien.

Am 7. Juli kam ich am frühen Vormittag zur Grenze. Hier floss aus einem Rohr ein kräftiger Strahl lauwarmen Wassers. Es tat gut, sich abzukühlen und den ärgsten Schmutz und Schweiß abzuwaschen. Die Formalitäten waren auch hier einfach, da erst in den nächsten Städten Arlit oder Agadez Meldepflicht war und dort die Einreise bestätigt wurde. Als ich mich nach der Piste erkundigte, erfuhr ich, dass es zwei Möglichkeiten gäbe: eine über Arlit, die in jüngerer Zeit häufig befahren wurde, seit Arlit durch seine Uranvorkommen bedeutend geworden war, eine andere, die direkt nach Süden führte. Ich entschied mich für jene in südlicher Richtung, die nach 200 Kilometer eine Kursänderung Richtung Osten hatte und direkt nach Agadez ging.

Die Probleme mit dem Sand begannen bald nach dem Aufbruch. Anfänglich blieb ich einige Male im Sand stecken, doch dann ging es problemlos weiter. Die Landschaft war eben, der Sand tragfähig. Solange die Sonne vormittags links von mir und nachmittags rechter Hand stand, stimmte die Richtung. Nach 200 Kilometer wurde es spannend. Die Spuren, denen ich folgte, teilten sich, so dass ich im Moment nicht wusste, welche Richtung ich nehmen sollte. Vor mir erhob sich ein kleiner, sanfter Hügel aus Sand. Ich ließ das Auto stehen, hatte es aber dauernd im Blick, um nicht Opfer einer Fata Morgana zu werden, und ging den Hügel zu Fuß hinauf in der Hoffnung, dass ein Blick in die Ferne mein Problem lösen würde.

Plötzlich hörte ich das Brummen eines schweren Fahrzeugs und sah, wie ein Lastwagen über den Hügel kommend seinen Weg nach Norden suchte.

Dieser Wagen kam von irgendwo her, dachte ich, also könnte es auch für mich der rechte Weg sein. Ich ging zum Auto zurück, startete und fuhr den Spuren nach. Nach wenigen Kilometern löste sich das Rätsel. Der kleine Hügel war in Wirklichkeit eine große Wanderdüne, genau an der Stelle, wo sich die Piste fast 90 Grad nach Osten in Richtung Agadez wandte.

Die einheimischen Autofahrer kannten dieses Phänomen und umfuhren solche Dünen, sei es auf der rechten oder linken Seite. Damit hatte ich die Erklärung für die Gabelung der Spuren am Fuße des Sandhügels. Aber es sollte noch ein anders Hindernis kommen. Kurz vor Agadez sah ich in der Ferne wie der Boden glitzerte. Es war keine Luftspiegelung, sondern ein großer Berliet-Lastwagen, der bis zu den Türen im Wasser stand. Es musste geregnet haben, aber an dieser Stelle floss das Wasser nicht ab, sondern bildete einen kleinen morastiger See. Die Wasserfläche war etwa 40 bis 50 Meter lang. Wenn schon ein solch großes Vehikel stecken blieb, dann war es für mich erst recht unmöglich durchzukommen. Es war sonnenklar, dass ich mich nicht in diesen Sumpf hineinwagen durfte. Aber was tun, um weiterzukommen?

Ich ließ das Auto stehen und prüfte mit einem Stock das Gelände seitlich der Piste auf seine Festigkeit. So fand ich kompaktere Stellen, auf denen ich den Morast umfahren konnte. Etwas aufgeregt und mit viel Glück schaffte ich es, an dieser riesigen Wasserfläche vorbeizukommen. Manchmal drehten die Räder durch, und der Wagen verlangsamte sich wegen des feuchten Untergrundes. Aber ich hatte Glück und fand mich nach diesem Umweg wieder auf der Piste, die nun problemlos nach Agadez führte. Spät am Abend war ich auf dem Campingplatz.

Der Besitzer und Verwalter sprach Deutsch; vielleicht ein Abenteurer oder ehemaliger Kriegsveteran, der hier eine Heimat gefunden hatte. Agadez war zwar nicht die Hauptstadt von Niger, aber doch ein alter und wichtiger Handels- und Verkehrsknotenpunkt. Ich machte einen kleinen Bummel durch die Stadt. Die Leute waren aufdringlich und wollten immer etwas. Im Gespräch mit dem Verwalter des Campingplatzes erzählte ich ihm vom Plan meiner Reise, die nach Nigeria, Kamerun bis Zentralafrika gehen wird. Mit Blick auf das Wetter meinte er:

»An Deiner Stelle würde ich sofort aufbrechen, denn es gibt Regen in dieser Zeit, wie Du ja vielleicht auf dem Weg hierher gesehen hast.« Diese warnende Bemerkung musste ich nicht ein zweites Mal hören, sondern ich brach sofort in Richtung Tanouth auf.

Spuren im Tiefsand; jeder versucht seinen eigenen Weg

Ein junger Mann aus der Schweiz sprach mich an, denn er wollte per Autostopp nach Zinder reisen. Kurz nach dem Aufbruch gab es eine Reifenpanne. Ein alter Reifen, der durch den Unterdruck heiß geworden war, kündigte den Dienst auf. Der Reifenwechsel in praller Sonne war eine schweißtreibende Arbeit. Dann wurde die Straße immer schlechter, so dass ich im tiefen Sand fuhr. Zwei Stunden lang war ich immer mit dem zweiten Gang unterwegs, unmöglich diese Spur zu verlassen. Der feine Sand erlaubte es nicht, den ersten Gang zu nehmen, weil sich die Räder durch die größere Kraft sofort eingraben würden. Lieber mit weniger Motorkraft unterwegs zu sein, als mit viel Kraft im Sand stecken zu bleiben.

Diese Fahrweise verlangte äußerste Konzentration und machte nach einigen Stunden müde. Dann sah ich, dass sich die Spuren weiter vorne teilten. Ich musste mich rasch entscheiden, welche Richtung ich nehmen sollte. Stehenbleiben und Überlegen kam hier nicht in Frage, denn dann würde ich nicht mehr wegkommen, weil sich die Räder sofort eingruben. Spontan entschied ich mich für die linke Variante und erkannte sehr bald, dass es die falsche war. Die Spuren wurden immer tiefer und zusätzlich begann das Gelände leicht abschüssig zu werden. In einiger Entfernung sah ich, dass dieser Pfad wieder bergauf ging. Es war für mich klar, dass mein Auto das nicht schaffen würde. Aber es gab kein Zurück mehr. Mit Vollgas fuhr ich weiter und versuchte am tiefsten Punkt des Weges, die Spur zu verlassen und rechts davon zu fahren.

Es ging kurze Zeit gut. Das Auto mahlte im Sand; links von mir sah ich die ausgefahrenen Sandspuren von etwa 50 cm Tiefe. Doch auf halber Höhe gab der Untergrund schließlich nach, und das Auto glitt in jene Spur, die ich vermeiden wollte. Der Sand war so tief, dass das Auto nach einem Meter stillstand. Ich kam mir vor wie in einem Hohlweg aus Sand. Keine Chance, den Wagen nach vorne oder nach hinten zu bewegen.

Wegen des Sandes konnte ich die Wagentür nur einen Spalt öffnen, gerade breit genug, um aussteigen zu können. Ich sah die Bescherung und wusste, dass uns eine mühsame Arbeit erwartete. Wir mussten zurückkommen bis zum tiefsten Punkt der Strecke, um dann irgendwie an anderer Stelle einen Weg zu finden. Die im Sand eingebetteten Vorder- und Hinterachsen mussten freigeschaufelt werden. Dann waren die Vorder- und Hinterräder an der Reihe. Die zwei Meter langen Bauholzpfosten rammte ich unter die Hinterräder, um wenigstens einige Meter zurückzukommen.

Gegen 16 Uhr waren wir, der Tourist und ich, schon ziemlich erschöpft, und als es dämmerig wurde, hatten wir etwa 10 Meter geschafft. Die restlichen 30 Meter wollten wir am nächsten Tag bewältigen, in der Hoffnung, dass uns die morgendliche Frische zu Hilfe kommen würde. Müde von der Anstrengung bezogen wir unser Quartier im Auto und schliefen gleich ein. In der Nacht weckten mich Donner und Blitz. Ich war sofort hellwach und wollte mir das Szenario eines Regens hier in der Wüste gar nicht vorstellen. Käme wirklich ein Regenguss, dann würde unser Auto im Sand eingeschlämmt, und wir müssten enorm viel Zeit und Arbeit aufwenden um herauszukommen. Das könnte Tage und Wochen dauern.

In dieser nächtlichen Stunde war es das erste Mal, dass ich bedauerte, diese Reise angetreten zu haben. Ich begann zu beten, eine solche Angst hatte ich vor den Folgen eines plötzlichen Regens. Aber es blieb – Gott sei Dank – beim Donnergrollen und kein Tropfen fiel auf unseren »Parkplatz«.

Am nächsten Morgen, es war der 9. Juli, wussten wir schon, welche Arbeit uns erwartete. Zeitig in der Frühe, als es noch einigermaßen angenehm frisch war, begannen wir zu schaufeln, denn jeder Meter musste dem Sand abgerungen werden. Es ging tatsächlich leichter als am Abend, und gegen 8 Uhr steckte der Wagen nicht mehr im Sand, sondern stand an der tiefsten Stelle dieser Senke. Damit waren wir zwar aus dem Tiefsand gerettet, befanden uns aber in einer kleinen Mulde umgeben mit feinstem Sand. Jetzt war guter Rat teuer. Welchen Umweg sollte ich riskieren, um herauszukommen? Wie beim Hindernis vor Agadez nahm ich einen Stock und suchte kompakteren Sand, wählte Passagen, die mit wenigen Grasbüscheln

Aasgeier bei einem toten Kamel

Zinder: Trommler erwarten einen Minister

bewachsen waren, weil ich dort einen etwas festeren Untergrund vermutete. Ich kennzeichnete den Weg, dem ich folgen wollte und startete das Auto. Im vorgegebenen Zickzack fuhr ich dann den leicht geneigten Hang hinauf. Manchmal verlangsamte sich das Auto, so dass ich fürchtete wieder stecken zu bleiben. Aber schließlich schaffte der Wagen mühsam diese Stelle, der Sand wurde kompakter, verfärbte sich rötlich, ein Zeichen, dass wir wieder festeren Boden unter den Rädern hatten.

Ein Gefühl großer Erleichterung erfasste mich, denn ich wusste, dass jetzt die schwierigsten Passagen hinter uns lagen. Auf unserem Weg sahen wir Aasgeier, die gerade ein totes Kamel »entsorgten«. Sie sind die »Müllabfuhr« der Wüste und erledigen ihre Arbeit schnell und sauber.

In Aderbissinat, einer kleinen Ortschaft vor Tanout, gab es gerade ein großes Fest mit vielen Jugendlichen. Es waren Burschen, die die Beschneidung und den wochenlangen Aufenthalt in der Einsamkeit hinter sich hatten und nun von der Bevölkerung mit großer Freude empfangen wurden. Ein Ritus des Eintritts in das Erwachsenenalter.

Unser Tagesziel aber war Zinder, nahe der nigerianischen Grenze. Viel war in dieser Stadt nicht zu sehen, aber es gab eine gut ausgerüstete Jugendherberge, in der ich Quartier bezog. Dennoch gab es viel Bewegung in den Straßen, die ich verstand, als ich erfuhr, dass der Vizepräsident des Landes zu Besuch in Zinder weilte, und deshalb Trommler und so viele Menschen auf den Straßen unterwegs waren. Der Tourist aus Agadez verließ mich, denn er wollte in der Stadt bleiben.

Am 11. Juli ging es weiter nach Kano. Die Grenzformalitäten bei der Ausreise waren problemlos. In Nigeria diskutierten die Zollbeamten allerdings sogar über die Möglichkeit, dass mich ein Beamter quer durch Nigeria begleiten sollte. Zum Glück wurde dieser Gedanke wieder fallen

Kano, wichtiges Handelszentrum in Norden von Nigeria und Zentrum des Islam

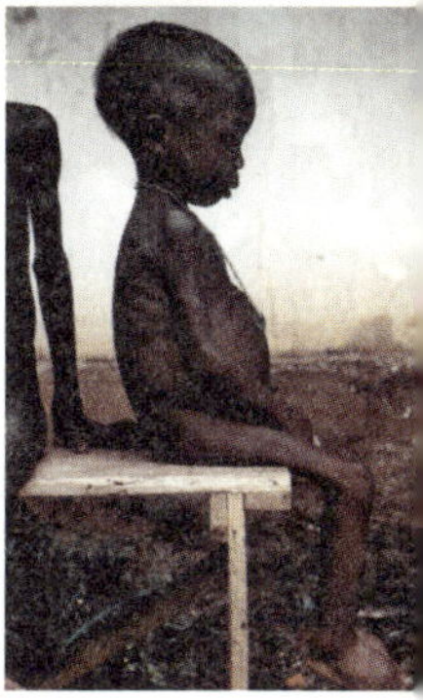

Kind im Biafra-Krieg, Nigeria

gelassen. Vermutlich wollte keiner die Strapazen der Reise, besonders den Weg zurück, auf sich nehmen.

Kano ist eine Hochburg des muslimischen Glaubens und eine Millionenstadt. Es war Freitag und auf der Straße waren viele Männer, die vom Gebet in der großen Moschee kamen.
Ich blieb nicht in dieser Stadt, sondern setzte meine Reise nach Zaria und Richtung Jos fort. Nahe einer kleinen Ortschaft vor Jos suchte ich einen Platz am Straßenrand, um die Nacht zu verbringen. Ich war sogar zu müde, mir eine fertige Suppe aufzuwärmen. Immerhin war ich von Agadez weg bis hierher 537 Kilometer gefahren, dazwischen lagen zwei Grenzübergänge. Trotz des Hungers schlief ich vor Müdigkeit sofort ein und wurde erst bei Sonnenaufgang wach. Eines hatte ich allerdings übersehen. In der Wüste gab es keine Moskitos oder sonstige Fliegen. Hier in der fruchtbaren Gegend waren sie wieder gegenwärtig. Als ich mich am Morgen in den Spiegel blickte, hatte ich Mühe mich selbst zu erkennen. Ich war geschwollen und aufgedunsen, so dass ich mich nicht einmal rasieren konnte. Ohne Frühstück fuhr ich weiter nach Süden. In der Stadt Jos gab es ein Priesterseminar. Dort machte ich dem verantwortlichen Pater einen Besuch, erzählte von meiner Reise und der nächtlichen Fliegenattacke. Der irische Pater erlaubte mir, eine Dusche zu nehmen, mich zu rasieren und nach der Wüstenfahrt etwas zu kultivieren. Anschließend lud er mich zum Frühstück ein.

Es war Sonntag, der 13. Juli. Ich besuchte den Gottesdienst in einer Kirche um 7 Uhr früh. In Nigeria wirkten die Missionare, »Heilige-Geist-Väter« genannt. Enugu, eine Stadt in der Nähe, soll das größte Seminar der Welt haben, sagte man mir. In dieser Diözese gab es kaum Priestermangel, daher waren viele nigerianische Priester auch im Ausland.

Die Nacht verbrachte ich in Otukpo. Von Ferne hörte ich wie getrommelt wurde; da wurde mir bewusst, dass ich schon tagelang keine Trommel gehört hatte. Von allen Ländern hatte ich nur in Nigeria etwas von Ausgrenzung wegen Rasse oder Religionszugehörigkeit erlebt. Einmal wurde mir an einer Tankstelle sogar der Treibstoff verweigert. Zum Glück hatte ich genügend Reserven in den Dieselfässern, um die nächste Stadt zu erreichen.

Am nächsten Tag, es war der 14. Juli, legte ich die letzten Kilometer bis zur Staatsgrenze nach Kamerun zurück. Dieses Gebiet hatte durch den Krieg in → **Biafra** traurige Berühmtheit erlangt. Dieser Konflikt in Biafra war der erste afrikanische Krieg, über den auch westliche Journalisten ausführlich berichteten. Die Bilder von hungernden Kindern, getöteten Soldaten und vielen Toten hatten sich in Europa tief ins kollektive Gedächtnis eingebrannt und prägen bis heute die Vorstellung von Afrika. Die Straße zur Grenze war nicht asphaltiert, aber eine gute Buschstraße. Am frühen Nachmittag erreichte ich den Zollposten mit Namen Ekok. Die Formalitäten bei der Polizei und beim Zoll nahmen Zeit in Anspruch, waren aber problemlos erledigt.
Die Straße von der Grenze nach Mamfe war weniger gut, so dass ich erst am Nachmittag die erste Stadt in Kamerun erreichte. Der Priester, der in Brixen seinen Urlaub verbracht und mir mitgeteilt hatte, dass er bald wieder in Kamerun sein würde, war noch nicht angekommen. Auf der Straße aus rotem Laterit ging es am nächsten Tag weiter in Richtung Douala. Auf dem Weg gab es etliche Polizeikontrollen, sicherlich eine Vorsichtsmaßnahme wegen der Nähe zur Grenze nach Nigeria.

Die Information, in der ich dem Verantwortlichen des Zentrums der »Heiligen-Geist-Väter« in der Rue Franqueville mein Kommen angekündigt hatte, war noch nicht eingelangt. Trotzdem gab es einen Platz für mich. Ich blieb einen Tag in Douala und fuhr am 17. Juli nach Yaoundé, der Hauptstadt von Kamerun. Im Gästehaus, »Casba« genannt, wurde ich gastfreundlich aufgenommen und konnte die Nacht über bleiben, obwohl ich nicht angemeldet war. Die Straße von Yaoundé bis Bertoua war stark frequentiert. Besonders gefährlich waren die schweren Holztransporte, die keinen Zentimeter auswichen und sich auf der Straße wie Platzhirsche benahmen. In Bertoua konnte ich wieder in einer Missionsstation übernach-

Holztransport in Kamerun

Vor der Regenbarriere in Zentralafrika

ten. Ein holländischer Pater erzählte, dass einige seiner Kollegen in der Diözese Bangassou wirkten.

Das Ende meiner Reise kam in Sicht und das Abenteuerliche dieser Fahrt wurde mir mehr und mehr bewusst. Langsam realisierte ich, dass diese Reise gelungen war, selbst wenn noch etwa 1.500 Kilometer bis nach Bangui vor mir lagen.

Der letzte Grenzübergang erwartete mich bei Galoua Boulai, dem Grenzort auf der Seite von Kamerun. Wie üblich wurden die Papiere von mir und dem Auto geprüft. Die »Ladung« interessierte hier niemanden. In Baboua betrat ich wieder zentralafrikanischen Boden. Die Kontrolle ging rasch vor sich, die Zöllner und Polizisten waren jung und freundlich. Man merkte noch die Frische eines neu gegründeten, jungen Staates, der damals erst 15 Jahre alt, oder besser jung war (Unabhängigkeit seit 1960). Irgendwie hatte ich es jetzt eilig, mein Ziel zu erreichen. Die nächstgrößere Stadt Bouar war nur noch 150 Kilometer entfernt, aber wegen des Regens musste ich die Nacht vor der Regenbarriere verbringen. Da die Straße nicht befestigt war, sondern aus Sand oder Laterit bestand, galt bei Regen ein Fahrverbot für alle Fahrzeuge. Da es Abend war, hatte ich keine Chance mehr weiterzufahren. Erst am nächsten Tag, den 20. Juli, traf ich in Bouar ein, fuhr nach einem Besuch in der Mission weiter und übernachtete in Bossembele.

Am darauffolgenden Tag erreichte ich Bangui, die Hauptstadt der Zentralafrikanischen Republik, das Ziel meiner Reise. Ziemlich genau 8.500 Kilometer lagen hinter mir. Zu meinem Erstaunen traf ich gleich bekannte Gesichter: das Ehepaar Karlheinz und Christine, die zusammen in der Entwicklungshilfe tätig waren. Sie stammten aus Vorarlberg und arbeiteten in

Bangui, Hauptstadt der Zentralafrikanischen Republik

In Bangassou, am Ziel meiner Reise

Kembe im »Kota Da«[4], einem Haus der »Animation rurale«, wie die Entwicklungshilfe in der Diözese genannt wird. Karlheinz hatte Gelbsucht und musste nach Österreich zurückkehren. Sieben Monate zuvor war ich in derselben Lage gewesen und hatte das Land verlassen müssen. Karlheinz und Christine würden aber in Österreich bleiben.

Innerlich war ich erleichtert und dankbar, dass diese Reise trotz einiger Schwierigkeiten so gut verlaufen war. Nach einigen Tagen der Ruhe und Erholung, verließ ich Bangui, denn das eigentliche Ziel meiner Reise war Alindao in der Diözese Bangassou. Zwar betrug die Entfernung noch etwa 600 Kilometer, aber gemessen an dem, was hinter mir lag, war es eine unbedeutende Distanz.

In der Mission von Alindao wurde ich freundlich begrüßt. Einige Tage später setzte ich die Reise fort, um Bischof Antoine Marie Maanicus in Bangassou zu besuchen.

Wir waren beide dankbar, dass die Überstellung des Autos ohne größere Probleme vor sich gegangen war. Die Diözese hatte ein Fahrzeug mehr, so dass in Zukunft die nötigen Transporte besser bewerkstelligt, Hektik vermieden und bei Krankheit rascher geholfen werden konnte. Dieses Auto würde in Zukunft die Arbeit sehr erleichtern. Neben den finanziellen Vorteilen bei der Verzollung durch die Einfuhr per Achse, blieb das einmalige Erlebnis dieser Reise wie ein unbezahlbares Geschenk in meiner Erinnerung.

4 »Kota da«, in Sango »Großes Haus«, Zentrum der kirchlichen Entwicklungshilfe »animation rurale« genannt.

Organisation einer afrikanischen Pfarre

Sanierung der Kirche von Alindao

Nach meiner Ankunft in Alindao setzte ich die begonnene, durch meine Krankheit unterbrochene Arbeit fort. Es ging um die Sanierung der Kirche und die Gestaltung der Decke im Inneren der Kirche. Der neue Kleinlaster stand nun jederzeit zur Verfügung und war eine große Hilfe. Es fehlten noch flache Steine für die Pflasterung des Eingangs wie auch entlang der Seitenmauern. Für den Eingangsbereich und die Seitenteile benötigte ich viele Ladungen mit Steinplatten, die von der Ortschaft Ngolo, etwa 29 Kilometer von Alindao entfernt, geholt werden mussten. Die Beteiligung der Bevölkerung war gut. Die Arbeit war nach wie vor mühsam, aber das Transportproblem war seit meiner Rückkehr gelöst.

Etwa 50 Mal fuhr ich zu diesem Bach und legte allein für den Transport der Platten die beachtliche Strecke von 3.000 Kilometer zurück. Die Arbeit zog sich über viele Wochen hin, da wir weniger hektisch arbeiteten und nur eine Fahrt pro Tag machten. Kleinere Steinplatten waren auch bei der Bevölkerung beliebt, denn sie dienten als Unterlage beim Duschen mit dem Kübel und bildeten einen sauberen Untergrund auf dem sandigen oder lehmigen Boden. Kein Wunder also, wenn so manche Steinplatte nicht der Sanierung des Kircheneingangs diente, sondern in der Nacht den Weg ins Wohnviertel fand.

Als die Arbeit rund um die Kirche beendet war, reparierten wir auch die Sprünge in der Mauer und machten die Fugen zwischen den Ziegeln mit Füllmaterial dicht. Wie die Seitenteile der Kirche so änderten wir auch den Haupteingang und ersetzten die Ziegel mit Steinplatten und füllten die Fugen mit Zement.

Auch der Giebel der Kirche hatte Sprünge, durch welche das Regenwasser ins Mauerwerk drang. Das ganze Gebäude war nur mit gebrannten Ziegeln und Lehm als Bindemittel erbaut. Schon nach zehn Jahren zeigten sich erste Mängel, denn schlecht gebrannte Ziegel verlieren schnell die schützende Oberfläche und sind nach wenigen Jahren ausgewaschen. Die Dicke der Mauern garantierte zwar eine Stabilität, doch eine Verschlechterung des Zustandes sollte gestoppt werden. Es war nicht leicht, entsprechendes Material für die Ausbesserung der Giebelmauer zu finden. In Frage kam eine Blechverkleidung, eine Abdeckung mit Zement oder mit gebrannten Dachziegeln.

Arbeit an der Seitenmauer: Pflasterung mit Steinen

Steinpflaster beim Eingangsbereich der Kirche

Es ergab sich zufällig, dass in dieser Zeit das »Centre d'Accueil« in Bangui vergrößert und der Altbestand renoviert werden sollte. Bei dieser Gelegenheit wurde auch das Dach erneuert und die alten Dachziegel durch Wellblechplatten ersetzt. Der Eigentümer bot mir das alte Material gratis an, soweit es noch von guter Qualität war. Ich holte die Dachziegel nach Alindao, und wir deckten damit die Giebelmauern ab. So hofften wir das Problem für kommende Jahrzehnte gelöst zu haben.

Eine andere Herausforderung, die schon seit Jahren aufgeschoben worden war, bildete der Plafond der Kirche. Die Kirche von Alindao war groß, etwa 50 m lang und 20 m breit, ein rechteckiger Bau mit einem Giebeldach, abgedeckt mit galvanisierten Blechplatten.

Der Dachstuhl wurde innen von 20 Pfeilern abgestützt, wodurch ein dreischiffiger Kirchenraum entstand. In den ersten Jahren nach dem Bau der Kirche wurde nur über dem Presbyterium ein Plafond mit Schiffbrettern befestigt; der Rest blieb unbedeckt. Der Nachteil war die Lärmentwicklung bei starkem Regen. So beschloss das Missionsteam, einen Plafond in der Kirche zu machen. Ein kleiner Anfang war ja schon gemacht, nun sollte der Rest der Kirche folgen. Zuerst benötigten wir ein entsprechendes Gerüst. Da es keine Firma gab, zimmerten wir selbst eines mit sechs Meter langen Kanthölzern und stellten auf diese Arbeitsfläche ein kleineres Gerüst, hoch genug, um an die Querträger zu kommen. Die Arbeiten gingen rasch voran, auch dank des Autos, mit welchem wir das notwendige Holzmaterial zu jeder Zeit von Bangui holen konnten. Der neue Plafond war schön, aber nach einiger Zeit nisteten sich die zahlreichen Fledermäuse in den Zwischenräumen ein. Die Lärmentwicklung dieser Tiere war zwar nicht so stark wie das Geräusch des Regens, aber doch sehr störend; dazu kamen Geruchsentwicklung und Verschmutzung.

Die Pfarrkirche von Alindao nach der Restaurierung

Das Doppelgerüst für den Plafond

Einige Jahre später wurde eine Lösung für diese Plage auf andere Weise gefunden. Einige Schiffbretter wurden entfernt, so dass Zwischenräume entstanden. Die Öffnungen bewirkten einen Luftzug, den Fledermäuse absolut nicht vertragen, so dass sie das Gebäude schließlich verließen. Diese Maßnahme war auf alle Fälle wirksam, denn seit dieser Zeit gab es weder Lärmentwicklung noch Geruchsbelästigung.

Eine katholische Mission in Afrika gleicht einer Pfarre in Europa, nur dass zu den religiösen und pastoralen Aufgaben praktische Tätigkeiten dazukommen, wie Entwicklungshilfe und Bildung. Die Zentralafrikanische Republik liegt im Herzen Afrikas, und Alindao befindet sich in der Mitte des Landes im Süden nahe der Grenze zur Demokratischen Republik Kongo (DRK).

Das Arbeitsgebiet dieser Pfarre war in drei Sektoren aufgeteilt: das Zentrum selbst mit 12 Dörfern, die vom verantwortlichen Pater betreut wurden; der Sektor entlang der Hauptstraße westlich und östlich von Alindao mit etwa 30 Dörfern und ein dritter Sektor, der sich damals nach Norden erstreckte mit etwa 20 Dörfern (Stand 1975). Für das Zentrum wie für die zwei Sektoren war je ein Priester oder Pater verantwortlich. Ich selbst übernahm nach einer Zeit der Einführung die pastorale Arbeit im Zentrum von Alindao, einer Provinzstadt mit etwa 14.000 Einwohnern.

Zur Hauptkirche gehörten wie schon erwähnt noch 12 Seelsorgestellen in den anliegenden Dörfern. Die Gläubigen kamen sonntags zum Gottesdienst in die Hauptkirche; die kleinen Zentren besuchte ich regelmäßig, um Gesprächs- und Gebetsrunden zu halten. Gleichzeitig galt mein Besuch den Kranken in den Dörfern, die ich – wenn nötig – auch ins Spital brachte. Die Gesundheit im Dorf war naturgemäß ein wichtiges Anliegen bei

Teil des Zentrums von Alindao

Alindao – ein Wohnviertel

Besuchen. Erkrankungen wurden im Denken der Menschen meist nicht auf Viren, Infektionen, Entzündungen, Würmer oder Parasiten zurückgeführt, sondern waren in der Vorstellung der Leute durch geistige Kräfte von Menschen verursacht. Dabei kann es nicht nur um Schaden an Personen gehen, sondern auch um Schädigung der Felder oder Totgeburten bei Tieren.

Bei Unfall, Unglück oder Todesfall werden nicht zuerst die konkreten Ursachen gesucht, sondern man forscht nach einem Schuldigen.

In einem Wohnviertel in Alindao traf ich eine Frau, die seit kurzer Zeit halbseitig gelähmt war. Niemand brachte sie ins Spital. Ihr Mann erklärte mir, dass sie der Geist des Busches, »Ngakola« genannt, geschlagen habe. Niemand würde es wagen, gegen eine solch geistige Kraft vorzugehen, daher blieb die Frau daheim ohne ärztliche Hilfe und Medikamente und siechte dahin. In Wirklichkeit hatte sie einen Schlaganfall erlitten.

Dieser Glaube, dass Menschen die Kraft haben, anderen zu schaden, heißt in Sango, der einheimischen Sprache, → »**Likundu**«. Wurde eine offizielle Klage eingebracht, dann musste die Polizei eingreifen und den Beschuldigten verhaften. Selbst bei Unfällen mit dem Auto denkt man ebenso. Nicht ein technischer Defekt erklärt die Ursache, sondern Schuld ist ein Mensch, der für diese Tat als verantwortlich angesehen wird.

Es ist eine primäre Aufgabe der Pastoral, Krankheit und Tod aus dem Bereich der Hexerei herauszulösen. Wenn es gelingt, verschwindet viel Angst aus dem Leben der Leute. Da ein Schuldspruch wegen Hexerei immer auch mit einer Strafzahlung verbunden ist, glaube ich, dass auch dies ein Motiv ist, nach Schuldigen zu suchen.

Irgendwann wird die beschuldigte Partei im Gegenzug eine Gelegenheit finden, Anklage gegen ihre früheren Feinde zu erheben und somit ihrerseits eine Strafzahlung zu verlangen.

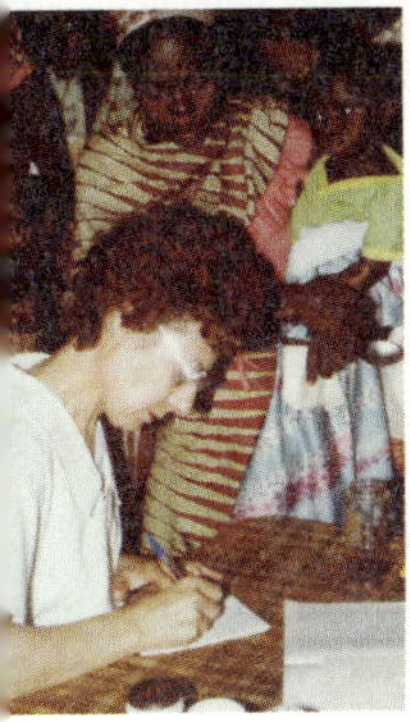
Sr. Christiane

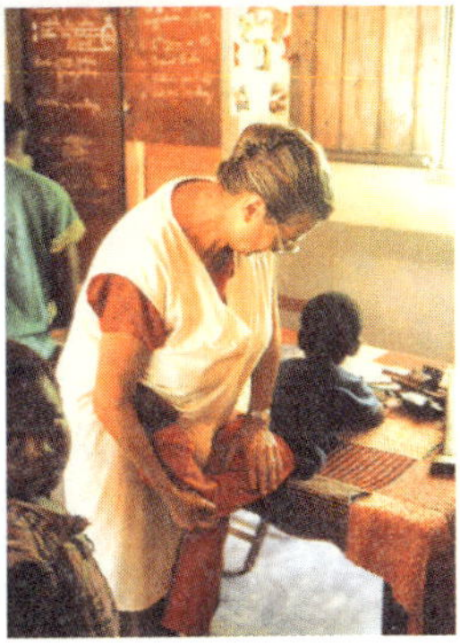
Sr. Huguette

Sr. Catherine

Sr. Yvonne

Der Widerstand gegen den Brauch des Hexenwahns ist groß. Den Weißen gegenüber argumentieren die Leute meist, dass wir das nicht verstehen können. Für uns Christen ist klar, dass Schuldzuweisungen solcher Art gegen die Gerechtigkeit verstoßen. Die Bibel selbst spricht eine klare Sprache: »Weder er (das Kind) noch seine Eltern haben gesündigt«, heißt es in Johannes 9,3 bei der Heilung des Blindgeborenen. Gerade solch konkrete Situationen zeigen, wie aktuell die Botschaft der Bibel ist, die von Schuld befreit und zu einer Würde führt, die in Gott verankert ist.

Geistliche Schwestern in Alindao

Die Mission Alindao wurde im Jahre 1936 durch Pater Michel Kandel gegründet. 15 Jahre später kamen 1951 auch Schwestern in diesen Ort. Es waren die Kleinen Schwestern des heiligen Franz von Assisi von Angers, Frankreich. Als ich ankam, waren hier vier Schwestern tätig, jede mit einer bestimmten Aufgabe betraut. Sie wohnten in einem anderen Gebäude und waren spezialisiert für das Krankenhaus, für Behinderte, für die Arbeit im Ausbildungszentrum für Katecheten und für die kirchliche Entwicklungshilfe in den Dörfern.

Schwester Christiane arbeitete als Hebamme und Krankenschwester im staatlichen Spital. Schwester Huguette bemühte sich im Sozialzentrum um Kinder, die Kinderlähmung oder sonst eine Behinderung hatten. Schwester Katherina besuchte die Dörfer und arbeitete mit den Frauen, gründete kleine Genossenschaften und bebaute mit ihnen Gemeinschaftsfelder. Der Verkauf ihrer Produkte wie Maniok, Erdnüsse oder andere Früchte sollte die finanzielle Grundlage des Lebens verbessern. Am besten dafür geeignet war der lokale Markt, da Transportwege abseits der Hauptstraße kaum exis-

Zentrum für die Ausbildung der Katecheten

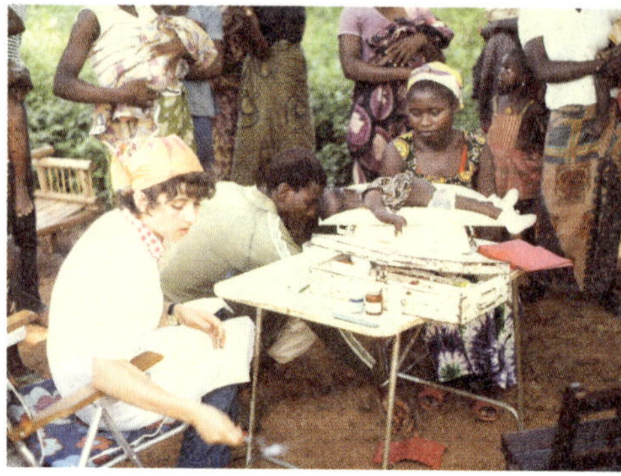

Entwicklungshelferin Burgi in Alindao bei der Gewichtskontrolle der Babys

tierten. Schwester Yvonne war früher Diätköchin in einem französischen Spital tätig gewesen. Hier kümmerte sie sich um das Haus, kochte für die Schwesterngemeinschaft und hielt Kurse im Zentrum für Katecheten.

Centre Charles L'Wanga

Der Mission angeschlossen war ein Zentrum für die Ausbildung von Katecheten, das → »**Centre Charles L'Wanga**«, in dem Familien von Katecheten neun Monate lang wohnten. Das Zentrum wurde von Pater Bernard betreut. Bis zu 18 Familien konnten in diesem Zentrum aufgenommen werden. Die Frauen der Katecheten erhielten eine Ausbildung in Lesen und Schreiben, wie auch in praktischen Belangen wie Nähen, Stricken, Kochen und häuslichen Aufgaben.

Entwicklungshelfer und Entwicklungshelferinnen

In der Mission wohnten auch Burschen und Mädchen, die in der Entwicklungsarbeit tätig waren. Je nach Nationalität blieben sie zwei oder drei Jahre und wirkten auf unterschiedlichste Weise.

Französische »Volontaires« blieben meist nur zwei Jahre, wobei Burschen oft den Militärdienst ableisteten. Entwicklungshelfer und Entwicklungshelferinnen aus Österreich blieben in der Regel drei Jahre. Ihre Aufgabe war durch die »Animation rurale« vorgegeben, eine Organisation der Kirche für die Entwicklung des Landes. Für die Landwirtschaft gab es das Projekt der sogenannten »Culture attelée«, den Gebrauch von Zugtieren, um die Feldarbeit zu erleichtern. Dadurch konnten größere Flächen bearbeitet werden, mehr als mit der üblichen Handarbeit. Andere Aufgaben waren Brunnen bauen oder Quellen einfassen, um sauberes Wasser zu ha-

Medikamentenkoffer

Besuch in einem Dorf

ben. Anni beispielsweise war ausgebildete Krankenschwester und spezialisierte sich auf sogenannte Hausapotheken.

In einem Kästchen fanden wichtige Medikamente Platz, die auch im Dorf von den Frauen angewendet werden konnten. Dabei ging es um fiebersenkende Pillen gegen Malaria, der Hauptursache von Todesfällen, oder um Verbandsmaterial bei Verwundungen oder Salben gegen die berüchtigten Tropengeschwüre. Vor der Übergabe der Medikamentenkiste wurde mit den Dorfbewohnern ein mehrtägiger Einführungsunterricht gemacht, damit die Medikamente auch eine sachgemäße Anwendung fanden. Die Entwicklungshelfer und Entwicklungshelferinnen besuchten die Dörfer und analysierten die Situation: Was könnte im Wohnviertel oder Dorf besser gemacht werden? War die Quelle gereinigt und das Wasser sauber? Gab es viele Krankheiten, Aussätzige, arbeitsunfähige oder verlassene, ältere Menschen? Wie ließen sich Konflikte schlichten und lösen? So verband sich hier biblische Botschaft mit dem Alltagsleben. Gesundheit, Bildung der Kinder, gesunde Ernährung und Kommunikation unter den Menschen waren die Themen des Alltags. Für den Besuch der Dörfer hatten die Helfer und Helferinnen ein Auto zur Verfügung um Behelfe und alles Nötige zum Übernachten mitzunehmen.

Seelsorger

Die Pater besuchten ihre Gemeinden in regelmäßigen Abständen und waren manchmal über eine Woche lang unterwegs. Sie trafen sich mit den Verantwortlichen der christlichen Gemeinde, besprachen Probleme und beschlossen Arbeiten, die für das Kirchengebäude nötig waren.

In den kleineren Dörfern bestanden die Kapellen und Versammlungsstätten meist aus luftgetrockneten Lehmziegeln, waren sehr bescheiden

Katecheten meiner Dörfer

Hondje, mein treuer Begleiter

und nur mit Stroh gedeckt. Die Verantwortlichen der christlichen Gemeinde (Pfarrgemeinderäte) waren für die materiellen Belange zuständig. Oft gab es Streitfälle zu schlichten, die Familien betrafen, oder es ging um praktische Dinge, wie die Verbesserung der Kapelle durch ein neues Dach, oder man wollte überhaupt die Kirche mit Zementziegeln bauen, damit die Mühen wiederholter Reparaturen wegfielen.

Eine wichtige Person war der Katechet. Er war für die sonntägliche Gemeindefeier zuständig und bereitete die Taufbewerber auf den Empfang der Sakramente vor. Für seine Arbeit wurde er von den Pfarrgemeinderäten entlohnt, je nach finanzieller Fähigkeit der Gemeinde. Zweimal in der Woche hielt er üblicherweise eine Glaubensunterweisung für die Katechumenen, besuchte die Kranken und unterhielt den Kontakt mit dem verantwortlichen Priester. Der Empfang der Taufe war genau geregelt. Es wurde eine zweijährige Vorbereitungszeit, ein Katechumenat, verlangt. Unmittelbar vor der Taufe kamen die Bewerber vier Wochen lang in die Hauptmission nach Alindao und wurden in dieser Zeit noch einmal intensiv auf die Taufe vorbereitet. Da der Katechet hauptsächlich für die religiöse und spirituelle Entfaltung der Gemeinde verantwortlich war, lag es nahe, dass ihre Ausbildung ein großes Anliegen des zuständigen Seelsorgers war. Diese geschah in mehrtägigen Kursen in der Zentralmission oder bei der länger dauernden Ausbildung im erwähnten »Centre Charles L'Wanga« für hauptamtliche Katecheten.

Nicht unerwähnt lassen möchte ich meinen Hund »Hondje«, der sieben Jahre lang mein treuer Begleiter war. Er kam ganz zufällig zu uns. Da ich für ihn verantwortlich war und ihn fütterte, suchte er oft meine Nähe und Zuwendung. Wenn wir bei Tisch saßen, legte er seinen Kopf oder seine Pfote auf mein Knie. Er war sehr intelligent und verstand meine Befehle auf Sango, Französisch und Deutsch. Als kleiner Welpe rettete er einmal seinen

Futternapf vor der Katze, indem er den Topf kurzerhand in sein Maul nahm und ihn in eine Mauerecke trug, so dass der Zugang von keiner Seite möglich war. Er hütete das Haus, konnte tagsüber frei herumlaufen, war aber in der Nacht angebunden und meldete eventuelle, ungebetene Besucher.

Wie alles angefangen hat
1950

Die Reise per Auto in die Zentralafrikanische Republik war nicht der Beginn meines Engagements in Afrika. Meine erste Begegnung mit diesem Kontinent hatte bereits zwei Jahre früher, im Mai 1973, stattgefunden. Doch dazu etwas später. Die Ursprünge meines Interesses für Afrika liegen allerdings weiter zurück, in meiner Kindheit. Bis heute sind sie für mich rational nicht ganz erklärbar. Es gab in unsrer Familie keine »afrikaphile« Erziehung, keine Perspektiven für die große Welt. Ich sehe es heute als eine Art Fügung oder eben eine Berufung, der ich folgte, wie man einem Lichtschimmer folgt, der einen Ausweg oder eine Lösung zeigt, oder gar das Ziel sein kann. Dieser Weg war lang, voll von Zweifeln, Rückschlägen und Versuchen, bis ich die Mittelschule gemacht und mich für das Theologiestudium entschied. Eine erste Begegnung hatte es in den Ferien nach der Volksschule im Jahre 1950 gegeben.

Ich musste meinem Heimatpfarrer aufgefallen sein. War es mein Eifer im Ministrantendienst, meine Regelmäßigkeit und Zuverlässigkeit oder sonst ein Umstand, jedenfalls kam eines Tages ein Missionar aus St. Gabriel nach Gerersdorf, wo ich beim Großvater zusammen mit zwei Tanten wohnte. Der Besucher war ein neugeweihter Priester, der Familien besuchte und fragte, ob ein Bub eventuell Interesse am Priesterberuf hätte. Der Ortspfarrer hatte ihn in unsere Familie geschickt. Viel hatte ich von den Gesprächen nicht mitbekommen. Ohne in irgendeiner Form aufdringlich zu sein, ließ er einige Hefte über Afrika und die Mission zurück, die ich später mit großem Interesse las. Ich begleitete ihn ein Stück des Weges, denn ich sollte meinem Großvater, der bereits auf der Wiese war, um Grünfutter für die Tiere zu mähen, die Sense nachbringen. Wir wanderten auf der Sandstraße dahin, und ich beobachtete ihn genau wie er sich in seinem schönen dunklen Anzug mit Priesterkragen von Zeit zu Zeit die Stirn abtrocknete, denn es war ein sehr warmer Sommernachmittag. Eigentlich bedauerte ich meinen Begleiter, der an einem solch schönen Tag

Als Ministrant 1952

Mein erstes Buch 1951

mit schwarzem Anzug bekleidet sein musste. Da fühlte ich mich in meiner kurzen Hose und meinem Hemd viel wohler. Aber es erfüllte mich jedenfalls eine große Freude. Ich hätte damals in ein Gymnasium der Missionare von St. Gabriel in St. Rupert bei Bischofshofen gehen sollen, aber meine Angehörigen lehnten diesen Plan ab, so dass ich weiter die Hauptschule in Pöggstall besuchte.

Geraume Zeit später gab es ein anderes Ereignis, weniger bedeutsam für den Augenblick, aber prägend für meine Zukunft. Es war in der zweiten Hauptschulklasse (1951), wo der Deutschlehrer eine Schulbücherei einrichtete und uns Schüler und Schülerinnen eindringlich ermunterte, doch ein Buch auszuwählen und daheim zu lesen. Es war keine verpflichtende Hausaufgabe, sondern lediglich ein Vorschlag. Ich konnte zwar gut lesen, aber über ein richtiges Buch hatte ich mich bis zu diesem Zeitpunkt noch nicht gewagt, auch deshalb, weil keine entsprechende Literatur zur Verfügung stand. Zwar gab es bei meinem Großvater einige Bücher, die ein pensionierter Oberstudienrat meiner Tante geschenkt hatte, aber diese Lektüre war für mich damals uninteressant. Ich folgte der Empfehlung meines Deutschlehrers und suchte nach einem Titel, der irgendwie meinen Vorstellungen entsprach, obwohl ich große Hemmungen, fast eine Furcht vor diesem Unternehmen hatte. Schließlich entschied ich mich für das Buch mit dem Titel: »Durch Urwald und Wüstensand«

Die Erzählung handelte von einem weißen Buben, der vor seinem allzu strengen Vater per Schiff flüchtete, nach Afrika kam, und alle möglichen Abenteuer mit einem afrikanischen Freund erlebte. Es ist mir heute noch immer ein Rätsel, warum ich gerade dieses Buch gewählt und mit größtem Interesse gelesen hatte. Viel später sollte ich einige der im Buch erwähnten Orte und Landschaften selbst sehen.

Die Ausbildung in unserer Hauptschule war gut. So wurde nach meinem Schulabschluss entschieden, dass ich die neugegründete technische Schule in St. Pölten, »Bundesgewerbeschule« genannt, besuchen sollte. Ich selbst war einverstanden und wollte Elektrotechnik studieren. Im Laufe des Schuljahres aber verlor ich das Interesse, so dass ich diese Studienrichtung wieder aufgab. Obwohl ich nur ein Jahr in dieser Schule verbracht hatte, war der Nutzen für später sehr bedeutsam. Neben Mathematik und Darstellende Geometrie war die schuleigene Werkstätte von enormer Bedeutung für mein späteres Leben. Wir durften Metall bearbeiten, feilen, schweißen, machten Treibarbeiten und erlernten damit den Umgang mit den Materialien Holz und Eisen. Später erinnerte ich mich oft mit Dankbarkeit an diese Zeit, weil mir die so erworbenen Kenntnisse eine ungeahnte Hilfe bei meinem Aufenthalt in Afrika waren. Nach diesem Schuljahr in St. Pölten kehrte ich wieder auf den kleinen Bauernhof meines Großvaters nach Gerersdorf zurück und arbeitete in der Landwirtschaft, ohne rechte Vorstellung von meiner Zukunft zu haben.

In dieser Zeit war es üblich, die Winterkurse der Landwirtschaftlichen Fortbildungsschule zu besuchen. Themen waren Bodenbeschaffenheit, Fruchtfolge, Einsatz von Handelsdünger wie auch Baumschnitt und Holzbearbeitung; aber auch der Umgang mit den Tieren sowie praktische Übungen wie Melken, Geburtshilfe beim Kalben, Klauenpflege und Milchverarbeitung. Obwohl ich fleißig lernte und auch am Hof fast die ganze »Männerarbeit« zu machen hatte, ahnte ich, dass dies nicht mein künftiger Lebensweg sein würde. Ich liebte die Arbeit in der Natur und empfand keinen Überdruss dabei, aber es entsprach nicht meiner inneren Sehnsucht, die ich aber nicht benennen konnte. Ich trat in eine Phase meines Lebens, in der ich mit größerem Ernst an meine Zukunft dachte. Es war wie ein neues Erwachen meines Selbstbewusstseins und eine ernste Vertiefung meiner Persönlichkeit. Mein zukünftiges Leben wurde mir plötzlich wichtig und gewann an Bedeutung. Zum ersten Mal stellte ich mir ernsthaft die Frage, was ich denn wirklich in meinem Leben erreichen, schaffen, machen wolle. Viele Tage und Abende wälzte ich diese Gedanken, suchte, grübelte und war mir trotz allem nicht sicher. Ein Grundgedanke begleitete mich in dieser Zeit immer wieder: Ich wollte den Willen Gottes tun! Was er mit meinem Leben geplant hatte, dem wollte ich entsprechen. Aber da war auch das Wissen um meine Fehler und Schwächen. Eingedenk meiner Grenzen dachte ich mir: »Mach es, so gut Du kannst, alles andere ist Sache Gottes.« Diese Ein-

Melk- und Viehhaltungskurs in Pöggstall

Meine Tanten Hermine und St…nie mit dem Nachbarn

stellung schenkte mir eine gewisse Gelassenheit und ein Vertrauen, ersetzte freilich nicht die persönliche Entscheidung. Oft ging ich allein durch den Wald, sommers wie winters, um im Gehen in der Natur eventuell eine Entscheidungshilfe zu finden. Manchmal probierte ich das Spiel der Gottesbeweise: Wenn in den nächsten Minuten ein bestimmter Käfer über den Weg läuft, dann weiß ich, dass meine Überlegungen Gottes Wille sind. Wenn dann keiner kam, tröstete ich mich und versuchte es ein anderes Mal wieder.

In dieser Zeit tauchte ein alter Gedanke auf: Da war doch vor Jahren einmal die Idee, Priester zu werden. Dieser Gedanke schlich sich in mein Bewusstsein, setzte sich fest und kam immer wieder an die Oberfläche. War es also das, was ich tun sollte? Was aber, wenn ich nicht berufen, sondern alles nur ein Spiel meiner Phantasie war, ein Wunschdenken ohne realen Hintergrund, eine Idee meinerseits? Schließlich festigte sich dieser Gedanke und wurde zu einer Überzeugung. Bei all diesen Überlegungen blieb ich im Wesentlichen allein, denn ich behielt diese Gedanken für mich.

In dieser Entscheidungsnot ging ich auf Exerzitien nach Wallsee. Ein Pater, der mir von früheren Einkehrtagen in Pöggstall bekannt war, hielt die Exerzitien. Nach einigen Tagen glaubte ich die Antwort gefunden zu haben. Obwohl die Vorträge gar nicht Berufung zum Thema hatten, fand ich persönlich eine positive Antwort auf mein Problem, was mich mit tiefer, innerer Freude erfüllte. Von diesen Exerzitien fuhr ich mit einem Geheimnis im Herzen nach Hause, sagte aber vorerst kein Wort, denn neben dem guten Willen meinerseits, gab es noch einige Hindernisse zu überwinden, vor allem das Studium, da ich bereits 18 Jahre alt war.

Da geschah etwas Eigenartiges. Ab und zu gab es in unserer Familie einen guten Ribiselkuchen, angenehm säuerlich mit einer Zuckerhaube darauf.

Dieser Kuchen wurde im Keller auf einem Regal, das mit einer Zeitung bedeckt war, kühl aufbewahrt. Ich schnitt ein Stück vom Kuchen ab und entdeckte an der frei gewordenen Stelle ein Modellbild von einem Seminar für Spätberufene in Horn, genannt Canisiusheim, dazu eine kurze Beschreibung mit dem Hinweis, dass dies ein Internat für Jugendliche wäre, die nach der Pflichtschule die Matura machen wollten. Das Studium war in der Aufbaumittelschule in Horn möglich.

War das nicht die Lösung? Ich war völlig überrascht von dieser Entdeckung und konnte es kaum glauben. Bei nächster Gelegenheit nahm ich das Fahrrad und fuhr zu meinem Heimatpfarrer Franz Entner. Als ich davon erzählte, meinte er: »Natürlich kenne ich diese Schule, ich habe selber dort studiert.« Ich war überglücklich und wertete diese Fügung als ein gutes Zeichen für meine Zukunft. Nun musste ich meine Entscheidung auch zu Hause bekanntgeben.

Die Verwunderung über diesen Entschluss war bei meinen Tanten sehr groß. Da meine Mutter in St. Pölten weilte, besuchte ich auch sie. Ich begleitete sie in ein kleines Geschäft, wo sie Milch kaufte, und auf dem Heimweg eröffnete ich ihr meine Absicht kurz und bündig: »Im Herbst gehe ich zum Studium nach Horn«, sagte ich, »weil ich Priester werden will.« Da blieb sie sofort stehen, stellte die Milchkanne auf den Gehsteig und meinte: »Bist Du verrückt!« Sie machte dann andere Berufsvorschläge, die auch für die Welt nützlich wären. »Werde Bäcker! Brot braucht der Mensch immer«, meinte sie. Aber mein Entschluss war gefasst, ich ließ mich nicht umstimmen.

Mein Heimatpfarrer brachte mich nach Horn in die Aufbaumittelschule, in der ich fünf Jahre bleiben sollte. Zusammen mit über hundert Studenten waren wir im neu gegründeten Canisiusheim untergebracht. Sehr viele von ihnen hatten bereits eine berufliche Vorgeschichte. So lag beispielsweise der Altersdurchschnitt in meiner Klasse schon im ersten Jahr bei 25 Jahren.

Man spürte den Ernst der Entscheidung und auch die Entschlossenheit, die Zeit zu nützen. Meine Angehörigen warnten mich noch vor der Abreise, dass ich für ein solches Studium sicher zu dumm wäre und schließlich mit Schande ins Dorf zurückkehren würde. Aber gerade das hätten sie nicht sagen sollen, denn ich setzte alle meine Energie ein, um Erfolg zu haben. Schon an den ersten Schularbeiten erkannte ich, dass nicht sie, sondern ich Recht haben würde. Schließlich maturierte ich im Jahre 1962 mit sehr gutem Erfolg und entschied mich, ins Priesterseminar nach St. Pölten zu gehen.

Beim Eintritt in ein Priesterseminar musste ein Aufnahmegesuch eingereicht werden. Dieses Ansuchen schrieb ich auch, aber wie sich später herausstellte, war es nicht vollständig gewesen, da ich etwas Entscheidendes vergessen hatte. Bald wurde ich zum Regens des Seminars, Kanonikus Wilhelm Mantler, gerufen. Bei diesem Gespräch erinnerte er mich, dass ich im Aufnahmegesuch nicht erwähnt hatte, dass ich Priester der »Diözese St. Pölten« werden wollte. Heute sehe ich, dass mein Unterbewusstsein gut funktionierte. Dem Rektor gegenüber bejahte ich halbherzig meine Absicht hierzubleiben. Anders verlief das Gespräch beim Spiritual, Dr. Alois Hörmer, dem geistlichen Leiter, als ich zu einem der üblichen Besuche im Laufe des ersten Studienjahres eingeladen wurde.

»Wie geht es Ihnen hier?« fragte mich der Spiritual. Meine Antwort verwunderte mich selbst, denn spontan antwortete ich: »Hier bleibe ich nicht.«

»Ja, was wollen Sie denn eigentlich machen?«, kam die erstaunte Frage?

»Ich möchte in einem Missionsgebiet arbeiten!«, war meine Antwort.

Zum ersten Mal hatte ich damals diesen Wunsch ausdrücklich formuliert, ganz spontan, aus dem Inneren heraus. Immer wieder dachte ich daran, in der Mission arbeiten zu können, aber darüber hatte ich bisher mit niemandem gesprochen. Der Spiritual ging auf meine Antwort ein und meinte: »Das können Sie sicher auch als → ›**Fidei donum**‹ Weltpriester machen.« Das hat mich völlig überrascht und ich antwortete: »Gut, wenn dies möglich ist, dann bleibe ich hier.«

So blieb ich also im Priesterseminar und widmete mich dem philosophisch-theologischen Studium in St. Pölten. Die Zeit des Studiums habe ich in bester Erinnerung. Es gab eine gute Gemeinschaft unter uns Studenten. Zwar stand das Studium an oberster Stelle, aber der wöchentliche freie Tag wie auch die Ferien erlaubten Reisen und Bergtouren, die ich nicht missen möchte.

Die hohen Berge der Alpen (Großvenediger, Wildspitze, Südtiroler Berge und viele andere) lockten uns, forderten uns heraus und wurden bestiegen. Die Gesäuseberge waren gleichsam meine Hausberge, weil sie verhältnismäßig rasch erreichbar waren und auch jeden Schwierigkeitsgrad boten.

Canisiusheim in Horn, 1957–1962

Mit Freunden auf dem Gipfel des Großglockners; v. l. n. r.: Karl Bernhart, Otto Kössler

An ein Ereignis erinnere ich mich immer, weil ich bei dieser Tour zu Sturz gekommen war und sehr viel Glück gehabt hatte. Wir waren mit den Rädern zu dritt nach Schwarzenbach gefahren, denn dort gibt es die Höhlen, das »Trockene Loch« und das »Nasse Loch«. Ausgerüstet mit Fackeln und einem Seil für alle Notfälle stiegen wir in das Nasse Loch ein, wanderten und kletterten teilweise den Höhlengang entlang und kamen zu einer Stelle, an der eine Strickleiter an senkrechter Wand etwa drei Meter aufwärts führte. Wir stiegen hinauf, befanden uns aber sehr bald an einer Stelle, die zu eng wurde. Also mussten wir wieder umkehren. Als ich die Strickleiter betrat, löste sich die Verankerung und ich stürzte etwa drei Meter in die Tiefe. Ich fiel mit dem Rücken auf steinigen Boden, rollte weiter und kam mit dem Gesicht zur Erde zu liegen. Der Schrecken meiner Kollegen war groß und sie riefen sofort, ob etwas passiert wäre. Ich konnte spontan antworten, ein Zeichen, dass ich bei Bewusstsein war. Als sie dann mit viel Mühe bei mir waren, sahen sie meine Verletzungen. Mühsam krochen und kletterten wir zum Ausgang, gingen ins Tal und verständigten die Rettung, die mich nach St. Pölten ins Spital brachte. Mit 15 Nahtstellen am Kopf und am Fuß ging ich ins Priesterseminar zurück, wo mich dann die Kräfte verließen.

Eine Woche später erhielt unser Jahrgang die sogenannten niederen Weihen im Dom zu St. Pölten. Die Nähte am Kopf waren zum Glück schon entfernt, die am Knie gab es noch, so dass ich mich nur mit Mühe niederknien konnte.
Es war auch die Zeit, in der wir manchmal in die schwierig erreichbaren Länder des Ostblocks fuhren, um Kontakt mit Priesterstudenten und deren Verantwortlichen aufzunehmen und geheim Literatur zu überbringen. Doch darüber später ausführlicher.

Priesterweihe 1967

Am 29. Juni 1967 erhielt ich die Priesterweihe und feierte am 2. Juli in Pöggstall die Primiz. Anschließend war ich fünf Jahre lang Kaplan in verschiedenen Pfarren: Langenhart bei St. Valentin, Neulengbach und schließlich in Krems an der Donau. In diese Zeit fielen neben der pastoralen Tätigkeit viele Bergerlebnisse. Ich konnte die Jugendlichen, auch solche von anderen Pfarren, begeistern, gemeinsame Touren zu machen. Die Ziele waren: Großglockner, Wildspitze, die Gesäuseberge, besonders der Admonter Reichenstein, die Dolomiten und viele andere. Damals nahm ich mir vor, jedes Jahr wenigstens drei Dreitausender zu besteigen, ein Ziel, das ich lange Zeit durchhielt. Ich wurde Kaplan in Krems und fühlte mich wohl. Dennoch stellte sich mir immer wieder die Frage nach einem Einsatz in der Mission. Ich sprach auch einige Male darüber mit Bischof Zak[5]. Er meinte anfangs: »Lernen sie erst einmal die Diözese kennen!« Doch der Wunsch verschwand trotz besserer Kenntnis der Diözese nicht, und nach fünf Jahren wiederholter Bitte gab Bischof Zak schließlich die Erlaubnis und meinte: »Wenn Sie unbedingt wollen, dann gehen Sie halt!«

Nun begann ein neuer Abschnitt in meinem Leben. Nach diesem Gespräch war der Weg frei, aber ich wusste nicht, wie ich ihn verwirklichen sollte. Ich begann Briefe zu schreiben. Adressaten waren Bischof Friedrich Helmel in Guarapuava, Brasilien, und Bischof José Calasanz Rosenhammer in San Ignatio, Bolivien. Beide waren einverstanden mich aufzunehmen, sprachen von Pfarren, die ich sofort übernehmen könnte. Ich aber zögerte. War es wirklich das, was ich wollte?

Einen letzten Versuch startete ich beim Österreichischen Entwicklungsdienst in Wien. Ich präsentierte mich dort mit dem Wunsch, als Entwicklungshelfer zu arbeiten.

5 Dr. Franz Zak (1917 – 2004), Bischof von St. Pölten von 1961 – 1991.

»Welchen Beruf haben Sie denn?«, fragte mich der Leiter des Österreichischen Entwicklungsdienstes Hans Bürstmayr.

»Ich bin Priester in der Diözese St. Pölten.«, war meine Antwort. »Das kann ich so nicht entscheiden,«, meinte er, »da müssen wir zuerst eine Sitzung abhalten.« Die Antwort war dann aber negativ. So sah ich meinen Wunsch langsam entschwinden.

Bei dieser Besprechung aber war Weihbischof Alois Wagner als Beauftragter der Bischofskonferenz für den ÖED[6] anwesend. Er erfuhr von meinem Wunsch und schrieb mir wiederholt Briefe, mit der Frage, ob ich immer noch Interesse hätte.

Und eines Tages kam dann ein Anruf aus Wien, weil Bischof Maanicus aus Bangassou, Zentralafrika, gekommen war und einen deutschsprachigen Priester für seine Diözese suchte, da dort viele österreichische Entwicklungshelfer und Entwicklungshelferinnen arbeiteten. Am folgenden Tag holte ich Bischof Maanicus in Wien ab. Wir fuhren nach Krems, erhielten für den nächsten Tag einen Gesprächstermin bei Bischof Franz Zak und waren auch zum Essen eingeladen. Es wurde beschlossen, dass es einen Vertrag zwischen den Bischöfen und mir geben würde und ich ab September 1972 für die Diözese Bangassou freigestellt war. Damit fiel im Herbst 1971 eine wichtige Entscheidung für mein künftiges Priesterleben.

Im September 1972 ging ich für einen Monat in das Missionskloster St. Gabriel bei Mödling, um mich mit Themen der Mission und der Völkerkunde zu beschäftigen. Für mich persönlich wurde aber bald das Erlernen der französischen Sprache dringlicher, so dass ich anschließend nach Paris flog um Französisch zu lernen. Ich blieb insgesamt acht Monate in Paris und widmete mich dem Sprachstudium.

Hinter mir lag bis jetzt ein Weg des Suchens und die Erfahrung von Pastoral in Pfarren mit verschiedenen Bevölkerungsgruppen: Jugend, Arbeiter, Angestellte und Intellektuelle.

Persönlich neigte ich zu einem Glaubensverständnis, das nicht so sehr die »Seelenrettung« zum Ziel hatte, sondern eher von einer Sorge um das Heil des ganzen Menschen geprägt war, also eine leibliche, politische und universale Dimension hatte.

6 ÖED, Österreichischer Entwicklungsdienst, später »Horizont 3000« genannt, eine kirchliche Organisation für Entwicklungsdienste im Globalen Süden.

Was die Mission betrifft, so war sie damals im Verständnis der Leute eine Einbahnstraße von Europa nach Afrika oder anderen Kontinenten. Sie spielte sich durch den Einsatz bewundernswerter Leute im fernen Heidenland ab, an dem man sich edelmütig als finanziell und geistig Reicher beteiligte.

Persönlich entsprach diese Haltung nicht meiner Vorstellung, sondern ich sah meine Zukunft eher als ein Fragender und Interessierter mit dem Vorsatz, zunächst ein Jahr lang Land und Leute kennenzulernen und im Kontakt mit dieser neuen Welt jene Bereiche zu entdecken, für die die Botschaft Christi eine Befreiung sein könnte. Zusammen mit vielen anderen, die vor mir von Gott erzählten, war Gott selber schon da, lange bevor irgendein Missionar zu reden begann.[7]

Aufbruch – Erste Begegnung mit Afrika 1973

Schon in der Zeit meines Aufenthaltes in Paris bereitete ich mich auf meine künftige Arbeit in Zentralafrika vor. Ich stand in Kontakt mit Bischof Maanicus von Bangassou, der sehr aufgeschlossen war und einen besonderen Blick für die soziale und wirtschaftliche Entwicklung seiner Diözese hatte. Auf meine Frage, was denn notwendig wäre und ich eventuell mitnehmen könnte, nannte er einen VW-Bus, um verschiedene Hilfsmittel mitzubringen. So nahm ich Kontakt mit der MIVA auf und leitete das Ansuchen meines künftigen Bischofs an diese Organisation weiter. Das Auto wurde bewilligt, da auch die Diözese St. Pölten einen Beitrag leistete.

Mein endgültiger Abschied von Krems war am 10. Jänner 1973. Ein junger Angestellter des Pastoralamtes St. Pölten brachte mich in aller Frühe nach Salzburg, wo ich das Auto mit einem deutschen Zollkennzeichen übernahm, um weiter nach Paris zu fahren. Am nächsten Tag, mitten in der Stoßzeit am späteren Nachmittag kam ich in die Hauptstadt von Frankreich. Es war mein erstes »Bad« im Verkehrstrubel der Stadt. Diese Mobilität war ein Vorteil in der Zeit meines Sprachstudiums, denn ich konnte mit Teilnehmern des Sprachkurses Ausflüge machen.

7 Josef Schmitz: Die Weltzuwendung Gottes, Imba Verlag CH Freiburg und Laetare Verlag Stein/Nürnberg 1971.

Das Schiff Korhogo

Günter Hons, Entwicklungshelfer

Das »MIVA« Auto für Alindao

Dabei lernten wir die weitere Umgebung von Paris kennen: Reims, Orléans, Chartres, die Loire-Schlösser, Meaux, Versailles und vieles andere. Die Zeit verging rasch, und ich musste an den Aufbruch nach Afrika denken. Damals gab es noch die Möglichkeit, mit einem Lastschiff als Tourist zusammen mit Gepäck und Auto mitgenommen zu werden. Für die Organisation der Reise per Schiff übernahm der Missionsorden der »Heiligen Geist Väter« alle erforderlichen Schritte der Vorbereitung. Das Schiff, mit dem wir unterwegs sein sollten, hieß »Korhogo«, transportierte Waren bis nach Douala und fuhr unter der Flagge der Elfenbeinküste.

Es fügte sich, dass Günter, ein Entwicklungshelfer der Diözese Wien, mit demselben Schiff nach Douala fuhr. Er brachte einen VW-Käfer mit, war aber in einer anderen Mission tätig. So konnten wir zusammen als Passagiere die Reise antreten. Am 17. April 1972 war die Verladung in Rouen. Irgendwann in den Nachtstunden begann die Reise. Das Schiff glitt auf der Seine dahin, bis es in Le Havre ins offene Meer stieß. Das Leben auf dieser Reise war sehr angenehm. Ich war in einem mit rotem Samt ausgekleideten Salon untergebracht, samt Polstersesseln, Bar und was alles dazu gehörte. Noch nie hatte ich vorher so feudal gelebt, wie gerade auf dieser Reise. Wir aßen mit dem Kapitän und dem technischen Personal, und täglich erwartete uns ein viergängiges Menü. Wir konnten uns auf dem ganzen Schiff frei bewegen und hatten Zugang zur Kommandobrücke und zum Maschinenraum.

Wir beobachteten den Umgang mit dem Sextanten ebenso wie mit dem Echolot zum Feststellen der Tiefe. Da viel Zeit übrig blieb, begann ich mit dem Lernen der Sprache Sango, die ich später bei meiner Tätigkeit brauchen würde. Ab und zu feierten wir in kleiner Gruppe auch die heilige Messe.

Verladung des VW-Busses in Rouen

Schiffsverkehr im Atlantik

In diese Zeit fiel auch das Osterfest. Ich wollte das Fest nicht ohne Feier vorübergehen lassen und fragte den Kapitän, ob ich einen Gottesdienst im Salon feiern dürfe. Er gewährte es und informierte auch die 40-köpfige Besatzung davon. Tatsächlich kamen etwa 25 Leute der Mannschaft, hauptsächlich Afrikaner. Für mich war dies der erste Gottesdienst in französischer Sprache.

Die Fahrt verlief ohne Zwischenfall, war erholsam und spannend; besonders bezaubernd war es, die verspielten Delphine zu beobachten. Sie begleiteten unser Schiff und benützten die aufsteigenden Wellen als Sprungbrett für ihre Flüge. Sie stießen in den Wellenkamm, und wenn er am höchsten war, flogen sie durch die Luft ins Wellental. Einmal sahen wir auch einen Wal, wie er imposant die Luft ausstieß.

Unser erster Halt war Dakar in Senegal. Hier sollte ein Teil der Ladung gelöscht werden. Am Morgen sah ich sehr neugierig durchs Fenster und beobachtete die Arbeiter, wie sie etwas lustlos zupackten. Dann gingen wir an Land und machten einen Spaziergang durch die Stadt.

Der nächste Aufenthalt war Abidjan in der Elfenbeinküste, wo ebenfalls Teile der Ladung an Land gebracht wurden. Dann hielten wir in Lomé, Togo. Wir blieben etwas länger, weil der Nationalfeiertag (28. April) gefeiert wurde. Hier hatte ich ein eigenartiges Erlebnis. Ich wollte die Feierlichkeiten dieses Festtages sehen und spazierte die breite Straße des Umzugs entlang, bis ich zur Tribüne kam. Sie war noch leer; nur zwei weiße Besucher saßen in einer der obersten Reihen, aber so weit weg, so dass ich sie nicht erkennen konnte. Ich blieb unter dem Volk am Straßenrand und beobachtete die defilierenden Soldaten.

Erst viel später erfuhr ich, dass es ein junges Ehepaar aus Neulengbach war, das ich von früher gut kannte, und das sich gerade zu Besuch in Lomé be-

Lomé in Togo; Aufmarsch der Soldaten am Fest der Unabhängigkeit

Hauptverkehrsstraße Douala – Bangui

fand und ebenfalls die Feierlichkeiten zum Nationalfeiertag Togos in Lomé erleben wollte. Fast wären wir uns begegnet.

Nachdem die Schiffsfracht gelöscht war, ging die Fahrt weiter nach Douala, dem großen Hafen in Kamerun. Für uns war damit die Reise per Schiff zu Ende, und wir warteten auf die Zollabfertigung der Autos. In Douala stieß auch, wie vorgesehen, ein Priester zu uns, der ebenfalls in Zentralafrika tätig sein sollte. Dann ging die Reise mit den Autos los. Meine beiden Kollegen fuhren mit dem VW-Käfer und ich mit dem VW-Bus. Wegen der Staubentwicklung hielten wir einen entsprechenden Abstand und warteten in größeren Ortschaften zusammen.

Ein Ereignis war sehr prägend: Mitten im Busch hatte ich eine Reifenpanne. Ich machte mich an die Arbeit, den Reifen zu wechseln, als plötzlich fünf Männer mit Eisenstangen in den Händen auftauchten; offenbar waren sie auf dem Heimweg von irgendeiner Arbeit. Als sie näher kamen, blieben sie stehen und fragten, ob sie mir helfen könnten. Ich war mir nicht ganz sicher, ob sie es ernst meinten. Doch ohne zu zögern, machten sie sich mit Behändigkeit an die Arbeit und wechselten das Rad. Ich stellte fest, dass sie dabei große Übung hatten. Als sie fertig waren, wollte ich ihnen zum Dank ein Kilo Zucker geben. Sie fragten mich: »Wohin fährst Du mit deinem Wagen«? »Nach Zentralafrika« antwortete ich.

»In dieses Land fährst Du? Dann brauchst Du alles selber, denn die sind ganz arm.« Dann lachten sie und gingen weiter.

Bei der Ausreise aus Kamerun waren die Zöllner schon recht guter Stimmung. Aber sie machten ihre Arbeit korrekt und pflichtbewusst. Auf der Seite der Zentralafrikanischen Republik waren lauter junge Zollbeamte, die ihren Dienst mit Freude und Witz verrichteten.

»Wo willst Du denn hin mit deinem Auto?«, fragte einer.

»Nach Alindao!« war meine Antwort. »Da musst Du mir nach deiner Ankunft gleich einen Taufschein schicken, denn ich will heiraten und brauche dieses Dokument!«

Dies war also mein erster Dienst. Die lockere Atmosphäre wirkte sich auch auf die Zollformalitäten aus, die rasch erledigt waren. Ich fühlte mich sofort wie zu Hause.

Auf der Weiterfahrt Richtung Bouar hatte ich auf einem leicht abfallenden Straßenstück ein persönliches »Grenzerlebnis«. Die Straße war rot vom Laterit und frisch planiert worden. Da es leicht geregnet hatte, war sie rutschig und hatte tiefe Spuren. Ich ließ das Auto laufen und sah plötzlich, wie ein Lastwagen mit Anhänger, schwer beladen, die Steigung herauf mir entgegen kam. Rechtzeitig vor der Begegnung wollte ich nach rechts ausweichen und musste plötzlich feststellen, dass mein Auto die Spur nicht verlassen konnte. Wegen des glitschigen Untergrundes half auch Bremsen nicht mehr. Ich rutschte und glitt dem Laster in den tiefen Spuren entgegen. Mir schoss ein eigenartiger Gedanke durch den Kopf:

»Da musst Du nach Afrika fahren, um auf diese Weise im Straßenverkehr zu sterben!«

Dann kam buchstäblich in letzter Sekunde die rettende Idee:

»Schalt in den zweiten Gang zurück, gib Vollgas und versuch auf die linke Seite hin auszubrechen.«

Die Straße hatte gerade an dieser Stelle eine Biegung und war daher etwas geneigt. Dieses Manöver gelang dann auch. Vielleicht zehn Meter vor dem Lastwagen, sprang mein Auto aus den »Lehmspuren« und glitt links vom Lastwagen auf dem feuchten Untergrund vorbei. Anschließend blieb ich mit Herzklopfen stehen, stieg aus, sah dem Lastwagen nach und dankte Gott für die Rettung, denn es war sehr knapp gewesen.

Die weitere Fahrt nach Bangui verlief ohne Zwischenfall. Auf weite Strecken war die Straße etwas besser, ist sie doch die einzige Verbindung zum Hafen nach Douala in Kamerun, dem Ausgangspunkt sämtliche Güter, die ins Land kommen. Umgekehrt wurde über diese Route alles exportiert. Besonders reparierte Straßen verleiten zu schnellem Fahren, so dass es gerade dann viele tödliche Unfälle gibt. In der Hauptstadt Bangui blieben wir nur wenige Tage, vor allem um das Auto anzumelden und eine Versicherung abzuschließen.

Straße in Richtung Bouar

Auf dem Weg nach Alindao

Integration und erste Aufgaben

Die erste Sorge galt natürlich der Sprache. Zwar konnte ich vor meiner Abreise nach Afrika acht Monate in Paris verbringen und Französisch lernen, einmal in Zentralafrika angekommen, merkte ich bald, dass Französisch zwar die Nationalsprache war, der Großteil der Bevölkerung aber nur geringe Kenntnisse davon besaß. Mein Arbeitsgebiet war in der Provinz Basse-Kotto, etwa 600 km östlich der Hauptstadt Bangui, und es ergab sich sofort die Notwendigkeit die im ganzen Land gesprochene, einheimische Umgangssprache → **Sango** zu erlernen. Sango war die Sprache von Fischern. Durch den Verkauf ihrer Fische wurde ihre Sprache bekannt und schließlich auch von Leuten an den Grenzgebieten der benachbarten Länder gesprochen. Der Missionar Pater Charles Tisserand hat die Sprachen Banda wie auch Sango erforscht und die grammatikalischen Regeln beschrieben. Mit der Wahl einer einheitlichen Landessprache wurden die Sprachbarrieren zwischen den etwa 15 verschiedenen Dialekten überwunden, ein nicht zu überschätzender Vorteil. Ich lernte die Sprache hauptsächlich mit Kindern, weil sie viel Geduld und Spaß haben und langsamer sprechen als Erwachsene. Die Sprache »Sango« ist von der Grammatik her verhältnismäßig einfach, um sie aber gut zu sprechen, braucht es eine längere Zeit. Das Haupthindernis für europäischsprachige Menschen liegt darin, dass Sango fast keine abstrakten Worte kennt. Alles muss im konkreten Vollzug ausgedrückt werden. Alle deutschen Worte mit Endungen wie -heit, -ung, -keit oder -igkeit existieren nicht. Will man Hoffnung beschreiben, benützt man den Ausdruck, »sein Herz auf etwas hinwerfen« (»mbi zia be ti mbi na …«). In diesem Sinn kann man also nur auf Menschen oder auf Gott hoffen.

Der Ausdruck »ich hoffe, dass es morgen schön ist«, braucht daher eine Umschreibung etwa in der Form: »Ich warte bis morgen und werde sehen, ob es schön oder regnerisch ist; ich wünsche aber, dass es schön ist.«

Neben der Beschäftigung mit der Sprache, galt es mit der Kultur und den Gepflogenheiten auf der Mission vertraut zu werden. Bedeutsam ist die Namensgebung von Neugeborenen. Sie werden nicht nach den Namen der Eltern benannt, sondern für jedes Kind wird ein neuer Name gesucht. Oft spiegelt dieser Name eine Situation in der Familie wider, beispielsweise nach einem Todesfall, eines politischen Ereignisses oder einer ungeregelten Ehesituation. Ein Beispiel soll es verdeutlichen. Der Koch auf unserer Mission hieß Jean Paul Nguinzasengue. Der Nachname »Nuinzasengue« bedeutet »ohne Geld«; er bekam diesen Namen, weil er zur Welt kam, noch bevor sein Vater das Brautgeld bezahlt hatte. In späterer Zeit kam es freilich häufiger vor, dass Kinder auch den Namen des Vaters annahmen.

Das afrikanische Kleinkind verbringt die ersten Lebensjahre hauptsächlich auf dem Rücken der Mutter. Sei es bei der Arbeit, auf dem Marktplatz, auf einem Totenplatz, immer ist das Kleinkind bei der Mutter. Selbst beim Tanz nimmt das Kind teil und erlebt zusammen mit der Mutter die rhythmischen Bewegungen.

Gebräuche bei der Eheschließung oder der Totenverehrung erfuhr ich im Laufe der Zeit, weil dazu eine Kenntnis der Sprache notwendig ist.

Nach Berichten und Mitteilungen war für mich Alindao eine Stadt im Busch, weit weg von der Hauptstadt, damit auch weit weg von Kultur und Zivilisation. Umso mehr war ich erstaunt, dass es noch wenige Jahre vor meiner Ankunft üblich war, an Samstagen auf den Missionsstationen öffentlich Filme zu zeigen, die eine Woche vorher in der Hauptstadt gespielt worden waren. Es gab nämlich den »Broussard«, den wöchentlichen Postflieger, der neben Briefen und Paketen immer auch Kopien der in Bangui gezeigten Filme mitbrachte.

Daher gab es auch in der Mission von Alindao einen 8 mm Filmapparat, den ich noch in Funktion erlebte.

Da es im Land – mit Ausnahme der Hauptstadt – keinen elektrischen Strom gab, hatten viele Gemeinschaften und manche Privatpersonen einen Generator für die Stromerzeugung. Als eines Tages ein Lastwagen hoch

Missionsgebäude in Alindao

Altbau des Hauses vor dem Brand

beladen nahe der Mission vorbeifuhr, streifte er das Stromkabel, so dass es riss und die Stromversorgung unterbrochen wurde.

Wir überlegten in unserer Gemeinschaft, ob es nicht besser wäre, alle Leitungen in die Erde zu verlegen und gleichzeitig die gesamte elektrische Installation zu erneuern, denn die Kabel hatten nur einen Durchmesser von 1,5 mm, während in Europa schon lange 2,5 mm Standard waren. Da ich mit der Installation von Elektrizität etwas vertraut war, begann ich mit Helfern die Grabarbeiten. Nach Beendigung legten wir die Kabel hinein. Länger dauerte freilich die Erneuerung aller Leitungen im Haus selbst. Ein stärkeres Kabel wurde in die Garage verlegt, damit auch der Schweißapparat benutzt werden konnte. Gleichzeitig erneuerte ich den Schaltkasten, so dass die verschiedenen Stromkreise zentral geschaltet werden konnten.

Als ich im Mai 1973 das erste Mal mit dem Auto (VW-Transporter) nach Alindao kam, war am Vormittag ein Haus des Ausbildungszentrums für Katecheten niedergebrannt. Ein Feuer zur Rodung eines Feldes war nicht überwacht worden und hatte auf das nahe gelegene Haus übergegriffen. Ein kleiner Funkenflug genügte, um das mit Stroh gedeckte Haus in der Mittagshitze zu entzünden. Da eine pastorale Tätigkeit wegen meiner ungenügenden Sprachkenntnisse nicht möglich war, wurde ich gebeten, das abgebrannte Haus wieder aufzubauen. Zwar hatte ich keine besondere Ausbildung dafür, konnte aber auf einige Erfahrung zurückblicken, weil ich in meiner Studienzeit in St. Pölten meiner Tante beim Hausbau geholfen und dabei Erfahrungen gesammelt hatte.

Für den Bau engagierten wir Henri und Moise, zwei bekannte Maurer aus Alindao, die mit der Arbeit sofort begannen. Wir entschieden uns, beim Neubau Betonziegel zu verwenden und die Dachkonstruktion mit soliden Holzträgern und Alu-Wellblech zu machen. Es ist richtig, dass ein

Beginn des Neubaus

Schutzgras gegen Unkraut, »Apollo« genannt

Dach aus Gras klimatisch Vorzüge hat und besser der üblichen Bauweise entspricht. Andererseits lockt ein solches Dach Termiten an und muss nach wenigen Jahren erneuert werden.

So erstaunlich es klingt, aber Gras war tatsächlich im Land Mangelware geworden und musste bisweilen viele Kilometer weit hergeholt werden. Ursache dafür, so meinten die Leute, sei das Raumschiff → **Apollo**, das zu dieser Zeit vom Mond auf die Erde zurückkam.

Inzwischen waren meine Sprachkenntnisse ausreichend, um pastorale Aufgaben zu übernehmen. Die seelsorgliche Praxis unterschied sich kaum von jener in Österreich. Es gab Gottesdienstfeiern an Sonn- und Wochentagen. Religionsunterricht in der Schule gab es nicht, obwohl dafür die gesetzliche Möglichkeiten bestanden. Es war der Katechet der christlichen Gemeinde, der die Vorbereitung auf Taufe und Firmung besorgte. Meist geschah die Unterweisung unter einem Baum oder vor der Kirche. Nach zwei Jahren eines solchen Unterrichtes und der Praxis wurde der Termin für die Taufe festgelegt. Als letzte Vorbereitung war einige Wochen lang eine intensive Beschäftigung mit der Bibel und dem christlichen Leben vorgesehen. Nach einem persönlichen, mündlichen Gespräch wurde der Taufbewerber gemeinsam mit vielen anderen getauft.

Ähnlich verlief die Vorbereitung auf die Firmung, die vom Bischof gespendet wurde. Diese Feiern waren immer ein großes Fest, nicht nur für die Beteiligten, sondern für den ganzen Ort. Meist waren auch Gläubige anderer Konfessionen als Gäste anwesend. Anschließend wurden die Neugetauften von den Christen in ihr Wohnviertel begleitet, wo sie mit Trommeln und einem Festessen erwartet wurden.

Um die Gemeinde besser zu kennen, besuchte ich die Gläubigen in ihren Wohnvierteln.

Kreuz auf dem Hügel »Kavaka«

Unterricht des Katechismus

Alljährlich fand in den Frühjahrsmonaten eine Wallfahrt zu einem kleinen Berg namens »Kavaka« statt.

Diese religiöse Feier ist mit unseren Bitttagen im Mai vergleichbar, an denen um genügend Regen und Sonnenschein gebetet wird. Auch hier ging es um die Fruchtbarkeit der Felder am Ende der Trockenzeit mitten in der Zeit der Vorbereitung für den Anbau von Erdnüssen, Trockenreis, Maniok, Baumwolle u. a. Auf dem Gipfel wurde ein Kreuz errichtet, und in Gegenwart zahlreicher Gläubiger feierten wir einen Gottesdienst.

Für den Regen halten die Bewohner von Zentralafrika vor allem die Menschen vom Stamm der Mbugu zuständig. Sollten Regenfälle nicht rechtzeitig einsetzen, dann kann es vorkommen, dass einer aus diesem Stamm geschlagen wird, weil er angeblich den Regen verhindert. »Lo kanga ngou« (er verhindert den Regen), so sagen sie. Diese Überzeugung hat auch ihre guten Seiten, denn die Mbugu sind eher stolz auf diese ihnen zugedachte Fähigkeit und verdienen damit auch. Will beispielsweise jemand ein Fest feiern, so hat er Interesse, dass die Wettersituation passt. Um das zu gewährleisten gibt man einem Mbugu Geld oder Geschenke in Form von Alkohol, Hühner oder anderen Kleintieren, damit er kraft seines Einflusses die gewünschte Wettersituation garantiere.

Wenn es passt, ist alles gut und man ist von der Zaubermacht dieses Mannes überzeugt. Regnet es trotzdem, kommt es zum Konflikt, sei es, dass er geschlagen wird und als Scharlatan gilt, sei es, dass der Mbugu überzeugend beweisen kann, dass die Gabe zu gering, also für den Zauber nicht ausreichend war. Für mich entstand der Eindruck, dass dieser Stamm eventuelle Missgeschicke bei der Beeinflussung des Wetters gerne in Kauf nahm, weil die positiven Ergebnisse die negativen bei Weitem ausglichen.

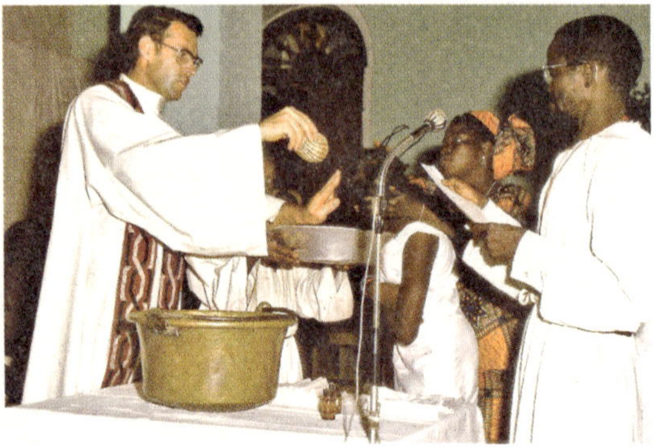

Taufe der Katechumenen

Trommel für die Liturgie

»Kpalafon«, eine A
Xylophon

Etwas später schlug der Bischof vor, dass ich die pastoralen Aufgaben für die Hauptkirche »Sacré Coeur« in Alindao übernehmen sollte. Der frühere Pfarrer war wegen gesundheitlicher Probleme in Holland und sollte erst nach einem Jahr zurückkommen. Somit war ich nun für die Pfarre Alindao verantwortlich. Deshalb interessierte mich der bauliche Zustand dieses Gotteshauses besonders, so dass ich mit der Innengestaltung und der Restaurierung des Gebäudes außen begann mit der erwähnten Konsequenz, die zu einem Aufenthalt im Krankenhaus St. Pölten führte.

Alindao war eine lebendige, vielfältig engagierte Gemeinde. Die Gestaltung der Gottesdienste war immer sehr ansprechend. Einen wichtigen Beitrag dazu leistete der Chor, der regelmäßig probte und der Stolz einer jeden Christengemeinde war. An Instrumenten gab es die Trommel und eventuell Schlaginstrumente.

Bei den Gottesdiensten an Sonn- und Feiertagen kamen die Besucher mit den schönsten Kleidern, die sie hatten. Ich habe mich oft gefragt, wie sie in ihren Lehmhütten Kleidungsstücke so sauber aufbewahren können. Im Kleid drückt der Afrikaner seine Würde aus. Es fehlte auch nicht an Großzügigkeit. Bei jeder festlichen Feier brachten sie Gaben mit, die zum Altar gelegt und nach der Feier an die Armen verteilt wurden.

Einen Teil der Gaben brachten wir am Montag ins Spital, weil es in Spitälern keine Verpflegung gab, sondern Angehörige vor den Gebäuden des Spitals die Nahrung zubereiten mussten. Ältere Leute und Alleinstehende litten daher oft Hunger, wenn sie auf fremde Hilfe angewiesen waren. Die christliche Gemeinde half auf diese Weise mit, den Hunger zu stillen.

Eines Tages wurde von Christen der Wunsch geäußert, auch in den Wohnvierteln Gebetsrunden zu halten und nicht nur im Gotteshaus zu beten. So entstanden Gebetskreise, die jede Woche am Donnerstag in jeweils einem

Opfergaben für die Armen

Pfadfindergruppe von Alindao

anderen Wohnviertel zusammenkamen, um zu beten. Erst bei dieser Gelegenheit bemerkte ich, wie sehr manche Viertel ausgegrenzt waren und von anderen fast gemieden wurden, weil sie einem anderen Stamm angehörten. So sagte eine betagte Frau zu mir, sie sei noch nie in ihrem Leben vorher in diesem Viertel gewesen, da sie als Yakoma-Frau mit Leuten aus dem Mbugu-Stamm nie Kontakt hatte. Wenn es aber um das Gebet ginge, müsste sie diese Barriere überwinden. Es gab in der Pfarre Alindao auch eine Jugend- und Kindergruppe sowie eine Pfadfinderbewegung. Sie trafen sich regelmäßig zu Austausch und Gespräch, unterhielten sich bei Spielen und Wanderungen und traten bei großen kirchlichen Festen gemeinsam als Gruppe auf.

Eine große pastorale Hilfe war die Legio Mariae, eine Laienorganisation, gegründet im Jahre 1921, die besonders eine marianische Spiritualität pflegte. Sie war der verlängerte Arm des Priesters, wenn es um pastorale Anliegen ging.

Eine interessante Tätigkeit der Kinder in der Trockenzeit war das Locken von Termiten, um damit ihren Speiszettel etwas aufzubessern. Normalerweise kamen Termiten nur nach einem Regen an die Oberfläche. Um diesen vorzutäuschen legten sie feuchten Lehm an die Termitenlöcher am Boden und trommelten auf eine Kalebasse um den Lärm der Regentropfen nachzuahmen. Tatsächlich ließen sich die Tiere überlisten, krochen heraus und wurden von den Kindern verspeist. Am liebsten aber wollten sie mitfahren, wenn sich nur irgendeine Gelegenheit bot.

Rückblick auf die Geschichte des Landes

Zur Integration in einem fremden Land gehört auch die Kenntnis der Kultur des Volkes und dessen Entwicklung und geschichtlicher Vergangen-

Gebetsrunde im Wohnviertel

Kinder locken Termiten aus dem Boden

heit. Für mich persönlich war der Kontinent Afrika viele Jahre früher wie ein großes schwarzes Loch, in unerreichbarer Ferne mit Geheimnissen und Gefahren. Bei Afrika fielen mir bestenfalls Elefanten, Löwen und Schlangen ein. Jeder andere Kontinent schien mir näher und verständlicher zu sein als Afrika.

Eines Tages entdeckte ich, dass Afrika eigentlich ganz nahe bei Europa liegt, ja der Kontinent ist, der Europa am nächsten ist, nämlich bei Gibraltar. Das hat mich veranlasst, mich mit → **Afrikas Entstehung** und seiner Geschichte näher zu beschäftigen.

Afrika ist der Kontinent, wo die Entstehung der Menschheit vor etwa 500 Millionen Jahren begann. Seinen Namen verdankt Afrika den Römern, die 146 v. Chr. die Stadt Karthago eroberten. Da sich die Bewohner, die sie dort vorfanden, »Afra« nannten, gründeten sie die Provinz gleichen Namens »Africa«. Lange Zeit war Afrika für die Europäer ein einheitlicher Kontinent ohne Unterscheidung von Ländern und Stämmen. Die Bewohner selbst identifizierten sich weniger mit einem Land, sondern vor allem mit ihren Familien, Clans, Ethnien und Sprachgemeinschaften.[8] Auch Landesgrenzen kannten sie nicht, obwohl es viele große Reiche gab. Zwischen den Reichen gab es Zonen vergleichbar einem Niemandsland. Wer sich keinem Reich unterwerfen wollte, konnte dort ungestört leben. Andererseits brauchten die Häuptlinge, Herrscher oder Scheichs auch Menschen zur Arbeit, daher gab es zu allen Zeiten auch die Sklaverei. Da das Land so groß ist, genügte es nicht Land zu besitzen; man brauchte auch Arbeiter, wenn man es regieren wollte.

8 Asfa-Wossen Asserate: Die neue Völkerwanderung, Propyläen, Berlin 2016, S. 63.

Alle wollen mitfahren

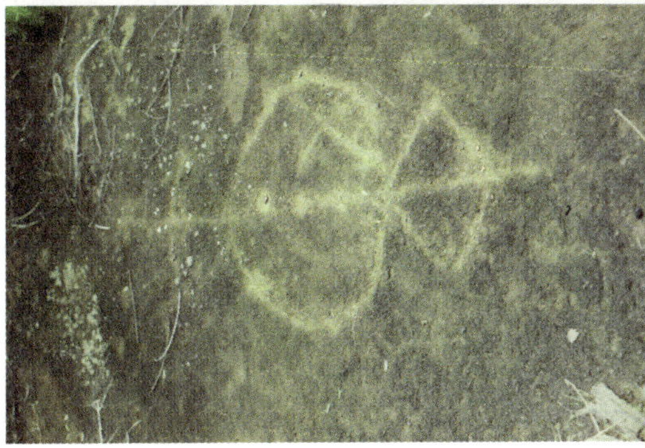

Steingravuren bei Bakouma

Die moderne → **Geschichte Afrikas** begann in Südafrika, als der Niederländer Jan van Riebeeck 1652 im Auftrag der Niederländischen Ostindien-Kompanie am Kap der Guten Hoffnung eine Versorgungsstation errichtete. Diese sollte auf Grund ihrer strategisch günstigen Lage Raststation für Handelsschiffe sein, die zwischen Europa und Südostasien unterwegs waren. Zentralafrika selbst galt lange Zeit als ein menschenleeres, unbevölkertes Land, und man wagte nicht von einer Urgeschichte zu sprechen. Auch wurde es wegen seiner Lage im Herzen Afrikas sehr spät erforscht. Heute weiß man, dass das Land von den Anfängen der Menschheit an bevölkert war.

1966 kam eine Forschergruppe nach Zentralafrika, die mehr als 50 Fundorte entdeckte. Besonders die Gegend von Lobaye[9] zeugte von einer dichten Bevölkerung, die Werkzeuge aus Stein benützte, Keramikgefäße besaß und über eine sehr perfekte Technik für die Fischerei verfügte.

In Bouar, einer Stadt im Westen des Landes, gibt es aufgerichtete Steinblöcke, gleich Megalithen, die in die Zeit um 5.490 v. Chr. zurückreichen. Nahe bei Nzako, einem Ort mit Diamantenvorkommen und im Bezirk Bakouma, sah ich Steingravuren, deren Ursprung und Alter nicht erforscht sind.

Die ersten Europäer betraten 1870 von Ägypten her kommend zentralafrikanischen Boden. Es war Georg Schweinfurth, der als erster am 19. März 1870 an den Oubangui[10] stieß. Auf der → **Berliner Konferenz** im Jahre 1848, die Otto von Bismarck einberief, wurde der Kontinent Afrika ohne Präsenz eines Afrikaners unter die europäischen Länder aufgeteilt. 1887 wurden die Grenzen zwischen den Staaten festgelegt. Die Landnahme und Ausbreitung war für die Franzosen schwierig, weil es vor der An-

---

9 Lobaye ist eine Präfektur im Südwesten des Landes.

10 Oubangui, ein großer Nebenfluss des Kongo, der heute die über 1000 km lange Grenze zur DRK (Demokratische Republik Kongo) bildet.

kunft der Franzosen keine Straßen, sondern nur Fußpfade gab. Die Dörfer waren überall im Land verstreut und die Menschen lebten im losen Zusammenhang ihres Stammes.

Der französische Kolonialbeamte Pierre Savorgnan de Brazza erklärte 1887 das Territorium von Zentralafrika zur französischen Interessenssphäre, und 1889 entstand in der heutigen Hauptstadt Bangui der erste Militärposten, von dem aus ab dem Jahre 1890 die militärische Okkupation des Landes einsetzte. Seit dem Jahre 1894 galt das Land als französische Kolonie.

Sklaverei

Auch Zentralafrika musste unter der Sklaverei leiden. Die isolierte Lebensweise der Bevölkerung war für die Sklavenhändler ein Vorteil, weil keine große Gegenwehr zu erwarten war. Die Versklavung in Zentralafrika geschah Ende des 18. und Anfang des 19. Jahrhunderts. Bei einer der → **Sklavenjagden** begleitete Cheikh Mohammed el Tounsy die Sklavenjäger und macht Aufzeichnungen von der Vorgangsweise.

Durch die Kolonialisierung wurde das Schicksal der Menschen nicht besser. 1900 bekam das Gebiet den Namen Oubangui-Chari und wurde am 25. Januar 1910 zur eigenständigen Kolonie innerhalb von Französisch-Äquatorialafrika erklärt. Da das riesige Gebiet für eine administrative Verwaltung zu groß war, übergab Frankreich das Land an 17 große Kompanien, die in ihrem Territorium in der Größe von 10.000 bis 38.000 km^2 nach Belieben wirtschaften konnten. Militär und französische Administration gab es nur in drei Städten: Bangui, Bouar und Ndele.

Im übrigen Gebiet, etwa 60 % des Landes, gab es keine staatliche Verwaltung. Unternehmen und Privatpersonen legten die Arbeitsverpflichtungen fest und übten nach eigenem Gutdünken die Gerichtsbarkeit aus. Sie verlangten Zwangsarbeit und verpflichteten die kräftigen Männer zu Trägerdiensten, um Baumwolle und Kautschuk nach Douala zu tragen, immerhin 2.000 Kilometer weit. Wer den Marsch überlebte, hütete sich, wieder nach Hause zurückzukehren, um nicht zu einem weiteren Trägerdienst gezwungen zu werden.

Sklaven wurden nicht bezahlt, obwohl die Firmen enorme Gewinne – besonders auf Kautschuk – machten. Versteuert wurde nur ein Bruchteil des Ertrages. Die Kolonialherren waren manchmal ungerecht in der Behandlung der Sklaven, so dass die Behörden eingreifen mussten.

»Sklaventransport«

Trägerdienste

Als ich 1973 nach Bangui kam, gab es noch einige Geschäfte mit den Namen dieser Kompanien wie Moura Gouveia, Communa, Ouame Nana.

Schon dieser kleine geschichtliche Überblick zeigt, dass die Zentralafrikaner seit der Zeit der Kolonialisierung Arbeit immer nur als Zwangsarbeit erlebt hatten, die ihnen gegen ihren Willen auferlegt worden und ohne Entlohnung zu leisten war. Ab dem Jahre 1901 mussten die Einheimischen zu diesem Sklavendienst auch noch eine Steuer für die Kolonialherren abgeben, sei es in Geld oder in Naturalgaben. Bei Nichteinbringung wurde Gewalt angewendet, indem Kinder und Frauen in Geiselhaft gehalten wurden, bis die Steuer bezahlt war. Immer wieder gab es Aufstände von Seiten der Bevölkerung, die sich weigerte, für die Weißen Frondienste zu leisten. Leute erzählten mir, dass ein gewisser Karinu, ein Zauberer, die Einheimischen aufrief, nicht mehr für die Weißen zu arbeiten. In Berberati[11], so erzählte man mir, hätten vierzig Frauen Sklavendienste verweigert. Sie seien in eine große Hütte gesperrt worden und darinnen verbrannt.

Zur Ausbeutung durch die Kolonialherren kamen noch Epidemien hinzu. Im Jahre 1903 waren 80 % der Bevölkerung von den Pocken befallen, wobei ein Fünftel davon den Tod fand. Auch die Schlafkrankheit brach in dieser Zeit aus und wütete 30 Jahre lang.

Eine entscheidende Wende brachte schließlich der Besuch des Dichters André Gide im Jahre 1925. Er machte eine fast einjährige Reise[12] durch die damaligen französischen Kolonien Kongo und Tschad, einem Gebiet,

11 Berberati ist eine Stadt in der ZAR, im Südwesten des Landes.

12 André Gide (1869–1951) war entsetzt von der unmenschlichen Behandlung der Einheimischen durch die Fremden und beschrieb seine Eindrücke in den Büchern »Voyage au Congo« (»Kongoreise«,1927) und »Retour du Tchad« (»Rückkehr aus dem Tschad«, 1928).

das Zentralafrika umfasste. In Vorträgen und Artikeln schilderte er anschließend die unhaltbaren, ausbeuterischen Zustände, womit er heftige Diskussionen entfachte und Angriffe nationalistischer Franzosen auf sich zog.

Durch die Kritik des Dichters, die in Frankreich bekannt wurde, verbesserte sich die Lage der Sklaven etwas. Aber erst im Jahre 1946 wurde die Zwangsarbeit durch das Gesetz abgeschafft.

Die kirchliche Mission, die anfangs nur in drei Städten erlaubt war, konnte sich erst in den 20er Jahren überall entfalten. So kam es 1922 zur Gründung der Mission in Bangassou, wenig später in Kembe, Ouango, dann ostwärts in Rafai, Zemio, Mboki, Obo und schließlich 1936 Alindao.

Hier schließt sich für mich der Kreis, wenn ich an meine Schulzeit in Pöggstall denke. Beim Religionsunterricht erzählte der Katechet damals immer wieder von Sklavenkindern in Afrika. Im kleinen Missionsheft »Der Jesusknabe« bat man um Spenden zum Loskauf von Sklavenkindern. Was ich damals nicht wusste, erfuhr ich 30 Jahre später bei meinem Aufenthalt in Zentralafrika. Es handelte sich um eine Initiative von Mgr. Augouard, der Bischof in Bangui war und der Sklavenkinder von den afrikanischen Chefs loskaufte.

Damit wurden sie frei, konnten eine Schule besuchen und waren die ersten im Land, die ein Studium machten. Später stellten sie die Elite im entstehenden Staat dar. Noch heute gibt es am Fluss Oubangui ein Dorf mit dem Namen »Sainte Famille« (Heilige Familie) in Erinnerung an diese Kinder, losgekauft aus der Sklaverei. Die europäischen Kolonialisten waren blind für die afrikanische Zivilisation, ihre Gesellschaften, ihre kulturellen Schöpfungen, ihre Sprachen. Sie hielten die Afrikaner für »nackte Wilde« und »Barbaren«, stehengeblieben auf dem Urzustand der Menschheit, ohne eigene Kultur und Geschichte[13]. So gab es in der heutigen Zentralafrikanischen Republik im Osten des Landes ein Reich der Zande, das Eric de Dampierre[14] beschrieb. Dieses Reich erstreckte sich über den Osten von Zentralafrika, den nördlichen Teil der RDK (früher Kongo) und Teile des Süd-Sudan. Es wurde in der Mitte des 18. Jahrhunderts gegründet, existierte bis 1894 und wurde von der französischen Kolonialmacht zerstört.

13 Asfa-Wossen Asserate: Die neue Völkerwanderung, Propyläen, Berlin 2016, S. 43ff.

14 Eric de Dampierre: Un ancien royaume Banda du Haut-Oubangui, Paris, Plon, Recherches en sciences humaines Nr. 24, 1967.

Gedenkstein an den ersten Gottesdienst in Alindao

Mgr. Augouard befreit drei Kinder aus der Sklaverei. (Broschüre zum 100-Jahr-Jubiläum 1994 von Père Jules Remy)

Neben dem Reich der Zande in Zentralafrika gab es viele andere Reiche auf dem Kontinent, die erstaunlich groß waren, aber keinen Einfluss auf Europa hatten. → **Afrikanische Großreiche** haben das Land geprägt und funktionierende Staaten geschaffen. Von verbreiteter Armut konnte keine Rede sein. Die Zeiten vor der Kolonialisierung waren nicht von Not gekennzeichnet, sondern von einem genügenden Wohlstand. Kein Erforscher berichtete nach seiner Rückkehr, dass er hungernde Menschen getroffen habe; im Gegenteil, sie hatten zu essen und erfreuten sich eines gesicherten Lebens.[15]

Afrika erscheint für uns immer als ein armes Land, weil wir über die Kolonialisierung nichts anderes kennen. Aber wir wissen auch um die Reichtümer, die von Afrika kommen und haben kein Problem damit, dass sie aus Afrika stammen, bei uns aber eine Wertschöpfung erleben, die eigentlich in Afrika geschehen sollte. Die Kolonialisierung hat die einheimische Struktur der Wirtschaft radikal zerstört und eine importierte Wirtschaftsordnung an dessen Stelle gesetzt. Die heutige Situation der Armut und die wirtschaftlichen Katastrophe erklären sich nicht bloß durch einen technischen Rückstand[16]. Die Kolonialmächte missachteten diese Kulturen, ja zerstörten sie. Keine Kolonialmacht nahm sich die Mühe, eine einheimische Sprache zu erlernen, sondern sie zwangen den Menschen ihre eigenen Sprachen, Englisch, Französisch, Spanisch, Portugiesisch und Deutsch auf und verfremdeten damit die ursprüngliche Kultur, die von völlig anderen Grundprinzipien geprägt war.

---

15 Tene-Koyzoa August: Centrafrique, Histoire économique et social au XXème siècle; Harmattan, Paris 2010, S. 29.

16 Cosmao Vincent: Changer le monde, LES EDITIONS CERF, Paris 1980, S. 33.

Landschaft von Alindao

Kaffeestaude »Robusta«

»Robusta«-Plantag

Den Zusammenhang von Sprachlosigkeit und Entwicklungsfähigkeit hat Professor Kum'a Ndumbe aus Kamerun in einem Vortrag überzeugend dargestellt:

> Mit der Einführung einer Herrschaftssprache, die keine Partner- oder Dialogsprache ist, wird die einheimische Bevölkerung im Entwicklungsprozess ihres eigenen Landes systematisch instrumentalisiert und marginalisiert. Bislang erworbenes Wissen stagniert, fällt zurück, stirbt aus, und steht der Bevölkerung kaum noch zur Verfügung … Das Verhältnis von Sprache, Macht und Herrschaft in einer kolonialen Situation verdeutlicht den Zusammenhang zwischen Sprache, Entwicklung und Unterentwicklung.«[17]

Mit dem Zweiten Weltkrieg schlug die Stunde für die Kolonialmächte. Nicht Europa, sondern die USA und die Sowjetunion wurden zu den bestimmenden Akteuren der Weltpolitik[18]. Die afrikanischen Länder wurden zwar frei, blieben aber wirtschaftlich und finanziell von Europa abhängig und sind im Wesentlichen bis heute die Rohstofflieferanten für reiche Länder und damit wesentliche Ursache für deren Wohlstand.

Wirtschaft und Leben der Menschen

Als ich 1973 nach Zentralafrika kam, befand sich das Land bezüglich der Wirtschaft in einem Aufschwung. Die damaligen Präsidenten Dacko und Jean Bedel Bokassa sahen die einzige Möglichkeit eines Fortschritts in

17 Ndumbe Kum'a: Yaoundé, Vortrag in Graz am 11. 11. 2004; www. africavenir.org.
18 Asfa-Wossen Asserate: op. cit., Berlin 2016; S 63.

Kauf der Baumwolle durch die Fa. UCCA (Union cotonnière centrafricain)

Reinigung der Baumwolle

verstärkter landwirtschaftlicher Anstrengung. In Teilen der Gegend von Alindao wird die landwirtschaftliche Tätigkeit dadurch erschwert, da das Terrain teilweise von unzähligen abgestorbenen Termitenhügeln übersät ist. Zwar ist dadurch dieses Erdreich sehr aufgelockert und fruchtbar, für eine Arbeit mit Zugtieren aber schwierig. Die sogenannte »Operation Bokassa«[19] hat die Bevölkerung in den 70er Jahren animiert, die Landwirtschaft intensiver zu betreiben, so dass sich die Produktion verdoppelte.

Produktion von Kaffee

In den 70er Jahren florierte der Kaffeeanbau hauptsächlich für den Bedarf in den Familien. Daneben existierten aber auch über 50 Kaffeeplantagen mit einer Größenordnung von 60 bis 120 Hektar. Übrigens war die Kultur des Kaffees schon vor der Kolonialisierung bekannt.

Doch die eigentliche Entwicklung der Kaffeekultur begann in den Jahren 1925–1926 und hat sich seither ständig gesteigert. An zentralen Orten gab es Kaffeefabriken zur marktgerechten Zubereitung der Kaffeebohnen. Manchmal wurden die Bohnen von Frauen händisch sortiert; das Resultat war besser als bei maschineller Sortierung.

Der enthülste und sortierte Kaffee wurde meist von arabischen Händlern gekauft, nach Bangui transportiert und kam so auf den Weltmarkt.

19 Wirtschaftliche Initiative von Bokassa umgesetzt von der Partei MESAN (= Mouvement pour l'évolution sociale de l'Afrique noire. Bewegung für die soziale Entwicklung Schwarzafrikas.)

Gewinnung von Diamanten

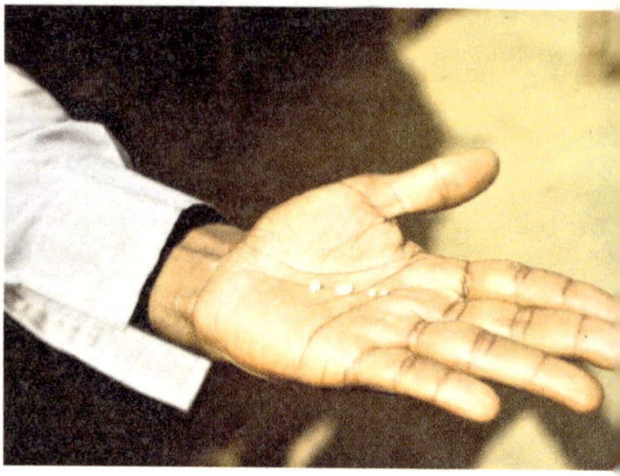

Bescheidene Ausbeute

Erst in den 70er Jahren ging der Kaffeeanbau zurück und viele Plantagen wurden aufgelassen. Das deswegen, weil die Steuerpolitik der Regierung absolut wirtschaftsfeindlich war, in dem Sinn, dass für Produkte des Vorjahres zu den bereits entrichteten Steuern nachträglich Abgaben verlangt wurden, welche die Plantagenbesitzer nicht leisten konnten. Dieser Umstand und die inkompetente Verwaltung enteigneter Plantagen waren der Tod des an sich lukrativen Kaffeeanbaus.

Baumwollerzeugung

Auch die Kultur der Baumwolle wurde gefördert, so dass sich die Produktion in den 60er Jahren verdoppelte. Die Früchte wurden mit der Hand geerntet und an die Firma verkauft, und der Gewinn brachte den Bauern eine Zunahme von Wohlstand und Lebenssicherheit. In größeren Orten gab es → **Baumwollfabriken** zum Entkernen wie auch zum Verpacken. Die bis zu 120 Kilogramm schweren Ballen wurden dann zum Weiterverkauf in die Hauptstadt gebracht und kamen zur Weiterverarbeitung nach Europa, denn im Land gab und gibt es weder Spinnereien noch Webereien. Das ist das Schicksal aller Rohstoffe Afrikas, dass die Wertschöpfung im Ausland und nicht im eigenen Land geschieht. Ich erlebte auch den totalen Zusammenbruch der Baumwollproduktion. Die WTO (World Trade Organisation) bevorzugte gegen Ende der 70er Jahre die Baumwolle eines anderen Landes, weil diese längere Fasern hatte. In der Folge wurde die zentralafrikanische Baumwolle nicht mehr gekauft, die Leute gaben die Baumwollkultur auf, die Fabriken verfielen, die Armut hielt wieder Einzug bei der Bevölkerung.

Verschiedene Angebote auf den täglichen Märkten

Feldarbeit, mühsam und kräfteraubend

Diamantenvorkommen

Von großer wirtschaftlicher Bedeutung sind die Diamantenvorkommen. Sie sind staatlich kontrolliert und könnten für viele Jugendliche eine Quelle des Einkommens sein. Die Arbeit ist allerdings sehr mühsam und ungesund, weil die Arbeiter meist im Wasser stehen und dadurch Krankheiten bekommen. Oft haben sie keine Ahnung vom eigentlichen Wert eines Steines, so dass der Käufer sie leicht täuschen kann. Nach allgemeiner Auffassung bringt das Geld durch die Diamantengewinnung keinen Segen für die Arbeiter, weil es für Essen, Alkohol und Prostitution ausgegeben wird, so dass kaum etwas für die Familie übrig bleibt.

Neben diesem Reichtum gibt es noch Erdöl- und Uranvorkommen, die beide (noch) nicht kommerziell von Bedeutung sind, wohl aber die Politik bestimmen. Beide Reichtümer sind derzeit noch Gegenstand der Untersuchung bezüglich der Nützlichkeit einer Produktion. Die Förderrechte für das Erdöl wurden 2012 China zugesprochen, ein Grund für den Sturz des Präsidenten Bozizé und die folgenden kriegerischen Auseinandersetzungen, von denen am Ende des Buches die Rede sein wird.

Lokaler Markt

Am besten funktioniert der lokale Markt. Er ist auch ein gesellschaftliches Ereignis, denn neben den Einkäufen fürs tägliche Leben gibt es Begegnung und Austausch mit Freunden und Bekannten. Angeboten werden selbst erzeugte Produkte, für den Käufer verpackt in große Blätter von Bäumen.

Fast alle Familien auf dem Land leben vom Ertrag ihrer kleinen Äcker. Noch heute im Jahre 2020 wird in der Zentralafrikanischen Republik je-

Feld mit Manioksträuchern

Gewinnung von Peke (Palmwein)

des Jahr das zu bebauende Feld neu gesucht. Anspruch auf ein Grundstück gibt es nur, wenn das Feld auch bearbeitet wird. Ist die Frucht abgeerntet und bleibt das Feld ungenützt, fällt es wieder an die Allgemeinheit zurück und kann anderweitig verwendet werden. Jegliche Feldarbeit geschieht mit der Hand. Eine kurzstielige Haue (»kpoka« in Sango) dient für die Rodung der Fläche, die gerade für die Ernährung einer Familie reicht. Angebaut wird vor allem Maniok, Erdnüsse, Ananas, Hirse und in manchen Gegenden Trockenreis, Gemüse, Kürbisse.

Neben den vielen kleinen Kaffeeplantagen und Baumwollfeldern gibt es Fruchtbäume wie Mangos, Feigen, Orangen, Avocados, Zitronen, Papaya, Ölpalmen und andere.

Doch am wichtigsten war und ist die Maniokstaude, deren Wurzel für die Bereitung einer mehlartigen Substanz dient, die mit Wasser vermengt zu einer Masse wird, die unseren Kartoffelknödeln ähnlich ist. Allerdings verlangt die Herstellung des Maniokmehls viele Arbeitsgänge. Zunächst wird die Wurzel ausgegraben, geschält und im Wasser gereinigt. Dieses Wasserbad laugt die Blausäure aus, die sich in der Wurzel befindet.

Die so hergerichtete weiße Wurzel wird dann in kleine Stücke zerfasert und in der Sonne getrocknet. Dieses »Rohmaterial« wird dann gestampft oder mit einer Mühle gemahlen. Maniok ist eines der Grundnahrungsmittel in Zentralafrika und darf bei keinem Essen fehlen. Die Maniokstaude liefert auch die Beilage. Mit den Blättern wird eine Art Sauce zubereitet, gewürzt mit Erdnusspaste und »Veke«, eine Frucht, welche diese Sauce etwas gallertartig macht. Zum Schluss wird noch »Ndongo« oder »Pilipili« dazu gegeben, beides scharfe Gewürze, die sehr beliebt sind. Das Fleisch wird in Wasser gekocht und dann mit Palmöl zubereitet. Das Öl gibt dem Essen einen guten Geschmack.

M'Bororo mit ihren Rinderherden

Eine M'Bororo Familie

Die Herstellung von Palmwein, genannt »Peke« oder »Kangoya«, ist ein einträgliches Geschäft. Bei der Produktion von »Peke« wird auf dem obersten Teil der Palme eine kleine Grube in den Stamm geschnitten, worin sich der aufsteigende Saft sammelt, der durch die Sonnenbestrahlung alkoholisch wird. Dieser Saft wird dann herausgeschöpft und vor dem Haus oder auf bestimmten Plätzen als alkoholisches Getränk verkauft. Der Alkoholismus ist ein echtes Problem in vielen afrikanischen Ländern. In Zentralafrika ist »Peke« ein Grund für dieses Laster. Bei der zweiten Art der Gewinnung von Palmwein, der »kangoya« heißt, wird die Palme gefällt, und der aus dem Stamm ausfließende Saft wird gesammelt und zum Trunk angeboten. Diese Produktionsart zerstört den Palmbaum, während bei der Gewinnung von »Peke« die Palme 10 bis 15 Jahre weiterlebt.

Zentralafrika ist ein sehr fruchtbares Land, so dass in friedlichen Zeiten niemand hungern muss. Die Natur ist in Zentralafrika großzügig. Doch Streit und Krieg bringen Hunger und Not.

Viehzucht und Reichtum der Natur

Neben den erwähnten wichtigen wirtschaftlichen Erwerbsmöglichkeiten mit Kaffee, Baumwolle und Diamanten ist noch die Holzgewinnung im Südwesten des Landes zu erwähnen. Doch nur 1% der Oberfläche des Landes mit 622.000 km² wird für landwirtschaftliche Zwecke genützt, obwohl fast überall fruchtbarer Boden wäre. Heute im Jahre 2019 ist die Bodenbearbeitung wesentlich noch geringer wegen der dauernden Bedrohung durch Rebellen. Ein wichtiger Wirtschaftszweig ist die Viehzucht, die fast ausschließlich in den Händen der → **M'Bororo**[20] liegt, die aus dem

20 Halbnomadischer Stamm aus dem Tschad und Kamerun; sie werden auch Peul genannt.

Nachtlager im Freien des Tierschutzgebietes

Camp von »La Gounda«

Tschad und Kamerun kommen. Sie decken den Fleischbedarf, während die Produktion von Milchprodukten von geringerer Bedeutung ist.

»La Gounda« und »Saint Floris«

Ein Reichtum in Zentralafrika ist sicher die Unberührtheit der Natur, die Vielfalt von Flora und Fauna, die Fruchtbarkeit des Landes dank der reichen Niederschläge (1.200 bis 1.400 mm) und der Sonnenbestrahlung.

Allerdings ist der Tourismus sehr wenig entwickelt und durch die gegenwärtige politische Unsicherheit (2019) inexistent. Größere Bedeutung haben die Großwildjäger. Die Jagd auf Großwild ist staatlich geregelt, wobei Elefanten und Nilpferde gegenwärtig geschützt sind. In früheren Zeiten gab es ab und zu Touristen, die mit einem Lastwagen von England aus durch die Sahara kommend, Zentralafrika von West nach Ost durchquerten und bei Bangassou über den Oubangui in die RDC fuhren und die Reise nach Südafrika fortsetzten. In Zentralafrika gibt es zwei große Reservate; eines davon ist das Dzanga-Sangha-Schutzgebiet im Südwesten des Landes mit dem Abschnitt Bayanga, wo man Elefanten beobachten kann. Ein zweites Naturschutzgebiet liegt im Norden, der »Nationalpark Saint Floris«, wo es das Touristencamp »La Gounda« gibt, bekannt durch seine Vielzahl an Wildtieren.

Im Jahre 1977 besuchten wir dieses Gebiet, mussten aber 800 Kilometer weit fahren. Zu viert machten wir uns auf den Weg, Wilfried, Brigitte, Anni und ich, fuhren von Kembe über Bambari, dann nördlich nach Mbres und Ndele und weiter über eine kleine Straße zum Bach La Gounda, der dem Naturreservat den Namen gab. Da uns die Nacht überraschte, stellten wir unsere Klappbetten im freien Gelände auf, versahen sie mit einem

Knochenreste eines Elefanten

Löwen mit erlegtem Elefantenbaby

Moskitonetz und versuchten zu schlafen. Allerdings war das Brüllen von Löwen zu hören, sowie das Rascheln im Gras, wenn andere Wildtiere ihre Spaziergänge durchs Reservat machten. Völlig überrascht waren wir, als wir am Morgen den frischen Dung eines Elefanten nicht weit von unseren Feldbetten fanden. Es ist bekannt, dass Elefanten sich beinahe lautlos fortbewegen.

Am nächsten Tag erreichten wir das Lager mit kleinen Hütten und guter Versorgung. Höhepunkt war die Durchquerung des Reservates mit dem Auto und das Erlebnis der vielfältigen Tierwelt in dieser unberührten Natur. Die Überreste verendeter Tiere waren am Weg zu finden, Gebeine von Elefanten oder von Büffeln. Eine Vielzahl von Antilopenarten aller Größen begegnete uns auf unserem Weg durch den Busch, dazu auch Büffelherden, die ohne weiteres einen Wettlauf mit dem Auto aufnehmen und bis zu 50 Kilometer schnell laufen können. Ganz in der Nähe entdeckten wir junge Löwen, die gerade einen kleinen Elefanten gerissen hatten. Die Mahlzeit bekam ihnen offensichtlich gut, denn sie verhielten sich völlig friedlich.

Von La Gounda aus waren es nur noch 60 Kilometer, um zum Platz »Saint Floris« mit den vielen Nilpferden zu kommen. In der Trockenzeit sind die Wasserstellen, in denen sich die Tiere kühlen können, sehr beengt. Auf der Rückreise hatten wir noch eine Überraschung. Wir begegneten einem Elefanten mit seinem Jungen.

Beide standen nicht weit vom Weg entfernt. Ich wollte unbedingt Nahaufnahmen machen, pirschte mich an sie heran und fotografierte beide Tiere ganz aus der Nähe. Wahrscheinlich hatte er mich wahrgenommen, denn er drehte sich mir zu und begann mit den Ohren zu wackeln. Noch dachte ich mir nichts. Als er aber dann einen Trompetenstoß ausstieß, war

Nilpferde im Kampf um das Wasser

Einzelgänger mit Jungtier

ich gerade dabei das Objektiv zu wechseln, um ein ganz großes Bild zu machen. Beschäftigt mit meinem Apparat sah ich nicht, dass der Elefant in meine Richtung zu gehen begann. Meine Begleiter im Auto bemerkten es und riefen mir zu: »Lauf, er kommt schon!« Erst da bemerkte ich, dass das mächtige Tier vielleicht 15 Meter vor mir war und Schritte in meine Richtung machte. Schnell wie kaum in meinem Leben, rannte ich zum Auto, sprang hinein, startete und brauste davon.

Später erklärte mir ein erfahrener Jäger, dass Elefanten drei Warnsignale abgeben, genau jene, die ich erleben durfte. Wer beim letzten nicht das Weite sucht, muss mit einem Angriff rechnen.

Wir waren etwa eine Woche unterwegs und werden diese Erlebnisse nicht vergessen. Die unberührte Natur hat, trotz der Gefahren und des Kampfes ums Überleben, etwas Faszinierendes an sich.

Zweite Reise nach Afrika
1978

Zwei Jahre nach meiner abenteuerlichen Reise durch die Wüste fuhr ich Ende 1977 auf Urlaub nach Österreich. In der Zwischenzeit hatte ich Briefkontakt mit einem Mitbruder Josef Pretz, der in Waidhofen an der Thaya als Kaplan wirkte und sich ebenfalls für einen Einsatz in der Mission interessierte. Er bekam die Erlaubnis von Bischof Zak und war zur Zeit meines Urlaubs bereits auf Sprachkurs in Paris. Schon in dieser Zeit planten wir, gemeinsam die Fahrt nach Afrika mit einem Auto durch die Wüste zu machen und den Spuren der ersten Reise zu folgen.

Ich flog also nach Paris, und da Josef Pretz sein eigenes Auto in Paris hatte, kamen wir überein, dass ich mit seinem Citroën 2 CV nach Öster-

Segnung des MIVA Autos durch Prälat Josef Edelhauser in Krems

Übergabe der Autoschlüssel

reich fahre. Damit hätte ich ein Auto während meines Aufenthaltes zur Verfügung und könnte auch leichter die Vorbereitungen für die bevorstehende Rückreise treffen.

Zu Weihnachten war Josef wieder in Österreich und verabschiedete sich am 6. Jänner 1978 von der Pfarre Waidhofen an der Thaya, wo er Kaplan gewesen war.

Die MIVA war – unter der Bedingung einer Mitfinanzierung – wieder bereit, ein Auto für die Diözese Bangassou zu kaufen. Der Direktor war auch dieses Mal mit der Überstellung per Achse einverstanden, da der erste Versuch so erfolgreich verlaufen war. Nach den üblichen Vorbereitungen wie Visaanträge für sechs Länder und Ausstattung des Fahrzeugs, begannen wir, Josef und ich, unsere Reise am Beginn der Fastenzeit. Zur Abwechslung fuhren wir zunächst nach Spanien, wollten in Gibraltar die Meerenge nach Ceuta queren, in Marokko nach Süden fahren und dann über Meknès, Oujda, Bechar, Beni Abbes und Timimoun, wieder die Hauptroute nach Tamanrasset in Algerien erreichen. Zunächst verlief alles auch sehr gut. Vor Genua gab es allerdings so heftigen Schneefall, so dass die Autobahn von Alessandro nach Genua durch quer stehende Lastwagen blockiert war und wir die Nacht im Auto verbringen mussten. Erst in den Morgenstunden kamen Schneepflüge, machten die Straße frei und schleppten die blockierten Lastwagen über die Steigungen der Autobahn.

An der spanischen Grenze gab es erste Schwierigkeiten. Ein Lastwagen als Fahrzeug für Touristen erschien dem Zöllner suspekt, und so lotste er uns in den Zollbereich, um Ladung und Papiere genau zu prüfen. Schließlich wurde ein höherer Beamter gerufen, der noch einmal alles kontrollierte und uns dann grünes Licht zur Weiterfahrt gab. Wir verbrachten die Nacht auf einem Parkplatz und waren über die Frische in den Morgenstun-

Fähre nach Oran

Asphaltstraße bis nach In Salah

den erstaunt. Ein gutes Frühstück und warmer Kaffee brachte uns wieder in Schwung. Die Strecke verlief über Barcelona, dann entlang der »Strada del sol« über Murcia nach Malaga. Die Überfahrt bei der Enge von Gibraltar nach Ceuta war problemlos, schließlich waren wir noch immer auf spanischem Boden. Auch auf der marokkanischen Seite erhielten wir die Einreisegenehmigung, als plötzlich Polizisten in Zivil auftauchten und die Weiterfahrt verboten. Noch im Zollbereich mussten wir umkehren und im Niemandsland zwischen Spanien und Marokko warten.

Ich führte Gespräche mit dem Verantwortlichen der Zollstelle, aber ohne Erfolg. Schließlich eröffnete er mir als letzten Trost die Möglichkeit, es doch im Hauptzollbüro in Tétouan zu versuchen, um mein Anliegen der nächsthöheren Instanz zu unterbreiten. Ich nahm ein Taxi nach Tétouan und hatte gegen drei Uhr tatsächlich die Gelegenheit bei einem durchaus freundlichen Beamten meinen Wunsch zur Durchquerung Marokkos vorzubringen. Aber es blieb schließlich beim Nein ohne eine Begründung für die Verweigerung.

»Sie können ja bei der Österreichischen Botschaft anfragen, ob Schritte für eine Bewilligung unternommen werden. Hier bekommen sie keine!«, war der wenig aussichtsreiche Vorschlag. Meine enttäuschte Antwort war: »Wenn Marokko keine Erlaubnis gibt, dann versuche ich es auch nicht bei der Österreichischen Botschaft.« Später erfuhr ich, dass die Grenzstreitigkeit zwischen Algerien und Marokko wegen des Landstriches »Sahara Occidental« der Grund der Verweigerung war.

So ging es per Taxi wieder zurück nach Ceuta, wo Josef im abgestellten Auto schon einige Stunden wartete. Für den Moment gab es keine andere Lösung, als wieder auf den Kontinent zurückzufahren. Josef meinte etwas pessimistisch: »Afrika hatte uns ausgespiehen!«

Rast in Tamanrasset

Ziegelofen für den Bau des Ausbildungszentrums

Der spanische Zöllner wunderte sich nicht wenig, als er das Auto vom Vormittag wieder beim Einparken in die Fähre sah, diesmal jedoch in die Gegenrichtung.

Nach diesem Missgeschick mussten wir schnell eine andere Möglichkeit der Überfuhr nach Afrika finden. Wir nahmen den Weg zurück nach Alicante und hatten Glück. In der Schiffsagentur sagte man uns: »In drei Tagen gibt es eine Fähre nach Oran; ob noch Platz darauf ist, wissen wir nicht. Sie bekommen ein Ticket ohne Datum. Sollte es diesmal nicht klappen, kommen sie sicher in einer Woche mit.«

So verbrachten wir also einige freie Tage auf einem Campingplatz in Alicante und waren gar nicht unzufrieden mit der erzwungenen Ruhepause. Als die Fähre zwei Tag später anlegte, waren wir natürlich zur Stelle, und es gab tatsächlich noch Platz für zwei Autos. Damit war dieses Problem gelöst, und wir genossen die Überfahrt nach Oran. Als wir nach der Ankunft in Oran den Zollbereich verlassen wollten, verlangte man eine algerische Versicherung, da die österreichische nicht anerkannt wurde. Leider war das zuständige Büro bereits geschlossen, und so mussten wir die Nacht im Zollbereich verbringen, wohl behütet von den Sicherheitsorganen.

Am nächsten Tag ging es südwärts, der Wüste und der Hitze entgegen. Die asphaltierte Straße reichte bis nach In Salah. Dann war sie zu Ende und es begann ein anspruchsvolles Straßenstück mit großen Bodenwellen und steinigem Untergrund. In Tamanrasset machten wir auf dem Campingplatz kurze Rast, blieben aber nur eine Nacht um uns zu erholen und das Auto für die weitere Reise vorzubereiten.

Nach dem Ende der Ausbaustelle etwa 60 Kilometer nach Tamanrasset sahen wir einen einsamen Polizisten, der in dieser absolut verlorenen Ge-

Haus vor der Fertigstellung

Neues Haus für zwei Familien

gend Wache hielt. Wir gaben ihm von unserem Wasservorrat zu trinken und fuhren hinein in eine Art Staubwüste, die mir von der ersten Reise noch in Erinnerung war. Leider hatten wir vergessen, die Plane ganz fest zuzuziehen, so dass sehr viel Staub in den Lastwagen eindrang. Erst nach einer mühsamen Arbeit der Reinigung konnten wir uns am Abend niederlegen.

Nach der Grenze von Algerien in In Guezzam, blieben wir an einer ansteigenden Stelle im Sand stecken. Unser Lastwagen schaffte es trotz wiederholter Versuche nicht. Da es schon Abend wurde, blieben wir abseits der Sandspuren in einer kleinen Mulde stehen und verbrachten dort die Nacht. Am Morgen versuchten wir einen Weg zu finden, um aus dem Sandloch herauszukommen. Wie aus dem Nichts tauchte plötzlich ein kleiner Bub von etwa acht oder zehn Jahren vor uns auf und zeigte uns einen Weg abseits der üblichen Route. Ich weiß bis heute nicht, woher er gekommen war, was er hier suchte oder machen wollte. Josef meinte später, dieser Bub erinnere ihn an den »Kleinen Prinzen« des Antoine de Saint-Exupéry. Wir folgten dem Rat des unbekannten Kleinen. Tatsächlich schaffte unser Kleinlastwagen die leichte Steigung, und wir fanden bald die Spur, die nach Assamaka führte, der Grenzstation zum Staat Niger. Der weitere Verlauf der Reise verlief ohne Zwischenfall.

Ab Agadez waren die Straßen einigermaßen befestigt und in Nigeria meist asphaltiert. Über Kano ging es nach Maiduguri und dann südwärts nach Kamerun. Einmal in Douala fühlten wir uns fast schon wie daheim, obwohl es noch 2.000 Kilometer bis in die Hauptstadt Bangui waren.

Josef sollte sechs Jahre die Nachbarpfarre Kembe betreuen. Er war sehr beliebt und kam mit allem zurecht. Da er einen Bart trug, hatte er bald den Beinamen: »Koli ngangu na kwa-yanga«[21].

21 Sango; in deutscher Übersetzung: Der Starke mit dem Bart.

Frauen beim Nähen und Studieren

Neue Aufgaben in Alindao

Als ich nach dieser zweiten Reise durch die Wüste nach Alindao kam, war mir mein Arbeitsbereich schon gut vertraut. Ich kannte die Menschen in den Wohnvierteln und wusste, dass neben den seelsorglichen Aufgaben auch bauliche Arbeiten notwendig waren.

Erneuerung des »Centre Charles L'Wanga«

Wie bereits erwähnt, war ein Haus des »Centre Charles L'Wanga« durch einen Brand zerstört und wenig später wieder aufgebaut worden. Die neue Bauweise mit Betonziegel, mit denen das abgebrannte Haus gebaut wurde, war sicherer gegen jegliches Feuer, und so entschieden wir, auch die übrigen acht Häuser mit festem Material zu bauen. Wir brannten Ziegel, konstruierten den Dachstuhl aus Holz und bedeckten das Haus mit gewellten Aluminiumplatten. Für die Finanzierung sorgte eine holländische Organisation, so dass dem Projekt nichts mehr im Wege stand. Wir zerstörten die alten Häuser und brannten die so gewonnenen, luftgetrockneten Ziegel. Es gab Leute, die das schon früher gemacht und damit Erfahrung hatten. In diesem Zusammenhang erinnerte ich mich an einen → **Ziegelofen**, der mir aus meiner Kinderzeit vertraut war.

Dreißig Jahre später war ich in Afrika über die Kenntnisse des Ziegelbrennens dankbar, die mir Herr Zach damals vermittelte. Zusammen mit meinen afrikanischen Helfern baute ich den ersten und vermutlich letzten Ziegelofen meines Lebens. Obwohl ich kein leichtgläubiger Mensch bin, fällt es mir manchmal schwer, angesichts solcher »Zufälle« nicht an die Vorsehung Gottes zu glauben. Jedenfalls brannten wir 6.000 große Ziegel. Fehlendes Material wurde zugekauft oder in Form von Zementziegeln

Rundhütte des Sozialzentrums

Banguikette: Sand- und Schottergewinnung

selbst erzeugt. So wurden acht Häuser für je zwei Familien gebaut und das Ausbildungszentrum erneuert. Bei dieser Gelegenheit erfuhr ich, dass die ersten Missionare in den 40er und 50er Jahren sehr viele Ziegel brannten und damit die Missionsgebäude errichteten.

Viele Jahre später (2004) wurde die neue Diözese Alindao errichtet und damit die Mutterdiözese Bangassou verkleinert. Damit verringerte sich die Zahl der Bewerber für die Ausbildung zum Katechten, so dass ab Gründung der Diözese das Zentrum noch besser den Anforderungen entsprach, da niemand aus Platzmangel abgewiesen werden musste. Neben der Ausbildung der Katecheten für die pastoralen Aufgaben lernten die Männer, je nach Interesse, auch handwerkliche Grundkenntnisse im Bauen einfacher Häuser, in der Tischlerei sowie in der Landwirtschaft.

Die Frauen der Katecheten sowie die Kinder besuchten Kurse für Lesen, Schreiben und Rechnen; außerdem lernten sie Nähen und Kochen für mehr Abwechslung und gesündere Nahrung. Diese neunmonatige Ausbildung ist allen noch in bester Erinnerung.

Nicht selten wurden die so ausgebildeten Männer und Frauen in ihrem Heimatdorf mit gesellschaftlichen Aufgaben betraut, um dem Chef eines Dorfes mit Rat und Tat zur Seite zu stehen.

Bau des Sozialzentrums

War das Ausbildungszentrum für Katecheten ein rein kirchliches Projekt, so war der Bau des Sozialzentrums eine Unterstützung der Kirche für den Staat und die Stadtgemeinde. Trotz der politisch unsicheren Lage im Land machten wir uns unverdrossen an die Arbeit.

In Alindao gab es ein solches Zentrum, in dem Schwester Huguette die Leitung innehatte. Mit Hingabe und Kompetenz betreute sie Kinder mit

»Sondertransport« mit dem Dachstuhl

Das neue Sozialzentrum

Behinderungen, besonders jene, die Kinderlähmung hatten. Ausgebildete afrikanische Frauen standen ihr zur Seite. Die Arbeit verrichteten sie in einer Strohhütte, die am Ortseingang lag. Es war offensichtlich, dass diese »paillote«[22] den Bedürfnissen nicht entsprach. Da es sich um ein öffentliches Gebäude handelte, mussten die örtlichen Autoritäten dem Bau zustimmen.

Auch die Bewohner des Ortes, darunter die muslimische Gemeinschaft, wurden zur Mitarbeit eingeladen. Da ich viel Basismaterial wie Sand und Schotter benötigte, suchte ich mir einen Weg, um Sand und Schotter im nahen Bach Banguikette zu holen. Dass ich das Material direkt vom Flussufer holte, war eine Neuigkeit. Die erste Feuerprobe gab es gleich wenige Tage nach Baubeginn, als acht Männer, vornehmlich Muslime, fünf Lastwagen mit Sand und Schotter beluden. Viele Freiwillige aus den Wohnvierteln halfen mit, so dass es zu keiner Verzögerung bei den Arbeiten kam. Einige Monate später, am 13. September 1979, war der Rohbau fertig, und wir konnten an die Bedachung denken. Den Dachstuhl zimmerten wir direkt in der Mission. Da die Teile für den Transport mit einem Auto zu groß waren, beluden wir gleichzeitig ein zweites Auto.

Behinderte Kinder werden oft im Haus verborgen gehalten. Dieses Sozialzentrum brachte die Behinderten in die Öffentlichkeit und lud die Eltern ein, ihre behinderten Kinder nicht im Haus zu lassen, sondern ihnen eine Chance zu geben. Auch Eltern oder Verwandte von Behinderten wurden in diesem Haus eingeschult, damit sie ihre Kranken selbst pflegen konnten. Nicht wenige wurden durch eine intensive und ausdauernde Behandlung selbständig und waren später im öffentlichen Leben integriert.

22 »Paillote« – französisch, Strohhütte, manchmal auch mit gemauertem Fundament.

Schwester Huguette und ihr Team

Eltern behandeln ihre behinderten Kinder

Engagement im Gesundheitswesen

Die Gesundheitsversorgung in der ZAR war ein großes Problem, das vom Staat sehr vernachlässigt wurde. In jeder Unterpräfektur[23] gab es ein Spital mit einem Arzt. Dieses Gebiet entsprach mit mehr als 18.000 km² einem mittleren Bundesland in unseren Breiten.

An seiner Seite hatte der Arzt einen »TES«[24] sowie Krankenpfleger und Helfer. Die Ärzte waren verpflichtet, an mehreren Fortbildungskursen im Jahr teilzunehmen, damit sie Anspruch auf internationale Unterstützung hatten. Diese Kurse wurden von ausländischen Entwicklungshilfeorganisationen angeboten und waren mit Taggeldern dotiert, die fast einem zweiten Einkommen entsprachen. Verständlich, dass kein Arzt diese Gelegenheit versäumte, was zur Folge hatte, dass oft wochenlang kein ausgebildeter Arzt im Spital anzutreffen war. Das konnte im Ernstfall über Leben und Tod eines Patienten entscheiden.

So geschah es, dass am 18. Februar 1979 am späten Abend eine Frau ins Krankenhaus gebracht wurde, weil sie zu Hause nicht entbinden konnte. Stundenlang wurde sie in einer Decke, die um eine Stange befestig war, durch den Busch getragen, bis sie gegen 19 Uhr in Alindao ankam.

Sie hätte sofort operiert werden sollen, da bereits Blutungen eingesetzt hatten. Der Arzt war abwesend und der Technische Assistent nicht zu finden. Selbst die Suche nach ihm war ein schwieriges Unterfangen in einem Ort mit 14.000 Einwohnern ohne Licht, Telefon und Straßenbezeichnungen. Da die Zeit drängte, schlug Sr. Christiane, die Verantwortliche der Geburtenabteilung, vor, die Frau ins nächste Spital nach Bambari zu brin-

23 »Sous-préfecture« auf Französisch; Verwaltungseinheit einer Präfektur.
24 TES – Technischer Assistent mit Operationserlaubnis.

Spital von Alindao

Hauptverkehrsstraße in der Regenzeit

gen, eine Stadt, die 120 Kilometer westlich von Alindao entfernt ist. Sie bat mich, diese Fahrt zu machen, weil die Frau sonst sterben würde. Ich richtete den Peugeot 404 Pick-up her, legte schwere Steine zu den Bordwänden auf beiden Seiten, um die Erschütterungen und Unebenheiten etwas abzufedern. Im Spital selbst gab es weder eine Ambulanz noch eine telefonische Verbindung, um jemanden in Bambari zu verständigen. Gegen 20 Uhr abends fuhren wir los, ein Zeitpunkt, in dem es schon seit fast zwei Stunden stockfinster ist. Ich fuhr sehr behutsam, was die Fahrtzeit natürlich verzögert. Auf halber Strecke beim Dorf Gbokolobo, verschlechterte sich der Zustand der Straße derart, so dass ich fürchtete im Morast oder in den tiefen Löchern stecken zu bleiben. So nahm ich einen mir völlig unbekannten Weg durch den Busch, der allerdings um 30 Kilometer länger war, aber auf einer Anhöhe entlang führte und dadurch stabiler und sicherer war.

Gegen Mitternacht kamen wir endlich in Bambari an und fanden nur einen Nachtwächter vor. Bis das OP Team beisammen war, dauerte es eine gute Stunde. Der Arzt war ein Franzose, der seinen Militärdienst hier ableistete, dazu eine Schwester und der Anästhesist. Für Licht im Spital sorgte ein Elektrogenerator. Als der Arzt den Generator anwerfen wollte, stellte er fest, dass kein Diesel im Tank und auch nicht im Reservefass war. Also suchten wir Campinggasleuchten, um den OP-Raum zu erhellen, aber sie genügten nicht. Schließlich schlug der Arzt vor, ich solle mit einer Taschenlampe leuchten und sozusagen die OP-Lampe ersetzen. Ich war mir nicht ganz sicher, ob ich dies durchstehen würde, aber es gab keine andere Lösung. Als das Kind durch Kaiserschnitt geboren war, stellte der Arzt nur noch den Tod des Kindes fest. Die Frau überlebte den Eingriff.

Unvergesslich ist mir auch der Unfall von Schwester Catherine. Eines Tages stürzte sie beim Aufhängen der Wäsche auf die Kante der Verandamauer. Wegen der großen Schmerzen, versuchten wir ein Flugzeug anzufordern, aber ohne Erfolg. Also mussten wir sie per Auto nach Bangui bringen. Noch in der Nacht richtete ich unseren VW-Bus für diesen Krankentransport her, schweißte Befestigungen an die Bodenplatte, so dass ein aufklappbares Campingbett befestigt werden konnte. Gegen 4 Uhr früh fuhren wir los, oft im Schritttempo, um Erschütterungen so gut wie möglich zu vermeiden. Gegen Mitternacht kamen wir endlich an. Eigentlich wollten wir erst am nächsten Tag zu einem Privatspital fahren, aber Katherina bewegte sich, bekam große Schmerzen und schrie, so dass wir sie noch um Mitternacht in die Privat Klinik Chweb brachten. Das Röntgenergebnis im zentralen Spital von Bangui am nächsten Tag zeigte keine Spur von einem Knochenbruch. So blieb als letzte Möglichkeit die Evakuierung mit dem regulären Flug nach Paris, den es damals allerdings nur einmal pro Woche gab. So hatten wir eine Wartezeit von einigen Tagen, die wir nützten, um per Telefon in Frankreich alles zu regeln. Den Transport zum Flughafen sowie das Boarding besorgten wir selber, indem wir sie mit einer Tragbahre die Gangway hinauftrugen. In Paris entdeckte man die Ursache des Schmerzes. Es war die Gelenkskugel des Oberschenkels gesprungen, was man in Afrika nicht zu sehen vermochte.

Nach einer Zeit im Spital und einigen Monaten Erholung kam Sr. Catherine wieder zurück und widmete sich ihrer Arbeit in der »Animation rurale«[25].

Wenn einheimische Leute Unfälle hatten, gab es diese Möglichkeiten nicht. Sie blieben im Dorf, mussten mit traditionellen Heilmethoden vorlieb nehmen, freilich oft mit der Folge, dass meistens eine große Behinderung zurückblieb.

An eine andere Begebenheit erinnere ich mich immer wieder. Neben unserem Missionsgebäude gab es eine Pflichtschule sowie ein Gymnasium. Eines Tages kam eine Zahl von Kindern mit dem Lehrer gelaufen. Sie brachten einen Buben, der ein 60 Zentimeter langes und einige Millimeter dickes Eisenstück im Augenlid stecken hatte. Das Auge selbst war unverletzt, aber der dicke Eisendraht war durch das Augenlid gedrungen und ragte an beiden Seiten etwa 30 Zentimeter heraus. Unvorstellbar für mich, wie es zu einem solchen Unfall hatte kommen können.

[25] »Animation rurale« – Kirchliche Entwicklungshilfe in der ZAR.

Den rostigen Draht nach irgendeiner Seite durchzuziehen schien eine Möglichkeit zu sein. Ich schlug einen anderen Weg vor. Ich hatte in der Werkstätte eine Zange zum Schneiden von Betoneisen, maximal bis zu 8 Millimeter Durchmesser. Diese holte ich und sprach zuvor mit dem Kind, damit es keine Angst bekäme, wenn dieses große Werkzeug ganz nah vor seinem Auge betätigt wurde. Der Knabe war mutig und rührte sich nicht, während ich den Draht vorsichtig nahe beim Lid abzwickte, damit das kurze Stück mühelos herausgezogen werden konnte. Welche Erleichterung für alle nach dieser geglückten »Operation«.

An einem Sonntag wurde ich bei der Siesta gestört. Gut bekannte Christen aus dem Dorf Mbele kamen mit der Bitte, zwei bei einem Autounfall getötete Bewohner ihres Dorfes vom Unfallort zu holen. Üblicherweise taten wir das nicht, weil das so häufig vorkam und unsere Möglichkeiten überstiegen hätte.

Aber dieses Mal waren die Bittsteller derart hartnäckig, dass ich zustimmte und mit dem Lastwagen zum besagten Ort fuhr. Erst unterwegs bemerkte ich, dass es nicht wie behauptet 15 Kilometer bis zur Unfallstelle waren, sondern weit über 60, bis wir endlich in das Dorf Ndakete kamen. Ein schwer beladener Lastwagen war wegen zu hoher Geschwindigkeit in einer Kurve umgestürzt. Einige Personen waren durch den Sturz ums Leben gekommen, andere wieder von Teilen der Ladung getötet worden. Insgesamt forderte der Unfall sieben Menschenleben.

Mit den verunglückten Opfern aus unserem Dorf traten wir die Rückreise an. Am Kühler befestigten wir Blumen, damit wusste jeder, dass ein Toter transportiert wird. Beim Passieren von Dörfern begannen die Begleiter laut ihre Klagelieder zu singen und Trauer zu bekunden. Als wir zum Dorf Mbele kamen, lief die ganze Bevölkerung zum Straßenrand, um die Toten zu empfangen. Nach dem ersten Tumult mit Trauer, Klage und Entsetzen gewann die Realität Oberhand und die Angehörigen zusammen mit den Verantwortlichen des Dorfes bereiteten alles für den → **Totenplatz**[26] vor. Der Tote wurde vor dem Haus aufgebahrt und die Leute lagerten um ihn herum. Die Angehörigen sind verpflichtet für Getränke und Essen zu sorgen, ein Umstand, der manche Familie in enorme Schulden stürzt, die sie jahrelang zurückzahlen müssen. Nach der Beer-

26 Totenplatz: auf Sango »place ti kwa«.

Bagonde, Leprazentrum in Bangassou

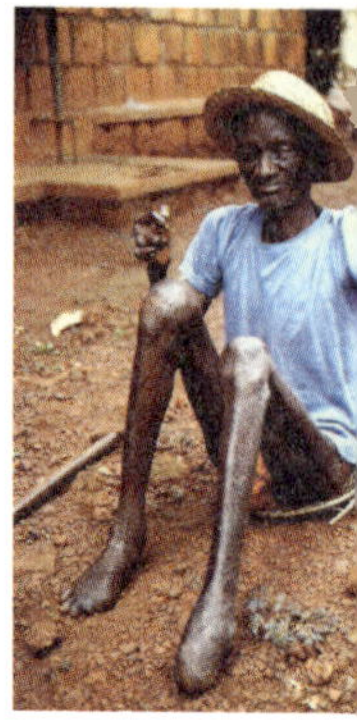

Hiob von heut

digung kehrte ein Teil der Trauergäste heim, andere aber blieben noch in der Nähe der Familie.

Eine sehr große Hilfe leisteten europäische Ärzte, die in Spitälern in der Provinz gratis Operationen durchführten. So wurden 1976 in Bangassou Augenoperationen durchgeführt. Wir versuchten in unserem Pfarrgebiet jene Menschen zu finden, die am Grauen Star litten oder andere Augenprobleme hatten. Da die Operationen in Bangassou durchgeführt wurden, mussten wir die Kranken 280 Kilometer mit dem Auto hinbringen. 17 Leute wurden schließlich angenommen, die ich mit unserem Lastwagen dorthin brachte. Jede Person musste auch eine Begleitperson haben, die sich um die Nahrung und sonstige Bedürfnisse kümmerte. Nach einer Woche holte ich sie wieder und sah die Freude, wenn schwere Fälle, die fast blind waren, nun wieder ihre Kinder oder Enkel sehen konnten.

In Bangassou hatte die Mission im Wohnviertel Bagonde eine Leprastation gebaut. Kranke wurden dort ambulant oder auch stationär behandelt. Lepra ist eine hartnäckige Krankheit, die man zwar stoppen, aber nicht heilen kann. Menschen mit einer solchen entstellenden Krankheit gingen nicht gern unter die Leute, sie verbargen sich, wurden daher nicht wahrgenommen, waren unbekannt. Umso wichtiger war es, dass die Leute wussten, dass sie hierher kommen konnten, wenn es einen Leprakranken in der Familie gab.

Das Zentrum hatte neben den Behandlungs- und Schlafräumen auch eine hauseigene Werkstatt, in der orthopädische Schuhe angefertigt wurden. Dies war notwendig, weil die Krankheit oft große Wunden an den Füßen erzeugte, auf die kein Druck kommen sollte. Ein ehemaliger nun aber geheilter Leprakranker, der für diesen Dienst ausgebildet worden war, stellte orthopädische Schuhe her. In späteren Jahren wurde das Zentrum

Barthelemy Boganda

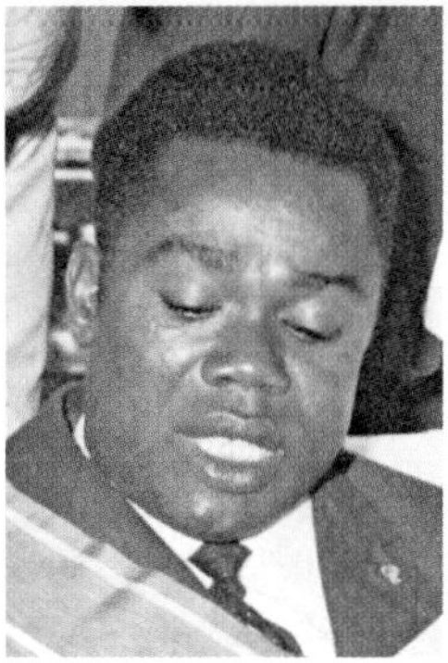

David Dacko

Jean Bedel Bokassa

zur Betreuung von Aidskranken ausgebaut. Sie wurden hier behandelt und im schlimmsten Fall auf ihrem letzten Weg begleitet, da sich die Familie von ihnen oft distanzierte, oder sie sogar verstieß. Später ließ der Bischof einen Operationssaal anfügen, so dass verschiedene Operationen durch fremde Ärzte gemacht werden konnten. Eine Initiative, durch die vielen Kranken geholfen wurde.

Die verhinderte afrikanische Union 1959–1963

Mitte der 70er Jahre verschlechterte sich die Lage in Zentralafrika. Die Gründe waren vielfältig und standen in Zusammenhang mit dem Präsidenten und späteren Kaiser Bokassa und seiner Politik. Ein kurzer geschichtlicher Überblick zeigt, dass nach dem zweiten Weltkrieg Zentralafrika ein französisches Protektorat wurde. Doch die Unzufriedenheit gegenüber der Fremdmacht verstärkte sich und das Unrecht der Kolonialisierung wurde immer offensichtlicher.

1946 wurde Barthelemy Boganda der erste Abgeordnete seines Landes. Sein Lebenslauf ist insofern interessant, als er der erste Priester des Landes war, geweiht im Jahre 1939.

Die Bevölkerung schätzte ihn sehr und nannte ihn allgemein »Christ noir«, schwarzer Christus. Er besuchte die Leute in ihren Dörfern, interessierte sich für ihre Arbeit und reiste in alle Provinzen. Seine Aktivität wurde von den Autoritäten mit großem Misstrauen verfolgt. In der Lobaye – südlich von Bangui – wurde er 1951 von weißen Geschäftsleuten sogar gefangen genommen und zwei Monate lang im Gefängnis festgehalten, weil er die soziale Lage der Arbeiter kritisierte. Leute, die mit ihm

Kontakt hatten, wurden versetzt, um feindselige Gruppenbildungen zu verhindern.

Die Polarisierung zwischen der Bevölkerung und den weißen Kolonisatoren wuchs, so dass es 1954 zum Aufstand in Berberati[27] kam, der einem Krieg gegen die Weißen glich. Boganda wurde zu Hilfe gerufen und durch seinen Einfluss konnte die Bevölkerung beruhigt und ein Blutvergießen verhindert werden.

Am 1. Dezember 1958 forderte er vor den französischen Vertretern die Unabhängigkeit für sein Land. Da es keine anderen Anwärter gab, wurde er als Kandidat für die Präsidentschaft aufgestellt. Das geschah wenige Monate vor der offiziellen Erklärung der Unabhängigkeit und der Wahl zum Präsidenten. Am 29. März 1959 passierte dann die Katastrophe. Beim Rückflug von einer Wahlversammlung in Berberati stürzte das Kleinflugzeug ab, alle Insassen starben. Es gab nie entsprechende Untersuchungen, noch einen erschöpfenden Unfallbericht, der die Unfallursache geklärt hätte. Die Antwort der Untersuchungskommission lautete kurz: »L'avion s'est disloqué en l'air«[28].

Boganda war ein vehementer Vertreter von einer Wirtschaftsunion zentralafrikanischer Länder. Der Verdacht liegt nahe, dass das Projekt[29] vom → **Afrikanischen Traum einer Wirtschaftsunion** unter allen Umständen verhindert werden sollte, ein Projekt, das auch Patrice Lumumba und Dag Hammarskjöld befürworteten. Nach dem Tod des charismatischen Kandidaten Barthelemy Boganda wurde David Dacko der neue Präsident, welcher bis 1966 dieses Amt ausübte.

In dieser Zeit gab es einen gewissen wirtschaftlichen Aufschwung. Im Jahre 1964 wurde die Baumwollindustrie neu organisiert. Es entstanden viele Fabriken, um die Baumwolle zu entkernen, eine davon stand in Alindao selbst. Die Diamantenindustrie nahm einen Aufschwung und es gab Verträge mit Amerika und De Beers aus Südafrika. Der Friede dauerte allerdings nicht lange. Der Cousin und Neffe des verunglückten Barthelemy

27 Berberati, Stadt im Westen der ZAR, wichtige Geschäfts- und Handelsstadt.

28 »Das Flugzeug hat sich in der Luft aufgelöst.«

29 M. Mustapha Diallo: Visionaire Afrikas, Peter Hammer Verlag, Wuppertal 2014, S. 291; A. Büttner: Staatszerfall als neues Phänomen der internationalen Politik, Marburg 2004, S. 110.

Boganda, Jean Bedel Bokassa, machte in der Armee Zentralafrikas eine rasche Karriere. Diesen Einfluss nützte er für den Silvesterputsch 1965 und übernahm das Amt des Staatspräsidenten. Er wurde Vorsitzender der einzigen Partei des Landes, MESAN[30] (Mouvement pour l'évolution sociale de l'Afrique noire). Bokassa schaffte die Verfassung aus dem Jahr 1959 ab, löste das Parlament auf und verbot politische Parteien. Im März 1972 ließ er sich als Präsident auf Lebenszeit ausrufen.

In späteren Jahren wurde → **Bokassa** von einer Art Größenwahn erfasst. Er vernachlässigte die Sanierung der Straßen, deren Zustand sich immer mehr verschlechterte. Mitte der siebziger Jahre brach schließlich die Produktion der Baumwolle völlig zusammen. Sie wurde nicht mehr gekauft, weil es andere Anbieter gab und der Transport bis Bangui auf den schlechten Straßen zu teuer kam. Dann unterblieb der Anbau überhaupt und die Fabriken verfielen zunehmend. Der Größenwahn zeitigte im September 1976 bizarre Früchte. Bokassa entließ die Regierung und ersetzte sie durch den »Conseil de la Révolution Centrafricaine« (Zentralafrikanischer Revolutionsrat), einem Gremium, das völlig unter seinem Einfluss stand. Am 4. Dezember 1976 erklärte er die Republik zur Monarchie, genannt »Zentralafrikanisches Kaiserreich«.

Doch das »Kaiserglück« dauerte nicht lange.

Im Zusammenhang mit Aufständen wurden viele Studenten verhaftet. Im Gefängnis wurden sie geschlagen und in kleine Zellen gesperrt, so dass 80 zu Tode kamen. Diese Ereignisse hatten zur Folge, dass sich Frankreich unter dem Präsidenten Valery Giscard d'Estaing von Bokassa abwandte und seinen Sturz unterstützte.

Während Bokassa bei Muammar al-Gaddafi in Libyen weilte, kam David Dacko mit einer französischen Militärmaschine nach Bangui. Wenig später hörte man nur noch Militärmusik im Radio, immer ein Zeichen eines politischen Umsturzes. Die französischen Truppen sorgten für die Sicherheit in Bangui und forderten die FACA[31] auf, die Waffen niederzulegen. Es gab keinen militärischen Widerstand, es floss kein Blut, dafür aber gab es Racheakte und massive Zerstörungen an Gebäuden, die an Bokassa erinnerten. Sein Standbild wurde gestürzt, Straßenschilder mit seinem

30 Deutsch: Bewegung für die soziale Entwicklung Schwarzafrikas.

31 FACA – Forces Armées Centrafricaines; Zentralafrikanische Armee.

Denkmal von Barthelemy Boganda in Bangui

Bischof Antoine Marie Maanicus, Bangassou

Namen abmontiert. Viele Menschen gingen zum Denkmal des ersten Präsidentschaftskandidaten Barthelemy Boganda und legten Blumen nieder.

Erst nach dem Sturz von Bokassa wurden seine Verbrechen einer breiten Öffentlichkeit bekannt: Verurteilungen ohne Gerichtsverhandlung, Verschwinden von Leuten, Tötung von Gegnern.

Da Bokassa auch die französische Staatsbürgerschaft besaß, lebte er nach dem Umsturz in Frankreich in Haft. Die Kirche leistete in der Zeit von Kaiser Bokassa auf ihre Weise Widerstand. Bischof Antoine Marie Maanicus fand immer sehr klare Worte zu den Aktivitäten von Bokassa, und seine Haltung verhinderte manches Leid.

Einige Priester wurden des Landes verwiesen, weil sie den »Kaiser« kritisiert hatten. Andere, die politische Ereignisse publiziert oder an ausländische Journalisten weitergegeben hatten, kamen einige Zeit ins Gefängnis. Selbst die Bischöfe wurden nach der Feier zum Tag der Unabhängigkeit am 1. Dezember 1978 per Bus nach Berengo, dem Sitz von Bokassa nahe der Hauptstadt, gebracht und mussten sich Vorwürfe von Treulosigkeit ihm gegenüber und Kritik anhören. Aber er hatte Respekt vor ihnen, denn er wusste, dass ein großer Teil der Bevölkerung auf deren Seite stand.

Autoreise entlang des Nils

Die Zeit verging wegen meiner verschiedenen Tätigkeiten sehr schnell. Hauptbeschäftigung war mein Engagement im pastoralen Dienst. Ich feierte Gottesdienste, spendete die Sakramente und besuchte die Christen in den nahen Dörfern, war aber auch mit verschiedenen baulichen Projekten beschäftigt. Das Ende meines Aufenthaltes in der ZAR nahte unausweich-

oben: Reisegruppe, v. r. n. l.: Corneille Geraets, Burgi Bloderer

rechts: Route von Zentralfrika nach Österreich

lich. Vor meiner endgültigen Abreise wollte ich noch einmal Urlaub machen, dann für zwei Jahre zurückkommen und im Jahre 1982 endgültig das Land verlassen. Bei diesem Gedanken wurde mir etwas bange. Wie würde ich mich nach der Rückkehr in Österreich wieder im pastoralen Leben einfinden? In welcher Pfarre würde ich arbeiten? Ich besprach mit meinem Mitbruder Josef Pretz, der 120 Kilometer entfernt in Kembe wirkte, mein Anliegen und er gab den guten Rat: »Fahr zunächst auf Urlaub; wenn du dann endgültig heimkehrst, versuch eine Auszeit zu machen, ein Studium, eine Erfahrung in einem anderen Land.« Mit solchen Aussichten hatte meine Zukunft wieder einen konkreten Inhalt, der meine Zweifel zerstreute.

Zunächst ging es darum, den Urlaub zu planen. Wenn ich an Reisen denke, dann regt sich in mir immer Abenteuerlust. Obwohl ich um alles in der Welt gern fliege, wollte ich doch nicht in acht Stunden in Österreich sein, sondern dachte an eine andere Möglichkeit. Die Erfahrungen meiner Reisen per Auto durch Afrika waren noch in bester Erinnerung. Plötzlich schien mir eine Fahrt in die andere Richtung, also von Zentralafrika nach Österreich, sehr verlockend und eine hoch interessante, spannende Variante zu sein.

Sofort begann ich über alles Notwendige für eine solche Reise nachzudenken. Zunächst benötigte ich ein Auto, dann Leute, die mitfahren wollten, und schließlich die erforderlichen Visa und Zollpapiere. Zufällig

Zwischenfall bei der Probefahrt

Chinko, Fluss bei Rafai

ergab es sich, dass Burgi, eine Entwicklungshelferin aus Oberösterreich, nach dreijährigem Aufenthalt in Alindao, heimfahren wollte. Auch Pater Corneille aus Holland, der Gemeinden im Buschgebiet betreute, wollte Urlaub machen. Beide konnten sich mit dem Gedanken an eine Autoreise nach Europa anfreunden.

Die Route sollte zunächst nach Juba im Sudan gehen. Dann wollten wir dem Nil folgen und über die Städte Malakal, Kosti nach Khartum kommen. Nördlich von Atbara mussten wir die nubische Wüste durchqueren und in Wadi Halfa die Fähre nach Assuan besteigen. In Ägypten sollte die Fahrt nach Alexandria gehen. Dann wollten wir mit einem Schiff nach Ancona in Italien und weiter nach Österreich reisen.

Bezüglich des Autos erkundigte ich mich in Bangui, ob ein fahrtüchtiges Gebrauchtauto zum Verkauf angeboten wurde. Es war leichter, als ich gedacht hatte. Schließlich kaufte ich einen Land Rover aus der Werkstätte der Mission St. Paul. Es handelte sich um ein Unfallauto, mit dem ein älterer Pater viele Jahre in seinem Missionsgebiet im Westen des Landes bei Berberati unterwegs gewesen war. Er transportierte Material für seine Bautätigkeit, aber auch Hühner. Seine Liebe zu Zigarren wie auch der »Duft« der Hühner waren intensiv zu riechen. Weder wiederholte Reinigung noch Duftspray konnten den Geruch vertreiben.

Ich erstand das Auto um 10.000 öS (ca. 800 Euro) und unternahm einige Fahrten in den nächsten Wochen in benachbarte Missionsstationen, um die Verlässlichkeit des Fahrzeugs zu testen. Mein Eindruck war gut, nur einmal blieb ich an einer morastigen Stelle stecken, die nicht zu erahnen war. Kurz vor der Abreise kontrollierte ich den Zustand des Autos und wechselte alle Öle, als ein metallischer Klang meine Aufmerksamkeit erregte. Tatsächlich fand ich im Altöl ein Metallstück, das von einem Zahnrad des Getriebes stammte. Mein Vertrauen in dieses Fahrzeug war

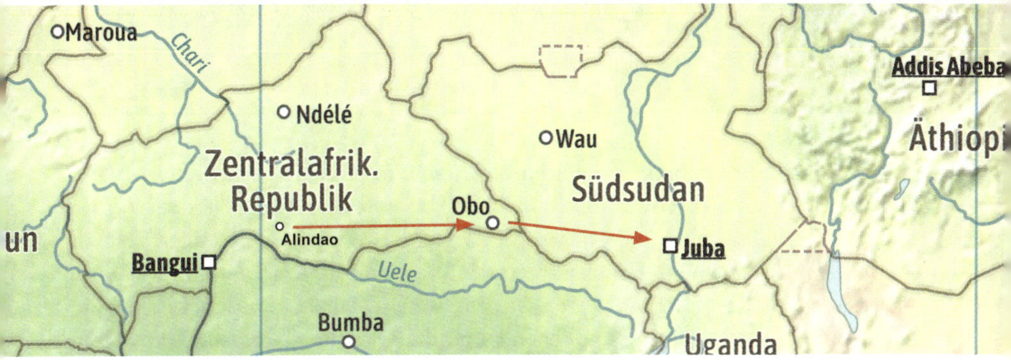

Die erste Etappe: Alindao – Bangassou – Obo – Tambura – Juba;

erschüttert, so dass ich kurz vor Reisebeginn ein Austauschgetriebe aus der Werkstätte in Bangassou holte und am letzten Tag vor unserer Abreise montierte. Als Probefahrt drehte ich einige Runden auf dem Gelände der Mission.

Es gab einen sehr persönlichen Abschied mit der Gemeinde und der Missionsgemeinschaft, wobei auch kleine Geschenke gebracht wurden, besonders für Burgi, die ja endgültig heimfuhr.

Montag, 15.12.1980

Nach einer kurzen Nacht fuhren wir um 5 Uhr früh los. In der Nachbarpfarre Kembe trafen wir Schwestern und Pater Guillaume. Die sorglose Freude dauerte aber nicht lange, denn nur 30 Kilometer nach unserer Rast hatten wir die erste Reifenpanne. Wir wechselten das Rad und fuhren nach Bangassou weiter.

Dienstag, 16.12.1980

Nach der Reparatur des Reifens setzten wir die Reise nach Rafai fort. Auf diesem Streckenabschnitt kamen wir nach La Nomé, wo Abbé Fedele Villa, ein Weltpriester aus Italien, die Christen betreute und eine neue Kirche gebaut hatte. Der Platz vor der Kirche war mit Kakteen und Blumen geschmückt. Einen würdigen Platz hatte die Glocke, die Felge eines Lastwagens, erhalten. Angefügt war ein großer Versammlungssaal, in dem der Priester im Advent und in der Fastenzeit Versammlungen abhielt und über biblische Texte meditierte. Aus jeder Familie sollte wenigstens ein Mitglied kommen. Ein alter Brauch, wie er auch in Österreich üblich war.

Der Weg wurde zusehends schlechter. Es gab Passagen, die eher Stiegen als einer praktikablen Straße glichen. Steine aus Laterit überall wohin man blickte, ein Ausweichen war nicht möglich. Ich benützte den Allradantrieb und fuhr vorsichtig die Steilstufe hoch. Mitten auf diesem Steilstück hörte ich plötzlich ein metallisches Klicken und bemerkte, dass das Auto weder vorwärts noch rückwärtsging. Irgendetwas blockierte, denn selbst im Leerlauf und ohne Bremse blieb der Wagen auf einer Steilstufe stehen. Ich sah die Reise schon hinschwinden, weil ich einen größeren Schaden vermutete. Nach längerem Suchen stand die Diagnose fest. Im Differentialgetriebe des Vorderradantriebs musste etwas gebrochen sein, so dass sich vermutlich zwei Teile ineinander verkeilt hatten. Als einzige Lösung bot sich an, den Vorderradantrieb zu unterbinden, indem ich die Kardanwelle abschraubte und die Halbachsen von den Rädern löste. Damit drehten sich die Vorderräder frei durch, das Differentialgetriebe bewegte sich nicht, und wir konnten zumindest bis zur nächsten Missionsstation weiterfahren.

Kurz vor Rafai mussten wir den Chinko überqueren und sahen die Fähre auf der anderen Seite. Zum Glück hatte Pater Martin die Männer der Fähre schon benachrichtigt, damit sie auf uns warteten. Es war schon dunkel, als wir in der Mission ankamen.

Der herzliche Empfang tröstete ein wenig, konnte aber über die Schwere unserer Autopanne nicht hinwegtäuschen. Ein Weiterfahren ohne Reparatur war unmöglich. Einen Hoffnungsschimmer gab es, denn unter einem Hangar standen fünf Land Rover, die einem französischen Großindustriellen gehörten, der jedes Jahr auf Großwildjagd nach Rafai kam, oft gemeinsam mit den Präsidenten Valéry Gisgcard d'Estaing, Mobutu und Bokassa. Pater Martin war seit 36 Jahren in der ZAR und trug einen langen weißen Vollbart, den er nur dann kürzte, wenn er ihm bei der Arbeit mit der Kombizange oder Feile hinderlich wurde. Er war damals der längst dienende Pater in Zentralafrika. Seine Geduld und Ruhe waren bekannt, auch sein Wille, bei allem einen Ausweg zu finden. So hatte ich berechtigte Hoffnung, dass der Schaden am Auto mit Hilfe von vorhandenen Bestandteilen am nächsten Tag behoben würde.

Mittwoch 17.12.1980

Nach dem Gottesdienst am nächsten Morgen gingen wir an die Arbeit, denn der Pater war einverstanden, dass aus einem dieser Autos, die Monate unbenützt geparkt waren, der entsprechende Bestandteil genommen wurde, um den defekten Teil bei unserem Auto zu ersetzen. Der entstandene Schaden würde später von der Werkstätte in Bangassou repariert werden. Der afrikanische Chauffeur des französischen Großwildjägers kam am Morgen, demontierte das Tellerrad, bei dem tatsächlich ein Zahn abgebrochen war, und ersetzte es mit dem ausgebauten Teil. Am Abend machten wir eine Rundfahrt im Ort, um das Ergebnis der Reparatur zu prüfen. Wir waren zufrieden und konnten gleichzeitig einen wunderbaren Überblick auf den Chinko genießen.

Moralisch war ich trotz gelungener Reparatur in einem Tief, denn mir kamen Bedenken angesichts der Pannen schon am Beginn der Reise. Hätten wir sie vielleicht doch nicht machen sollen? Manche hatten ja Einwände wegen der Länge und der politischen Lage im Sudan und in Ägypten. Die technischen Probleme hatten meinen Mut und Unternehmungsgeist gedämpft. Ich hatte Sorge, dass vielleicht noch andere Probleme auftreten würden. War es zu waghalsig, diese Strecke zu wählen? Ich schwankte zwischen Abbruch und Fortsetzung der Reise. Schließlich entschied ich mich für die Weiterfahrt, weil ich meine Begleiter nicht enttäuschen wollte. Aber im Stillen betete ich:

Herr, lass es genug sein mit den Problemen! Ich weiß um meine Grenzen, habe aber auch Vertrauen, dass alles gut gehen wird.

Donnerstag 18. 12. 1980

Nach einem gemeinsamen Gottesdienst brachen wir Richtung Zemio auf, eine Strecke von 153 Kilometer. Ohne Probleme ging es auf schlechter Straße voran. In Dembia überquerten wir den Fluss Quara. Wenige Kilometer später leuchtete plötzlich die Ladekontrolllampe auf und es roch nach verbranntem Gummi. Ich suchte den Fehler und sah, dass der Generator blockierte und der Geruch vom Keilriemen kam, der sich durch Reibung erhitzt hatte. Keine Möglichkeit so weiterzufahren. Mitten auf dem Weg baute ich den Generator aus. Damit keine Schraube verlorenging, legte ich ein großes Tuch auf den grasbewachsenen Boden und entdeckte bei der Demontage, dass ein Kugellager kaputt war. Das Führungselement für die Lagerkugeln war zerbrochen, hatte sich verkeilt und somit den Generator blockiert. Ich konnte es entfernen und versuchte mit viel Lagerfett die Kugeln in der Laufrinne zu halten und montierte wieder alles. Den Keilriemen spannte ich nur leicht, damit bei der Drehbewegung kein zu großer Druck auf das Kugellager kam und der Generator doch ein wenig mitlief um Strom zu liefern. Nach zwei Stunden Unterbrechung konn-

Offenes Flüchtlingscamp in Mboki

Obo, Gräber der Sudan – Flüchtlinge

ten wir weiterfahren, und es funktionierte. Die Ladekontrolllampe erlosch teilweise, weil der Generator mitdrehte und somit etwas Strom lieferte. Ich vermied hohe Tourenzahl oder plötzliches Gas geben und mit dieser Vorsichtsmaßnahme kamen wir nach Zemio.

Hier lebten Franziskanerpatres aus Polen und Schwestern aus Lateinamerika. Am nächsten Morgen sollte die Panne mit dem Kugellager des Generators reparieren werden. Die Aufregung machte mich müde, und ich konnte kaum die Augen offen halten. Nach einem Whisky bei den Schwestern fiel ich buchstäblich ins Bett.

Freitag, 19.12.1980

Francesco war Mechaniker auf der Mission und hatte in seinem Bestandteillager tatsächlich das Kugellager, das bei uns kaputt war.
Gegen 9.30 h war die Reparatur fertig, und wir konnten aufbrechen um nach Mboki zu fahren, 140 Kilometer von Zemio entfernt. Wir überquerten den Fluss Uelle, der sich weiter flussabwärts mit dem Fluss Chinko vereint und von diesem Punkt an Oubangui genannt wird. In dieser menschenleeren Gegend kam uns ein Tourist entgegen, ein Deutscher, der zu Fuß von Kairo bis Bangui unterwegs war. Sie waren zu zweit, sagte er uns, sie hatten sich aber getrennt und bis jetzt nicht wiedergefunden.

In Mboki gab es einen herzlichen Empfang. Mboki war ein Ort, der erst durch die geflüchteten Menschen aus dem Süden Sudans Bedeutung bekam, weil dort ein internationales Flüchtlingslager errichtet wurde. Wegen der zahlreichen internationalen Gäste, die den Ort besuchten, wurde eine gute Flugpiste gebaut. Die Sudanesen waren nicht in Camps untergebracht, sondern bekamen Land zugeteilt und konnten sich selbst versorgen. Schulen und ein kleines Krankenhaus wurden vom internationalen

Unsere »Dreizimmerwohnung«

Desolate Brücken

Hilfswerk OXFAM[32] errichtet. Eine sehr sinnvolle Art, Menschen auf der Flucht zu helfen, indem sie selbst durch Arbeit integriert sind und nicht in isolierten Camps versorgt werden müssen. Die Kinder fühlten sich frei, sangen, holten Wasser und machten Feuer. Ein Priester aus dem Sudan begleitete seine Landsleute auf der Flucht ins Nachbarland, stand ihnen in diesen schweren Stunden bei und half bei administrativen Problemen.

Samstag, 20.12.1980

Am nächsten Morgen ging die Reise weiter und wir kamen nach Obo, diesmal nur 60 Kilometer Fahrt. Manchmal kann es in den Morgenstunden auch in Afrika ziemlich frisch sein. Gegen 11 Uhr waren wir in Obo, der letzten größeren Missionsstation in Zentralafrika, wo wir ganz herzlich empfangen wurden.

Seit Bangassou reisten wir eigentlich durch das alte Königreich der Azande. Die Flüchtlinge aus dem Sudan haben eine besondere Art ihre Toten zu bestatten, anders als die Zande. Es sind kuppelförmige Grabstellen, die mit Laterit Gestein abgedeckt sind. Wir gingen auch zum Grab einer Österreicherin, die vor einiger Zeit hier verstorben war. Leute hatten sie buchstäblich auf der Straße mit sehr hohem Fieber gefunden, vermutlich ein Malariaschub, sie ins Spital gebracht, wo sie verstarb.

Dieser Vorfall wurde fast zu einer internationalen Angelegenheit, weil auch der Botschafter eingeschaltet wurde. Die Angehörigen vermuteten, dass die Frau getötet und ausgeraubt worden war, was ich aber dementie-

32 OXFAM (= Oxford Committee for Famine Relief – Oxforder Komitee zur Linderung von Hungersnot), gegründet 1942. Für eine gerechte Welt ohne Armut; für Zentralafrika wirkte die Organisation von Kanada aus.

ren konnte, weil ich auch von diesem Vorfall erfuhr und als Österreicher ein Ansprechpartner war. Ungeklärt blieb die Tatsache, warum die Frau allein auf diesem menschenleeren Weg unterwegs war, ohne passende Kleidung und solide Schuhe, ohne Proviant und Wasser, als Gepäck nur eine Handtasche. Später erfuhren wir, dass sie Drogen nahm und psychische Probleme hatte.

Sonntag, 21.12.1980

An diesem Tag wollten wir bis Bambuti, der Grenzstation, kommen, eine Strecke von 109 Kilometer, besonders mühselig und wohl das schlechteste Wegstück bisher. Ich war in Spannung wie noch nie. Würde das Auto halten oder nicht? Jede Steigung, jeder Stein, jede Änderung der Geschwindigkeit machte mich nervös aus Angst vor einer neuen Panne. Gegen Mittag waren wir in Banzibiri auf halber Strecke zur Grenzstation. Wir machten Pause und stärkten uns. Der Weg war voll mit großen Steinen, so dass wir nur langsam vorankamen. Gegen 4 Uhr erreichten wir endlich Bambuti, den Grenzort der Zentralafrikanischen Republik. Das Haus des Paters diente als Nachtquartier. Der Priester hier hieß Pio Matthieu und kam aus Italien. Er konnte sich über häufigen Besuch nicht beklagen, denn Touristen passierten nur spärlich diese Grenze, Auto noch viel weniger. Auch wir machten nicht lange Rast.

Bei der Weiterfahrt verabschiedete sich wieder ein Reifen. Von einem Weg konnte keine Rede mehr sein, noch weniger von einer Straße. Das Auto kletterte über die scharfkantigen Laterit Blöcke, denen man nicht ausweichen konnte, da sie überall waren. Eines der vier Räder war von einem scharfen Stein aufgeschnitten worden und musste ausgetauscht werden.

An einem ebenen Platz machten wir Rast und wollten übernachten. Zum ersten Mal stellte sich die Frage nach der Aufteilung der Schlafstellen im Auto. Bisher konnten wir in den Missionsstationen schlafen, jetzt wurde das Auto auch Schlafquartier. Wir hatten wohl daran gedacht, aber nie einen wirklichen Versuch vorher gemacht. Burgi war nicht groß und konnte in der Kabine auf den Sitzen schlafen. Corneille hatte sich im Laderaum des Land-Rovers eine Liegestatt hergerichtet. Ich selber schlief auf dem Dach des Autos, auf dem ich mir in Voraussicht ein Zeltdach vorbereitet hatte, das ganz schnell auf- und abzubauen war. Ein Schrägdach war auf einer Seite bei angeschweißten Haken befestigt. Auf der anderen Seite konnte ich Profileisen einhängen, die das Zeltdach aufrichteten und gleichzeitig Schutz vor einem nächtlichen Absturz boten. Die Plane ließ sich an der offenen Seite schließen, so dass ich auch vor kühleren Winden geschützt war. Bereits der erste Versuch überzeugte, und das Auto als eine Drei-Zimmer-Wohnung bewährte sich. So also würde in den kommenden Tagen unser Quartier aussehen. Auf diesem Teil unserer Reise waren die Brücken nur mit lockeren Brettern versehen, die manchmal auch fehlten. Corneille wies mich ein, damit ich zentimetergenau auf den Brettern blieb und nicht abglitt.

Montag, 22.12.1980

An diesem Tag kamen wir an die Grenze zum Sudan. Da wir zu den wenigen Menschen gehörten, die diese Route wählten, wurden wir besonders »betreut«. In weiser Voraussicht gab uns der Bischof von Bangassou einen Brief für den zentralafrikanischen Zoll mit. Er kam bei seinen Visitationsreisen öfter hierher, besuchte die Zöllner in dieser einsamen Gegend und war somit bekannt. Tatsächlich wurde nach einem Brief vom Bischof gefragt. Damit war die Fremdheit gebrochen, und auch sonst ging es sehr freundlich und afrikanisch zu. Wir bekamen den Stempel »Sortie«, Ausreise, in unsere Pässe und fuhren weiter.

Im Sudan mussten wir auf die Zöllner warten. Zusätzlich zum Pass hatten wir ein Schreiben des sudanesischen Konsuls in Bangui mit uns, eine Art Empfehlung für den Zoll, mit dem Vorschlag, die Autonummer in den Pass einzutragen, damit sichergestellt wäre, dass das Auto das Land auch wieder verließ. Diese Maßnahme war nötig, weil wir außer dem Zulassungsschein keine Zolldokumente für unser Auto hatten, weil es sie in Zentralafrika einfach nicht gab. Die Zöllner waren zunächst mit dem Essen beschäftigt. Dann kamen sie, kontrollierten Autonummer, Motornummer, und wir wurden schließlich auf Juba verwiesen, wo die eigentlichen Einreiseformulare ausgefüllt werden sollten. Bis dorthin waren es noch 780 Kilometer. Wir fuhren noch 100 Kilometer, als wieder eine Stelle mit tiefem Sand kam, bei der ich das Allradgetriebe benutzte. Plötzlich hörte ich wieder einen metallischen Klang vorn unter dem Motor, weniger stark wie das erste Mal, aber doch Unheil verheißend. Meine Vermutung, dass es sich wieder um einen Defekt im Differentialgetriebe des Vorderantriebs handelte, bestätigte sich sehr schnell.

Doch jetzt hatte ich bereits Erfahrung mit einer solchen Situation. Wie beim ersten Mal, unterband ich die Kraftübertagung zum Differential und nahm die Halbachsen heraus. Damit war eine vorsichtige Weiterfahrt möglich, und ich hoffte sehr, in Juba ein Tellerrad kaufen zu können. In der Nähe eines Dorfes campierten wir, wahrscheinlich an einem Ort, der für den Unterricht des Katechismus gedacht war. Es war schon sehr dunkel, als wir unser Lager aufschlugen.

Dienstag, 23.12.1980

Wir fuhren an diesem Tag etwas mehr als 300 Kilometer immer ostwärts. Die Straße führte an vielen Kapellen vorbei mit der Aufschrift »Catholic Church« über dem Eingang. Dann erreichten wir eine gute Straße, die wir bis nach Juba genießen konnten. Die 300 Kilometer lange Strecke war fast eine Autobahn, ein Weihnachtsgeschenk für uns. Vor Mundri machten wir Rast und verbrachten die Nacht im Auto. Leute kamen von der nahen Ortschaft und holten Wasser aus einer Quelle. Wir bereiteten unser Auto für den nächsten Tag vor und füllten Diesel in unseren Tank.

Am Abend saßen wir bei aufgehendem Mond beisammen und gönnten uns Ruhe. Plötzlich hörten wir in einiger Entfernung die bekannte Melodie von »Stille Nacht, heilige Nacht«. Unser Weihnachtslied wurde mitten in Afrika in einer uns unverständlichen Sprache gesungen. Es waren Katechumenen aus dem nahen Dorf, die für das Weihnachtfest zusammen mit dem Katecheten Lieder für den Heiligen Abend probten.

Mittwoch, 24.12.1980

Eigentlich war heute Heiliger Abend, aber in uns war nicht viel davon zu spüren. Die Straße war asphaltiert und teilweise von großen Felsblöcken gesäumt. Dann öffnete sich eine Weite, wie wir sie schon lange nicht mehr gesehen hatten, und wir erreichten am frühen Vormittag Juba. Die Stadt war erstaunlich grün, mit viel Baumbestand. Das Zentrum machte einen gepflegten Eindruck. Beim Zoll warteten wir lange. Andere, die vor uns gekommen waren, hatten sich bereits auf die Suche nach den Verantwortlichen gemacht. Langsam ging etwas weiter, und mit Schmiergeld erhielten wir nach drei Stunden unser Papier für die Durchreise nach Wadi Halfa. Bei einem Araber wechselten wir Geld und kauften das Tellerrad für unser gebrochenes Differentialgetriebe, denn es musste noch einmal repariert werden. Dann begann die Suche nach einem Schlafplatz, in einer Stadt manchmal schwieriger als im Busch. Jemand gab uns einen heißen Tipp: Die Pfarre zum hl. Joseph, eine Kathedrale, »Episcopal church« genannt, hätte Räume zum Übernachten. Ein einziger Priester war für alles verantwortlich. Wie überall in großen Missionszentren gab es auch hier Zimmer für Besucher. Wir hatten das Glück, für einige Tage zwei Zimmer zugeteilt zu bekommen. Endlich wieder ein Bett und normale Zustände.

Um Mitternacht gab es einen Gottesdienst, denn es war ja das Weihnachtsfest. Ich war erstaunt, dass alle Texte in Latein gebetet und gesungen wurden. Das Konzil Vatikan II aus dem Jahr 1965 war noch nicht bis hierher gedrungen. Die Kirche war auch Bischofssitz. Viele kamen zur Beichte am Abend. Die Gläubigen waren in Weihnachtsstimmung und drückten diese durch rhythmische Bewegungen beim Singen aus.

Donnerstag, 25.12.1980

Am Weihnachtsfest fuhren wir in die Stadt und suchten nach einer Werkstätte, aber vergeblich. Am späteren Vormittag trafen wir einen Belgier, der uns mit einem Arzt in Verbindung brachte, der wieder einen Mechaniker kannte. Gastfreundschaft war großgeschrieben. Wir waren sogar bei seinen Freunden zum Essen eingeladen und genossen ein sudanesisches Gericht. Obwohl drei Personen mehr bei Tisch waren, reichte das Essen. Anschließend wurde getanzt, ein Brauch im Sudan an diesem hohen Feiertag. Mit dem Doktor vereinbarten wir ein Rendezvous für den nächsten Tag und hofften, dass es, wie vorgesehen, um sieben Uhr klappen wird.

Freitag, 26.12.1980

Tatsächlich kam der Doktor und führte uns in das Wohnviertel, wo der Mechaniker sein sollte. Aber er arbeitete nicht an diesem Tag. Schließlich fanden wir einen anderen, der die Reparatur für 35 Pfund machen wollte. Nach einer Diskussion war er einverstanden, die Arbeit für 30 Pfund zu machen. Sie gingen zu zweit an die Arbeit, und ich hatte den Eindruck, dass sie sich auskannten. Sie arbeiten wie Professionelle, nur schneller, und um 11 Uhr war das Tellerrad montiert. Noch am selben Tag brachen wir auf und verließen Juba in Richtung Malakal. Von nun an ging es nur noch nach Norden, heimwärts. Anfangs war die Straße gut, dann aber wurde sie schlechter. Wir begegneten Kühen, geführt von Hirten von Stamm der

oben: Dinka sind Viehzüchter

links:
Reiseroute von Juba nach Khartum

Dinka[33], die spärlich bekleidet ihre Herde begleiteten. In der Nähe von einigen Häusern machten wir Rast und beschlossen, an dieser Stelle die Nacht zu verbringen.

Wir campierten ganz nahe beim Ufer des Weißen Nils und merkten bald, dass die Entscheidung nicht gut war. Die Feuchtigkeit des nahen Wassers lockte alle möglichen Tiere an, besonders Moskitos. Die ganze Nacht belästigten sie uns. Sie waren extrem angriffslustig und stürzten sich gleichsam auf uns. Ich versuchte zuerst im Schlafsack zu schlafen, da war es aber zu heiß. Dann zündeten wir Feuer an in der Hoffnung, dass die Hitze die Tiere vertreiben würde. Der Effekt aber war gleich Null. Die Moskitos wagten sich genauso weit an das Feuer heran, wie wir selber die Hitze aushielten.

Samstag, 27.12.1980

Wegen der Moskitos war die Nacht gestört und wir hatten es am Morgen eilig den Ort zu verlassen. Wieder begegneten uns Rinderherden, welche die Hirten nach Süden in die Hauptstadt brachten. Auf dem Weg suchten sie Futterplätze für ihre Tiere, um sie später auf den Markt zu bringen. Kühe sind der Reichtum der Dinka. Mit ihnen wird auch das Brautgeld für die Frauen bezahlt.

Die Straße war sehr schlecht, manchmal zum Verzweifeln: Durch Löcher, über Gräben ging es quer durch die Savanne. Sand gab es hier keinen. Irgendwo blieben wir stehen und verbrachten wieder die Nacht.

33 Die Dinka sind eine afrikanische Ethnie im Süd-Sudan.

Giraffen abseits des Weges bei Malakal

Moschee in Malakal

Sonntag, 28.12.1980

Da es Sonntag war, feierten wir in unserer kleinen Gemeinschaft Gottesdienst. Dann ging es in Richtung Malakal[34]. Aber es war noch ein weiter Weg, etwa 420 Kilometer. Nach kurzer Fahrt kamen wir zu einer Straßengabelung. Links ging es weiter den Nil entlang, rechts führte der Weg durch die Savanne direkt nach Norden. Wir wählten die schlechtere Straße, weil sie uns kürzer erschien. Die Straße entlang des Nils wurde auch von Baufahrzeugen benützt, weil an einem Kanal gebaut wurde, dessen Fertigstellung aber noch ausstand.

Auf diesem schlechten Weg kamen wir nur langsam voran. 80 Kilometer ging es nur mit dem ersten, höchstens zweiten Gang. Dafür sahen wir viele Antilopen und auch Giraffen, die im Licht der Abendsonne dahinschritten.

Schließlich kamen wir zur Fähre, die über den Fluss Sobat führt. Da es schon Abend war, weigerten sich die Fährleute noch eine Fahrt zu machen und vertrösteten uns auf den nächsten Tag. Sie »parkten« die Fähre, indem sie sie fest in den Sand hineinfuhren. Dadurch konnten auch die Autos leichter Auf- und Abfahren.

Wir blieben die Nacht über am Ufer und warteten auf die Überfahrt am nächsten Tag. Wir waren nicht allein; auch andere, Araber und Afrikaner, übten sich wie wir in Geduld.

34 Malakal liegt im Nordosten von Süd-Sudan.

Montag, 29.12.1980

Mit der Fähre ging es am Morgen schnell über den Fluss. Bei Schwestern einer katholischen Mission bekamen wir ein Frühstück und konnten uns nach längerer Zeit wieder einmal duschen. Wie überall in Afrika gab es viele Anhänger des Animismus[35], aber 70% der Bevölkerung standen der Kirche positiv gegenüber. Die Schwestern unterrichteten auch in der Schule. Auch den Bischof lernten wir kennen; vor einigen Wochen wurde er in einem Dorf mit einem Speer verletzt. Nach diesem Besuch brachen wir auf, denn bis Khartum waren es noch über 900 Kilometer.

Anfangs freuten wir uns über eine schöne Straße, die allerdings bald schlechter wurde und eine Reifenpanne verursachten. Als wir den Reifen wechselten, kamen Sudanesen herbei und halfen uns bei der Arbeit. Vor Paloich blieben wir stehen und schlugen unser Nachtquartier auf.

Dienstag, 30.12.1980

Die Piste wurde schließlich etwas besser, sie war ausgebaut und gut trassiert. Wir sahen viele Bewässerungsanlagen mit Pumpen, auch wenn manche kaputt waren. Wo es Wasser gibt, ist Leben, wächst alles: Gemüse, Tomaten, Grapefruit. Wir kamen nicht bis Kosti, sondern blieben an einem Plätzchen stehen, abseits der Straße am Rande des Grünlandes und übernachteten dort.

Mittwoch, 31.12.1980

An diesem Tag war Kosti schnell erreicht. Ein erstes Problem gab es mit dem Diesel. Bis jetzt hatten wir uns selber verpflegt. Jetzt waren unsere Reserven zu Ende, und wir mussten an öffentlichen Tankstellen Diesel kaufen. Dafür brauchte es aber eine Erlaubnis von der Polizei. Als wir unser Ansuchen vorbrachten, sagte man uns, dass unsere Visa nicht in Ordnung wären. Nach dieser Drohgebärde ging es aber doch. Wir bekamen sogar Kaffee und Tee und schließlich auch die Erlaubnis für Diesel. Wir leisteten uns in einem Restaurant ein typisch österreichisches Mittagessen, ein gebratenes Huhn. Dann brachen wir nach Sennar[36] auf. Wir überquerten eine Anhöhe und sahen zum ersten Mal den Blauen Nil, wo gerade ein Staudamm gebaut wurde (1981).

---

35 »Animismus«, vom lateinischen »animus«, Geist, Seele, Lebenskraft; Naturvölker verehren in Lebewesen und Dingen geistige Kräfte.

36 Sennar liegt am Blauen Nil, etwa 300 km vor Khartoum.

Khartum war schon sehr nahe, deshalb hofften wir, bald in der Hauptstadt zu sein. Aber die Fahrt dauerte länger als erwartet, denn die Straße hatte keine Markierungen, und die entgegenkommenden Autos blendeten nicht ab oder hatten die Scheinwerfer so schlecht eingestellt, dass die Fahrt in der Dämmerung fast gefährlich wurde. So schlugen wir 30 Kilometer vor Khartum unser Lager auf und verbrachten die Nacht in freier Natur. Es war der Silvestertag, den wir hier auf freiem Feld verbrachten. Wir verabschiedeten das alte Jahr mit Dosenbier auf einer Ebene abseits der Straße.

Donnerstag, 1.1.1981

Am frühen Vormittag waren wir in der Hauptstadt, und unsere erste Sorge galt der Suche nach einem Hotel für einige Tage. Viele Hotels waren extrem teuer, andere wieder hatten keinen Platz. Schließlich fanden wir einen Platz im Hotel Excelsior. Auch hier wurden wir zuerst an der Rezeption mit dem Hinwies abgewiesen, dass kein Platz vorhanden wäre. Ich zweifelte daran und wünschte den Chef zu sprechen, der plötzlich drei freie Zimmer für uns hatte. In den nächsten Tagen bemerkten wir, dass viele Zimmer leer standen. Waren sie uns als Touristen gegenüber misstrauisch, oder war es eine Frage der Konfession, oder hatten sie keine Lust zu arbeiten? Die wahren Gründe konnte ich nicht erfahren.

Wir besuchten die katholische Kirche, in der gerade eine Priesterweihe um 10 Uhr stattfand, ein Mann aus dem Stamm der → **Schilluk**[37]. Wir waren zum Kaffee eingeladen und trafen den Pater Procureur, den Verantwortlichen der Mission. Unser Auto zusammen mit einigem Gepäck durften wir im Haus der Comboni Missionare lassen. Für das Hotel nahmen wir nur Kleidung zum Wechseln und die Toilettentasche mit und waren zufrieden, weil es endlich wieder ein Bett, Dusche und gutes Essen gab. Am Tag unserer Ankunft wurde gerade der Nationalfeiertag begangen: 25 Jahre Unabhängigkeit. Khartum war eine lebendige Stadt, freundliche Autofahrer, wenig Polizei, aber viel Menschen auf den Straßen.

Im Kulturpark war der Festakt. Wir besichtigten das Museum, wo Überreste zu sehen waren, die von der Überschwemmung durch den Staudamm in Assuan gerettet wurden. Das Land machte den Eindruck von einer guten Entwicklung. Allerdings gab es viele Immigranten, die aus dem Sü-

37 Schilluk, eine Ethnie der Niloten.

Einfahrt in Khartoum, Hauptstadt von Nord-Sudan

Löwenstatue beim Eingang

Hieroglyphen auf ei Stele

den in den wohlhabenderen Norden gekommen waren und – wie in der Heimat – in einer christlichen Gemeinde ein Zuhause finden wollten. Es gab etwa 126 Patres und 250 Schwestern, die den zahlreichen »Süd-Sudanesen« Hilfe gaben. Man sagte uns, dass manche Muslime fanatisiert seien und andere Religionen bekämpften.

Freitag, 2.1.1981

Am Morgen dieses Tages nahmen wir am Gottesdienst des neugeweihten Schilluk Priesters teil. Er stammte aus Malakal und wird als einheimischer Priester in Khartum wirken. Anschließend besichtigten wir das Kalifat-Museum mit viel Kriegswerkzeug als Erinnerung an die Kämpfe um die Freiheit. Der Souk war, wie andere Geschäfte, wegen des Festtages geschlossen. Das Museum war geöffnet, aber die christliche Abteilung mit den vielen Ikonen blieb bei unserem Besuch geschlossen, so dass wir die Räume mit den christlichen Elementen der Ausstellung nicht besichtigen konnten.

Da von den Restaurierungsarbeiten nichts zu sehen war, fragte ich nach dem Grund der Schließung, ich erhielt aber keine Antwort. Nur durch die verschlossene Glastür gelang ein kurzer Blick hinein auf die schönen Fresken von Faras[38].

Nach dem Besuch des Museums gingen wir zu unserem Auto, das in der Mission geparkt war, und ich entdeckte, dass der Bolzen der Hinterradfe-

38 Faras liegt im Reich von Nobatia zur ägyptischen Grenze hin. 543 wurde hier das Christentum Staatsreligion. In Faras war auch der Amtssitz eines Bischofs. Er war der Jurisdiktion des monophysitischen, koptischen Patriarchats in Ägypten unterstellt Die Stadt erlebte später einen Aufschwung, der sich in zahlreichen Palästen und Kirchen zeigt. Das 13. und 14. Jahrhundert war eine Zeit des Niedergangs. Der Ort ist seit Mitte der 1960er Jahre im Nasser-Stausee versunken. (https://de.wikipedia.org/wiki/Faras).

oben: Camping in einer kalten Nacht

rechts:
Route: Khartum – Atbara – Wadi Halfa – Assouan

derung gebrochen war. Wieder war eine Reparatur fällig. Anschließend machten wir einen Besuch im Morgan Park mit Vergnügungsangeboten. Dieser Park lag genau am Zusammenfluss des Weißen und Blauen Nils.

Khartum ist eine schöne Stadt mit dichtem Straßenverkehr. Die Menschen waren freundlich, und man kam rasch mit ihnen in Kontakt. Aber es war doch ein großer Unterschied im Vergleich zum Süden im Hinblick auf Religion, die verschiedenen Stämme und die Kultur. Im Norden spürte man einen technischen Fortschritt, mehr Autos, immer wieder Autoschlangen vor den Tankstellen und Mangel an Treibstoff.

Samstag, 3.1.1981

Heute setzten wir unsere Reise fort. Der kurze Aufenthalt in Khartum mit einigem Komfort hatte uns gutgetan. Wir beglichen unsere Hotelrechnung und begaben uns zu den Comboni Missionaren um das Auto zu holen. Um größeren Schaden zu verhindern ersetzte ich den gebrochenen Bolzen an der Hinterachsfeder. Mit dem gewechselten Geld kauften wir Essen (Brot) für die weitere Reise, wobei uns der Pater der Mission begleitete. Wir verabschiedeten uns von den freundlichen Missionaren und fuhren weiter. Anfangs gab es Asphalt, dann aber ging es auf einer Sandpiste weiter, die 1.000 Kilometer bis Wadi Halfa dauern sollte.

Pyramiden von Meroe, 200 Kilometer nördlich von Khartum

Burgi und Corneille vor den Pyramiden

Sonntag, 4.1.1981

Wir waren nicht sehr lange unterwegs als wir eine erste Überraschung erlebten. In der Ebene standen Reste eines Tempels, erbaut von den Römern. In der Ferne tauchten viele kleine Pyramiden auf, von denen etliche verfallen, andere wieder gut erhalten waren. Wir verließen das Auto und näherten uns den zahlreichen → **Pyramiden von Meroe**. Als wir in ein restauriertes Grabmal eintreten wollten, sahen wir uns einem Guide gegenüber, der uns dann begleitete. Die Pyramiden sind aus schwarzem Granit gebaut, mit Aufschriften in Hieroglyphen sowie Götter- und Königsdarstellungen. Bei einigen konnte man Farbreste erkennen.

Nach Szendi wurde der Weg schlecht. Es gab viel Sand, so dass ich trotz der Gefahr einer neuen Panne doch den Allradantrieb benützte. Das waren jedes Mal bange Minuten, ob es nicht wieder im Differentialgetriebe krachte. Zweimal schoben Corneille und Burgi an, um die Sandpassage leichter zu bewältigen. Gegen Mittag kamen wir nach Atbara[39]. Hier steht die Brücke über den letzten Zufluss des Nils vor der großen Wüste. Ebenso wie die Stadt heißt auch der Fluss Atbara, der der Stadt den Namen gab; er kommt aus dem äthiopischen Hochland und wird auch »Schwarzer Nil« genannt.

Wir machten in dieser Stadt einen Besuch bei den Missionaren. Sie erzählten von ihrer mühsamen Tätigkeit, waren aber guten Mutes. Anders als in Karthum war es hier in den Morgenstunden sehr frisch.

---

39 Atbara wurde bedeutsam, als die Engländer 1890 eine Eisenbahn von Wadi Halfa aus bauten, um die Truppen Kitcheners versorgen zu können. Dadurch wurde 1898 der Aufstand der Mahdi siegreich für die Engländer beendet. Heute ist die Stadt Verwaltungszentrum und wichtigste Wartungsstation der sudanesischen Eisenbahn. (https://de.wikipedia.org/wiki/Atbara_(Sudan).

Camping in der Nubischen Wüste

Sudanesische Eisenbahn beim fünften Katarakt

Weiter ging es dann nach Abu Hamed. Der Weg wurde steinig und führte teilweise ganz nahe am Nilufer entlang. Wie schmale grüne Bänder begleiten die fruchtbaren Streifen den ganzen Nil über 1.000 km durch die Nubische Wüste. Wir waren am fünften Katarakt, der besonders felsig ist, mit Stromwirbeln und Stromschnellen, die keine Schiffs- oder Bootsfahrt erlauben. Diesmal schliefen wir am Beginn der Wüste, in der es viele schwarze Steine gab. Weil es ziemlich kalt war, errichteten wir unser großes Zelt und waren froh darüber, dass wir im Warmen essen konnten. Die Kälte wurde gegen Morgen noch spürbarer, und wir waren dankbar über unsere Schlafsäcke, Decken, das Zelt und die warmen Pyjamas. All das reichte gerade, diese Frische schadlos zu überstehen. Kein Wunder, dass das Aufstehen in der Frühe Schwierigkeiten bereitete.

Montag, 5.1.1981

An diesem Tag hatten wir wohl die schlechteste Strecke. Es gab viele Sandpartien, so dass wir ein paar Mal schieben mussten, trotz vorsichtiger Verwendung des Vierradantriebs.

Dazu kam die dauernde Suche nach dem Weg. Spuren waren zwar deutlich sichtbar, aber dann teilten sie sich wieder in alle Richtungen auf, was normalerweise auf Sandprobleme deutete. Die Frage war immer, welche man wählen sollte, um nicht hoffnungslos im tiefen Sand stecken zu bleiben. Einige Male näherte ich mich zu Fuß den tieferen Sandpartien, um die günstigste Stelle ausfindig zu machen und dann mit Schwung durchzufahren. Die letzten 60 Kilometer waren gut und gegen 13 Uhr sahen wir in der Ferne Abu Hamed, den Ausgangspunkt für die letzte Etappe quer durch die Nubische Wüste. Hier mussten wir die Polizei kontaktieren, damit wir für diesen nächsten Abschnitt der Reise durch die Nubische Wüs-

Sonnenaufgang in der Nubischen Wüste

te eingeschrieben werden, vermutlich eine Vorsichtsmaßnahme für die 400 Kilometer lange Etappe, um im Falle einer Suche Hinweise zu haben.

Nach unserer Registrierung durften wir problemlos weiterfahren und folgten anfangs der Eisenbahnlinie quer durch die Wüste. Die Festigkeit des Sandes überraschte mich. Trotz der späten Stunde legten wir noch 150 Kilometer zurück. Berge tauchten in der Ferne auf. Dann bemerkte ich wieder ein zu großes Spiel bei der Lenkung, weil sich die Schrauben der Lenkradhebel gelockert hatten. Bei Sonnenuntergang näherten wir uns den Bergen. Wir suchten einen Platz für die Nacht und Steine, um unser Zelt zu befestigen, da im Sand unsere Heringe nicht hielten. Das warme Essen half gegen die Kälte, die wir in dieser Wüstenregion nicht vermutet hatten.

Dienstag, 6.1.1981

Am Morgen bestieg ich einen kleinen Berg, an dessen Fuß wir lagerten. Die Sicht war nicht besonders überwältigend, dafür aber entschädigte ein schöner Sonnenaufgang, der wieder einen heißen Tag versprach. Trotz Passagen mit Tiefsand kamen wir rasch voran, bis wir die ersten Häuser von Wadi Halfa[40] sahen. Wir freuten uns, als wir in diesem Wüstenort ankamen, denn damit war die Reise gelungen, und die schwierigen Passagen wie auch die Nubische Wüste mit einer Länge von 400 Kilometern lagen hinter uns. Halfa ist zwar eine sehr einfache Siedlung aber verkehrstechnisch nicht unbedeutend. Die Häuser sind durchgehend aus Lehm. Der Nil ist hier viel breiter, weil die Stauwirkung des Assuan-Staudamms bis hierher zurückreicht. Allerdings verschwand durch den Rückstau auch der

---

40 Grenzort zu Ägypten; Beginn der bis Khartum (915 km) führenden Eisenbahn.

oben: Wadi Halfa, Schiffstransport bis nach Assouan 400 km und Eisenbahn nach Khartum

rechts:
Route: Assouan – Kairo –Alexandria – Ancona

fruchtbare Teil an den Ufern des ursprünglichen Nils, der die Bevölkerung früher ernähren konnte. Heute (1981) ist hier eine unwirtliche, nahezu vegetationslose Felswüste.

Sofort suchten wir das Reisebüro auf, um alles für die Weiterreise zu organisieren. Zwischen den Häusern, vorbei an einfachen Läden sahen wir dann das Gebäude des Bahnhofs und den Zug davor, ein Erbstück aus der englischen Kolonialzeit.

Auf dem freien Platz waren viele Menschen mit ihrem Gepäck, die alle auf eine Reisegelegenheit warteten: per Zug nach Khartum oder mit dem Schiff nach Assouan. Sie schliefen an Ort und Stelle inmitten des Gepäcks, das sie als eine Art Wall aufbauten, um Schutz gegen den frischen Wind zu haben.

Die Nachrichten waren nicht besonders gut. Das Schiff war am Morgen nach Assouan abgefahren, und das nächste kam erst am kommenden Freitag. Da wir also drei Tage warten mussten, suchten wir einen günstigen Platz zum Nächtigen und fanden ihn schließlich am Fuße eines Felsens nicht weit vom Nil entfernt. Die Tage nützten wir, um nach der Reise durch die Wüste wieder alles in Ordnung zu bringen: Reinigung von Kisten, Koffern und Taschen, denn der Sand war überall eingedrungen. Auf der weiteren Reise würde es keinen Sand mehr geben.

Im Ortshotel gab es ein gutes Mittagessen, einen Fisch, wie zu erwarten war. Da wir ziemlich im Norden Afrikas waren, wurde es zu dieser Jahreszeit Anfang Jänner früher dunkel, so dass wir gegen 19.30 Uhr bereits in unserem Zelt waren. Die Stimmung war gelockert. Der schwierigste Teil unserer Reise lag hinter uns und war trotz erheblicher Probleme gelungen. Bei der weiteren Reise würde es immer einen Plan B geben; im Extremfall konnten wir die Bahn oder in Kairo sogar das Flugzeug nehmen. Aber daran dachte eigentlich niemand. Jeder war mit seinem Tagebuch beschäftigt. Ab und zu machten wir einen Bummel durch die Wüstenstadt.

Mittwoch, 7.1.1981

Heute erledigten wir die Grenzformalitäten. Es ging erstaunlich schnell bei einem Zöllner, der viel sprach und immer wieder anmerkte, wie arm das Land wäre. Auch die Polizeikontrolle war problemlos, obwohl der Eingangsstempel im Pass fehlte, vermutlich ein Versehen bei der Einreise. Wir machten einen Bummel durchs Zentrum von Wadi Halfa mit den kleinen Verkaufsbuden, die alle dieselben Waren anboten, so dass man sich die Frage stellte, wie die Menschen hier alle leben konnten. Wegen der Frische kauften wir Baumwollleibchen mit langen Ärmeln. Die Leute selbst waren fast winterlich mit Mänteln bekleidet, eine Wollmütze auf dem Kopf.

Donnerstag, 8.1.1981

Am Morgen dieses Tages nach einer sehr kalten Nacht, sah ich das Boot, das von Assouan gekommen war. Wir kauften unsere Fahrkarten bekamen sie aber nur für die Personen. Für das Auto mussten wir bis Freitag warten, bis es sicher war, dass das Schiff auch wirklich abfuhr. Wir machten Einkäufe: Carcadé, einen roten nubischen Tee, dazu süß schmeckenden Käse in Dosen. In Ägypten wollten wir uns nicht lange aufhalten, denn Corneille hatte es eilig. Er sollte am 20. Jänner in den Niederlanden sein, um sich auf der Universität für sein Studium einzuschreiben. Burgi hatte Nierenschmerzen und sprach sogar vom Heimfliegen. Das Thema kam mir von meiner ersten Reise bekannt vor. Wie kalt es war, zeigte der Umstand, dass sich Corneille am Abend einen Stein als Fußwärmer aufheizte.

Freitag, 9.1.1981

An diesem Tag standen wir sehr früh auf, denn es sollte ja die Abreise aus Wadi Halfa sein. Bei einer kleinen Kassa bezahlten wir die Kosten für das Auto. Es gab keine Ausfahrtsbühne, die hydraulisch heruntergelassen wurde, sondern es wurde alles händisch vorbereitet. Ein Holzgestell und Pfos-

Wadi Halfa; durch den Staudamm bei Assouan verschwanden 52 Dörfer

Fähre zwischen Wadi Halfa und Assouan

ten sollten die Höhe von etwa 80 Zentimeter zwischen Schiff und Boden überbrücken, alles ohne besondere Befestigung. Als mein Auto geparkt war, wurde das Gedränge immer ärger, denn nun waren es die Passgiere, die mit ihrem Gepäck kamen. Sie richteten sich auf dem Boden ein, machten mit ihren Taschen und Gepäckstücken einen Wall, hinter dem sie sich niederließen, als Schutz vor dem Wind.

So nebenbei bekam ich die Probleme eines Holländers mit, der ohne Visum hier angekommen war. Alles Jammern und Klagen halfen ihm nichts, er musste nach Kairo zurück, um sich ein Visum zu besorgen. Die Beladung dauerte den ganzen Vormittag, obwohl unser Auto das einzige Fahrzeug war und sonst nur Personen zustiegen. Unser Land Rover war von allen Seiten belagert, so dass man Mühe hatte den Wagen zu verlassen. Gegen 12 Uhr bewegte sich das Schiff und wir fuhren ab. Langsam ging es nach Norden. Der Nil wurde bald enger, dann wieder weiter, hatte aber immer das Aussehen eines großen Sees. Die Weite wechselt zwischen 10 und 30 Kilometer, sagte man uns. Corneille und Burgi bekamen eine Kabine, ich schlief im Auto.

Auf dem Schiff wurden dann unsere Pässe gesichtet und eingesammelt, die wir erst am Sonntag erhalten würden, wenn wir auf der Insel Philae anlegten.

Samstag, 10.1.1981

Am späteren Nachmittag dieses Tagen sahen wir in der Ferne den Tempel von Abu Simbel. Tee tranken wir im Bordrestaurant. Es war bewölkt und wärmer, dafür wurden die Wellen durch den Wind größer. Die Nacht sollte ruhig werden, und trotz der unbequemen Lage in der Kabine des Land-Rovers schlief ich gut und erwachte ausgeruht.

Am nächsten Tag kam gegen Abend der hohe Staudamm von Assuan in den Blick. Mehrere Boote schwammen vor dem Damm. Gegen 15 Uhr

Abu Simbel im Süden Ägyptens

Koptische Kirche in Assouan

legten wir an der Insel Philae an, und ich freute mich schon, dass wir bald von Bord gehen konnten. Leider wurden wir enttäuscht, denn wir mussten noch eine Nacht auf der Fähre verbringen. Da wir nicht wussten, wie es am nächsten Tag in Assuan sein würde, feierten wir am Abend einen Gottesdienst in der Kabine. Ich wusste nicht, ob es Probleme gegeben hätte, wäre das bekannt geworden. Auch die Muslime beteten in einer kleinen Moschee auf dem Schiff, oft auch einzeln.

Sonntag, 11.1.981

Am Morgen verließ das Schiff gegen 8 Uhr den Ankerplatz bei der Insel Philae und begab sich in den Hafen; die Passagiere standen gedrängt an der Reling und blicken erwartungsvoll in Richtung Festland. Doch welch eine Enttäuschung, denn wieder legte es an einer kleinen Insel an, wo wir warten mussten. Nochmals gab es eine Verzögerung, nicht technischer Art, sondern administrative Probleme waren es dieses Mal. Um 9.30 Uhr erfuhren wir den Grund für diese Verzögerung. Die Leute wurden auf ihre Gesundheit hin untersucht und mussten vor dem Verlassen des Schiffes geimpft werden. Da wir nicht sicher waren, ob die Nadeln gewechselt wurden, verweigerten wir diese Prozedur und verwiesen auf unsere Impfpässe, die in Ordnung waren. Schließlich wurde unser Einwand zögerlich akzeptiert. Erst gegen 13 Uhr setzte sich das Schiff wieder in Bewegung, und wir legten endlich an.

Erstaunlich schnell leerte sich jetzt die Fähre. Auch wir fuhren hinaus, hatten aber sofort Schwierigkeiten wegen des Autos, weil wir nicht das Zolldokument Triptik hatten, das in Bangui einfach nicht erhältlich war. Ein Zöllner begleitete uns zum Hauptgebäude vom Zoll mit dem Hinweis, dass unser Auto in Verwahrung auf dem Zollamt bleiben müsse. Da der Schlüssel konfisziert wurde, holten wir vorher noch unsere Koffer mit

urgi Bloderer und Corneille Geraets, meine Begleiter

Insel Elephantine in Assouan

Kleidung und Toilettenartikel und nahmen ein Zimmer im Hotel Abu Simbel, das einfach eingerichtet, sauber und nicht sehr teuer war.

Wir machten einen Besuch in der → **Koptischen Kirche** und trafen den verantwortlichen Priester. Nach einem kleinen Rundgang, zeigte er uns auch eine Möglichkeit zum Geldwechseln, Läden für Souvenirs, Karten und andere Artikel. Gemeinsam mit dem Pater und einem ägyptischen Kapuziner aßen wir am Abend.

Montag, 12.1.1981

Wir gingen zum Zoll und erfuhren, dass die Probleme wegen der fehlenden Zolldokumente größer waren als angenommen. Zwar hatte ich diese Frage mit dem Ambassadeur in Bangui besprochen, aber er schien kein Problem zu sehen. Fahrgestell- und Motornummer wurden kontrolliert. Schließlich erhielten wir ein ägyptisches Kennzeichen, mussten eine Versicherung abschließen und für die Reise durch Ägypten einen amtlichen Begleiter bis nach Alexandria mitnehmen.

Die Stimmung unter uns war nicht besonders gut. Ich war verärgert und enttäuscht, denn ich hatte mir die Urlaubsreise durch Ägypten anders vorgestellt, eine Reise in persönlicher Freiheit und eigener Entscheidungsmöglichkeit. Im Augenblick wussten wir nicht, wie lange die Blockade dauern würde. Wir suchten Trost in Ablenkung und organisierten einen Ausflug mit einem Boot-Taxi nach Philae, sahen den alten Staudamm und den unvollendeten Obelisken. Anschließend machten wir einen Spaziergang im Souk. Aber eine gelockerte Stimmung wollte nicht aufkommen.

Dienstag, 13.1.1981

Wir verbrachten viele Stunden beim Zoll, aber es ging nur schleppend weiter. Auf einen Rat hin hatten wir einen zollkundigen jungen Mann engagiert, damit der Amtsschimmel beschleunigt würde, aber ohne Erfolg. Am Nachmittag besuchten wir Leute am Campingplatz und erkundigten uns über die Preise für die Schiffsfahrt von Alexandria nach Europa. Die Auskunft war wieder ermutigend. Aber noch lag ein weiter Weg vor uns und wir wussten noch immer nicht, wann wir die Reise fortsetzen können. Vorläufig vertrieben wir uns die Zeit in Assouan und besuchen die Insel Elephantine[41], dann den Hathor Tempel und das Nilometer.

Mittwoch, 14.1.1981

Am Morgen besuchten wir wieder den Priester der Kirche. Er sagte uns, dass es beim Zoll öfter Schwierigkeiten gäbe, aber wenn es absolut nicht gehen sollte, würde er gerne kommen und mit den Zöllnern reden. Zu unserer Überraschung trafen wir am nächsten Tag einen anderen Beamten, der unseren Fall behandelte. Es bewegte sich etwas, aber die Bedingungen blieben aufrecht: Wir würden ein ägyptisches Kennzeichen bekommen und von einem Zöllner begleitet werden.

Nach drei Tagen bekamen wir endlich – unfreiwillig – das ägyptische Kennzeichen ASN Y-2, mit dem wir dann das Land der Pharaonen durchfahren durften, am besten ohne anzuhalten von Assuan bis Alexandria. Vor der Abreise ging es noch zum Zoll, aber es handelte sich nicht um eine Verabschiedung, sondern um den neuen Gast, einen Zöllner, den wir mitnehmen mussten. Er würde uns begleiten, unsere Pässe hüten, und wir hatten die Ehre für seine Reisekosten aufzukommen. Natürlich saß er in der Kabine, während Corneille im Laderaum Platz nahm, soweit man das so sagen konnte, denn einen Sitzplatz gab es hinten nicht, vielmehr legte er sich mit Groll auf das Gepäck, hatte weder Aussicht auf die Gegend noch Kenntnis der Entfernung noch einen Gesprächspartner. Der Zöllner kam natürlich auch mit Gepäck, was für die Bequemlichkeit auf der Ladefläche nicht förderlich war. Die Straße war anfangs recht gut mit Ausnahme einer Baustelle bei Edfu. Zu den Straßenbenützern gehörten hier auch Esel, Tiergespanne und viele Kinder. Gegen Abend kamen wir in Luxor an, wo unser ungebetener Reisebegleiter die Zimmerbestellung übernahm. Wir mussten Pässe und Autoschlüssel abgeben, ich fühlte mich wie ein Gefangener und bemerkte, wie ein enormer Groll und Widerstand in mir hochkam.

41 Am Mittellauf des Nils unterhalb des ersten Kataraktes ebnet sich der Fluss zum fünften Mal seinen Weg durch ein Granitmassiv, wodurch eine Granitinsel mit einer Senke entsteht.

Tempel der Hatschepsut

Memnon Kolosse

Unfreiheit vertrage ich sehr schlecht. Wir übernachteten im »Nil Hotel«, das sehr einfach und bei genauerem Hinsehen auch ungepflegt war.

Donnerstag, 15.1.1981

Der Begleiter vom Zollamt verlangte, dass wir am nächsten Tag sofort weiterfahren sollten. Aber ich verweigerte mit Ausreden von Müdigkeit, Ruhebedarf und Stress. Aber eigentlich wollte ich wenigstens einen kleinen Teil unseres geplanten Reiseprogramms absolvieren und die Königsgräber besuchen. Er stimmte dem Vorschlag eines Ruhetages erstaunlich rasch zu. Wir fuhren also am nächsten Tag mit einem Boot über den Nil, nahmen ein Taxi zum Königstal und besuchten einige wichtige Sehenswürdigkeiten: Ramses I., Ramses IV., Thutmosis, etwa 1.400 Jahre v. Christus. Der Übergang zum Hatschepsuttempel glich einer kleinen Bergwanderung. Kinder begleiteten uns mit Aufdringlichkeit und zeigen jeden Schritt vor, den wir auf dem steinigen Pfad zu machen hätten. Da ich selber erfahrener Bergsteiger bin, störte mich diese Hilfebereitschaft, duldete sie aber. Wir besichtigten schließlich den Terrassentempel und Hathortempel.

Mit dem Taxi fuhren wir weiter zum Grabfeld der Noblen, wo wir vier Gräber besichtigten, klein, einfach, aber mit bunten Zeichnungen ausgestattet. Auf dem Rückweg sahen wir in einem weiten Feld die einsamen Memnon Kolosse. Sie sollen Reste eines früheren Tempels sein. An diesem anstrengenden Tag machten wir eine ausgiebige Mittagsrast und leisteten uns ein gutes Essen. Gegen 16 Uhr kaufte ich Diesel für unser Auto, um für den nächsten Tag gerüstet zu sein.

Freitag, 16.1.1981

Wie mit unserer »amtlichen Begleitung« vereinbart, standen wir um 5 Uhr auf, nahmen das Gepäck, gingen zum Auto, fanden aber alles verschlossen. Ich klopfte bald hier, bald dort, aber es rührte sich nichts. Corneille fand dann die Klingel, und so kam doch ein Mann von der Rezeption. Er weckte unseren Zöllner, der schließlich um 5.45 Uhr kam. Er wusste, dass er das Sagen hatte. Recht höflich einerseits, aber doch diplomatisch und bestimmt genug, um das zu erwirken, was er wollte. Wir fuhren los und kamen zuerst recht gut voran, denn es war Freitag, eigentlich ein Ruhetag mit weniger Verkehr. Dennoch bevölkerten Esel, Leute, Kamele und Kühe die Straße, so dass wir nur langsam weiterkamen. Gegen Abend näherten wir uns der Hauptstadt Kairo.

Die Stufenpyramide von Sakkara stand im Glanz der untergehenden Sonne und weiter in der Ferne sahen wir die drei großen Pyramiden, Cheops, Chephren und Mykerinos, die wie Wachtürme im Westen standen, fast unheimlich vom dunkelroten Licht der sinkenden Sonne umstrahlt.

Kairo per Auto zu durchqueren ist eine einmalige Erfahrung für jeden Chauffeur. Trotz der Ampeln schien der Verkehr anderen Gesetzen zu folgen; man fuhr kreuz und quer, wobei die wichtigsten Kontaktzeichen Hupe und Lichtsignale waren.

Unser Zöllner kaufte sich irgendwo Nahrungsmittel: Fisch, Tomaten, Brot, Orangen. Dann ging es weiter in seinen Heimatort im Nildelta. Durch die lange Reise den Nil entlang wurde ein Wechsel im Laderaum notwendig. Burgi opferte sich und befreite Corneille zeitweise von seiner unbequemen Lage im Laderaum.

Eine nette Geste oder Bequemlichkeit, jedenfalls führte uns unsere Zwangsbegleitung zu seiner Familie, wo wir die Nacht gratis verbringen konnten. Wir wurden freundlich empfangen, gut bewirtet und auch die Zimmer waren sauber. Es wurden uns sogar Fotos von Familienfeiern, wie beispielsweise einer Hochzeit gezeigt. Autoschlüssel und Pass durften wir diesmal behalten. Am Abend gab es eine Teezeremonie, zu der auch Freunde kamen.

Samstag, 17.1.1981

Um 9 Uhr morgens war Abfahrt nach Alexandrien[42]. Hier waren die Straßen gut. Dann aber gab es plötzlich eine Programmänderung, denn wir fuhren nicht zum Zoll, wie geplant, sondern zu einem Schulgebäude, weil

42 Alexandrien wurde von Alexander d. G. im Jahre 333 v. Chr. gegründet und ist die zweitgrößte Stadt Ägyptens.

die Verlobte unseres Begleiters dort studierte. Wir waren zuerst verwundert und protestierten, aber ohne Erfolg. Als er dann ins Schulgebäude ging, nahm er Burgi mit, gleichsam als Geisel, damit wir nicht unkontrolliert abreisen konnten. Als er dann nach einer kurzen Zeit zurückkehrte, fuhren wir zum Hotel Metropolitan, das außen sehr einfach aussah, innen aber schön und gepflegt war.

Als einen Höhepunkt von Abhängigkeit erlebte ich den Moment, als unser Zollbegleiter selbst unsere Namen ins Hotelbuch einschrieb. Ich weiß bis heute nicht, was er den Leuten erzählte, aber jedenfalls waren ihre Blicke auf eigenartige Weise auf uns gerichtet. Vermutlich erzählte er, dass wir gefährlich Schmuggler oder sonst irgendwelche verdächtige Elemente wären. Jedenfalls wurden wir überwacht wie in einem kommunistischen Land. Das Auto kam schließlich in eine Garage, wieder unter Zollbewachung. All diese »Dienste« musste ich natürlich bezahlen, inklusive Übernachtung und Verpflegung unseres Fahrgastes.

Das Hotel bot Komfort, Dusche und ein ordentliches Essen. Ein Spaziergang fiel wegen Regen buchstäblich ins Wasser. An diesem Samstagabend feierten wir im Zimmer in kleiner Gruppe eine heilige Messe, weil wir am Sonntag vermutlich mit Zoll und Einparken zu tun haben werden.

Sonntag, 18.1.1981

Beim Zoll mussten wir zunächst lange warten, bis wir erfuhren, dass das Auto in ein anderes Zolllager gebracht werden musste. Gegen 12 Uhr bekamen wir endlich unsere Pässe zurück, mit dem Hinweis, dass wir am nächsten Tag um 9 Uhr wieder zur Stelle sein sollten. Dennoch wollten wir den Tag nicht ganz untätig verstreichen lassen. Am Nachmittag besichtigten wir die Stadt mit einem Taxi. Corneille hatte die Absicht, vorher noch die Fahrkarten für die Überfahrt nach Ancona, Touristenklasse, zu kaufen und wechselte bei einem Ägypter Geld, weil es etwas billiger zu sein schien als bei der Bank. Das aber war ein großer Fehler, denn als er bei der Schiffsagentur die Tickets bezahlen wollte, verlangte der Schalterbeamte die offizielle Bestätigung des Geldwechsels, die er natürlich nicht hatte. So versuchte er beim selben Mann den Geldwechsel wieder rückgängig zu machen, der zwar zustimmte, aber Zinsen für den Deal am Vormittag verlangte.

Montag, 19.1.1981

Wenn alles gut ging, dann sollte heute der ganze Zauber zu Ende sein. Wir waren wieder beim Zoll. Irgendjemand gab uns den Rat, einen kompetenten Mann anzuheuern, der uns durch den Dschungel der Administration führen sollte. Wie zufällig fanden wir einen, der sich tatsächlich auskannte und uns von einem Büro zum anderen führte. Er schien selbst kein Zöllner zu sein. Jedenfalls folgten wir ihm – was hätten wir auch anderes tun können. Es fehlten wieder Papiere für die Polizei, die wohl in Assouan geblieben waren. Aber schließlich waren gegen 13.30 Uhr alle zollmäßigen Verpflichtungen beendet. Wie erwartet, war die Hilfe nicht aus Nächstenliebe geschehen, sondern er verlangte eine Vergütung von 15% aller Ausgaben, die wir im Zusammenhang mit den Zollangelegenheiten in Alexandrien getätigt hatten. Nun mussten wir nur noch auf die Verladung des Autos am nächsten Tag warten.

Dienstag, 20.1.1981

Wir waren froh, dass wir das Hotel am Morgen verlassen konnten. Vorher kauften wir noch einige Sachen ein: Stiefel für Burgi, ein Jackett für Corneille und einen Koffer für mich. Um 11.30 Uhr waren wir bei der Rezeption des Hotels gestellt und suchten ein Taxi. Es dauerte lange, bis der Hoteldiener eines fand, dann allerdings kamen gleich zwei angefahren. Das Taxi brachte uns zum Zoll, wo unser Auto die ganze Zeit verlassen gewartet hatte. Wir verluden unser Gepäck, fuhren zum Schiff und wurden beim Verlassen nicht einmal kontrolliert. Wir durchquerten verschiedene Barrieren mit Hilfe eines Zollbeamten, der jedes Mal unseren Fall erklärte, bis wir schließlich vor dem Schiff zu stehen kamen. Allerdings war die Beladung erst für 17 Uhr vorgesehen. Der Zöllner diskutierte mit der schiffseigenen Security und hatte Schwierigkeiten, weil er eine Unterschrift vom Verantwortlichen des Schiffes haben wollte, dass er das Auto wirklich abgeliefert hat. Der aber verweigerte. Schließlich durften wir doch vor der Zeit ins Schiff fahren und erlebten es wie eine Befreiung von einer großen Last. Gegen Abend wurden endlich die Taue eingeholt, und das Schiff verließ den Hafen. Es gab gutes Essen mit Selbstbedienung, aber eigentlich machten nur wenige davon Gebrauch. Als wir endlich den Hafen verlassen hatten, merkten wir erst den hohen Wellengang, der vielen Passagieren zu schaffen machte und ihnen den Appetit verdarb.

Mittwoch, 21.1.1981

Es wurde eine mühsame Nacht. Auf den Toiletten war Hochbetrieb, ebenso in den Waschräumen und WCs. Überall standen Menschen gebeugt über die Waschschüsseln, kotzten und husteten. Corneille jammerte, dass er das nicht drei Tage lang durchhalten würde, denn solange würde die Überfahrt nach Ancona dauern. Ich selbst verspürte weniger Probleme, hatte aber auch ein mulmiges Gefühl im Magen.

Am Nachmittag sahen wir Heraklion. Die folgende Nacht war anfangs ruhiger, dann aber gab es wieder Sturm, der das Schiff gewaltig auf und nieder schwanken ließ. An diesem Abend stellte ich mich auf den hintersten Punkt des Schiffes und genoss die volle Wucht des Seegangs. Schiffe, die uns begegneten, waren in den Wellentälern völlig verschwunden.

Donnerstag, 22.1.1981

Endlich ein ruhiger Morgen. Heute schmeckte allen das Essen nach den Tagen verhinderten Appetits. Gegen Mittag sahen wir Patras, eine wichtige Hafenstadt Griechenlands. Von allen Bergspitzen blickte der Schnee herab. Wenn es schon in Griechenland so kalt war, was wird uns dann erst in Italien oder Österreich erwarten?

Am Vormittag kamen wir in Ancona an und fühlten uns wie in der Heimat. Die Autos verließen die Fähre und passierten die Zollkontrolle. Unser Wagen aber fiel unangenehm auf. Inmitten der sauber polierten Luxusautos stach unser Fahrzeug wie ein schmutziges Entlein heraus. Knappe zwei Wochen lang hatten wir keinen Zutritt, weil es in einem Zolllager deponiert war und auch bei der Schiffsreise nach Ancona der Parkraum versperrt geblieben war. Beim Anblick unseres Autos und dessen Insassen schöpften die Zöllner in Ancona Verdacht. Schon die Autonummer musste auffällig sein, denn sie war einfach – wie damals in Zentralafrika üblich – eigenhändig auf die Karosserie aufgemalt. Der Beamte winkte uns aus der Reihe der herausfahrenden Autos und deutete auf einen Platz mit Zollbeamten und einem Spürhund. Die Unruhe des Tieres beim Anblick unseres Wagens verstärkte die Aufmerksamkeit und den Spürsinn der Ordnungshüter. Das Wagenfenster auf meiner Seite war offen, und ehe ich mich versah, hatte der Schäfer seine Pfoten in der Fensteröffnung.

»Alles Aussteigen« befahl der Zöllner mehr mit Gesten als mit Worten, weil wir ja nicht Italienisch konnten.

Wir selbst machten wohl auch keinen besonders vertrauenswürdigen Eindruck, schlecht rasiert, notdürftig gewaschen, und unsere Garderobe glich nach fünf Wochen Reise durch Wüste und Savanne eher der von Unterstandslosen, die gerade vom Schlafplatz unter einer Brücke kamen. Zwei Zöllner begannen zu suchen, während der Spürhund sehr entschieden an unserer Proviantkiste schnüffelte und scharrte. Zwei Wochen lang hatte es keine Gelegenheit gegeben, den Inhalt zu sichten, zwischen gut und verdorben zu sortieren. Kein Wunder also, dass sich völlig unbekannte Gerüche entwickelt hatten, die den armen Vierbeiner total verwirrten. In dieser Kiste waren Tomaten aus dem Nildelta, verschimmeltes Brot, süßer Käse aus Wadi Halfa, Restbestände von Gemüse im Zustand der Dekomposition, dazu noch Bananen, schwarz und biegsam, eine Reiseverpflegung aus Juba im Süden vom Sudan. An den Gesichtern der Kontrollorgane konnte ich so etwas wie Genugtuung erkennen: Endlich ein Erfolg bei ihrer Arbeit; vermutlich kleinere Drogendealer, die in die Zollfalle geraten waren. Nach etwa einer halben Stunde wurde die Vergeblichkeit ihres Bemühens offenkundig, und die Handbewegung sollte wohl heißen: Einsteigen und Wegfahren. Inzwischen war das Schiff längst geleert und die letzten Fährenbenützer außer Sichtweite. Wortlos gehorchten wir und verließen den Ort ziemlich schnell in Richtung Norden, dem Ziel Österreich entgegen. Je mehr wir uns Österreich näherten, umso kälter wurde es. Schließlich waren es an der Grenze gute 15 Minusgrade. Zum Glück hatte ich in Afrika die Heizung wieder eingebaut, die normalerweise in Afrika als Energieverschwender abmontiert wird. Ohne Heizung hätten wir aber hier große Probleme mit der Windschutzscheibe gehabt. Wir überschritten die österreichische Grenze bei Kötschach. Wieder waren die Zöllner durch unser Fahrzeug irritiert.

»Wo kommen denn Sie her?« die Frage des Zöllners.

»Aus Zentralafrika!« war meine Antwort.

»Wo ist denn das?« »In Afrika«, erklärte ich.

»Mit diesem Auto dürfen sie hier nicht fahren!« erklärte mir der freundliche Beamte. »Sie brauchen eine Versicherung.«

»Ich bin Auslandsösterreicher«, erklärte ich ihm. »Eine Versicherung habe ich in Italien abgeschlossen.«

Alle Papiere wurden kontrolliert, dann eine letzte Weisung: »Mit diesem Auto können sie maximal sechs Monate fahren.« »Das genügt mir, weil ich inzwischen wieder in die Zentralafrikanische Republik fahren werde.« Dann ging es nach Dellach, wo wir Johanna, eine ehemalige Entwicklungshelferin bei ihren Eltern besuchten.

Am nächsten Tag fuhren wir nach Salzburg und erreichten die Stadt rechtzeitig, so dass Corneille den Zug nach Holland nehmen konnte, um sich termingerecht auf der Universität einschreiben zu können, weil er ein Sabbatjahr geplant hatte. Wir hatten nicht einmal Zeit, zum Abschied noch einen Kaffee zu trinken, weil der nächste Zug nach Amsterdam wenige Minuten nach unserer Ankunft in Salzburg einfuhr. Es reichte gerade für einen Händedruck, dann sahen wir nur noch die Schlusslichter am letzten Waggon.

Ich brachte Burgi nach Kirchdorf an der Krems, wo ihre Eltern schon auf sie warteten. Der Empfang zu Hause war von besonderer Freundlichkeit, denn immerhin war Burgi drei Jahren von zu Hause fort gewesen.

Ich blieb nicht lange, sondern brach auf, um nach Krems an der Donau zu fahren. Die sechs abenteuerlichen Wochen waren ein Geschenk für uns. Im Grunde war ich trotz aller Probleme und Hindernisse zuinnerst dankbar, diese Reise gemacht zu haben. Sie war zwar nicht ganz nach meiner ursprünglichen Vorstellung verlaufen, war aber eine der wenigen Gelegenheiten auf diesem Weg, den Sudan und Ägypten zu bereisen, eine Chance, die es lange vorher und auch später nicht mehr gab.

Aufenthalt in Österreich

Eigentlich hätte es ein Erholungsurlaub sein sollen. Doch nur ein paar Tage lang konnte ich etwas davon genießen. Das Auto, das uns mit einiger Mühe hergebracht hatte, erwies sich jetzt als Klotz am Bein. Zunächst wollte ich es zu einem Mechaniker stellen, dann loswerden oder verkaufen, falls sich vielleicht ein Abenteurer dafür interessierte. Vor einem Verkauf musste jedoch einiges repariert werden, denn die Fahrt durch unwegsames Gelände hatte das Kabinendach auf der linken Seite losgerissen. Beim dritten Gang sprang gelegentlich der Schalthebel in den Leerlauf. Das ganze Auto benötigte also eine gründliche Überholung. Ein Mechaniker schweißte zunächst das lose Kabinendach an den Rahmen, sonst gab ich keinen weiteren Arbeitsauftrag, weil die Kosten meine finanziellen Möglichkeiten überstiegen hätten. Einmal meldete sich jemand, der Interesse für das Auto zeigte. Wir besprachen die technischen Details, und ich sah, wie die Kauflust mehr und mehr schwand. Denn das Auto fuhr maximal

80 Kilometer pro Stunde, hatte nur einen Bremskreis und hätte daher die Hürde der technischen Kontrolle nicht bestanden. So gewöhnte ich mich an den Gedanken, dieses Auto wieder nach Zentralafrika zu bringen. Aber ich muss gestehen, dass ich auch Spaß mit diesem exotischen Fahrzeug während meines Aufenthaltes in Österreich hatte.

Eines Tages besuchte ich meine Mutter in St. Pölten. Als ich auf dem Weg zu ihr war, sah ich im Rückspiegel ein Polizeiauto, das verdächtig lang hinter mir herfuhr. Schließlich überholte mich das Fahrzeug mit Blaulicht und wies mich an den Straßenrand. Die Ordnungshüter verlangten die Autopapiere, die allerdings in Französisch waren. Kommentarlos gaben sie mir die Papiere wieder zurück und stellten als einziges Vergehen fest, dass auf meinem Auto kein Internationales Kennzeichen zu sehen ist. Damit hatten sie freilich Recht, denn zu dieser Zeit gab es in Zentralafrika noch keine Unterteilung nach Provinzen, weil es so wenige Autos gab. Mein Kennzeichen lautete: RCA 5772 E. Dieses Kennzeichen erhielt man bei der Anmeldung, musste es aber selber aufmalen, weil es keine offiziellen Kennzeichentafeln gab. Die Buchstaben RCA standen für »République Centrafricaine« und die zusätzliche Zahl war eine Registriernummer.

»Ohne Internationales Kennzeichen dürfen sie bei uns nicht fahren«, war die lakonische Antwort.

Ich erklärte die Umstände und auch, dass in diesem Land niemand ein eigenes internationales Kennzeichen besaß, aber die Forderung blieb aufrecht. Ich versprach ihnen, dass ich das Problem zu Hause lösen und RCA auf der anderen Seite des Autos aufmalen würde. Selbst diese Bereitschaft überzeugte sie nicht. Es müsse jetzt geschehen. Da kam mir ein rettender Gedanke. Ich holte aus meiner Werkzeugkiste ein schwarzes Isolierband und klebte an einer freien Stelle rechts gut sichtbar die Buchstaben R C A auf, eine Arbeit, die in wenigen Minuten gemacht war. Hoffentlich fühlen sie sich nicht gefrotzelt, dachte ich während der Klebetätigkeit, aber eine andere Wahl hatte ich nicht. Als ich fertig war, zeigte ich ihnen das wohl einzige internationale Kennzeichen Zentralafrikas der Welt und siehe da, die Hüter des Gesetzes waren damit zufrieden, stiegen in ihr Auto und fuhren weg.

Unvergesslich sind mir die Fahrten auf der Autobahn. Mein Land Rover fuhr maximal 80 Kilometer schnell. So blieb ich nahe am Pannenstreifen und musste so manchem Verkehrsteilnehmer aufgefallen sein. Nicht selten sah ich staunende Kindergesichter an die Heckscheibe gedrückt, die sich dann rasch abwandten um vermutlich Papa oder Mama zu fragen, was dieses Auto zu bedeuten habe.

Inzwischen war Josef von Bangui nach Paris geflogen, weil er Urlaub machte, und wir anschließend zusammen mit anderen Teilnehmern wieder mit Autos nach Zentralafrika fahren wollten.

Die klimatische Umstellung von der Hitze Afrikas in das winterliche Österreich gelang mir problemlos. Es war viel Wärme von Seiten der Angehörigen und Bekannten zu spüren. Die Zeit der Trennung hatte uns nicht entfremdet. Jeder war ein Stück in seinem Leben weitergegangen, aber es war kein Entfernen, sondern ein aufeinander Zugehen. Wer unterwegs ist, entfremdet sich nicht, nur Stillstand und Festhalten isolieren. Es kamen viele Fragen, manche von einem schablonenhaften Verständnis, manche ehrlich und interessiert: Gibt es viele Schlangen? Hast Du Löwen gesehen? Ist es sehr heiß? Hast du keine Angst vor den Fremden? Oder solche wie: Kommen die Spenden an? Ist es überhaupt gut zu helfen oder doch nicht besser, die Leute zu belassen, wie sie sind? Sind sie nicht in ihrer Armut glücklicher als wir?

Solche Fragen sprechen ernste Themen an, zeigen aber auch, dass die Situation sehr einseitig gesehen wird. Afrika als eine Insel der Seligen zu belassen, ist ein hehrer Gedanke, aber weit weg von der Realität. Längst haben Europäer und andere reiche Länder den Kontinent als Rohstofflager entdeckt und plündern ihn ohne Rücksicht auf Land und Leute aus. Kein Afrikaner hatte sie gerufen. Sie kamen und eroberten mit Gewalt den Kontinent und zerstörten die bestehenden Strukturen politischer wie wirtschaftlicher Art.

Afrika wurde durchschnittlich 60 Jahre lang durch die Kolonialisierung zum Rohstofflieferanten für Europa degradiert. Auch nach der Unabhängigkeit blieben Strukturen der Abhängigkeit aufrecht und wirksam, wenn auch nicht mit Waffengewalt, so doch mit Druck durch rechtliche Vorgaben (wie Privatisierung) und finanzielle Abhängigkeit.

Wahr ist auch, dass die Kirche zusammen mit den Kolonialmächten ihre Mission begann und nur selten Ausbeutung und Ungerechtigkeiten anklagte oder Mäßigung von den eigenen Landsleuten einforderte. Es hat lange gedauert, bis in dieser Frage ein Umdenken einsetzte. Dann aber war die Kirche in diesen Ländern eindeutig auf der Seite der Bevölkerung.

Früher hatte sie Schulen gebaut und viele Jahre den Unterricht garantiert. Heute (2019) liegt die Verantwortung für die Bildung zum einem großen Teil in der Hand des Staates. Er betreut auch maßgeblich das Gesundheitswesen und ist für Spitäler und die Ärzte verantwortlich. Die Kirche ist an der Entwicklung des Landes mit der Organisation der »Animation rurale« engagiert, eine Initiative bei der ausländische Jugendliche auf begrenzte Zeit mitarbeiten. Die Reise zurück sollte wieder per Auto geschehen, weil die MIVA welche für die Arbeit in Zentralafrika zugesagt hatte. Als ich sah, dass ich meinen alten Land-Rover nicht verkaufen konnte (was mich eigentlich nicht wunderte), entschloss ich mich, dieses Auto wieder nach Zentralafrika zu bringen. Als einige meiner Freunde von dieser Absicht erfuhren, meinten sie mit ehrlicher Verwunderung:

»Glaubst Du wirklich, dass Du mit diesem Auto bis Zentralafrika kommst?«

Solche Bemerkungen genügen wohl, um das Vertrauen in dieses Fahrzeug zu charakterisieren, ohne dass ich mich in technische Details verlieren muss. Ich selber war zuversichtlich, auch deswegen, weil ich ja gute Freunde um mich wusste und mir der Begleitung von vier neuen, geländegängigen Fahrzeugen sicher war. Bereits im Februar begannen wir mit den Vorbereitungen für die Rückreise. Der Zeitpunkt der Abreise sollte im Mai oder spätestens im Juni sein, damit wir nicht in die beginnende Regenzeit in der Sahelzone und den zentralafrikanischen Ländern, wie Kamerun und Zentralafrika, geraten.

Für diese Reise interessierten sich einige Freunde, die schon früher in Zentralafrika gearbeitet hatten und noch einmal einen Einsatz machen wollten. Während die MIVA für die technische Vorbereitung und die Ausstellung der Zollpapiere für jedes Auto (Carnet de passage en douane) zuständig war, besorgte ich die notwendigen Visa für die Teilnehmer. Zu diesem Zweck flog ich nach Paris, wo mir aber auf der Botschaft von Kamerun die Durchreise mit Autos verweigert wurde. Kurzerhand fuhr ich mit dem Zug nach Bonn und erhielt von der Botschaft alle Berechtigungen für unsere Fahrt. Auch kaufte ich alles an Ausrüstung und für die Beladung. Wieder konnten wir Bestandteile und Geräte für die Arbeit mitnehmen. Geräte, die in Afrika nicht ohne weiteres zu bekommen waren. Jedes Auto wurde mit Reserverädern, Reifen und Werkzeug ausgestattet; dazu diverse Filter, leere Autobatterien und Kleinmaterial. Befreundete Ärzte gaben uns sogar

Medikamente mit. Ganz wichtig war die Versorgung mit Nahrung und Getränken, denn es gab immer wieder lange Durststrecken, ohne Möglichkeit etwas einzukaufen. Natürlich sorgten wir auch für Treibstoffreserven. Diesmal sollte die Reise in Stadl-Paura beginnen, denn immerhin waren fünf der Mitreisenden aus Oberösterreich. Dienstag, den 24. März 1981, war die Segnung der Fahrzeuge und damit verbunden die Aussendung durch Bischof Zauner aus Linz. Am Abend versammelte sich die ganze Reisegruppe bei der Familie Kraxberger, weil zwei Söhne der Familie mit von der Partie waren. Wir beteten und feierten eine heilige Messe mit der innigen Bitte, dass diese Fahrt gut verlaufen möge.

Dritte Reise in die Zentralafrikanische Republik 1981

Unsere Reise begann am 25. März 1981 in Meggenhofen, Oberösterreich. Die Fahrt ging über Salzburg, Bischofshofen, Innsbruck bis Gries am Brenner. Hier verbrachten wir die letzte Nacht in Österreich bei der Familie Auer, die mich schon früher beherbergt hatte. Am 26. März 1981 in den Morgenstunden passierten wir die Brenner-Grenze. Dank der soliden Vorbereitung durch die MIVA und der zollmäßigen Vorabfertigung ging auf österreichischer Seite alles sehr schnell. Auf der italienischen Seite bedurfte es einiger Gespräche. Da ich schon zweimal diese Grenze mit ähnlichem »Gepäck« passiert hatte, hoffte ich jenen Zöllner zu finden, der mich auch in früheren Jahren abfertigte. Tatsächlich fand ich ihn, so dass Zoll- und Passformalitäten rasch erledigt waren. Auf der Autobahn fuhren wir immer in Kolonne, damit wir zusammenblieben.

In der Gegend von Cremona wollten wir übernachten. Auf der Karte fanden wir ein Kloster »Sigismonde«, ganz in der Nähe der Stadt. Klöster sind meist von hohen Mauern umgeben, ein guter Schutz auch für unsere Autos. Wir erfuhren, dass das Kloster leer stand und für verschiedene pastorale und soziale Aufgaben verwendet wurde. Der Verantwortliche hatte Verständnis für unsere Lage und stellte uns einige Räume zur Verfügung. Auch unsere Autos fanden einen gesicherten Platz. Abgespannt nach diesem ersten Tag stärkten wir uns mit einer Pizza und luden auch den Quartiergeber dazu ein. Am kommenden Tag wurden die mitgenommenen Sachen gleichmäßig auf unsere Autos verteilt, denn das konnte bei Grenz-

Teilnehmer an der Reise, v. l. n. r.: Franz Josef Brunner, Josef Malzer (kein Reiseteilnehmer); Rudi Kraxberger, Entwicklungshelfer; Heinz Kraxberger, Bruder von Rudi; Hilde Kurz (keine Reiseteilnehmerin); Brigitte Bauchinger, Entwicklungshelferin; Josef Pretz, Priester in Kembe. Fritz Huemer fehlt auf dem Foto.

kontrollen hilfreich sein. Dann fuhren wir nach Genua weiter und fanden Unterschlupf bei den »Xaverianern«, einem Missionsorden, mussten aber in den Autos schlafen, weil es keine freien Zimmer gab. Trotzdem waren wir froh über diesen Schutz, denn Genua als Hafenstadt ist nicht ganz sicher, und wir hätten nachts um einige Transportgüter erleichtert werden können. Am 28. März 1981 um 9 Uhr waren wir im Hafengelände und warteten auf die Abfahrt der »Habib«, einem tunesischen Passagierschiff. Bei der Verteilung der Kabinen gab es anfangs Probleme, doch schließlich kamen wir doch unter, litten aber unter dem starken Geruch von Schweißfüßen (nicht aus unserer Gruppe kommend), so dass einige – trotz Kälte – das Deck vorzogen. Obwohl die Abfahrt erst für 17 Uhr geplant ist, waren schon viele Autos vor uns da. Während wir warteten, merkten wir an der Temperatur die Nähe Afrikas. Das Verladen der Fahrzeuge begann um 15 Uhr, und pünktlich um 17.30 Uhr setzte sich das Schiff in Bewegung, eine Fahrt über das Mittelmeer von etwa 24 Stunden.

Gegen Abend des 29. März 1981 um 17 Uhr gingen wir in Tunis an Land mit den üblichen Kontrollen: Führerschein, Pass, Versicherung und schließlich die Kontrolle der Autos. Uns beschäftigt die Frage, ob wir mit all unseren Sachen problemlos die Grenze passieren würden. Wir beobachteten, dass die Zöllner ziemlich genau waren. Viele mussten das Auto ganz leeren. Als erster war ich an der Reihe und durfte ohne große Fragen weiterfahren. Ähnlich ging es Heinz mit dem Puch-Mercedes und auch Brigitte mit ihrem Landcruiser. Anders war es bei Rudi mit seinem Unimog. Zwar zeigte er zuerst die harmlosen Sachen, dann aber stieg der Zöllner auf die Ladefläche und begann sich für jedes Paket zu interessieren. Bei den vielen Medikamenten schüttelte er den Kopf. Als er dann noch die 900 Paar Lederoberteile für Holzschuhe fand – gedacht für Fußbekleidung in Zentralafrika zur Verhütung von Wurmkrankheiten – glaubte er uns nicht mehr, dass wir Touristen wären. Er stieg vom Auto und besprach sich mit seinem Chef. Hinter Rudi folgte Josef mit dem Land Cruiser. Nun war von Großzügigkeit nichts mehr zu spüren; auch Josef musste alles auspacken. Inzwischen entdeckten sie, dass wir alle zusammengehörten und wollten auch Brigitte wieder zurückrufen. Aber sie weigerte sich, weil ihr Auto kontrolliert worden war und den Zollbereich bereits verlassen hatte. Die Zöllner trauten uns nicht mehr und fürchteten vermutlich, dass wir die Waren im Land verkaufen werden.

Schließlich blieben die Fahrzeuge von Josef und Rudi im Zollbereich zurück, fielen dadurch aus der Kategorie für Touristen und galten als Transporteure. Die Zollfalle war wieder einmal zugeschnappt und wir fürchteten, dass es Tage dauern würde, bis unser Fall gelöst sein wird. Die Gruppe war nun getrennt in solche, die über ihre Autos verfügten und solche, deren Autos im Zollbereich geblieben waren.

Eingezwängt in unseren Autos verließen wir das Zollgebäude am Hafen. Die Stimmung war auf einem Tief. In mir wurden Erinnerungen an 1975 wach, als ich bei meiner ersten Reise ebenfalls Probleme in Tunis hatte. Ich versuchte zu trösten und sagte: »Das kenne ich schon, denn vor sechs Jahren habe ich hier eine ganze Woche verbracht.« Es gab ein Hotel ganz in der Nähe, in dem ich damals geschlafen hatte. »Gehen wir mal etwas essen, dann schaut die Welt wieder anders aus.« Die bereits das Auto hatten, mussten es nun auch bewachen. Die anderen konnten ein Zimmer nehmen. So hat jeder Nachteil auch seinen Vorteil.

Am Montag besuchten wir einige Expeditionsfirmen, um uns bei der Freigabe unserer Autos behilflich zu sein. Jemand riet uns, die Sachen, die den Zöllnern verdächtig waren, einfach per Schiff oder Flugzeug nach Bangui zu schicken. Da der Transport per Schiff zu riskant war, entschieden wir uns für die Flugpost. Aber es stellte sich die Frage, wer den Transport vom Hafen zum Flugplatz garantierte. Jemand schlug vor, doch die österreichische Botschaft aufzusuchen und dort um Rat zu fragen. Der Sekretär auf der Botschaft war sehr nett. Er fand unsere Lage zwar schlimm aber nicht hoffnungslos und stellte uns sogar den Dienst-

Hafen von Tunis

Straße nach Kairouan

wagen der Botschaft und den Chauffeur zur Verfügung (ein Diplomatenkennzeichen ist immer gut).

Dieser war Tunesier, kannte die Landessitten und die Sprache. Wir unterbreiteten diesen Vorschlag bei der Hafenbehörde. Es war ein Vorteil, dass die österreichische Botschaft dafür bürgte, dass die fraglichen Waren tatsächlich per Flugzeug weggehen würden. Das überzeugte schließlich. Vielleicht wollten sie auch keine weiteren Scherereien. Die Autos wurden geleert, und dann erhob sich die Frage, wie viel wir mit unseren Autos mitnehmen dürften und was geschickt werden musste. Es gab eine lange Diskussion über diverse Autoersatzteile. Als wir sie überzeugen konnten, dass wir tatsächlich durch die Wüste nach Zentralafrika fahren wollten und es nicht ratsam war, mit schlechter Ausrüstung eine solche Reise zu wagen, durften wir den Rest wieder einpacken, während die anderen Kisten in Verwahrung genommen wurden. Wieder gab es Kontrollen, dann aber verließen wir pünktlich um 17 Uhr das Hafengebäude mit unseren Autos und mit der Verpflichtung am nächsten Tag die für den Flugtransport bereiteten Kisten zum Flughafen zu bringen. Die ganze Aktion hatte uns zwei Tage gekostet und damit weit weniger als ich befürchtet hatte. Es gab ein feierliches Nachtmahl mit Speck und Schnaps. Es war ein kleines Wunder, dass diese zollinterne Transaktion so schnell über die Bühne ging.

Am Morgen des 31. März kam pünktlich der Botschaftswagen, aber die Zöllner hatten so viel zu tun, dass uns keiner begleiten konnte. Also mussten wir bis zum Nachmittag warten. Gegen 15 Uhr war es dann endlich soweit, dass die »heiße Ware« zum Flugplatz gebracht wurde. Die Frachtkosten waren zwar teuer, aber immerhin waren wir das Problem mit den »kommerziellen« Gütern los. Freilich mussten wir damit rechnen, dass in Bangui Zollgebühren für die Ware verlangt werden. Gegen 16 Uhr verlie-

Einkaufsstraße in Kairouan

Salzsee Chott El Djerid

ßen wir Tunis in Richtung Süden und bereiteten auf freier Stecke, kurz vor Kairouan, unser Nachtquartier.

Jetzt erst war ein Hauch von Abenteuer in unserer Reisegesellschaft zu spüren. Wir machten einen kleinen Stadtbummel. Unübersehbar war die große Moschee, waren die Verkaufsstraßen. Nach diesem kurzen Aufenthalt setzten wir unsere Reise fort. Die Landschaft änderte sich, und der Sand gewann langsam die Oberhand. Dennoch sahen wir immer wieder Ölbäume, gepflanzt im Kampf gegen Dürre und Sand. Wir hatten den Eindruck, das Tunesien ein aufstrebendes Land ist. Am berühmten Salzsee Chott El Djerid machten wir Halt und schlugen unser Nachtquartier auf.

Dieser See wird durch Wasserläufe aus den nördlichen Bergen gespeist. Aufgrund der extremen Bedingungen verdunstet das Wasser, wobei die Salzkristalle zurückbleiben. Hier beginnt die Wüste, geheimnisvoll und wunderbar im Rot der sinkenden Sonne, aber dennoch gefährlich und unwirtlich.

An diesem neuen Tag passierten wir wieder eine Grenze, diesmal nach Algerien. Die Zöllner waren korrekt, ließen sich aber Zeit. Wir waren immerhin acht Personen mit fünf Fahrzeugen und allerhand Gepäck. Zudem musste in Algerien alles Geld deklariert und eine bestimmte Summe in der Landeswährung gewechselt werden. Es verstand sich von selbst, dass bei der Ausreise das Geld neuerdings kontrolliert wurde. So dauerten die Formalitäten entsprechend lange. Die Mittagshitze ließ uns die Unbarmherzigkeit der Wüste erahnen. Kein Wunder, dass auch die Zöllner jegliche Hast vermieden. Nach drei Stunden waren wir endlich durch und genossen bei der Weiterfahrt zum ersten Mal den Anblick schöner Dünen. Die Straße war asphaltiert und so kamen wir rasch in die Nähe von Ouargla, wo wir die Nacht verbringen wollten.

Nachtlager in Tunesien

Dünen bei Ouargla

Am 3. April erreichten wir die Hauptroute, die von Algier in den Süden führt. Die Dünen in dieser Gegend waren besonders schön geformt. Wenn dann noch die Abendsonne mit ihrem Licht darin spielte, dann war es ähnlich beeindruckend wie ein Sonnenuntergang im Hochgebirge. Auf dieser Route war ich schon zweimal unterwegs gewesen. Obwohl sie mir bekannt war, erschien sie jetzt in völlig anderem Licht. Durch einige Regenfälle war die Wüste dieses Mal grün. In die Ferne blickend zeigte sich ein grüner Flaum kurzer Gräser. Es sah aus wie ein grüner Teppich, der dichter wurde je tiefer man sich niederbeugte. Ein solches Bild ist nicht oft zu sehen und dauert auch nicht lange. Nach einigen Tagen der Hitze verdorrt die grüne Pracht, die Keime legen sich wieder schlafen und warten auf den nächsten Kuss des Regens. Uns fiel auf, dass alles zunahm: Die Distanzen wurden immer größer, die Hitze spürbarer, die Gruppe schweigsamer.

An diesem Sonntag wollten wir in den frühen Morgenstunden einen Gottesdienst feiern, aber ein starker Wind verursachte großes Sandtreiben. Die Augen begannen zu schmerzen, selbst auf das Frühstück verzichteten wir, weil Kaffee und Frühstücksbrot mit Sand nicht gut schmecken. Wir setzten unsere Reise fort und fuhren Richtung Tamanrasset. 200 Kilometer vor der Stadt fanden wir ein schönes Plätzchen, geeignet für die Nachtruhe.

Der Wind hatte sich inzwischen gelegt und so feierten wir bei Sonnenuntergang einen Gottesdienst. Vierzehn Tage waren es noch bis Ostern und der Sonntag war der Passionssonntag. Wir dachten an alle, die in einer Wüste des Leidens leben mussten, die weglos umherirrten, damit sie Licht und Richtung finden, dass Christus ihnen beides schenken möge. Dass solche Wünsche nicht realitätsfremd waren, zeigte uns eine kleine Antilope, die hier in einer scheinbar unfruchtbaren Wüste leben konnte und munter vor-

Nachtlager vor Tamanrasset

Touareg unterwegs mit ihren Kamelen

beistolzierte. Kurz vor Tamanrasset campierten wir noch einmal. Am nächsten Tag erreichten wir diesen zentralen Ort, ein erstes Ziel unserer Reise. Die Stadt im Süden von Algerien ist ein wichtiges Touristenzentrum. Meinen Begleitern hatte ich schon vorher erzählt, dass es einen schönen Campingplatz geben würde, mit Dusche und Bier. Als wir ankamen, erfuhren wir, dass ein Feuer ausgebrochen und der Platz gesperrt war. Wir wurden auf einen Platz am Rande der Stadt verwiesen, der gleichzeitig Müllhalde und Abfallgrube zu sein schien. Als wir dazu noch sündteuer bezahlen sollten, beschlossen wir die Stadt zu verlassen, um außerhalb einen Platz für unser Nachtquartier zu suchen und unsere »Wagenburg« aufzustellen.

Tamanrasset ist die größte Oase im Süden des Landes. Die Touareg bilden die bedeutendste Bevölkerungsgruppe. Sie wohnen verstreut, während das Geschäftsleben in der Stadt von zugewanderten Arabern und Moabitern[43] aus dem Norden geprägt wird. Die meisten Einwohner sind Touareg und sprechen Tamahaq, einen Hoggar-Dialekt. Die Stadt liegt auf einer Seehöhe von 1.400 Metern und erreicht dadurch nur eine durchschnittliche Jahrestemperatur von 28° C.

Bei jeder längeren Fahrt benötigten die Autos immer wieder unsere Zuwendung in Form von Kontrolle für Ölstand, Bremsflüssigkeit oder Lenkung. Bei meinem Fahrzeug machte ich in den letzten Tagen die Beobachtung, dass die Lenkung erstaunlich viel Spiel hatte. Die Sandstraße war eine Wellblechpiste, die das Auto fortwährend erschütterte. Doch ich begann zu zweifeln, ob es nicht noch eine andere Ursache für das große Spiel am Lenkrad gab. Daher kontrollierte ich die Befestigung der Lenkhebel.

43 Die Mozabiten sind eine islamische Sekte. Die Mitglieder der Gemeinschaft trennen sich strikt von anderen Gruppen des Islam und werden ihrerseits von anderen als Häretiker angesehen. Ihr Zentrum ist Ghardaia.

Die Entdeckung erstaunte mich gewaltig. Von den vier Schrauben, mit denen beide Lenkhebel befestigt sind, fehlten rechts zwei und die restlichen zwei waren ganz locker. Kein Wunder also, dass das Spiel der Lenkung zwei Handbreiten groß war. Wenig später wären die Räder wahrscheinlich aus der Spur gelaufen. Zur Reparatur benötigte ich zwei Schrauben, ganz gleich ob neu oder alt. So machte ich mich auf die Suche, um einen alten Land Rover zu finden, der solche Schrauben entbehren konnte. Schließlich wurde ich fündig und sah in einem Hof eine alte Vorderachse, an der besagte Schrauben noch fixiert waren. Das Gespräch mit dem Besitzer war allerdings alles andere als freundlich. Er war nicht im Entferntesten bereit zu helfen, es sei denn, er hatte Aussicht auf einen enormen Vorteil. Als ich dann für eine alte Schraube 200 ÖS bezahlen sollte und jedes Feilschen sinnlos war, verzichtete ich darauf und suchte eine andere Lösung. Ich entfernte von der linken Seite eine Schraube und verwendete sie rechts, so dass ich nun mit drei Schrauben auf beiden Seiten weiterfuhr. Da ich jetzt um die Gefahr wusste, blieb ich alle 50 Kilometer stehen und kontrollierte bzw. befestigte die Schrauben, wenn sie locker waren.

Als Abwechslung zu den Strapazen der letzten Tage schalteten wir einen Tag der Erholung ein und fuhren in das Hoggar Gebirge. Von Tamanrasset aus sind es etwa 80 Kilometer, die in das Gebirge hineinführen, wo dann in einer Höhe von 2.500 Metern, auf dem Assekrem, die Eremitage liegt, die → **Charles de Foucauld** im Jahre 1914 errichtete.

Heute leben in der Eremitage Ordensmänner, die der Gemeinschaft von Charles de Foucauld angehören. Immer wieder kommen Menschen, welche die Einsamkeit suchen und Wochen in dieser abgeschiedenen Gegend bleiben, Exerzitien machen, über ihr Leben nachdenken, einen neuen Sinn suchen. Die Plätze sind immer ausgebucht, so dass man sich schon Monate vorher anmelden muss. Die Höhe bringt es mit sich, dass die Abende sehr kühl werden, wie wir es selber auch zu spüren bekamen.

Am 8. April ging es in Richtung Grenze zum Niger. Auf 30 km gab es eine Asphaltstraße. Auf den folgenden 70 Kilometern sahen wir Spuren im Sand, die von Vermessungsarbeiten und der Trassierung für eine weitere Asphaltierung stammten. Dann aber war es endgültig vorbei und wir hatten nur noch eine Sandpiste. Bisher war der Zustand der Piste einigermaßen gut, so dass man auch schneller fahren konnte. Am Ende dieser Passage warteten wir zusammen, denn nun ging es weiter auf kaum gekennzeich-

Blick vom Assekrem auf die Felsformationen des Hoggar-Gebirges

Charles de Foucauld, Eremit

neten Pisten in Richtung Süden. Beim Fahren hielten wir Abstand, weil jedes Auto eine mächtige Staubwolke hinterließ, die nicht unbedingt in den Luftfilter kommen sollte.

Als nach 30 Kilometer die trassierte Piste zu Ende war und nur mehr Spuren die Richtung verrieten, warteten wir längere Zeit und stellten fest, dass ein Wagen fehlte. Es war Heinz, der mit dem Puch-Mercedes unterwegs war. Irgendwann hatte er uns vermutlich überholt, musste also schon weiter südlich sein. Nun stellte sich die Frage, fuhr er auf den Spuren der Geometer weiter, die verzweigt durchs Gelände gingen, oder hatte er die richtige Spur genommen, die leicht nach Osten abbog und durch ein Steinmännchen gekennzeichnet war?

Mit dieser großen Unsicherheit fuhren wir weiter, bis die Dunkelheit es nahe legte zu campieren. Mit einem Auto machten wir noch ausfallsartige Versuche bis zu 10 Kilometer, um irgendwo eine Spur oder ein Zeichen zu finden, aber vergeblich. Einige wenige Touristen fragten wir, ob sie ein weißes Auto mit nur einem Chauffeur gesehen hätten. Alles negativ. Es ist unheimlich in der Wüste in das Dunkel der Nacht hineinzufahren. Schlagartig war die gute Stimmung in unserer Gruppe wie weggefegt. Es fehlte einer und fährt alleine im Umkreis von 20 oder 30 Kilometern oder noch weiter durch die Wüste, ohne Erfahrung und vermutlich orientierungslos. Die rasch hereinbrechende Nacht setzte unseren Versuchen ein entschiedenes Ende, aber die quälenden Fragen um unseren verlorenen Teilnehmer blieben. Was würde er machen? Hatte er die nötige Nervenstärke, um richtig zu reagieren? Blieb er hoffentlich beim Auto und begann nicht zu wandern, in der sinnlosen Hoffnung, irgendwo Hilfe zu finden? Wir überlegten und stellten uns seine Lage vor: Er hatte 30 Liter Wasser mit, auch genügend Nahrungsmittel für einige Tage. Allerdings reichte der

Sonnenuntergang in der Wüste zwischen Tamanrasset und In Guezzam

Kraftstoff nicht aus, um bis zur Grenze zu kommen, denn wir erinnerten uns, dass wir in dieses neue Auto kein Dieselfass geben wollten, um es nicht zu beschmutzen. Es war ein stiller Rückzug in unsere Autos für eine bange Nachtruhe.

Am kommenden Tag, dem 9. April, stellten sich dieselben Fragen wie am Vorabend. Wir versuchten bei Tageslicht noch einmal die Gegend abzufahren, um vielleicht irgendwo jemanden zu treffen, der sein Auto gesehen oder sonst etwas wahrgenommen hatte. Aber vergeblich. Schließlich entschieden wir, bis zur Grenzstation In Guezzam – etwa 220 Kilometer – weiterzufahren, denn es könnte sein, dass er versucht hatte, sich bis dorthin durchzuschlagen. Dann wollten wir weitersehen. Wir teilten uns auf und fuhren in einigen Kilometern Abstand parallel nach Süden. Sollte er mehr rechts oder links gefahren sein, dann könnte er von uns oder einem Touristen gesehen werden. Einige Autos begegneten uns, aber niemand hatte einen Wagen gesehen. Das Gebiet wurde immer schwieriger, die Treibsanddünen immer häufiger, so dass wir schließlich diese Methode aufgaben. Am Abend kamen wir in In Guezzam an und fragten sofort auf dem Polizeiposten nach, aber niemand hatte ein weißes Auto, vergleichbar dem unseren, gesehen.

Es galt einen neuen Plan für den nächsten Tag zu machen. Wir würden ein Auto entladen, mit Werkzeug, Nahrung, Wasser und Treibstoff ausstatten und nach Tamanrasset (400 Kilometer) zurückfahren. Sollten wir ihn finden, dann umso besser, wenn nicht, würden wir in der Stadt alles in die Wege leiten, damit ein Hubschrauber die Suche nach dem Vermissten aufnähme, koste, was es wolle. Die übrigen Teilnehmer unserer Reisegruppe sollten inzwischen an der Grenze warten. Diese Nacht war die schwierigste von allen. Immerhin war unser Kollege bereits die zweite Nacht abwesend

Heinz allein in der Wüste

Dünen zwischen Tamanrasset – In Guezzam

ohne das geringste Lebenszeichen seinerseits. Am Abend saßen wir in großer Sorge beisammen, jeder hing seinen Gedanken nach. Ich versuchte die Stimmung etwas zu ändern mit der Strategie der Ablenkung. Ich erzählte von einem Ereignis aus meiner Studentenzeit, als wir religiöse Literatur nach Russland schmuggelten. Wir waren zu dritt, wurden entdeckt und erlebten unseren ganz persönlichen Lebenskrimi. Die Geheimpolizei war unser ständiger Begleiter, überwachte uns, während wir die »heiße Ware« stets bei uns hatten. Dennoch konnten wir alles loswerden und kamen unbeschadet nach Polen.

Diese Erlebnisse brachten uns kurzfristig auf andere Gedanken, lösten aber das gegenwärtige Problem nicht. Am 10. April um 4 Uhr früh brach ich mit Rudi, dem Bruder von Heinz, auf, um nach Tamanrasset zurückzufahren und alles Notwendige für die Suche in die Wege zu leiten. Nach 100 Kilometern sahen wir ein Auto. Als sie anhielten, erzählten wir ihnen, dass wir einen Teilnehmer unserer Reisegruppe mit einem weißen Auto vermissten. »Ja«, meinten sie, »ein junger Mann habe ihnen ein Stück Papier gegeben, um es an der Grenze bei Österreichern abzugeben.« Wir lasen die Botschaft und konnten es kaum glauben, denn darauf stand: »Bin gestern um 15 Uhr von Tamanrasset weggefahren und habe mich einem deutschen Touristen angeschlossen, der mit einem großen MAN Fahrzeug unterwegs ist.«

Wir beschrieben unsere Gruppe, die an der Grenze wartete und baten diesen Zettel zu übergeben. Damit konnten sie etwas beruhigt sein im Wissen, dass der »verlorene Sohn« unterwegs war, und dass auch wir informiert waren. Wir beschlossen dennoch weiter nach Norden zu fahren, bis wir nach weiteren 50 Kilometern plötzlich einen großen MAN in der Gegenrichtung sahen und dahinter brav mit gesichertem Abstand unseren Puch-Mercedes unverkennbar mit seiner weißen Farbe.

Auch Lastautos verkehren in der Wüste

Ruhepause der Chauffeure an der Grenze

Die Wiedersehensfreude mitten auf der Strecke dauerte nur kurz, weil wir ja so schnell wie möglich zurück zur Grenze wollten. Groß war die Freude in unserer Gruppe, als wir wieder alle beisammen waren. Es war etwa am frühen Nachmittag um 15 Uhr. Natürlich wollten wir wissen, wie alles geschehen war. Heinz erzählte, wie alles begonnen hatte: Wegen des Staubes und weil die Übrigen langsamer fuhren, hatte er uns überholt und war vorausgefahren. Als er sich unsicher fühlte, wartete er. Gerade an dieser Stelle endete die schöne Piste, die später asphaltiert werden sollte. Nun begannen Autospuren, die oft in verschiedene Richtungen führten, nicht für die Touristen, sondern für die kundigen Vermessungsleute. Als wir nach 15 Minuten noch immer nicht gekommen waren, dachte er, dass wir vielleicht weitergefahren wären, nahm eine der Spuren und fuhr zügig an die 30 Kilometer weiter, während wir viel weiter hinten auf ihn warteten und eine andere Spur nahmen, die alte Piste nämlich, die ich von früher kannte.

Schließlich wurde es dunkel und zudem leuchtete die Lampe der Kraftstoffkontrolle auf. Für ihn hieß es übernachten und am Morgen zum Ausgangspunkt zurückzukehren, weil inzwischen auch der Treibstoff zu Ende war. Er traf auf einen Bautrupp der Straßensanierung und konnte sich den notwendigen Sprit besorgen um nach Tamanrasset zu kommen. Dort traf er einen deutschen Touristen und schloss sich ihm an, um mit dieser Begleitung zur Grenze zu fahren. Gespannt hörten wir diese Geschichte. So können kleine Missverständnisse zu gravierenden Fehlern führen. Nach dieser langen Erzählung zeigte sich erst der ganze Koller, den Heinz erfasst haben musste. Er hatte einen Nervenzusammenbruch, erbrach, bekam Durchfall und Fieber. Früher als geplant, lag er auf seiner Pritsche im Auto und brauchte zunächst nichts anderes als Ruhe. Die gönnten wir ihm gern.

Probleme mit dem Sand löst der Unimog

Ein Wegweiser an der Grenz zwischen Algerien und Nige

Am nächsten Tag passierten wir die Grenze zum Niger. Mitten in der Wüste mussten wir fast alles abladen. Dann erfolgte eine genaue Kontrolle unseres Gepäcks, oft mehr aus Neugierde als aus beruflichem Ethos. Da wir ja die großen Pakete bereits in Tunis per Flugzeug versandt hatten, konnte uns jetzt kaum etwas passieren.

Wir beluden wieder unsere Fahrzeuge in der schönsten Mittagshitze und nahmen die Route Richtung Arlit[44]. Auch hier gab es keine Straße, sondern nur Sandpisten streckenweise mit tiefem Treibsand. Einige Male blieben selbst unsere Allrad-Autos stecken, so dass sie der Unimog rausziehen musste.

Dann begannen vereinzelt Bäume und Sträucher zu wachsen. Nach 2.000 Kilometer Sand und Steinen fiel uns das unscheinbarste Gewächs auf. Am Abend dieses Tages waren wir in Arlit, der ersten größeren Stadt nach der Grenze. Hier mussten wir uns melden und bekamen einen Sichtvermerk in unsere Pässe. Da es allerdings schon Abend war, wurden wir auf den nächsten Tag vertröstet. Am 2. April machten wir zwischen Arlit und Agadez eine Rast und feierten mitten in der Sahelzone einen Gottesdienst. Straßenmäßig lagen das Schlimmste und auch die Wüste in ihrer Größe und Herausforderung hinter uns. Wir hatten allen Grund zu danken, besonders wenn wir an das Abenteuer mit Heinz dachten, das so glimpflich ausgegangen war.

Sahelzone, das steht auch für Armut, Not, Hunger und Dürre. Daher gedachten wir auch der Bevölkerung dieses Landes, die wenig Grund zum

44 Arlit ist eine Bergbaustadt. Bekannt ist das Uranvorkommen, das im Tagebau gewonnen wird. Die Stadt hat etwa 80.000 Einwohner und liegt 200 km südöstlich des Grenzortes Assamaka und 250 km nördlich von Agadez. Die Förderung des Uranerzes liegt vor allem in der Hand des französischen Nuklear-Konzerns Areva. (https://de.wikipedia.org/wiki/Arlit.)

Jubeln hat. Wir blieben die Nacht auf dem Campingplatz in Agadez. Wir wählten diesmal eine andere Route und fuhren über Tahoua nach Maradi. Auf dieser Strecke begegneten wir mageren Tieren, die alle auf Regen warteten. Als wir nahe zur Grenze nach Nigeria kamen, trafen wir einige deutsche Touristen, die nicht einreisen durften. Auch die Ausreise war zeitraubend. Drei Stunden dauerte es, bis wir den Stempel im Pass hatten. An der nigerianischen Grenze wurden wir kühl empfangen.

»Warum kommen sie mit so vielen Autos«,
fragte der Zollbeamte.
»Wir bringen diese Autos in die Zentralafrikanischen Republik;
dort werden sie für die Entwicklungshilfe verwendet«,
antworteten wir.

Aber das überzeugte nicht sonderlich. Die Befragung ging weiter, wie bei einem Verhör. Erst als er neben den Pässen auch meine »Carte de séjour«, die Aufenthaltsgenehmigung für die ZAR, sah, glaubte er uns. Wieder mussten Formulare ausgefüllt werden, diesmal in Englisch. Dann dauerte es doch noch lange, bis wir gegen 22 Uhr den Grenzposten verließen. Als wir weit genug entfernt waren, machten wir Rast und übernachteten auf freier Strecke.

Am 15. April kamen wir nach Kano, der viertgrößten Stadt von Nigeria mit 2,4 Millionen Einwohnern. Es war gerade Mittag und wir waren überrascht, wie viele Autos es hier gab. Nigeria ist durch das Erdöl, das im Nigerdelta von Shell gefördert wurde, ein reiches Land. Allerdings kommt der Reichtum dem Volk nicht zugute. Der Norden profitiert am wenigsten davon, was seit Jahren immer wieder zu Unruhen führte. Bekannt wurde damals die islamische Gruppe → »**Boko Haram**«, eine Terrorgruppe, die jede westliche Zivilisation ablehnt, weil sie die wirtschaftlichen Nachteile einer Politik erlebt, die den Norden vernachlässigt. Der Süden mit seinem Reichtum und die Verbindung zur westlichen Zivilisation wurden für die Not im Norden verantwortlich gemacht. Bei näherem Hinsehen hatte man den Eindruck, dass Kano doch keine arme Stadt war. Ein Erlebnis war der Besuch des Marktes in der Altstadt. Unmengen von Lebensmitteln wurden hier angeboten. Meist waren es getrocknete Dinge, geeignet ganze Karawanen auszurüsten, damit sie die Reise durch die Wüste bestanden. Jedenfalls spürte man hier überall pulsierendes Leben. Unsere Fahrt ging weiter nach → **Maiduguri**, eine 600 Kilometer lange Strecke immer Richtung

Osten, wobei die Hitze immer unerträglicher wurde, und mit ihr auch unser Bedürfnis nach Flüssigkeit.

Am Karfreitag dieses Jahres kamen wir gegen Mittag zur Grenze nach Kamerun. Ein Regenguss hatte die Straße überschwemmt. Bei der Ausreise aus Nigeria fragte man uns, ob wir ein Visum für Kamerun hätten. Ich antwortete, dass ein solches Visum immer an der Grenze bei der Einreise zu erhalten war. »Nein, jetzt eben nicht mehr, weil das Gesetz in den letzten Tagen geändert wurde«, war die Antwort. Das war in der Zeit also, als wir schon unterwegs waren. Aber wir sollten es versuchen, meinte der Zöllner bei der nigerianischen Grenze. Sie selber würden den Ausreisevermerk erst geben, wenn wir sicher nach Kamerun einreisen könnten. Ein kluger Rat, denn sonst würden wir im Niemandsland sitzen und hätten Probleme mit beiden Ländern. Also ging ich zum Posten auf der Seite von Kamerun und begann die Verhandlungen. Anfangs zeigte sich der Zöllner hart und abweisend und verlangte, dass wir nach Lagos fahren, um dort unsere Visa zu besorgen. Das wäre eine zusätzliche Reise von etwa 2.000 Kilometern, in einem Gebiet, das als sehr unsicher gilt mit einer großen Kriminalität, völlig abhängig von der Willkür der Beamten in Lagos und vermutlich einer noch längeren Wartezeit.

Schließlich gab es doch einen Weg, als ich ihm vorschlug, eventuelle »zusätzliche Kosten« zu bezahlen. Immerhin, so meinte er, riskierte er seinen Job, da die Ausstellung von Visa an der Grenze seit einiger Zeit verboten wäre. Diesbezüglich hatte er Recht, wie wir noch später erfahren sollten. Wir überlegten nicht sehr lange, denn eine Reise nach Lagos würde ein Vielfaches kosten, zusätzliche erhöhte Gefahren mit sich bringen und sehr viel Zeit in Anspruch nehmen. Also willigte ich ein und bezahlte die zusätzlichen »Gebühren«, die sonst Korruptionsgeld heißen. Wir waren froh, dass wir die Grenze passieren durften. Ich bin mir heute noch sicher, dass der Beamte selten so viel an einem Tag verdient hatte.

Wir wollten die Kartage eigentlich nicht unterwegs sein, sondern in einer Gemeinde die Tage verbringen. Ich kannte den Priester Jean-Marc Ela; er wurde im Süden Kameruns geboren und ging in den Norden, um in Takombere die Christen aus dem Stamm der Kirdi zu betreuen. Zudem schrieb er einige Bücher über den Glauben in Afrika, die ich früher schon gelesen hatte. Zu ihm also fuhren wir und baten um Herberge für die Ostertage. Wir wurden freundlich aufgenommen und durften die Festlich-

Kano, die zweitgrößte Stadt von Nigeria

Christliche Gemeinde in Takomber

keiten dieser Tage in einem ganz fremden Umfeld miterleben. Ringsum waren Berge mit viel schwarzem Gestein, das die Gluthitze des Tages wie ein Schwamm aufsog.

Die Leute hier ringen dem kargen Boden Getreide und Früchte ab, so dass sie gerade genug zum Überleben haben. Früher lebten sie mit ihren Kühen weiter im Norden, wo das Land eben und fruchtbarer war. Die Sara, ein muslimischer Stamm, hatten sie dann vertrieben, so dass ihnen nur die Flucht ins gebirgige Land nach Süden übrigblieb. Hier hatten sie sich angepasst. Für Kühe gab es keine Weideplätze mehr, aber für Ziegen und Schafen reichte es noch.

Die Not machte sie erfinderisch, so dass sie bis heute überleben konnten. Wäre ihnen von außen geholfen worden, etwa durch Entwicklungshilfe, dann hätten sie sich wohl nicht so entwickelt und lebten heute in einer dauernden Abhängigkeit. So dachte jedenfalls → **Jean-Marc Ela**.

Die Liturgie der Kartage war ganz auf die Lage der Bevölkerung zugeschnitten. Sie war einfach und sehr aktuell. Schwierig war es insofern, weil jeder Stamm, der von einem der Berge kam, eine andere Sprache hatte. Der Priester hielt die Ansprache in Französisch, die simultan in vier Sprachen übersetzt wurde. Die Sätze waren daher sehr kurz, Hauptsätze ohne Nebensätze und die Predigt ebenfalls kurz, da ja alles viermal in den verschiedenen Sprachen wiederholt wurde.

Mit der Mission war auch ein Krankenhaus verbunden, in dem Schwestern und ein Priester, der auch Arzt war, arbeiteten. Sie wurden von einem ehemaligen Entwicklungshelfer aus Frankreich unterstützt. Jeder wurde dort gleich behandelt und unterstützt, ob Christ, Muslim oder Anhänger einer anderen Religion.

Die Nacht in diesen Kartagen wurde zum persönlichen Gebet genützt. Die Leute sangen und beteten leise vor sich hin, ähnlich wie es bei einer

Festtagsstimmung

Hütten einer Kirdi Familie mit Terrassenkultur

afrikanischen Totenfeier üblich war. Gemeinsam mit den Christen feierten wir die Osternacht. Sie versammelten sich in kleinen Gruppen und tauschten miteinander ihre Erfahrungen aus: Wo habe ich in meinem Leben gespürt, dass Christus auferstanden ist? Wo kann ich selber Zeuge seiner Auferstehung sein? Dann wurde ein großes Feuer angezündet und allen Teilnehmern laut verkündet, dass Christus auferstanden ist. Mit einer Besinnung auf die eigene Taufe wurde das Taufversprechen erneuert. Glaubst Du an Gott-Vater, an Jesus Christus, an den Heiligen Geist? Dann wurden die Fragen immer konkreter: Glaubst Du, dass das Leben eines jeden Menschen, auch dessen, der in Nord-Kamerun lebt, unantastbar ist?

Die Frage kam deshalb, weil es hier eine ständige Situation der Verfolgung gab. Glaubt ihr, dass ihr nur gemeinsam im kommenden Jahr einen gerechten Preis für eure Baumwolle bekommen könnt? Hier fiel die Antwort schon etwas zaghafter aus. Dann wurde das Taufwasser über alle Teilnehmer gesprengt und in allen Stammessprachen der Friede verkündet. Dann ging die Feier in einen sehr einfachen Gottesdienst über. Ich glaube fest, dass die Teilnehmer von Hoffnung erfüllt waren. Die Leute sangen und tanzten vor Freude und hatten einen offenen Umgang miteinander.

Am Ostertag dieses Jahres verließen wir diese sympathische Mission im Norden Kameruns und fuhren mit unseren Autos über Maroua nach Ngaoundéré[45], einer Stadt, die in den Bergen liegt. Endlich war es wieder etwas

45 Ngaundéré liegt im Hochland des Adamaua Gebirges. Die Stadt hat 1.201.000 Einwohner (2015) und ist ein landwirtschaftliches Handelszentrum, hat eine Universität für Agrikultur und Technologie mit rund 30.000 (2015) Studenten und ist berühmt durch die Schmuckherstellung. Ngaoundéré ist Sitz eines katholischen Bischofs und Endpunkt der Bahnstrecke Douala – Ngaoundéré. (https://de.wikipedia.org/wiki/Ngaoundéré.)

Abschied von der Mission Takombere

Markt in Maroua, Kamerun

kühler. Die katholische Mission hatte ein großes Gästehaus, wir durften nach langer Zeit wieder in Zimmern schlafen und konnten uns duschen. Welch ein Luxus!

Am nächsten Tag, dem 21. April, kamen wir zur Grenze der Zentralafrikanischen Republik. Hier waren wir schon fast zu Hause. Als ich in der Landessprache Sango mit ihnen redete, wurden alle freundlicher. Es gab kaum eine Kontrolle, so dass wir noch am selben Tag bis nach Bouar kamen. Ich war dem Bischof bekannt, und so war die Aufnahme sehr freundlich und herzlich. Die Stadt liegt auf einer Höhe von etwa 950 Metern und war von Anfang an auch von den französischen Kolonialherren beliebt.

Am darauffolgenden Tag, den 22. April, erreichten wir unser Ziel, die Hauptstadt Bangui. Bei der Einfahrt in die Stadt gab es nochmals eine große Kontrolle. Wieder mussten Formulare ausgefüllt werden, wichtig für die spätere Ausreise der Gäste, die mitkamen. Bei der Ausreise würden sie den Einreisevermerk vorzeigen müssen. Unsere Autos durften wir trotz unserer offiziellen österreichischen Kennzeichen nicht mitnehmen. Sie mussten die Nacht im Zollbereich verbringen. Damit sie einigermaßen überwacht wurden, verbrachte Rudi als erfahrener Entwicklungshelfer die Nacht in seinem Auto und bewachte damit auch unsere Fahrzeuge. Das größte Problem würden nachts die Moskitos sein. Nur mein Auto durfte weiterfahren, weil es ja ein zentralafrikanisches Kennzeichen hatte. Zur Sicherheit nahmen wir alle wichtigen und wertvollen Sachen mit. Wir alle, ohne Rudi, fuhren ins Centre d'Accueil, als Herberge für Missionare und Gäste. Genau vier Wochen waren wir unterwegs gewesen und dankbar, dass alles so gut gegangen war. Wir erholten uns langsam und bekamen wenige Tage später auch unsere Autos aus dem Zoll heraus.

Hauptstadt Bangui

Centre d'Accueil in Bangui

Schließlich besorgten wir noch einige Dinge für die Missionsstationen, die wir auf dem Rest unserer Reise noch besuchen würden. Bis Alindao, wo ich tätig war, fuhren wir gemeinsam. Der Empfang war sehr berührend und herzlich. Noch bevor das Auto auf der Mission ankam, liefen die Kinder schon schreiend vor uns her, umringten uns, hüpften und wollten auch nach einer Stunde noch nicht heimgehen. Ich war an meinem Ziel angelangt. Am nächsten Tag trennten wir uns, denn Rudi, Josef und Brigitte waren in Kembe bzw. in Ouango tätig, Orte, die östlich von Alindao liegen. Die anderen Begleiter kehrten nach zwei Wochen wieder nach Österreich zurück.

Die Zeit bis zur Heimkehr

Nach meiner Rückkehr gab es in vielfacher Hinsicht eine Veränderung. Während meiner Abwesenheit musste ein junger Mitbruder namens Jean aus gesundheitlichen Gründen nach Holland zurückkehren. Er sollte die Pfarre betreuen, bekam aber psychische Probleme, die eine Heimreise nahelegten. Er musste längere Zeit in Holland bleiben. Daher war die Pfarre wochenlang nicht betreut. In den Monaten Juli und August waren die Ferien der Schulkinder, darunter auch jene, die sich auf die Taufe vorbereiteten. Diese kamen oft von entfernten Dörfern her, blieben vier Wochen auf der Mission und hatten jeden Tag Taufunterricht. Am Ende dieser Vorbereitungszeit fand dann die feierliche Taufe statt.

Entwicklung einer afrikanischen Kirche

Auch auf unserer Mission gab es Veränderungen. Die Leitung der Kongregation der »Heiligen Geist Väter« konnte keine Missionare mehr senden,

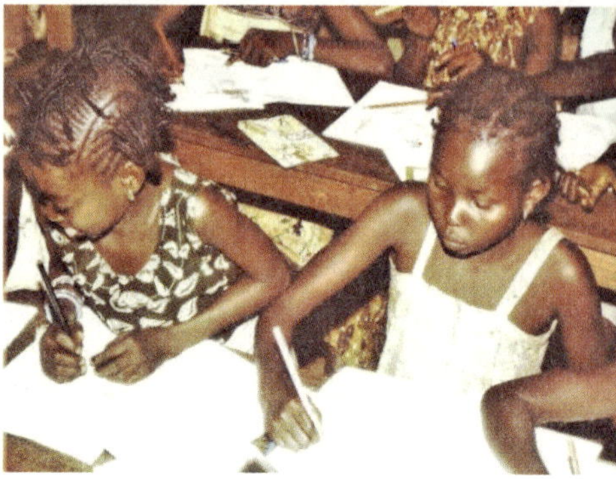

Katechumenen bei der Vorbereitung auf die Taufe

sodass einheimische Priester ihren Platz einnahmen. Obwohl wir damit gerechnet hatten, brachte es anfangs eine gewisse Umstellung mit sich, die selbst in der Nahrung zu spüren war. Es war die Zeit der eigentlichen Geburt der afrikanischen Kirche in der ZAR. Jede Priesterweihe wurde mit großer Beteiligung der Bevölkerung sehr feierlich vollzogen. In dieser Zeit veränderte sich das Bild des Klerus völlig. In Alindao wirkten in den folgenden Jahren zunehmend einheimische Priester wie Etienne Guerekouale, Abel Baroua, François M'Bolifouyo und später als Pfarrer Jean de Dieu Yewawa. Für mich persönlich war es die Zeit einer großen Erfahrung.

Ich durfte eine junge Kirche erleben, die erst 40 Jahre alt war und in der der Christ mit der Nummer »Eins« im Taufregister noch lebte. Eine solche Kirche ist nicht durch lange Traditionen festgelegt, kennt dafür Enthusiasmus und Begeisterung.

Gottesdienste in Afrika waren immer ein Erlebnis, weil es spontanen Gesang und viel Bewegung gab. Dennoch blieben Gläubige bisweilen in traditionellen Gebräuchen, die mit dem Christentum unvereinbar waren, verhaftet. Ich denke hier an die Polygamie, an die Praxis der Beschuldigung eines Mitmenschen im Falle von Missernte, Krankheit und Tod, genannt »Likundu«. Diese Überzeugung besagt, dass jedes leidvolle Ereignis von einem Menschen verursacht ist.

Selbst unser langjähriger Katechet Jean Ndara hat beim Tod seiner Frau öffentlich am Grab gesagt, er wolle den Schuldigen nicht kennen, das überlasse er der Gerechtigkeit Gottes. Das heißt aber, dass auch er selbst an die Schuld eines Menschen am Tod seiner Frau glaubte, doch verzichtete er auf eine Anklage vor Gericht und überließ die »Rache« gleichsam Gott. Er hat die Spannung zwischen überkommener Anschauung und Christentum auf seine Weise gelöst.

Priesterweihe in Alindao

Andererseits versuchten viele Christen den Glauben im täglichen Leben umzusetzen. Ein Beispiel sind die »Mamans chrétiennes«. Eines Tages versammelte sich eine Frauengruppe, um in der Bibel zu lesen. Zufällig trafen sie auf die Stelle bei Lukas, wo es heißt: »Maria besucht ihre Verwandte Elisabeth« (Lk 1,39ff). Während sie darüber nachdachten, schlug jemand vor: »Wir können das auch in Bangui machen. Wir besuchen unsere Mitmenschen in den Wohnvierteln. Da gibt es Kranke, mit denen können wir beten oder aus der Heiligen Schrift vorlesen. Wir ermuntern die Kinder, den Katechismus Unterricht zu besuchen oder sich auf die Firmung vorzubereiten. Oder wir helfen ganz konkret, wenn jemand die Versicherung der Schulkinder nicht zahlen kann.« So wurde aus einer Bibelrunde eine pastorale Bewegung.

Bauliche Tätigkeiten in Pfarre und Gemeinde

Ein bauliches Problem war schon jahrelang der Kirchturm von Alindao. Pater Kandel aus Frankreich, der Gründer dieser Pfarre, hatte im Jahre 1948 das Gotteshaus zusammen mit dem Glockenturm errichtet. Das Baumaterial bestand aus gebrannten Ziegeln, die mit Lehm als Bindemittel zusammengefügt wurden. Im obersten Teil des Turmes war eine ziemlich große Glocke befestigt, die die Gläubigen zum Gottesdienst rufen sollte.

Als man sie zum ersten Mal läutete, konnte man nach wenigen Minuten sehen, wie der Turm schwankte. Von diesem Zeitpunkt an gab es ein Läute-Verbot. Der Mesner kletterte vor jedem kirchlichen Ereignis die Leitern hoch und schlug mit dem Klöppel an die Glocke. Jahre hindurch stand dieses Bauproblem auf der Tagesordnung der Diözesanversammlungen ohne Konsequenzen. Als Ende der siebziger Jahre diese Frage wie-

Glocke in Alindao

Verstärkter Turm und restaurierte Kirche

der behandelt wurde, erklärte ich mich bereit, den Turm zu sanieren. Das Holz für das Gerüst kam von Bangassou, die Lösung der statischen Fragen lieferte ein Architekt aus Kamerun, der mir auf einem Zettel die technischen Angaben notierte. Neben den Fundamenten wurde ein Betonblock angefügt. An jeder Wand führten Betonpfeiler in die Höhe, die bis zum Dachstuhl reichten und die untereinander vier Mal mit einem Betonring verbunden waren. Alles war mit Betoneisen bewehrt. Für die Befestigung der Glockenstühle betonierten wir Querträger, die mit den Außenpfeilern verbunden wurden. Am Ende waren unsere Bemühungen von Erfolg gekrönt, denn nun konnten die Glocken vom Boden aus mit langen Stricken geläutet werden.

Bau eines Untersuchungsraumes im Spital

Alindao hatte zwar ein Spital, aber die Gebäude waren alt und renovierungsbedürftig. Für die Gynäkologie fehlte überhaupt ein geeigneter Raum für die Untersuchung von schwangeren Frauen. Für sie gab es nur eine Rundhütte aus Lehm mit Gras bedeckt, in welcher die Frauen warteten, während gleichzeitig vor den Augen aller die Untersuchung und Befragung der Patientinnen vor sich ging. Schwester Christiane, die zusammen mit einer Hebamme die schwangeren Frauen betreute, bat mich eines Tages, ob ich ein Haus für die Frauen bauen könnte, mit einem Wartesaal, getrennt vom Untersuchungsraum und einem zusätzlichen Raum für Medikamente und Geräte.

Da es sich um ein öffentliches Gebäude handelte, musste der Plan mit den offiziellen Verantwortlichen abgesprochen werden. Von den lokalen Behörden gab es Zustimmung, allerdings mit dem Hinweis, dass das Spital selber keine Hilfe leisten könne. Mit einer solchen hatte ich auch nicht

ital von Alindao und Rundhütte für die Mütter

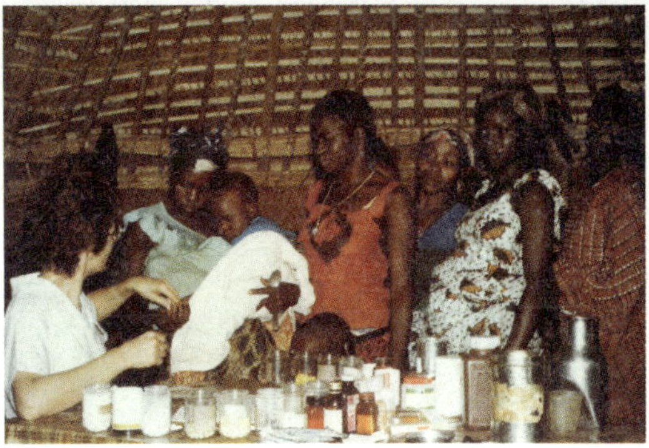

Sr. Christiane im »Untersuchungsraum«

gerechnet, wohl aber war es mir ein Anliegen, dass die Bevölkerung ihren Beitrag dazu leistete. In Frage kam vor allem die Bereitstellung von Sand, Steinen und Schotter und Wasser für die Bautätigkeit. Tatsächlich fanden sich Angehörige der betroffenen Frauen, die beim Beschaffen der Baumaterialien mithalfen. Das Wasser brachten die Frauen selber, wenn sie zur Untersuchung kamen.

Es gab niemals einen Engpass an Materialien, der die Bauarbeit behindert hätte. Baubeginn war am 4. Jänner 1982 und Mitte März konnten wir bereits das Dach befestigen und die Gleichenfeier begehen. Erst als das Haus auch ausgemalt war, gab es ein Fest im Pavillon. Die größte Freude hatten freilich die Frauen selbst. Behandlung und Befragung waren nun in diskreter Umgebung möglich. Sie waren Stolz auf den neuen Untersuchungsraum dank ihrer Mithilfe.

Die Autoritäten von Alindao (Sous-Präfekt, Vertreter des Bürgermeisters, der erste Sekretär) veranlassten eine Feier zur Eröffnung des Untersuchungsraumes. Natürlich waren auch meine Arbeiter anwesend sowie die Schwestern des Spitals mit einigen Ärzten und das gesamte Personal. Es gab ein gutes afrikanisches Essen.

Urlaubsreise im Land

Ich hatte schon lange den Plan, einmal eine kleinere Autoreise in benachbarte Missionen zu machen. Konkret wollte ich nach Bria, Yalinga, Nzako, Bakouma und Bangassou. Hannes, ein Entwicklungshelfer aus Kembe, war sofort einverstanden. Am 3. Mai 1982 begannen wir unsere Reise und fuhren von Alindao aus nach Norden bis Mingala, folgten dann dem Kotto, dem wichtigsten Fluss in der Provinz.

Frauen bringen Wasser für den Bau

Der Untersuchungsraum nach der Fertigstellur

Kaum 60 Kilometer nach dem Start ballten sich schwarze Wolken über uns zusammen, die sich bald darauf in einem heftigen Gewitter entluden. Die Straße aus Laterit bestand schnell nur noch aus großen, tiefen Pfützen. Mehr noch als diese Pfützen fürchteten wir die Brücken, die teilweise morsche Bretter hatten, rutschig und nicht genügend befestigt waren.

Das Gewitter ließ die Temperatur sehr sinken, so dass keiner von uns das Bedürfnis hatte, im nahen Fluss zu baden. In diesem unwirtlichen Ambiente verbrachten wir die Nacht. Ein Afrikaner zeigte uns, wie man mit nassem Holz doch Feuer machen kann. Es braucht nur den Streifen eines alten Luftschlauches, der auch im Regen brennt und das Holz entzündet. Schon gegen 20.30 Uhr waren wir in unseren Feldbetten, aber von Ruhe war keine Rede. Die Moskitos sind auch nachtaktiv und ihr Summen ließ an keinen Schlaf denken. Ein Moskitonetz schaffte dann doch etwas Erleichterung.

Der neue Tag zeigte sich von der schönsten Seite. Die Sonne kam anfangs nur zögernd durch die Wolken, siegte aber bald gegen den feuchten Dunst der Nacht. In der Nähe unseres Nachtlagers gab es eine Stelle, an der Jugendliche nach Diamanten suchten. Die Leute standen im fließenden Wasser und siebten das Erdreich in der Hoffnung kleine, glitzernde Steine zu finden. Dabei ist der Unterschied zwischen Diamanten und Quarzsteinen nicht auf den ersten Blick sichtbar. Da es die Sonne wieder gut meinte, blieben wir am Ufer und badeten an einer geeigneten Stelle. Erst gegen 14 Uhr brachen wir auf und fuhren in Richtung Bria. Die Straße war durch den Regen noch schlechter als erwartet.

Im Monat Mai ist die Regenzeit schon längst angebrochen, daher blüht und grünt alles im Überfluss. Wo Mangobäume stehen, ist es ein sicheres

Ein Provisorium als Brücke

Erstes Quartier in freier Wildbahn

Zeichen, dass hier früher kleine Dörfer waren, die aber dann verlassen wurden. Gegen 17.30 Uhr kamen wir in Bria an, eine bedeutende Stadt mit etwa 24.000 Bewohnern (1982). Viele davon sind Araber, die Handel treiben oder mit Diamanten ihr Geld verdienen. Bria hat auch einen großen Flugplatz mit einer Tankmöglichkeit für Flugbenzin. Jahre später sollte ich davon oft Gebrauch machen.

Die Mission war sehr aktiv und hatte eine lebendige Jugendgruppe. Es gab eine Bibliothek mit Lesesaal, die dreimal in der Woche geöffnet war. Mädchen konnten eine dreijährige Haushaltungsschule besuchen. Die Mission unterhielt auch eine Ziegelpresse und produzierte jährlich etwa 30.000 Lehmziegel, eine Einnahmequelle für die Mission und für zahlreiche Arbeiter. Man begann sogar mit einer Fischzucht, eine Initiative eines französischen Entwicklungshelfers.

Auf der Strecke nach Yalinga mussten wir den Fluss Kotto überqueren. Der Fährmann verlangte nicht nur 5.000 FCFA (etwa 8 € heute), sondern auch fünf Liter Diesel und zwei Liter Motoröl. Da er jede Diskussion ablehnte und eine Intervention bei der Behörde sicher ein Vielfaches gekostet hätte, gaben wir einen Teil vom Verlangten und fuhren Richtung Osten nach Yalinga, bogen aber vor Erreichung des Ortes nach Süden ab. Nach 30 Kilometern suchten wir uns einen Schlafplatz und übernachteten im Freien. Wir wurden Zeugen all der Tiere, die in der Nacht unterwegs waren, schrien, grunzten und schnupperten, wenn sie in die Nähe unserer Feldbetten kamen.

Die Straße war ein Weg geworden, überdacht mit Bäumen und Sträuchern, eine grüne, fast undurchdringliche Wildnis. Plötzlich querte ein Bach mit ziemlicher Strömung diesen Weg. Er war zwar nur etwa fünf Meter breit, aber die Tiefe war schwer zu schätzen. Da Zufahrt und Aus-

Diamantengewinnung im Fluss

Warme Quellen bei Nzako

fahrt ziemlich steil waren, konnte er in der Mitte doch ziemlich tief sein. Wir hatten keine andere Wahl, als die Durchquerung zu versuchen. Mit Schwung, Allrad und Differentialsperre fuhren wir los und waren in der Mitte doch erstaunt, dass das Wasser über die Motorhaube hochkam, der Motorlärm leiser wurde, zum Glück aber nicht aufhörte. Mit Vollgas fuhren wir die Ausfahrt hoch und ließen das Wasser hinter uns.

Schließlich kamen wir nach Nzako, einem Zentrum von Diamantenvorkommen. Gleich sechs Polizisten empfingen uns, eher unfreundlich und mürrisch. Diesen Weg nehmen vermutlich eher betuchte Diamantenhändler, die wissen, dass man hier nur mit Geldscheinen in der Hand freundliche Gesichter sieht. Wir aber, mit unserem Missionsauto, nährten keine Erwartungen dieser Art. Eines erfuhren wir aber sofort: Jede kleine öffentliche Dienstleistung gelang nur mit einer Spende von 1.000 FCFA (1,7 €).

Nzako interessierte uns nicht besonders und so fuhren wir weiter nach Süden und trafen bald auf heiße Quellen (35°C), welche die Leute zum Waschen der Wäsche oder Reinigen des Geschirrs benutzten, aber auch als Wasser zum Baden in die Hütte mitnahmen. Untersuchungen ergaben, dass das Wasser schwefelhaltig war. In dieser Gegend fanden wir dann auch kleine Felszeichnungen, unbestimmten Alters.

Wir erreichten Bakouma, einen kleinen Ort mit etwa 1.500 Einwohnern. Die Mission wurde erst in den 60er Jahren gebaut, im Zusammenhang mit den Forschungen, die 1962 hier begannen. Die Franzosen entdeckten nahe des Ortes Uran, das im Tagebau gewonnen werden könnte. Das Unternehmen URCA untersuchte viele Jahre die Rentabilität, kam aber Ende der 70er Jahre zu dem Ergebnis, dass der Abbau zu kostspielig wäre. Also wurden die Forschungen abgebrochen und alle Konstruktionselemente, Eisenteile und Reifen, wertvolle Gerätschaften, Traktoren

Uranvorkommen – Reste nach Abzug des Forschungsteams

Kathedrale von Bangassou

und anderes Material, sowie die Hallen und Wohnungen aufgegeben, weil der Abtransport nach Bangui zu teuer gekommen wäre. Immerhin sind es 1.000 Kilometer bis in die Hauptstadt. Ein Traktor hatte gerade 36 Kilometer auf dem Tachometer und stand herrenlos da. Außen lagen Rohre herum, die bald Opfer von Buschfeuern wurden.

Die Fahrt nach Bangassou dauerte etwa fünf Stunden und verlief ohne Zwischenfall. Kurz vor Bangassou mussten wir in Niakari den Chari Fluss mit einer Fähre überqueren.

In dieser Provinzstadt machten wir einen Besuch bei Bischof Maanicus, der sich über Besuche von Mitarbeitern immer freute. Noch am gleichen Tag fuhren wir nach Kembe und verbrachten dort die Nacht. Für meinen Reisebegleiter Hannes war es allerdings die Endstation, weil er ja in Kembe in der »Animation rurale« arbeitete.

Abschied von Alindao

Die Tage meines Aufenthaltes waren gezählt, und der Abschied rückte immer näher. Langsam wurde mir klar, dass ich wieder vor einem neuen Lebensabschnitt stand. Ich fühlte mich etwas hilflos und hatte fast Angst vor der Zukunft. Wie würde meine Rückkehr gelingen? Welche Aufgaben würden mich erwarten? Wie würde ich mich in die Kirche in Österreich eingewöhnen nach der Erfahrung einer lebendigen Kirche in Afrika?

Am 11. September feierte ich die letzte heilige Messe. Mir versagte fast die Sprache, daher beeilte ich mich, den Gottesdienst so rasch wie möglich zu beenden.

Nach der Messe verabschiedete ich mich von allen. Das Auto war bereits startbereit, als ich Hondje sah, wie er starr in meine Richtung blickt.

Christusbild inmitten der Erde

Messe zum Abschied in Alindao

Mein Hund Hondje war sieben Jahre lang mein treuer Begleiter gewesen. Er stand auf der Mauer unserer Veranda und hatte all die Vorbereitungen traurig verfolgt. Als ich mich ihm näherte, war er wie eine steinerne Statue, ohne Regung, den Blick auf das Auto gerichtet. Kein übliches Wedeln mit dem Schwanz, kein Blick in meine Richtung, abgewandt, starr und ohne Reaktion ließ er mein letztes Streicheln über sich ergehen. Dann ging ich, und mir kamen Tränen. Später erfuhr ich, dass er von diesem Tag an kaum mehr Nahrung zu sich nahm und ein paar Wochen später tot in der Dusche gefunden wurde.

Die Fahrt nach Bangui verlief ohne Hindernisse, dauerte aber doch an die 12 Stunden. Damals war es noch üblich, bei jeder Mission Halt zu machen, um die Post für die Hauptstadt mitzunehmen. So auch dieses Mal. In Grimari, wo bekannte Schwestern tätig waren, verbrachten wir die Nacht und fuhren am Morgen nach Bangui. Meine Begleiter und Bekannten feierten mit mir den Abschied im Safari-Hotel am Ufer des Oubangui Flusses mit einem Fischgericht und rotem Wein. Aber eine rechte Stimmung wollte sich nicht einstellen. Von Bangui aus gab es nur einmal in der Woche einen Direktflug nach Europa. In diesen Monaten aber flog neben Air France noch ein Privatunternehmen namens »Point« nach Paris. Ich bestellte das Ticket bei dieser Linie und erhielt die Information, dass der Check-In bereits am Mittwoch um drei Uhr früh beginnen würde. Als ich um diese Zeit ankam, standen die Leute bereits in einer langen Schlange vor dem Schalter. Es gab wenig Kontrolle, daher ging es ziemlich schnell und reibungslos.

Das Flugzeug war bis auf den letzten Platz voll. Beim Start jedenfalls brauchte die Maschine die ganze Länge der Startbahn um abheben zu können. Gegen ein Uhr landeten wir in Lyon. Der Nachteil dieses Fluges bestand darin, dass wir uns persönlich um den Transfer des Gepäcks küm-

Hondje – mein treuer Begleiter

Abschied von Alindao und vielen Freunden

mern mussten. Eine zweimotorige Propellermaschine brachte mich dann nach Zürich. Unvergesslich dieser Flug, weil auf diese Art zu fliegen, fast ein wenig ungewöhnlich war. Die Geschwindigkeit war geringer, ebenso die Flughöhe. Es war besonders reizvoll, die Schönheit der Schweizer Berge zu genießen. Die Abendsonne tauchte die Berggipfel in goldenes Licht und ließ die Silhouetten markant hervortreten.

Nach einem Zwischenaufenthalt in Zürich ging es weiter nach Wien, wo ich gegen 22 Uhr ankam. Abgeholt wurde ich von Prälat Edelhauser, meinem ehemaligen Chef, und seinem Kaplan Josef Pichler.

II.

Neubeginn in Europa

Die Eindrücke der Rückreise nach Österreich machten bald den Aufgaben Platz, die mich wegen des geplanten Studiums in Brüssel erwarteten. Zuerst aber wollte ich meinen Heimatbischof von meiner Rückkehr informieren, denn immerhin hatte die Diözese in all den Jahren meines Aufenthaltes in Zentralafrika mein Gehalt bezahlt, mit dem ich in der Mission meinen Lebensunterhalt selbst finanzierte. Ich wählte die Nummer des Ordinariats und wurde mit dem Sekretär des Bischofs verbunden. Schließlich erhielt ich den Termin für eine »Audienz«, bei der ich mein Anliegen wegen des Studiums in Brüssel vortrug. Nach einigem Zögern akzeptierte der Bischof meinen Wunsch. Ich entschied mich für dieses Sabbatjahr, weil ich fühlte, dass ich eine Neuorientierung brauche. Nach den Erfahrungen als Kaplan in der Heimatdiözese und des jahrelangen Aufenthalts in Afrika benötigte ich eine Zeit, um die Einflüsse und Erfahrungen einzuordnen und wieder meinen Platz zu finden. Auch wollte ich die bisherige Tätigkeit evaluieren und die aktuelle theologische Entwicklung kennenlernen. Für mich war diese Entscheidung wie ein Hilfeschrei, den ich mit innerstem Ernst vorbrachte, so dass der Bischof nach einigem Zögern doch zustimmte.

Ein Jahr in Lumen Vitae[46]

Ich bereitete alles für die baldige Abreise nach Belgien vor und erhielt die Aufenthaltsgenehmigung für ein Jahr. Mit dem Orient-Express fuhr ich nach Brüssel und war gegen Mittag des nächsten Tages in der belgischen Hauptstadt. Der Empfang war herzlich, die Gemeinschaft mit einigen Teilnehmern am neuen Studienkurs schnell gefunden. Der Anteil der Afrikaner war in diesem Jahr besonders hoch.

Quartiermöglichkeiten gab es in Wohngemeinschaften oder in einigen Klöstern. Ich entschied mich für das Haus einer Gemeinschaft von ehema-

46 Internationales Zentrum für Bildung in Katechese und Pastoral in Brüssel.

Institut »Lumen Vitae«, Brüssel

Drei Professoren des Institutes, v. l. n. r.:
Paul Tihon, André Knockaert, Philippe Bacq

ligen Missionaren nahe dem Institut. Die Studenten in → **Lumen Vitae** waren Missionare und Missionarinnen, die Erfahrung in der pastoralen Tätigkeit in der Heimat oder in Missionsgebieten hatten. Prüfungen gab es keine, aber sie wurde ersetzt durch kleinere schriftliche Arbeiten, die der Professor anschließend im persönlichen Gespräch behandelte. Das Institut legte den Schwerpunkt auf Fragen der Enkulturation des Glaubens und den interreligiösen Dialog, denn niemand kann heute seinen Glauben isoliert von anderen religiösen Überzeugungen leben. Ich habe mit großem Interesse die Kurse besucht und war erstaunt über das Engagement der Professoren. Manche Vorlesungen hielten Professoren aus Missionsländern wie Brasilien und Afrika.

Spezifisch theologische Fächer wie Dogmatik, Exegese und Pastoral dozierten die Professoren des Instituts. Der Hörer konnte die Fächer wählen, wenn auch nur begrenzt, denn einige zentrale Fächer waren für jeden verpflichtend. Einen wichtigen Stellenwert hatte die Psychologie mit Blick auf die eigene Berufung oder das pastorale Wirken in den Gemeinden.

Um Einseitigkeiten zu vermeiden musste jeder Hörer aus einer Anzahl dogmatischer Vorlesungen mindestens einen oder zwei Titel übernehmen, ebenso von den Vorlesungen über Exegese und Moral. Es blieb aber noch genügend Raum für all jene Fächer, die mehr dem persönlichen Geschmack entsprachen.

Nach jedem Kurs wurde ein drei- bis fünfseitiger Bericht verlangt, der kurz den Inhalt wiedergeben, besonders aber auf die Konfrontation mit dem Gehörten eingehen sollte, mit der Absicht das Neue in die künftige Arbeit zu integrieren. Diese Berichte wurden von einem Professor gelesen und in einem persönlichen Gespräch erörtert. Es war ein Studium von einer Intensität, wie ich es vorher noch kaum erlebt hatte.

Ein Schwerpunkt war die Beschäftigung mit der Bibel. Ich lernte Zugänge zum Bibeltext kennen, die mir neu waren. Eine der Methoden war die Strukturanalyse, die vom buchstäblichen Text ausgeht und Veränderungen des Gebrauchs der Haupt- oder Zeitwörter im Laufe der Abhandlung beobachtet. Dadurch entstanden neue Zusammenhänge, eröffnete sich ein neuer Sinn, der bei oberflächlicher Lektüre nicht sichtbar wurde.

Wichtig waren gemeinschaftliche Aktivitäten. Immerhin stammten die Hörer und Hörerinnen aus 30 verschiedenen Ländern, die das erste Mal in dieser Stadt waren und Anschluss und Gemeinschaft suchten. Einmal pro Woche gab es ein Treffen in kleiner Gruppe, eine Art Gesprächsangebot, um Probleme und Fragen zu besprechen.

Der psychologische Aspekt war ebenfalls ein Schwerpunkt, weil dadurch Mängel und Defizite entdeckt werden konnten, die ihren Ursprung in der eigenen Lebensgeschichte hatten.

Im Gespräch mit einer Hörerin aus der Réunion wurde ich auf die PRH[47] Methode aufmerksam. Ich hatte vorher niemals davon gehört, doch jetzt erfasste mich ganz spontan ein Interesse, so dass ich am nächst möglichen Grundkurs mit dem Titel »Qui suis-je?« (Wer bin ich?) teilnahm. Es war eine grundlegende Erfahrung, die mir zum ersten Mal einen Blick in meine Vergangenheit ermöglichte, nicht um alles schicksalhaft anzunehmen, sondern die Mängel zu entdecken, die sich im täglichen Leben widerspiegelten. Vieles liegt im Unbewussten verborgen und hat Einfluss auf das Leben und den Umgang mit anderen Menschen.

Die sogenannten disproportionierten Verhaltensweisen[48] bieten einen Zugang zu diesen persönlichen Schattenseiten. Die Analyse basiert auf der Erforschung der Gefühle, die Probleme im persönlichen Leben wie im Zusammenleben mit anderen machen. Meist stammen solche Verletzungen aus der früheren Kindheit. Da dies ein schmerzhafter Prozess ist, bedarf es auf jeden Fall einer kompetenten Begleitung. Dieser erste Kurs brachte mich auf einen Weg der Selbsterkenntnis, den ich später weiterverfolgte und der mir eine echte Hilfe für mein weiteres Leben wurde.

47 PRH (Personalité, relation humaine), eine Methode der Selbsterfahrung in Gruppe, begleitet von einer kompetenten Person.

48 Unter diesem Begriff versteht man ein Verhalten, das auf ein Wort oder eine Tat unangemessen übertrieben reagiert.

Der Aufenthalt in Lumen Vitae war also in zweifacher Hinsicht eine große Hilfe: Im Studium konnte ich mein theologisches Wissen auffrischen; für mein persönliches Leben erfuhr ich eine wichtige Bereicherung durch die PRH-Kurse. Ich konnte meine Grenzen akzeptieren, über meine Schwächen und Gefühle reden und wurde sensibler für die Reaktionen anderer Menschen mir gegenüber und umgekehrt.

Sprachkurs in Madrid

Das Jahr in Brüssel ging schnell zu Ende und die endgültige Heimreise stand vor der Tür. Ich selbst machte in dieser Zeit eine Wandlung durch. Besonders die Begegnung mit den Teilnehmern aus Lateinamerika erweiterte meinen Horizont von Weltkirche. Ich entdeckte eine Religion, die sich sozial engagierte, Ungerechtigkeiten aufzeigte, Gerechtigkeit einforderte und politisch aktiv war.

In Afrika hatte ich eine Kirche mit viel Begeisterung kennen gelernt. Die Kirche wirkte durch Verkündigung und Pastoral, war aber auch engagiert in der Entwicklungshilfe durch die Organisation »Animation rurale« (AR), eine Form der Hilfe für die Bevölkerung, sei es in Bezug auf die Gesundheit der Kinder, Quellenverbau oder neue Anbaumethoden.

Die Erfahrung mit Vertretern aus Lateinamerika eröffnete mir aber einen anderen, ganz wichtigen Aspekt pastoralen Handelns. Im Vergleich mit Lateinamerika schien mir die Bevölkerung in Afrika weit weniger politisch interessiert. Was mit dem Land geschah, bestimmte der Präsident mit seiner Partei, falls es eine gab, aber ein Bewusstsein der Verantwortung für das Land selbst war selten zu spüren. Stamm, Sippe und Clan standen viel mehr im Zentrum als die Zugehörigkeit zu einer Nation. Eine ähnliche Erfahrung hatte schon Che Guevara gemacht und daraufhin seinen Einsatz im Kongo beendet.

Das II. Vatikanische Konzil (1962–65) hatte die Armen in den Mittelpunkt gestellt und die Kirche nicht mehr von der Hierarchie, sondern vom Volk aus betrachtet. Aus diesem Neuansatz entfaltete sich die → **Theologie der Befreiung**. Die lateinamerikanischen Bischöfe versammelten sich in Medellin, Puebla und Aparecida (2007) und beschlossen einen neuen Weg kirchlicher Pastoral, der die Armen der Gesellschaft in den Mittelpunkt stellte. Diese Beschlüsse prägen seither das kirchliche Leben und sind in der heutigen Pastoral nicht mehr wegzudenken.

Kleingruppe bei einem Ausflug

Schloss und Klosteranlage von El Escorial

Ein solch politischer Aspekt im Leben der Kirche war mir relativ neu. Es interessierte mich derart, so dass ich mich für einen Spanischkurs in Madrid entschied. Ich wollte die Ferien für Kurse auf der Universität in Madrid nützen und machte mich mit meinem Auto, das ich mir während meines Studienaufenthaltes gekauft hatte, auf den Weg in die spanische Hauptstadt.

Eigentlich hätte alles reibungslos vor sich gehen sollen, denn noch in Brüssel erkundigte ich mich bei einem Pater nach einem Kloster in Madrid um ein sicheres Quartier zu haben. Mein Vorhaben, Spanisch zu lernen und die Bitte um Aufnahme teilte ich persönlich in einem Brief mit. So fuhr ich sorglos Richtung Madrid und suchte sofort das Kloster auf, das im Zentrum der Stadt lag. Frisch angekommen wollte ich zuallererst die Quartierfrage klären. Ich fand das stattliche Gebäude und wurde in das Wartezimmer geführt. Es war geräumig mit tiefen Ledersesseln und einem Rundtisch in der Mitte. Ich wartete ziemlich lange, was für mich kein allzu gutes Zeichen war. Endlich kam ein Mann mittleren Alters und fragte nach meinen Wünschen. Ich erklärte meine Absicht, erwähnte auch die Korrespondenz und das Begleitschreiben eines hier bekannten Priesters, was aber wenig Eindruck machte. Ohne sich weiter zu bemühen, erklärte er kategorisch, dass dies hier kein Hotel sei, und es daher auch keine Quartiermöglichkeit gäbe. Obwohl ich verstand, deutete er auch noch mit der Hand unmissverständlich in Richtung Tür, eine Geste, die schwer mit christlicher Nächstenliebe zu vereinbaren war.

Sehr enttäuscht und auch etwas ratlos befand ich mich wieder auf der Straße. Die Sorglosigkeit der vergangenen Tage war verschwunden, denn es bedurfte nun einer konstruktiven Planung. Mit einem Stadtplan ging ich auf Suche nach anderen Quartiermöglichkeiten. Das Auto stellte ich für eine Nacht in eine bewachte Garage, für mich selber genügte ein billiges Zimmer ganz in der Nähe des Parkplatzes. Am kommenden Tag suchte ich zunächst einen Campingplatz. Für einen Monat würde es vielleicht auch so genügen: Schlafen im Zelt, Arbeit für das Studium in einem Gemeinschaftsraum, Essen am Morgen und am Abend. So bezog ich ein Zelt und verbrachte die erste Nacht in freier Natur.

Ich ließ mir die gute Laune durch die schroffe Abweisung nicht verderben und fuhr am nächsten Tag nach El Escorial, außerhalb von Madrid. Eine Missionarin aus Kolumbien, die ebenfalls in Brüssel studierte, hatte eine Ferienbeschäftigung in einem Kloster gefunden, das auch eine Gastronomie für Touristen betrieb.

Ich bestellte Essen und tatsächlich war Regina aus Kolumbien im Dienst und wies mir einen Platz bei einem Pater zu, der ebenfalls zum Essen hierhergekommen war. Im Gespräch stellte sich heraus, dass er Jesuit war und seine Wohnung in einem Vorort in Madrid hatte. Ich wollte meine Enttäuschung über die Franziskaner nicht verbergen und schilderte ihm meine gegenwärtige Lage auf dem Campingplatz. Zu meiner Überraschung bot er mir seine kleine Wohnung an, welche die nächsten Wochen leer stünde, weil er für vier Wochen verreisen würde. Dieses Angebot wollte ich nicht abweisen. Er gab mir seine Adresse mit dem Hinweis, dass ich am nächsten Tag zu ihm kommen kann.

Die Sonne schien wieder freundlicher, und ich wusste mich für die nächsten Wochen gut versorgt. Ein Zimmer für ein seriöses Lernen war etwas anderes als ein Zelt mit einem Gemeinschaftsraum, wo dauernd Leute unterwegs waren, redeten, speisten und sich unterhielten. Viele Studenten besuchten den Sprachkurs, so dass von einer persönlichen Beschäftigung des Professors mit den Studenten keine Rede sein konnte. Der Kurs selbst war professionell geführt, so dass ich in den paar Wochen eine bescheidene Kenntnis der Sprache erlernte. Ich konnte mich verständigen, verstand den Führer im Museum Prado und fand mich auch sonst in der Stadt bald problemlos zurecht. Eigentlich wollte ich beide Monate, Juli und August, für dieses Studium nützen, aber es kam anders.

Gegen Ende des ersten Monats flatterte ein Brief in die Wohnung, gesandt vom Bischöflichen Ordinariat, mit der Aufforderung, ab 1. August als Ferienkaplan in der Lourdes Kirche in St. Pölten meinen Dienst anzutreten. Mit großem Bedauern meldete ich mich vom zweiten Teil des Sprachkurses ab und machte mich Ende Juli mit meinem Auto auf den Rückweg nach Österreich. Auf der Fahrt nach Hause benützte ich nicht die schnellste Route, sondern fuhr nach Bourgos, dann weiter nach Pamplona und kam später nach Lourdes, wo ich einige Tage blieb.

Es war das erste Mal, dass ich diesen Ort besuchte. Ich nahm an einem Gottesdienst teil, ging den Kreuzweg entlang, betete in der Unterkirche und ging mit der Krankenprozession mit. Gerade dieses Ereignis hat mich am tiefsten berührt. Ich habe schon viele kranke Menschen gesehen, aber der Glaube dieser leidenden Menschen machte mich sehr betroffen. Man konnte fast nicht anders, als einzustimmen in das Gebet der vielen Pilger in der Hoffnung, dass irgendwo und irgendwie eine Linderung geschehen möge. Obwohl ich etwas skeptisch hingefahren war, setzte ich meinen Weg mit einer anderen Einstellung fort und war im Herzen glücklich, diese wenigen Tage in Lourdes verbracht zu haben.

Die weitere Reise ging über Toulouse nach Albertville, Mégève und Chamonix. Ich überquerte die Grenze in die Schweiz, fuhr nach Martigny und das Tal zwischen Walliser und Berner Alpen entlang, über den Furka-Pass nach Chur und Lichtenstein und dann weiter nach Feldkirch.

Einmal in Österreich wollte ich die Zeit nützen und nach vielen Jahren wieder einen Berg besteigen. Ich nahm die Richtung nach Bludenz, verließ die Autobahn und fuhr ins Montafon Tal. Hier hatte ich in meiner früheren Studienzeit so manche Ferien verbracht, die Berge in der Umgebung, Zimba, Sulzfluh, Drusenfluh bestiegen und fühlte mich wie zu Hause.

Die Rückkehr nach Österreich wollte ich mit einem Gipfelerlebnis beginnen. Auf der Silvretta Hochalpenstraße fuhr ich zur Bielerhöhe, übernachtete im Madlenerhaus auf 1.986 m Höhe und ging am nächsten Tag zur Wiesbadner Hütte (2.443 m) und bestieg noch am selben Tag die Dreiländerspitze mit einer Höhe von 3.197 m. Dieser Tag, der 25. Juli 1983, war der Tag meiner endgültigen Rückkehr nach Österreich. Noch am selben Tag kehrte ich zu meinem Ausgangspunkt, dem Madlenerhaus, zurück. Der Abstieg am nächsten Tag war mühsam, denn ich hatte Blasen an den Füßen, und auch sonst schmerzte es überall. Nach fast zehn Jahren ohne Übung war diese Tour ein Gewaltmarsch, dem mein Körper nur widerwillig folgte.

Der folgende Tag war der Heimreise nach Krems gewidmet. Zwar bedauerte ich den Abbruch meines Aufenthaltes in Madrid, aber ich war auch zufrieden, wenigstens diese bescheidene Gelegenheit des Sprachstudiums gehabt zu haben.

Die wenigen Wochen in der Pfarre Maria Lourdes in St. Pölten waren interessant. Im Pfarrhaus gab es eine gute Gemeinschaft, gegenseitiges Verständnis und interessierte Christen. Kurz vor dem Ende der Ferien flatterte ein weiterer Brief vom Bischöflichen Ordinariat ins Haus mit der Aufforderung mit 1. September meinen neuen Posten in Waidhofen/Thaya anzutreten. Wieder galt es, meine wenigen Sachen zu packen und aufzubrechen, um die neue Stelle anzutreten.

Meine Zeit in Waidhofen/Thaya

Meine Berufung nach Waidhofen/Thaya war der erste richtige Einstieg in die Pastoral nach meinem Aufenthalt in Afrika. Ich begann mit großem Eifer und wollte so rasch wie möglich die Pfarre kennenlernen. Meine Erfahrungen in der Mission in Zentralafrika sollten mir helfen, die pastoralen Aufgaben mit neuem Eifer zu erfüllen. Das Studium in Brüssel und die Selbsterfahrung in PRH-Kursen konnten eine Hilfe sein in der Begegnung mit den Christen, die mir zunächst noch unbekannt waren. So versuchte ich in der Heimat wieder Fuß zu fassen.

Eine Enttäuschung für meinen neuen Chef war gleich am Schulbeginn meine Weigerung auch Latein in den unteren Klassen des Gymnasiums zu unterrichten. Etwas gekränkt meinte er, dass es für mich wohl zu viel sei und meinte dabei mit einem Lächeln meine geistige Befähigung. Ich hatte zwar keine Angst davor, hätte aber dennoch zusätzliche Vorbereitungen für das Fach Latein machen müssen, während ich meinen Schwerpunkt in der Pastoral sah.

Magisterium

In dieser Zeit kam mir der Gedanke das Magisterium zu machen. Als ich 1967 das Theologiestudium abschloss, war es weder üblich noch notwendig eine Magisterarbeit zu schreiben. Nach meinem Aufenthalt in Brüssel mit dem Studium des aktuellen Stands von Theologie und Pastoral, war es mir ein Bedürfnis eine abschließende Arbeit zu schreiben. Ich besprach

Festakt im Festsaal der Universität Wien

Oscar Romero

meinen Wunsch mit einem Professor, der mich sogar ermunterte und mir die Bedingungen bezüglich Vorlesungen und Prüfungen mitteilte.

Ich begann mit einer schriftlichen Arbeit über meine Tätigkeit in der Zentralafrikanischen Republik in der Pfarre Alindao, wo ich neun Jahre gewirkt hatte. Nach den Prüfungen in St. Pölten reichte ich meine pastoraltheologische Arbeit an der Universität Wien ein. Sie wurde akzeptiert, so dass der Angelobung nichts mehr im Wege stand. Der Festakt fand am 14. Dezember 1983 im Festsaal der Universität Wien statt, bei dem das Diplom überreicht wurde. Im Saal waren viele Angehörigen der Absolventen und Absolventinnen. Ich selber hatte niemanden zu dieser Feier eingeladen.

Nach der Sponsion fuhr ich nach Waidhofen an der Thaya zurück und war zufrieden über diesen persönlichen Schritt. In der Pfarre war ich in der Jugendgruppe engagiert und begleitete eine Familienrunde, die sehr selbständig ihre Treffen organisierten.

Romero-Preis

Im Frühjahr 1984 erhielt ich einen Brief mit der überraschenden Nachricht, dass mein Mitbruder Josef Pretz und ich für den → **Romero-Preis** vorgeschlagen waren. Die Feierlichkeit sollte in Melk am 30. April 1984 um 20 Uhr im Saal des Restaurants stattfinden. Diese Preisverleihung ehrte uns beide sehr. Da Josef noch in Zentralafrika war, übernahm ich die Auszeichnung auch in seinem Namen. Im Zusammenhang mit diesem Preis erhielten wir auch einen Geldbetrag (50.000 öS), den wir uns für die Arbeit in der Mission teilten.

Nun war unser Engagement in keiner Weise mit dem des Erzbischofs Romero zu vergleichen, der buchstäblich sein Leben für Gerechtigkeit ein-

Überreichung des Preises durch Bischof Zak

Ansprache beim Festakt

setzte. In Zentralafrika war die Kirche in den siebziger Jahren anerkannt und geschätzt. Konflikte gab es bisweilen mit der Bevölkerung, die, wie bereits erwähnt, an Hexerei glaubt und Menschen zu Unrecht anklagt und verurteilt. In manchen Fällen kam es sogar zu tödlichen Übergriffen durch die Bevölkerung. Leider sah das Gesetz eine Anklage wegen Hexerei vor, ein Faktum, dass immer wieder in Predigten und bei Versammlungen zur Sprache kam.

Es war Bischof Dr. Franz Zak, der den Preis persönlich in Anwesenheit von Kanonikus Zimmel, dem Bürgermeister der Stadt Melk und den Vertretern der Katholischen Männerbewegung überreichte. Neben den Ansprachen vom Pastoralamtsleiter, dem Vertreter der Männerbewegung und dem Bürgermeister von Melk, sollte auch ich einige Worte sprechen.

In meiner Dankesansprache erwähnte ich die Situation der Pfarre Alindao, Zentralafrikanische Republik, aber auch die allgemeine Situation der Ungerechtigkeit in vielen Teilen der Welt. Besonders deutlich bezog ich mich auf die Situation in Zentralafrika:

Neben der Betreuung der Christengemeinden liegt der Schwerpunkt heute auf der Ausbildung der Katecheten und Gemeindeleiter, damit die einzelnen Gemeinden möglichst unabhängig leben können. In Alindao gibt es ein solches Ausbildungszentrum für Laien, das Centre Charles L'Wanga, in dem 18 Familien neun Monate lang für ihre Aufgabe in den christlichen Gemeinden ausgebildet werden.

Mit Blick auf die Art und Weise, wie manchmal geholfen wird, zitierte ich Vinzenz von Paul, der einmal zu seinen Helfern sagte:

Die Armen werden euch eure Gabe nur verzeihen, wenn ihr sie mit Liebe gebt.

Damit meinte er, dass die Armen nie nur Objekt unserer Nächstenliebe sind, sondern dass sie uns als Partner gegenüberstehen. Dies gilt für die persönliche Begegnung ebenso wie für das Verständnis im Hinblick auf die Dritte Welt. Unterentwicklung ist die Folge einer zerstörten Infrastruktur:

Wir sind es gewohnt von »unterentwickelten Ländern« zu reden und meinen, dass dieser Zustand immer so war, weil es sich mit dem technischen Rückstand und der mangelnden Intelligenz erklärt oder einfach mit Faulheit zu tun hat. Dabei war Afrika im 18. Jahrhundert wohlhabender als Europa. In den Berichten von Forschern findet man keinen Hinweis, dass die Menschen hungerten oder in Armut lebten; im Gegenteil, es gab bestehende Staatsgebilde mit eigener Struktur, Gerichtsbarkeit und Gebräuchen. Die Eroberer fanden unheimlichen Reichtum. Erst als die Staaten in die Expansionsbewegung Europas eingegliedert wurden, verloren sie ihre Unabhängigkeit und damit auch die wirtschaftliche Selbstständigkeit. Die eigene Wirtschaftsstruktur wurde zerstört, die Rohstoffe wurden ins Ausland geliefert und mit dem wenigen Geld, das sie dafür bekamen, konnten sie die Waren aus den Ländern Europas kaufen. In dieser Zerstörung der inneren Ordnung der Staaten liegt der eigentliche Grund der Unterentwicklung.

Bei einer solchen geschichtlichen Entwicklung, die Europa und der Westen wesentlich verursacht haben, kann von Hilfe in Form von Almosen keine Rede mehr sein, sondern sie wird eine Pflicht im Sinne der Wiedergutmachung. Dies wird freilich erst dann geschehen, wenn die reichen Länder ihre Mitschuld eingestehen und bereit sind zu teilen. Nachdem aber unser Wirtschaftssystem allein auf Gewinn ausgerichtet ist, besteht wenig Aussicht auf eine Änderung, geschweige denn Verbesserung.

Entwicklungshilfe heute muss an der Basis beginnen:

Die Kirche versucht in den armen Ländern den Menschen zunächst ihr Selbstbewusstsein zu geben. In diesem Sinn befasst sich die Kirche mit der wirtschaftlichen, psychologischen und religiösen Not der Menschen. Landwirte organisieren den Verkauf der Baumwolle, Frauen, nachdem sie ausgebildet wurden, übernehmen in Dörfern die Verantwortung für die Pflege kranker Kinder.

Erzbischof Romero von El Salvador, dessen Name gewählt wurde zur Bezeichnung dieses Preises, hat seinen Einsatz für Gerechtigkeit mit seinem Leben bezahlt. Sein Mut steht weit über dem, was wir wagen. Doch sein Vorbild gibt uns Zuversicht und Kraft, auch weiterhin gegen Ungerechtigkeit und Unterdrückung zu kämpfen.

Leider hatte ich damals keine Gelegenheit, meine Ansprache in dieser Form zu halten, weil mir der Verantwortliche zugeflüstert hatte, mich kurz zu fassen, da die geladenen Gäste bereits hungrig seien. So sprach ich in freier Rede etwa drei Minuten und wünschte dann guten Appetit.

Mont Blanc – Hochalpine Tour

Vor meiner Installation als Pfarrer von Krems wollte ich mir noch einige Bergerlebnisse gönnen. Ich dachte, dass dies für die kommende Aufgabe die beste Vorbereitung wäre. Als Bergbegleiter fragte ich Karl, einen früheren Studienkollegen, seines Zeichens Religionslehrer, der bereit war, mit mir einige Dreitausender zu besteigen. Unser Plan umfasste die Wildspitze in den Ötztaler Alpen, den Ortler in Südtirol und schließlich den Mont Blanc in Frankreich. Gemeinsam fuhren wir nach Vent und stiegen zur Breslauer Hütte auf.

Die Wildspitze ist ungefährlich, verlangt aber doch Trittsicherheit und Kondition für den langen Marsch über die Schneefelder und den Gletscher. Das Wetter war mittelmäßig, wenig Sicht, so dass wir nicht lange auf dem Gipfel blieben und wieder zur Hütte zurückkehrten.

Der nächste Tag brachte insofern eine Überraschung, weil Karl die weiteren Touren nicht mehr mitmachen wollte und die Heimreise antrat. Ich selbst wollte auf die Bergtouren nicht verzichten und setzte die Reise alleine fort, überquerte das Timmelsjoch und fuhr über Meran nach Sulden am Fuß des Ortlers. Zuerst ging es mit einer Seilbahn hinauf, dann stieg ich zur Tabaretta-Hütte auf, wo ich übernachtete.

Am frühen Morgen stieg zur Payer-Hütte (3.020 m) auf und plante dort zu frühstücken. Obwohl ich schon gegen 6 Uhr früh bei der Hütte war, gab es nichts zu essen, weil sich der Hüttenwirt nach dem Aufbruch der ganz frühen Bergsteiger wieder niedergelegt hatte. Gerade etwas Wasser konnte ich für die Bergtour bekommen.

Trotzdem machte ich mich auf den Weg und bestieg allein den Ortler (3.905 m), überquerte mit großer Vorsicht die Gletscherspalten und genoss die herrliche Sicht der Felsformationen und der Gletscher auf den benachbarten Bergen. Der Ortler ist tatsächlich ein König unter den Bergen.

Der Abstieg ging problemlos vor sich und nach einer Übernachtung auf der Payer-Hütte, stieg ich am nächsten Tag zur Tabaretta-Hütte ab und kehrte nach Sulden zurück. Mit meinem Auto ging es durch das Aostatal und den Mont Blanc Tunnel nach Chamonix. Ich fand ein günstiges Quartier und plante für den nächsten Tag den Aufstieg auf den Mont Blanc.
Am Morgen des 15. August nahm ich die Seilbahn, die von Les Houches

auf die Höhe »Bellevue« führt. Eine Zahnradbahn erleichtert dann den Aufstieg bis zur Station »Nid d'Aigle«.

Hier ist allerdings Endstation mit den technischen Verkehrsmitteln, denn es beginnt der Fußmarsch zunächst zur Hütte »Tête Rousse«, die schon 3.200 m hoch liegt. Dann wartet ein mühsamer Aufstieg zur Gouter-Hütte (Refuge de l'Aiguille de Gouter), mühsam deshalb, weil von Anfang an die Hütte 600 Meter höher zu sehen ist und der Weg steil in Serpentinen aufwärts führt. Der Weg selber weist keine Schwierigkeiten auf. Einzig die Steinrinne, die zuvor zu überqueren ist, kann gefährlich sein, da in regelmäßigen Abständen Steine verschiedener Größe herabdonnern. Die Bergsteiger warten einen ruhigen Moment ab, um dann so schnell wie möglich diese Rinne zu queren.

Als ich den großen Raum der Gouter-Hütte betrat, staunte ich über die vielen Anwesenden, die in dieser großen Halle bereits Platz genommen hatten. Alles schien besetzt zu sein, bis ich am anderen Ende einen freien Platz erspähte und mich beeilte hinzukommen, damit nicht ein anderer vor mir dort wäre. Vier Männer saßen an einem Tisch und ich fragte sie auf Französisch:

»Ist da noch ein Platz frei?«

Zögernd kam eine Antwort, die ich als »Jo!« interpretierte. Überrascht fragte ich sie: »Seid ihr aus Österreich?«

Wieder erklang ein »Jo!«, diesmal freilich überzeugter und mit einem Lächeln. Die Intonation kam mir bekannt vor und ich fragte weiter: »Seid ihr aus Oberösterreich?« Dem stimmten sie nicht zu, aber ich erfuhr, dass sie aus der Gegend von St. Valentin stammten, einem Ort, an dem ich früher einmal Kaplan gewesen war.

Somit war der Kontakt schnell hergestellt, denn wir fanden sogar gemeinsame Bekannte, wie den Gemeindearzt, einige Lehrer und noch andere Personen. Nach dem ersten Ausruhen interessierte ich mich für ihre Routen, ihre Absichten und die Liebe zu den Bergen. Es stellte sich heraus, dass die vier Bergkameraden in der Voest in Linz tätig und somit vier Arbeitskollegen waren. Einmal im Jahr, in den Ferien, unternahmen sie eine hochalpine Tour von einer Woche. In diesem Jahr hatten sie sich das Mont-Blanc-Massiv ausgewählt. Neben kleineren Touren in den vergangenen Tagen wollten sie ihre Bergerlebnisse mit der Überquerung des Mont-Blanc-Massivs abschließen. Auf diesen Hütten kreist das Gespräch unter Bergfexen immer über Erlebnisse in den Bergen.

Die Gouter-Hütte 3.835 m, im Jahre 1984

Bergkameraden auf dem Mont Blanc

Jeder erzählte von Gipfelsiegen, abenteuerlichen Situationen bei Wanderungen oder Klettertouren, so auch in unserer Runde. Ich erzählte von meinen Touren, dass auch ich schon viele Gipfel erklommen, im Fels wie im Eis Erfahrung hatte und konditionsmäßig ausreichend trainiert war.

So luden sie mich ein, mit ihnen die Überquerung des Mont-Blanc-Massivs zu machen. Das wollte ich wirklich nicht ausschlagen, obwohl ich für diese Gewalttour nur mäßig vorbereitet und kaum ausgerüstet war. Als Proviant hatte ich nur Karotten, Schokolade und etwas Brot, bezüglich der Ausrüstung hatte ich Pickel und Steigeisen mit.

Ich leistete mir ein ausgiebiges Abendessen, um vorbeugend sozusagen meine Nahrungsreserven aufzubessern. Lange blieben wir nicht beisammen, denn wir wollten gegen 2 Uhr früh aufbrechen. Die Nacht in dieser Hütte war sagenhaft: Etwa 80 Personen mussten auf dem Boden lagern, weil alles überfüllt war. Das Einschlafen verzögerte sich, da es ein Kommen und Gehen war, andere wieder ein Schnarchkonzert anstimmten und die ersten Bergsteiger gegen Mitternacht aufbrachen. Im Dunkel suchten die »Frühaufsteher« ihren Weg über die Schlafenden hinweg, dann wieder fühlte man einen kräftigen Bergschuh nahe am Kopf oder den Füßen. Von wirklicher Ruhe konnte keine Rede sein. Gegen 2 Uhr brachen auch wir auf ohne Morgentoilette und Frühstück, marschierten im gleichen Trott den Weg aufwärts, gefahrlos aber dauernd ansteigend etwa vier Stunden lang, bis wir endlich bei Sonnenaufgang den Gipfel erreichten.

Es war ein schöner Tag ohne Wolken mit einem tiefen Blau und einer fantastischen Sicht. Für mich war es schon lange ein Ziel, den höchsten Berg Europas mit 4.810 m zu besteigen. Ich war am Ziel, alles andere war dann eine erfreuliche Zugabe, die aber sollte herausfordernd werden.

nt Blanc 4.810 m v.r.n.l: Mt. Blanc – Mt. Maudit
Mt. de Tacul ; fotografiert von der Aiguille du Midi

Auf dem Gipfel bei Sonnenaufgang

Lange konnten wir die Aussicht nicht genießen, denn der größere und teilweise auch schwierigere Teil lag noch vor uns. Wir setzten die Tour fort und begannen mit dem Abstieg in Richtung Mont Maudit (4.465 m). Es ging etwa 500 m in die Tiefe, um dann wieder zum nächsten Gipfel hochzusteigen.

Der anschließende Berggipfel dieses gewaltigen Grates, der Mont Blanc du Talcul (4.248 m), war weniger mühsam, denn es gab nur 200 m Höhenunterschied zu überwinden. Das letzte Wegstück zur Aiguille du Midi (3.843 m) war kräftemäßig am schwierigsten.

Zunächst ging es über Schneefelder abwärts, dann kamen Eisplatten, die mit Eishaken und Seilsicherung begangen wurden. Um den Abstieg schneller zu bewältigen, seilten sich vier unserer Gruppe ab, während der Letzte mit großer Behutsamkeit und mit Verwendung von Eishaken langsam zu unserem Standplatz abstieg. Es war der spannendste Moment der ganzen Überquerung.

Das Plateau zwischen Mont du Tacul und der Aiguille du Midi liegt auf einer Höhe von etwa 3.400 m. Einmal diesen Teil erreicht, bleibt nur noch der Aufstieg zur Seilbahn auf dem Gipfel der Aiguille du Midi. Aber die 400 Meter verlangten die letzten Kraftreserven. Geschwächt von der langen Tour, den großen Höhenunterschieden, die zusammen an die 2.000 Höhenmeter ausmachten, und dem kargen Essen seit den frühen Morgenstunden schleppten wir uns langsam mit vielen Rastpausen zur Bergstation hoch. Einmal dort angelangt, konnte die Tour als gelungen angesehen werden.

Wegen der vielen Touristen mussten wir über eine Stunde warten, bis in der Gondel Platz für uns war. Gegen 7 Uhr abends kamen wir überglücklich, aber auch hundemüde in Chamonix an.

Mont du Tacul

Steilstufe über eine Spalte

Weg zur Aiguille du Midi

Blick auf die italieni Seite

Aus Dankbarkeit lud ich alle zu einem gemeinsamen Abendessen ein, glücklich über dieses Angebot seitens meiner Bergkameraden. Anschließend nach gutem Rotwein meldete sich die Müdigkeit.

Selten fühlte ich so viel Zufriedenheit und gleichzeitig eine solche Müdigkeit in mir wie an diesem Abend. Sehr rasch und ohne viele Worte gingen wir in unsere Quartiere, dankbar für diesen Tag, die schöne Berggemeinschaft und die wunderbaren Ausblicke und trennten uns, denn am nächsten Tag fuhren wir auf verschiedenen Wegen nach Österreich zurück. So sah die Vorbereitung für meine künftige Arbeit als Pfarrer in Krems/St. Veit aus. In den letzten zwei Wochen bereitete ich alles für die Installation vor, die für Anfang September 1984 geplant war.

Amtseinführung in Krems St. Veit 1984

Da ich mich entschieden hatte in der Pfarre Krems zu arbeiten, fand die Installation am 8. September 1984 statt. Zum angegebenen Zeitpunkt versammelten sich viele Priesterkollegen und Christen der Pfarre um an der Zeremonie teilzunehmen.

In einer großen Prozession zogen wir zum Portal der Kirche. Die Zeremonie sieht vor, dass der Dechant den Schlüssel für das Kirchenportal dem neuen Pfarrer überreicht und dieser als erster in das Gotteshaus eintritt.

Während eines festlichen Gottesdienstes wird der neue Pfarrer der Gemeinde vorgestellt und mit der Unterschrift unter das Protokoll die Amtsübergabe bestätigt. Auch P. Guillaume Spanjers, mein Vorgänger in der Pfarre Alindao, war eigens aus Holland zur Feier meiner Amtseinführung gekommen.

Einzug in die Pfarrkirche

Einführung durch den Dechant

Mein Vorgänger in Krems war Prälat Josef Edelhauser, der fast 30 Jahre diese Pfarre geleitet hatte. Verständlich, dass nach einer solch langen Periode Restaurierungsarbeiten fällig waren. So begannen einige Monate später Besprechungen mit der Diözese bezüglich der Erneuerung der Heizung, der Installation des Lichtes sowie einiger Umbauarbeiten im Inneren des Pfarrhofes.

Alle diese Vorhaben wurden mit dem Pfarrkirchenrat besprochen, und bei solchen Besprechungen sah ich, dass in diesem beratenden Gremium, das für die finanziellen Angelegenheiten der Kirche zuständig war, kompetente und fachlich versierte Personen saßen, mit denen ich rechnen konnte.

Das wusste ich zu schätzen, denn alle baulichen Maßnahmen in den folgenden Jahren waren für mich, dank der engagierten Leute, die mich immer unterstützten, kaum eine Belastung.

Ein großes Projekt war schon von meinem Vorgänger begonnen worden, nämlich der Neubau der Orgel in unserer Pfarrkirche. Die Besprechungen für die Finanzierung und Ausführung durch die Firma Hradetzky waren abgeschlossen. Als das Bundesdenkmalamt dem Abbau der alten Orgel zustimmte, begannen wir im Herbst des Jahres 1985 mit den Arbeiten. Mit vielen freiwilligen Helfern wurde die alte Orgel abgetragen und vorläufig verwahrt. Die großen Teile des Prospektes konnten vorübergehend in einer Halle untergebracht werden, die Orgelpfeifen fanden einen Platz in der Ursulakapelle. Das Orgelgehäuse wurde zunächst verwahrt und sollte später für einen Orgelneubau in der St. Johannes Nepomuk Kirche (Wien II. Praterstraße/Nepomukgasse 1) verwendet werden.

Die Orgelpfeifen wurden ein Jahr später auf einem Flohmarkt verkauft. Das brachte etwas Geld und begründete zusätzlich die Tradition in der

Franz Fischer-Hütte, 2.020 m

*Höchstein, 2543 m, Teilnehmer*innen der Bergwoche*

Pfarre, alle zwei Jahre einen solchen Flohmarkt abzuhalten. Ein Jahr später war die neue Orgel fertig und erklang zum ersten Mal am 5. Oktober 1986 im Rahmen eines Gottesdienstes mit der Segnung des neuen Instrumentes.

Bergwochen, Pastoral- und Bautätigkeit

Bergsteigen war für mich der Sport schlechthin, den ich seit meiner Jugend ausübte. In der Zeit des Studiums von 1957 bis 1962 gab es meist nur in den Ferien eine Gelegenheit dazu. Im Zusammenhang mit einem Arbeitseinsatz in Damüls in Vorarlberg hatte ich ein besonderes Erlebnis. Die Familie eines Studienkollegen namens Bruno hatte eine kleine Landwirtschaft, lebte hauptsächlich von der Milchwirtschaft und musste ihre Heuernte über steile Hänge zum Haus tragen. Hier half ich mit, die Sonntage allerdings verbrachte ich damit, die nahen Berge zu besteigen.

Nach einem Gottesdienst am Sonntag entschied ich, auf die Damülser Mittagsspitze zu steigen. Es war eine leichte Tour und nach wenigen Stunden war ich am Gipfel. Einmal auf den Geschmack gekommen, unternahm ich sofort eine weitere Tour, dieses Mal auf den Berg namens Zitterklapfen. Mitten im Sandsteingebirge des Bregenzerwaldes erhebt sich dieser Kalksteinrücken. Ich machte mich auf den Weg und erreichte ohne Mühe aber doch mit mehr Zeitaufwand als gedacht den Gipfel. Es muss nach 17 Uhr gewesen sein, als ich müde ankam und feststellen musste, dass ich den Rückweg nur bei Dunkelheit machen konnte.

Da der nördliche Teil des Gipfels steil abfiel und eine markante Kluft aufwies, entschied ich mich, diese langgezogene Spalte für einen direkten Abstieg zu benützen. Im Spreizschritt begann ich abzusteigen, obwohl ich keinen Blick bis in die Tiefe hatte. Später sah ich zu meiner Beruhigung, dass dieser Spalt tatsächlich bis zum Fuß des Berges reichte, wo ein steiles Schotterfeld zu sehen war. Ich vermutete, dass dies wohl das Ende der Felswand sein würde, wenngleich noch immer vorspringende Felsen die ganze Sicht verdeckten. Aber einmal im Abstieg begriffen, kam ein Rückweg nicht mehr in Frage, weil ich dadurch noch mehr Zeit verlieren würde und auch die Kräfte schon etwas nachließen. Also ging es weiter nach unten, einzig allein durch seitliches Abstützen mit Armen und Beinen. Endlich hatte ich Einblick in die letzten Meter und musste zu meiner Überraschung erkennen, dass der Felsspalt, den ich herabgeklettert war, sich weitete und trichterähnlich auf dem steilen Schotterkegel endete. Nun war guter Rat teuer. Ein Zurück schloss ich nun definitiv aus, ein Ausweichen nach rechts oder links war unmöglich, weil sie sehr steil, ja überhängend waren. So blieb als einziger und letzter Ausweg ein Sprung in die Tiefe von etwa fünf Meter, in der Hoffnung, dass das steile Schotterfeld den Aufprall abfedern würde. So war es dann auch. Konzentriert ließ ich mich fallen und glitt tatsächlich sofort mit einer Fuhre von Sand und Schotter abwärts und kam nach einigen Metern zum Stillstand.

Ich erreichte dann eine Sennhütte, erhielt etwas Milch und Brot mit Butter, dann wanderte ich weiter und erreichte die Straße, die von Au nach Damüls führte. Längs war es finster und die Leute im Haus machten sich schon Sorgen. Als ich ihnen von meinem Bergabenteuer erzählte, glaubten sie mir zuerst nicht. Erst als ich ihnen berichtete, dass auf dem Gipfel das Kreuz umgestürzt war, konnte ich sie überzeugen, dass ich tatsächlich dort gewesen war.

Fasziniert von den Bergen, wollte ich diese meine Erfahrungen auch mit Angehörigen meiner Pfarre teilen. Also organisierte ich Bergwochen, die sehr bald großen Zuspruch fanden. Fast jedes Jahr bestieg eine kleine Gruppe von 10 bis 30 Personen bekannte Berge in Österreich. Die erste Bergwoche fand im Jahre 1985 im Gesäuse statt, wo wir in der Oberst-Klinke-Hütte untergebracht waren. Wir bestiegen die Berge in der Nähe wie Kaibling und Sparafeld; zwei Gruppen wagten den Aufstieg auf den Reichenstein, der eine leichte Kletterei einschließt, aber zudem auch herrliche Tiefenblicke bietet. Im Jahr danach waren wir wieder im Gesäuse auf der Heßhütte und bestiegen das Hochtor, einige auf dem Normalweg, andere machten die Überquerung des sogenannten Dachls. Auch die Planspitze und das Zinödl waren auf dem Programm.

Teilnehmer v. l. n. r.: Karl Kumpfmüller, M. Therese Gfrerer, Erika Schuster, Franz Kumpfmüller, Klaus Killer

Segnung der Autos in Krems an der Donau am Ostermontag, 31. März 1986

Ein anderes Mal (1986) ging eine Gruppe von Personen auf den Großvenediger; im Jahre 1988 war der Große Priel das Ziel. Diesmal nahmen sogar 32 Personen teil. Im Jahre 1991 fand eine solche Woche in den Radstätter Tauern statt. Ziel war damals die Franz-Fischer-Hütte, die auf dem Zentralalpenweg zwischen Hainburg und Feldkirch liegt. Die Zufahrt ist über Salzburg und die Tauernautobahn bis Zederhaus möglich.

Der Hüttenwirt nahm uns das Gepäck ab, so dass wir frei von jeder Last zur Hütte gehen konnten. Diesmal waren 20 Personen mit auf der Bergtour, darunter auch ganze Familien. Wir hatten Glück mit dem Wetter und konnten alle unsere Ziele erreichen. Markantester Berg hier ist das Mosermandl, den alle am folgenden Tag bestiegen. Manche machten leichtere Touren wie den Weißgrubenkopf oder den Faulkogel, andere eine Gratwanderung über den Stierkarkopf, die Wildkarhöhe und das Rothorn, jeder nach Geschmack und Fähigkeit. Es ging nicht so sehr um Leistung, sondern um das Erlebnis der Gemeinschaft besonders an den Abenden, die wir mit Gesang und viel Humor verbrachten.

Vierte Fahrt nach Zentralafrika 1986

Im Jahre 1986 gab es wieder Gespräche mit der MIVA wegen der Überstellung von drei Fahrzeugen nach Zentralafrika. Als Mitreisende interessierten sich Freunde aus Krems, eine ehemalige Entwicklungshelferin sowie der Direktor der MIVA und sein Bruder.

Die Reisevorbereitungen bestanden wie immer in der Besorgung der Visa für die Personen und die zollmäßige Vorabfertigung der Autos, aus-

Karl Kumpfmüller mit »Küche« und »Schlafzimmer«

Zollkontrolle vor der Abfahrt in Wels

gestattet mit einem österreichischen Kennzeichen und einem »Carnet de passage en douane« ein Zolldokument zur Durchreise verschiedener Staaten.

Wir wollten diese Reise nicht ohne Segen antreten, daher feierten wir an einem Sonntag nach dem Gottesdienst die Segnung unserer Autos in Krems an der Donau, die Prälat Edelhauser in Gegenwart zahlreicher Menschen nach der Sonntagsmesse vornahm.

Auch diesmal wurden die Fahrzeuge gut ausgerüstet, nicht nur für die Reise, sondern auch im Hinblick auf den künftigen Einsatz in der jeweiligen Missionsstation. So bekam jedes Auto wie üblich einen gut bestückten Werkzeugkasten, mindestens zwei Reserveräder, mehrere Öl- und Luftfilter sowie Ersatzteile, die der Abnützung unterlagen, wie Bremsbacken und Sets für die Bremszylinder.

Allzu viel Platz war in den Autos ja nicht, weil sie gleichzeitig auch als Nachtquartier für je zwei Personen dienten und zusätzlich Essen und Getränke für etwa vier Wochen mitgenommen werden mussten. Über der Ladefläche wurde eine Art Pritsche angefertigt, die als Schlafstelle diente und fest mit dem Auto verbunden war.

Die Abfahrt wurde nach dem Ostersonntag angesetzt. Wie bei früheren Fahrten ging es zuerst nach Süden um von Genua aus nach Algier (frz. Alger) mit einer Fähre überzusetzen. Probleme mit dem Zoll gab es diesmal keine. Die Route verlief über das Atlas Gebirge, das einigermaßen fruchtbar ist. Wir sahen an den Hängen kleine Dörfer, manchmal auch einzelne Zelte von Familien, die als Nomaden unterwegs waren. Neben bescheidenem Ackerbau gab es Ziegen und Schafe. So lebten auch die Berber in Marokko. Ihre Lebensweise war anders als die der Araber.

oben: Frühstück in der Wüste bei El Golea

links:
Abschnitt: Genua – In Guezzam

Wir fuhren über die Stadt Laghouat nach Ghardaia, übernachteten aber in der Wüste in Richtung El Golea. Für die Nachtruhe stellten wir die Autos im Kreis auf, nicht allzu weit voneinander entfernt. Alle halfen mit bei der Bereitung des Frühstücks. Ein Campingtisch und Klappsesseln gaben einen Hauch von Gemütlichkeit mitten in der Wüste. In dieser Gegend sind die Dünen besonders schön.

Eines unserer Autos hatte eine grüne Farbe. Schon vor der Abfahrt wussten wir, dass wir mit dieser Farbe nicht durch Nigeria fahren durften, weil die Militärfahrzeuge dieses Landes auch so gefärbt waren. Daher gestalteten wir unser Fahrzeug um und klebten vor der Reise gelbe Folien auf, so dass die grüne Farbe nicht dominierte. Mit solcher Verkleidung gab es schließlich keine Beanstandung.

Die Strecke von El Golea bis Tamanrasset war anfangs asphaltiert, hatte aber tiefe Löcher, so dass Touristen lieber die Sandpiste daneben nahmen. Wir lernten auch die Vor- und Nachteile unserer Autos kennen. Toyotas sind motorisch sehr kräftig, haben aber den Nachteil, dass sich die Räder sehr schnell eingraben. In einem solchen Fall hilft manchmal nur eine Unterstützung durch menschliche Kraft oder ein Zweitauto mit Allradantrieb.

Ein Toyota im Schlepptau in tiefem Sand

Gemeinsam schaffen wir alles

Der Puch-Mercedes hat eine Übersetzung der Gänge, die im Tiefsand eine bessere Wirkung zeigten. Nach El Golea gab es viele Passagen mit Tiefsand. Im Extremfall musste der Puch andere Autos aus dem Sand ziehen, was immer sehr gut gelang.

Zwischen In Salah und Tamanrasset trifft man mitten in der Wüste auf das Mausoleum des Marabout Mailay Hassan. Die Einheimischen raten, dieses Grabmal dreimal zu umfahren, denn das soll Glück bringen. Gerade an dieser Stelle hatten wir uns aus den Augen verloren. Ich nahm die Piste, wie ich sie von früher kannte, meine Begleiter eine Piste der Straßenvermesser zum Bau der neuen Straße.

Als ich längere Zeit niemand folgen sah, fuhr ich zurück und stellte fest, dass meine Begleiter bereits weg waren. Beunruhigt setzten wir die Fahrt fort und sahen nach etwa 90 Kilometer am Ortseingang von Ain Ecker tatsächlich unsere Autos. Diese Erfahrung bestätigte, wie wichtig es war, in der Wüste immer auf Sicht zu fahren, denn selbst kleine Dünen verhindern den Sichtkontakt, und bei Unkenntnis der geographischen Gegebenheiten und mangelnder Orientierung wird die Richtung rasch verfehlt. Jeder fragte sich, wie dieses Missverständnis möglich war. Jedenfalls waren wir entschlossen, in Zukunft unter keinen Umständen den Sichtkontakt zu verlieren.

Karl hatte sich die Beschreibung einer Saharadurchquerung mitgenommen, die ein Franzose vor Jahren mit einem 2CV unternommen hatte. Jeden Abend verfolgte er dessen Abenteuer in diesem Buch und schilderte uns die Gefährlichkeit des kommenden Streckenabschnitts, so dass die Sorge und Angst vor den vermeintlichen Problemen, die am nächsten Tag zu überwinden waren, die Freude an den neuen Erfahrungen in der Wüste

Mausoleum von Marabut Sidi Moulay Hassan

Der einzige sichtbare Wegweiser

völlig in den Schatten stellte. Für uns war allerdings nichts zu befürchten, da wir gut ausgerüstet und im Notfall uns selbst helfen konnten.

Je näher wir nach Tamanrasset kamen, umso schlechter wurde die Straße. Jetzt war es nicht mehr der Sand, der Probleme machte, sondern der steinige Untergrund im Hoggar-Gebirge, der durch die schweren Lastwagen, die hier fuhren, kilometerlange Wellblechpisten bildete, die am besten mit höherer Geschwindigkeit zu befahren sind.

In Ain Ecker machten wir eine kleine Rast und holten Konserven aus unserer Proviantkiste. Da das Besteck nicht gleich zu finden war, baten wir den Wirt uns ein Messer zu borgen. Als er unsere Fleischkonserven sah, vermutet er Schweinefleisch und weigerte sich beharrlich, sein Messer mit dieser von Mohammed verbotenen Nahrung in Berührung kommen zu lassen. Also mussten wir uns selbst behelfen. Wegweiser gibt es in der Wüste keine. Nur ein Mal sah ich ein mächtiges Steinzeichen, das einzige, das mir begegnete. Der Boden des Hoggar-Gebirges ist dunkel und steinig, anders als die Sandpisten bei In Salah. Ein erstes Ziel bei jeder Durchquerung der Sahara in Algerien war Tamanrasset, die größte Stadt im Süden Algeriens.

Wie auch bei früheren Reisen besuchten wir die Eremitage von Charles de Foucauld auf dem Assekrem und waren begeistert von der Gegend mit den bizarren Felsformationen. Tamanrasset ist wie die Rast bei einer Quelle. Wir konnten auf dem Campingplatz bleiben und ruhten uns für die weitere Reise aus, denn das wahre Abenteuer der Wüste begann erst jetzt. Es waren etwa 800 Kilometer bis Agadez im Niger. Bis zur Grenze bei In Guezzam waren es 400 Kilometer. Auf dieser

Nachtruhe und Frühstück am Berg der Mitte

2. Abschnitt: In Guezzam – Agadez – Tahoua – Kano

Stecke gibt es keine Unterkunft, keine Tankstelle, keine Hilfe welcher Art auch immer. Nach ungefähr 200 Kilometern tauchte in der Ferne ein kleiner Hügel auf, genannt »Berg der Mitte«, weil er auf halber Strecke zwischen Tamanrasset und der Grenze liegt. Hier wollten wir die Nacht verbringen.

Die Strecke war von einigen Lastwagen befahren, die sehr oft auch nachts unterwegs waren, denn die einheimischen Fahrer können sich auch im Finstern in der Wüste gut orientieren. Fast gespenstisch wirkte es, wenn man das Brummen der schweren Lastkraftwagen hörte und in der Ferne irgendwo weit entfernt kleine Lichter sieht, die sich durch die Dunkelheit tasten. Am nächsten Tag ging es weiter Richtung Grenze. Normalerweise arbeiteten die Zöllner nur am Vormittag. Wer später kam, musste die Nacht hier verbringen. Obwohl es erst gegen 2 Uhr am Nachmittag war, wurden unsere Pässe wohl angesehen aber nicht abgestempelt. Damit gab es für uns keine Erlaubnis zur Weiterreise. In einem kleinen Raum gab es Erfrischungen und bescheidene Lebensmittel zu kaufen.

Am nächsten Tag erhielten wir den Eingangsstempel in den Pass gedrückt und konnten nach Assamaka fahren, der Grenzstelle des Staates Niger. Wie üblich bekamen wir einen Sichtvermerk, mussten aber in Arlit oder Agadez zur Einreisebehörde. Von der Grenze aus gab es zwei Möglichkeiten nach Agadez zu gelangen.

Diesmal wählten wir den kürzeren Weg über Arlit, einem Ort, der in den letzten Jahren einen ungeheuren Aufschwung genommen hatte, weil hier Uran im Tagebau gewonnen wird. Das französische Unternehmen AREVA ist daran wesentlich beteiligt. Niger war einst französische Kolonie.

Arlit, Uranabbau im Tagbaubetrieb

Agadez – Zentrum des Karawanenhandels

Nach Arlit war das Wüstenabenteuer im Großen zu Ende. Nach über tausend Kilometer ausschließlicher Sandpiste gab es wieder eine asphaltierte Straße. → **Agadez** war dann auch sehr schnell erreicht. Hier gab es einen großen Campingplatz, auf dem man mit Getränken und Nahrung versorgt werden konnte. Die Stadt zählte etwa 118.000 (1986) Einwohner und ist bevölkerungsmäßig die größte Stadt im Norden des Landes.

Der Niger zählt zu den ärmsten Ländern der Welt. Der Tourismus der früheren Jahre war wegen der wachsenden Unsicherheit zusammengebrochen und machte der Migration Platz. Heute (2019) ist das Geschäft mit tausenden Migranten lukrativ, denn alle profitieren: die Polizei, die Nationalgarde, die Leute vom Zoll. Auch wenn es per Gesetz verboten ist, florierte das Geschäft mit den Armen. Am Stadtrand von Agadez gibt es Ghettos, wo die Betreiber Geld für Unterkunft, Essen und Wasser verlangen. Das eigentliche Geschäft ist heute der Transport mit Waren und Flüchtlingen. Die Fahrt von Agadez nach Libyen kostet jedem Passagier 300 Euro.

Polizisten und Zöllner in Mali und Niger wurden von europäischen Kollegen geschult und mit Radar ausgestattet, um die Grenzen besser schützen zu können. Soldaten und Polizei besetzen die Wasserquellen, so dass Schlepperautos weiträumig ausweichen müssen. Wird ein Transport entdeckt, müssen die Flüchtlinge absteigen, während die Autos nur mit ihrer Ladung weiterfahren. Die Flüchtlinge sind in der Wüste dem sicheren Hungertod ausgeliefert. Früher ertranken viele im Mittelmeer, jetzt verdursten sie in der Wüste. Im Juni 2017 wurden 44 Flüchtlinge unweit der Stadt Agadez tot aufgefunden, sie waren verdurstet. Immer wieder sind unter den Toten auch Frauen und Kleinkinder. Man muss rechnen, dass es im Wüstengebiet zwischen Agadez und Algerien tausende Tote gibt.

Menschen unterwegs durch die Wüste

Rast zwischen Agadez und Tahoua

Rettungskräfte und NGOs sagten, dass jetzt die Wüste ein viel größerer Friedhof ist als das Mittelmeer, weil auf der 1.000 Kilometer langen Strecke keine Hilfe zu erwarten ist.

Zurück zu unserer Reise, die damals noch nicht von solch dramatischen Ereignissen überschattet war. Agadez ist eine Hochburg des Handels. Unter den Kunstgegenständen werden das »Kreuz von Agadez« in Silber, sowie andere Schmuckartikel angeboten. Beim Kauf bedarf es mutigen Handelns, damit der Preis am Ende stimmt.

Unser Reiseweg führte von Agadez südwärts nach Tahoua und weiter nach Maradi, dem Grenzort nach Nigeria. Die Ausreise war zunächst problemlos, dann aber wurde es in Nigeria kompliziert. Eigentlich hätte es eine Angelegenheit von einer halben Stunde sein können, dann aber wollte man unsere Pässe nicht abstempeln und begann zu erklären, dass wir warten müssten. Es vergingen einige Stunden, wir bekamen aber auf unsere Anfragen wegen der Verzögerung keine rechte Antwort. Inzwischen wurde es Nachmittag und noch immer saßen wir im Grenzbereich. Schließlich sagte man uns, wir müssten den Schichtwechsel der Beamten abwarten, denn es ging bereits gegen 16 Uhr. Das wollten wir nun absolut nicht, denn das würde heißen, dass sich neue Zöllner mit unserer Einreise beschäftigen werden, so dass wir vielleicht sogar die Nacht hier verbringen müssen.

Karl, der fließend Englisch sprach, begann dem Verantwortlichen klar zu machen, dass man uns ohne Nachweis eines Vergehens nicht länger als acht Stunden festhalten dürfe; das entspräche den internationalen Gesetzen. Die Nervosität wurde größer, und als sie unsere Entschlossenheit sahen, sprachen sie von der Möglichkeit, eine Erklärung zu unterschreiben und auf eigene Verantwortung die Reise fortzusetzen. Das taten wir dann

oben: Bei Mora, der Grenzstadt zu Nigeria

links:
3. Abschnitt: Kano – Maiduguri – Maroua – Garoua Boulai – Bangui

auch, bekamen den Stempel der Einreise und fuhren noch vor dem Einbruch der Dämmerung ab.

Im weiteren Verlauf der Reise wurde uns langsam klar, warum die Beamten solange gezögert hatten. Offenbar gab es Bedenken bezüglich der öffentlichen Sicherheit. Tatsächlich passierten wir auf dem Weg über Katsina nach Kano, eine Entfernung von etwa 260 Kilometern, an die vier Barrieren, bewacht von Soldaten, die Autos und Pässe kontrollierten. In der Dunkelheit flößten diese Kontrollen alles andere als Sicherheit ein, vor allem dadurch, weil manche Beamte alkoholisiert waren. Es gab manchmal unmotivierte Verzögerungen, obwohl der amtliche Teil längst erledigt war. Jeder Aufbruch nach solch einer Kontrolle brachte eine enorme Erleichterung. Heute sehe ich einige Zusammenhänge der für uns damals unerklärlichen Situation. Erst später erkannte ich, dass schon damals der Norden unsicher war, wie es sich einige Jahre später durch das Auftreten von → »**Boko Haram**« zeigen sollte.

Erst in der großen Stadt Kano fühlten wir uns nach dieser nächtlichen Fahrt sicher und blieben auf dem Campingplatz.

Seit der Einreise nach Nigeria verloren wir etwas von unserer Unbeschwertheit und Sorglosigkeit. Daher blieben wir keinen Tag länger als unbedingt notwendig in Kano, sondern setzten unsere Fahrt in den Morgenstunden des folgenden Tages nach Maiduguri fort.

Die Straße bereitete keine Probleme. Sie war asphaltiert und ging schnurstracks nach Osten. 600 Kilometer sind eine lange Strecke, besonders mit einer Temperatur ähnlich wie in der Wüste.

Mandara Gebirge mit den Monolithen vulkanischen Ursprungs

Felszacken, überdauerte die Erosion

Maiduguri ist eine wohlhabende und auch moderne Stadt. 1951 wurde hier die erste »Islamija Schule« gegründet, eine Schule, die sowohl islamische wie auch westliche Bildung vermittelte. Kein Wunder also, dass »Boko Haram« besonders in dieser Stadt wütete, Schulkinder verschleppte und Selbstmordanschläge durchführte.

In dieser Stadt machten wir nur kurz Halt, denn die Grenze nach Kamerun war in Reichweite. Wir verließen die Hauptroute, die nach Ndjamena im Tschad führte und nahmen die Straße in südlicher Richtung nach Mora.

Bei der Ausreise aus Nigeria gab es keine Probleme, aber der Zöllner in Kamerun war völlig überrascht, dass eine solche Karawane von Autos daherkam. Er sagte mir, dass seit zwei Jahren keine Durchreise möglich war, und wir die Ersten wären, denen es wieder gelungen war. Er zeigte mir im Buch für Immigration das Datum der letzten Eintragung, die tatsächlich ein paar Jahre zurücklag. Der Zöllner war wegen unserer Ankunft fast etwas überfordert und wusste nicht recht, wie er uns Neuankömmlinge behandeln sollte, da die entsprechenden Formulare zur Einreise fehlten. So schickte er einen Mann mit Moped in die nächste größere Ortschaft um die entsprechenden Papiere zu holen. Er zeigte sich jedenfalls höchst erfreut über diese Änderung und ließ uns dies auch durch eine zuvorkommende Art spüren, die ich fast rührend empfand.

Keine Frage nach unserem Ziel, keine Kontrolle des Gepäcks, einfach Freude über neue Gesichter, die die Grenze passieren. Das tat nach den Erfahrungen der vergangenen Tage auch uns gut und verbesserte die Stimmung. Es ist einfach schön, willkommen zu sein! Mora hat etwa 54.000 Einwohner und liegt im nördlichen Teil des Landes. Heute (2017) sind hier 2.500 Soldaten wegen der dauernden Attacken von »Boko Haram«

Maroua – Marktleben

Der Norden von Kamerun ist gebirgig und fruchtbar

stationiert. Die Bedeutung dieser Stadt liegt in ihrer Lage als Grenzstadt zu Nigeria.

Auffällig waren der Wechsel in Vegetation und Kultur, sowie der Umgang der Einheimischen mit Fremden. In Nigeria empfand ich die Menschen distanziert, im günstigsten Fall korrekt. Hier gab es Konversation, manche waren sogar an unserer Herkunft und dem Reiseziel interessiert. Die Straße führte jetzt direkt nach Süden. Da es keine Campingplätze gab, machten wir an einer günstigen Stelle Halt und richteten alles für das Abendessen und eine ruhige Nacht her. Bei der Weiterfahrt planten wir einen Umweg nach Mokolo, um die spitzen Felszacken der Rumsiki und Kapsiki im Mandara Gebirge, das sich südlich von Mora ausbreitet, zu besichtigen.

Nach diesem Ausflug mit dem unvergesslichen Panorama von Felskulissen kehrten wir nach Maroua zurück und besichtigten die Stadt. Der Reichtum der Bevölkerung sind die Herden und der Anbau von Trockenreis und Baumwolle. In dieser Stadt gibt es kleine Genossenschaften, die Baumwollstoffe erzeugen, sie besticken und als Tischdecken verkaufen. Natürlich ließen auch wir diese Gelegenheit nicht ungenützt und kauften einige dieser Decken.

Die Straße führte nun immer weiter nach Süden. Die nächste Stadt hieß Garoua. Auch sie war einst deutsche Kolonie und wurde im ersten Weltkrieg von britischen und französischen Soldaten angegriffen. Um diesen zu widerstehen, errichtete man beachtliche Abwehrsysteme. Garoua ist mit 236.000 Einwohnern (2005) die drittgrößte Stadt von Kamerun. Während die Ränder der Stadt aus einfachen Behausungen bestehen, gibt es im Zentrum moderne Verwaltungsbauten.

Eisenbahn in Kamerun von Youndé mit Endstation in Ngaoungéré

Bangui, Blick von Süden nach Norden

Auf dem Weg weiter nach Süden verschwand jeder Hauch von Wüste oder Savanne, denn die Gegend ist bewaldet und fruchtbar, aber auch gebirgig, was sich besonders in der Nähe der Stadt Ngaoudéré zeigt. Die Strecke erinnerte manchmal an gebirgiges Terrain in Österreich. Die Stadt liegt auf einer Höhe von 1.000 Meter, daher ist das Klima hier angenehmer. Mehr als andere Städte des Nordens ist Ngaoudéré vom Islam geprägt. Es waren die Fulbe, die diese Stadt zu ihrem wichtigsten Machtzentrum im heutigen Kamerun ausbauten. Nach der Episode durch die deutsche Besatzung fiel diese Provinz nach dem 1. Weltkrieg an Frankreich.

Eine positive Erinnerung an diese Zeit ist die Eisenbahn, die Douala mit Ngaoudéré verbindet.

Das Bahnprojekt wurde 1908 begonnen und hatte technische Höchstleistungen zu bewältigen. Zwei Seitenarme des Sanaga, des größten Flusses in Kamerun, mussten überquert werden, wobei die Brücken ohne Stützpfeiler zu konstruieren waren, da der Fluss eine Tiefe von 26 Metern hat. Die Spannweite der größten Brücke ist größer als die der Brücke über den Sambesi bei den Viktoriafällen.

Der Zug ist heute (2019) noch in Betrieb, benötigte aber für die 622 Kilometer fast einen ganzen Tag. Nicht selten gab es Zwischenfälle während der Reise, weil die Bahntrasse nicht regelmäßig gewartet wird. In Ngaoudéré verbrachten wir die Nacht auf der katholischen Mission. Ab diesem Zeitpunkt gehörte das Übernachten in den Autos der Vergangenheit an.

In Kamerun begegneten wir immer wieder Fahrzeugen, die die Aufschrift MIVA trugen, also von der österreichischen Organisation gespendet waren. Das war für meine Begleiter von der MIVA immer die Bestätigung, dass die Hilfe ankam und sinnvoll eingesetzt wurde.

ZAR, Fahrt von Bangui nach Bangassou

Bangassou, v. l. n. r.: Bischof Antoine Maanicus, K Killer, Erika Schuster, zwei Entwicklungshelferin und Piet Meeuws

Nach den Ausreiseformalitäten in Kamerun erhielten wir an der Grenze zur Zentralafrikanischen Republik wieder das offizielle Papier, genannt »Feuille de route« das in jeder größeren Stadt bestätigt werden muss.

In Bouar verbrachten wir die erste Nacht nach dem Grenzübergang. Die Stadt liegt auf 950 m Seehöhe und wurde früher wegen dieser Lage von den französischen Kolonialherren bevorzugt. Durch diese Stadt führt die wichtigste Straße, die Bangui mit Douala verbindet und ist somit die Hauptverkehrsader zwischen Kamerun und Zentralafrika. Alle lebenswichtigen Transporte gehen über diese Straße. Kein Wunder, dass die Straßenräuber, und seit einigen Jahren die Rebellen, genau auf dieser Straße die Lastwagen überfallen und ausrauben. Daher fahren die Autos nur im Konvoi, begleitet vom Militärfahrzeugen. Der Rest der Strecke bis Bangui war verhältnismäßig einfach im Vergleich zu den vorherigen Strapazen. Am frühen Nachmittag waren wir in der Hauptstadt, passierten den Zoll bei Kilometer 12 und erhielten die erforderlichen Stempel auf die Einreisepapiere der Personen und die Zollpapiere der Autos.

Bangui als Hauptstadt der Zentralafrikanischen Republik ist auch das politische, wirtschaftliche und kulturelle Zentrum. Wir waren fast am Ziel unserer Reise und fühlten uns erleichtert, weil die täglichen Überraschungen von uns abfielen. Einige nützten die Gelegenheit in Bangui zu einem Telefongespräch mit den Angehörigen in der Heimat, denn nur von hier aus war telefonischer Kontakt mit Europa möglich.

Die nächste Aufgabe bestand darin, unsere Autos zu reinigen und die eingebauten Schlafgelegenheiten zu beseitigen. Für die weitere Reise nach Bangassou würden wir sie nicht mehr benötigen, weil wir überall auf den Missionsstationen übernachten konnten.

»Wüstenspaß«

Kinder in Bangassou

Nach einigen Tagen machten wir uns auf den Weg in Richtung Osten, in die Diözese Bangassou, für welche diese Fahrzeuge bestimmt waren. Die Fahrt dorthin war ein Heimvorteil für mich, da ich diese Strecke sehr gut kannte. Bei jeder Mission wurde kurzer Halt gemacht. Es gab zu essen und zu trinken; sehr oft sind auch Nachrichten oder Briefe mitzunehmen, da die Zustellung per Post in den Provinzstädten oft nicht funktioniert. Solche Besuche von Missionaren waren ein wesentlicher Beitrag für den Austausch von Neuigkeiten, Ereignissen und Veränderungen bei den jeweiligen Missionsstationen. Bis Sibut war die Straße asphaltiert, der restliche Teil (600 Kilometer) eine unbefestigte Piste, eine Sand- und Lateritstraße.

Höhepunkt der Reise war unsere Ankunft in Bangassou und die Übergabe der Autos an Bischof Antoine Marie Maanicus, der sie ein Jahr vorher bestellt hatte. Es war auch für uns eine Genugtuung, denn die Reise war ohne Zwischenfall verlaufen. Es hatte keinen Unfall, nicht einmal eine Panne gegeben. Bald würden die überstellten Autos ihren Dienst in der Pastoral und Entwicklungshilfe versehen.

Wir blieben etwa eine Woche in der Diözese, besuchten die Leprastation, die von der Diözese unterhalten wird, machten eine Abstecher nach Mobaye, einer Mission am Ufer des Oubanguiflusses und kehrten dann zurück nach Bangui, denn am 29. April 1986 sollten wir mit dem Flugzeug nach Paris fliegen. In dieser Zeit gab es nur einmal pro Woche einen Direktflug nach Europa, das allein schon sagt viel über die wirtschaftliche Bedeutung des Landes aus. Am Vormittag waren wir am Flughafen Bangui-Mboko, gaben unser Gepäck auf und hatten einen Direktflug nach Paris, wo wir am späteren Nachmittag auf dem Flughafen Orly ankamen. Zur Weiterfahrt mussten wir rasch zum Bahnhof »Gare de l'Est« kommen, denn die Reise von Paris bis St. Pölten legten wir mit dem Zug zurück. Da unser Flugzeug verspätet in Paris angekommen war, fuhren wir mit einem Taxi zum Bahnhof, um den Anschluss nicht zu verpassen. Nur wenige Minuten vor der Abfahrt des Zuges kamen wir an, verstauten unser Gepäck und hatten gerade noch Zeit, eine Zeitung zu kaufen.

Die Schlagzeile in »Le Monde« war beunruhigend, den sie lautete: »Supergau à Tschernobyl«; es war die Nachricht von der Reaktorkatastrophe im Atomkraftwerk Tschernobyl. Ich las die Überschrift, konnte aber die ganze Tragweite dieses Ereignisses nicht erahnen. Jetzt, im Eilzug, der sich inzwischen Richtung Heimat in Bewegung setzte, beschäftigten mich andere Gedanken.

Es waren die Erinnerungen an die Reise durch die Wüste, die Begegnungen mit den Menschen und das gute Gelingen dieser Autoüberstellung. Wir hatten alle ein Schlafabteil reserviert, sodass nicht mehr viel gesprochen wurde. Am nächsten Morgen verließen uns zuerst die Brüder Kumpfmüller, Franz und Karl, die in Lambach ausstiegen, froh, dass sie wieder zu Hause bei ihren Familien waren. Für die restlichen Teilnehmer war die Reise erst in St. Pölten zu Ende.

Wie jede Durchquerung der Wüste war auch diese Reise ein einmaliges Ereignis mit bleibenden Erinnerungen.

Reise nach Mexiko
1988

Neben der pastoralen Arbeit in der Pfarre pflegte ich meine Kontakte mit Freunden in Ländern wie Mexiko, Haiti und Bolivien. Mein Studium in Brüssel hatte mein Interesse für Lateinamerika geweckt. Es war zweifellos dieser Kontinent, wo das II. Vatikanische Konzil die deutlichsten Früchte trug. Das Öffnen der »Fenster der Kirche«, wie Papst Johannes XXIII. es nannte, brachte als Konsequenz eine neue Sicht der Welt. Die Analyse der politischen Situation besonders in Lateinamerika offenbarte die Ungerechtigkeiten der herrschenden Politik und ließ die Theologie der Befreiung entstehen.

In Folge wurden Priester und Schwestern wegen ihres politischen Engagements verfolgt, von denen Bischof Romero aus El Salvador das berühmteste Beilspiel dieser Verfolgung ist. Die Regierungen wurden ohne

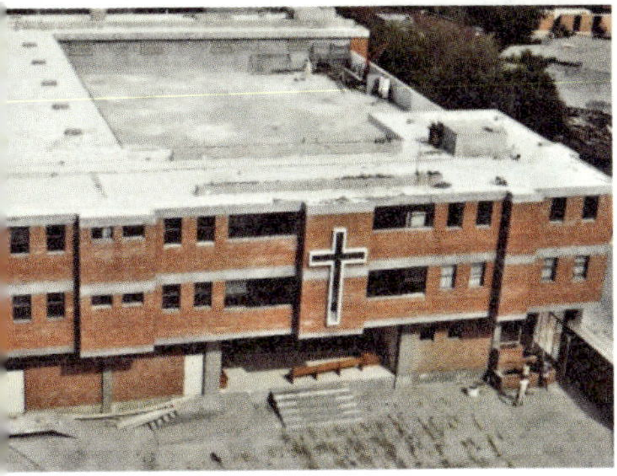

Kirche und Priesterseminar in Monterrey: Ein Projekt der Diözese St. Pölten

P. Ernesto und ein Student (v. r. n. li)

Ausnahme von Amerika mit Waffenlieferungen und logistischer Hilfe unterstützt. Diese Umstände bewogen mich, Grundkenntnisse der Sprache zu erlernen, um Zugang zu dieser Theologie zu haben und einige Länder besuchen zu können.

Sehr bald sollte sich eine Gelegenheit zu einer Reise nach Lateinamerika ergeben. Nach der Fertigstellung der neuen Orgel in Krems im Jahre 1986 und des Einbaus einer Heizung erhielt ich eine Einladung von der Diözese St. Pölten, ein Bauprojekt in Mexiko, das die Diözese unterstützt hatte, zu besuchen. Es handelte sich um ein Seminar für die Priesterausbildung in Monterrey, das bereits fertig gestellt war. Dieses Seminar sollte ich besichtigen, damit das Projekt abgeschlossen werden konnte.

Mein Kontaktmann war der verantwortliche Priester eines katholischen Gymnasiums in Cuautitlán/Izcalli im Norden von Mexiko City, ein Gymnasium für etwa 500 Burschen und Mädchen mit Namen »Centro cultural Fray Bartolome de las Casas«. Hier hatte ich meinen Stützpunkt für die nötigen Ausflüge und Besichtigungen.

Der erste Besuch galt dem Seminar in der Stadt Monterrey, etwa 1.000 Kilometer nördlich von Mexiko-City. Es wurde vom Orden OSJ (Oblaten des Heiligen Josef) errichtet. Das Gebäude diente gleichzeitig als Pfarrzentrum und Priesterseminar. Das Erdgeschoß wie auch die Kellerräume waren für die Pastoral der Christen vorgesehen, in den oberen Stockwerken befanden sich die Kapelle, Studiensäle und Schlafzimmer für etwa 25 Studenten (1988). Sogar ein Volleyballplatz war vorhanden.

Das Gebäude war solide gebaut und in Eigenverantwortung errichtet worden. Die Außenwände waren mit Ziegeln verkleidet. An der Gestaltung der Kapelle halfen die Studenten bei Malerei und Holzverkleidung

Pyramide »Chichén Itzá«, Yucatan

Monte Alban im Bundestaat Oaxaka

mit. Das schweißte die jungen Leute zusammen und stärkte das Gemeinschaftsleben.

Pater Juan war ein eifriger Bauherr. Neben dem Seminar überwachte er einige Baustellen in den neuen Wohnvierteln, in denen einfache Gebetsräume errichtet werden sollten, um den Menschen eine neue religiöse Heimat zu bieten. Die Stadt Monterrey wächst und zählt im Ballungsraum etwa 4,6 Millionen Einwohner.

Man wollte keine großen Kirchengebäude bauen, weil kleinere Zentren den Bevölkerungszustrom besser bewältigen konnten. Oft war bei den Gebetsräumen auch ein »Centro medical« angeschlossen.

In → **Mexiko** war das Verhältnis zwischen Kirche und Staat viele Jahre belastet und das Wirken der Kirche eingeschränkt. Bautätigkeit war nur über Laienorganisationen möglich.

Nach der Besichtigung des Seminars wollte ich noch andere Städte und kulturelle Stätten sehen, flog zunächst nach Merida auf der Halbinsel Yukatan, dann nach Oaxaca und Morelia.

Vor der Ankunft der Spanier gab es große, hohe pyramidenförmige Plattformen, auf deren oberer Fläche vermutlich Gebäude standen. In alten Berichten wurden diese Bauten als großartig beschrieben. Das größte Bauwerk war die Tempelpyramide »Baklu'mchan« mit einer Seitenlänge von ungefähr 120 m und 10 m Höhe. Später wurde an dieser Stelle ein Franziskanerkloster gebaut. Heute ist dort der Markt »Mercado Municipal Lucas de Galvez« untergebracht. Wichtiger als die Stadt waren für mich die Mayatempel, die in unmittelbarer Nähe der Stadt liegen. Besonders eindrucksvoll ist die Pyramide des Zauberers.

Etwa 80 Kilometer südlich von Merida liegt Uxmal, heute eine der meist besuchten Ruinenstätten der Mayas. Die Pyramiden wurden restau-

»Danzantes«, geopferte Kriegsgefangene

Mexiko City mit dem Berg Popocatepetl

riert, sind dadurch gut erhalten und geben eine Idee vom ursprünglichen Aussehen der Stadt, die im 9. und 10. Jahrhundert n. C. eine Hochblüte erlebt hatte, in späteren Jahrhunderten aber verlassen wurde.

Eine andere bedeutende Ruinenstadt ist Chichén Itzá, etwa 120 Kilometer östlich von Merida. Auch diese Ruinen stammen aus der Maya Zeit. Unter verschiedenen Ruinen und Gebäuden ragt eine große, gut erhaltene Stufenpyramide heraus, umgeben von verfallenen Häusern, die Wohnstätten der Oberschicht waren. Die Stadt muss vom 8. bis zum 11. Jahrhundert eine große Rolle gespielt haben, da sich in den Bauten verschiedene Stilformen der Architektur finden, ein Zeichen überregionaler Beziehungen oder Einflüsse fremder Zuwanderer durch drei Jahrhunderte.

Da ich nur knappe drei Wochen für diese Reise vorgesehen hatte, konnte ich nur einen bescheidenen Teil der historischen Stätten besuchen. Um Zeit zu gewinnen flog ich nach Oaxaca und besuchte dort die Alban-Kultur. Monte Alban (»weißer Berg«, spanisch) war die Hauptstadt der Zapoteken, die zur Urbevölkerung Mexikos gehörten. Der Name bedeutet »Wolkenvolk«, vermutlich wegen der Höhe des Berges, auf dem ihre Stadt lag. Immerhin liegt Monte Alban auf 2.000 m Höhe. Die Blütezeit dieser Kultur lag zwischen 300 und 900 n. C. Erhalten sind Reste von Wohn- und Kultbauten, sowie ein Observatorium, Grabkammern mit Skulpturen und Wandmalereien. Heute ist Monte Alban UNESCO-Weltkulturerbe.

Ein Charakteristikum von Monte Alban ist die große Zahl von Monumenten aus bearbeiteten Steinen, die auf dem Platz ausgestellt sind. Die frühesten Beispiele sind die sogenannten »Danzantes«, die geopferte Kriegsgefangene darstellen. Einige sind namentlich identifiziert und waren Häuptlinge aus rivalisierenden Dörfern, die von Monte Alban besetzt

Tempelbezirk von Teotihuacán mit Sonnenpyramide

Schwestern der Gemeinschaft »Misione Guadalupanas del Espiritu Santo« in M

wurden. Über 300 solche Stelen von »Danzantes« wurden bis heute (2019) erfasst. Sie sind die ältesten olmekischen Darstellungen und frühesten Zeugnisse der Kultur des Landes.

Nördlich von Mexiko City liegt Querétaro. Ich besuchte diesen Ort, an dem Kaiser Maximilian, ein Bruder von Kaiser Franz Josef am 19. Juni 1867 erschossen wurde. Die Familie der Habsburger ließ dort eine Kapelle errichten.

Mexiko City war die Hauptstadt der Azteken und stammt aus dem 14. Jahrhundert. Die Stadt ist politischer, wirtschaftlicher, sozialer und kultureller Mittelpunkt des Landes. Kommt man mit dem Flugzeug, dann erlebt man einen sehr langen Anflug über die Hauptstadt, da der Flugplatz durch die Ausdehnung der Stadt nahe am Rande der bebauten Fläche liegt. Eine weitere Erfahrung ist der Smog in der Stadt, so dass man wegen der hohen Verkehrsdichte die Sonne selten sehen kann.

Auch der nahe Berg Popocatepetl ist nur an wenigen Tagen des Jahres sichtbar. Er ist vulkanischen Ursprungs und hat eine Höhe von 5.462 m. Er zeigt wiederholt vulkanische Tätigkeit, zuletzt im Oktober 2019. Alle paar Monate kommt es zu Eruptionen, bei denen Asche ausgestoßen wird. Es gibt viele Sehenswürdigkeiten, darunter das Museum und natürlich den alten Tempelbezirk.

Die Gegend war schon seit dem 6. vorchristlichen Jahrhundert besiedelt und muss bis in das 6. Jahrhundert eine große Bedeutung gehabt haben. Dann aber wurde der Tempelbezirk verlassen, denn schon die Azteken fanden die Anlage menschenleer.

Der Name Teotihuacán stammt von den Azteken und heißt so viel wie: »Wo man zu Gott wird.« Für sie war es ein mystischer Ort, der es bis heute blieb. Auch die Spanier fanden bei der Eroberung ein bereits verlassenes Tempel-

Mexikanische Landschaft im Norden auf dem Weg nach Monterrey

40jähriges Jubiläum – Willkommensfest in Lambach

areal vor. Die Größe der Anlage lässt die Bedeutung der Tempelanlage in früherer Zeit erahnen. Nach der Ankunft der Spanier im 16. Jahrhundert wurden leider alle Schriften der Maya verbrannt. Die Altäre und Götterbilder wurden ebenfalls zerstört. Das Gebiet galt nach 1535 als Vizekönigreich Neuspanien, und ein Großteil der Bevölkerung wurde zum Christentum bekehrt. Erst ab dem 20. Jhd. fanden wissenschaftliche Grabungen statt.

Auch ein Besuch in Morelia stand auf dem Programm. Bei meinem Studium in Brüssel 1982/83 war Schwester Griselda Salazar von der Gemeinschaft der »Misioneras Guadalupanas del Espiritu Santo« aus Morelia in meinem Kurs. Ihr und der Gemeinschaft stattete ich einen Besuch ab.

Die Schwestern sehen ihre missionarische Aufgabe in erster Linie im Einsatz in Mexiko selber und weniger als eine Missionsaufgabe in fernen Ländern. Daher wirken sie in den Pfarren und bereiten Kinder, Jugendliche und Erwachsene auf den Empfang der Sakramente vor. Sie besuchen die Christen in ihren Wohnungen und sind auch in der Krankenpflege tätig. Mit vielen Eindrücken und schönen Erinnerungen kehrte ich nach Österreich zurück. Wie so oft hatte ich erlebt, dass der persönliche Kontakt durch keine noch so gute Lektüre zu ersetzen und die Sprache der beste Zugang zu einer Kultur ist.

Fünfte Reise nach Zentralafrika 1989

Im Jahre 1989 feierte die MIVA ein Jubiläum. Es waren 40 Jahre her, dass Karl Kumpfmüller im Jahre 1949 von der österreichischen Bischofskonferenz mit dem Aufbau dieser kirchlichen Organisation beauftragt wurde.

Tanzgruppe aus Afrika

Kinder aus verschiedenen Kontinenten

Sie hatte die Aufgabe, Mission, Entwicklungshilfe und Mobilität zu ermöglichen. Der Dienst der Kirche besteht auch darin, die Lebensumstände zu verbessern und Gesundheitsvorsorge zu ermöglichen. In der Mission sind die Entfernungen sehr groß, daher ist es sinnvoll ein Fahrzeug zu haben.

Dies hatte man schon im Gründungsjahr 1949 erkannt. Der Beginn der Aktivitäten war bescheiden. Mit der ersten Spendenaktion konnten gerade 12 Fahrräder gekauft werden, die in ein Missionsland geschickt wurden. Sehr rasch verbreitete sich der Gedanke einer solchen Hilfeleistung für arme Länder, und die Leute waren offen und bereit für eine großzügige Unterstützung. Die MIVA selbst brachte durch ihr geschicktes Management immer mehr Mittel auf und konnte bald auch Autos und Motorräder kaufen. Die wichtigsten Quellen der Finanzierung sind bis heute die »Dreikönigsaktion« und die Spendensammlung am Sonntag des heiligen Christophorus im Juli eines jeden Jahres.

So wurde 1989 ein großes Fest des Dankes für die vergangenen vierzig Jahre in Lambach gefeiert. Die MIVA zeigte durch Ausstellungen und Referate die geleistete Hilfe. Auch der ORF war anwesend. Tanzgruppen aus Afrika und Lateinamerika begeisterten Erwachsene und Kinder mit ihren Darbietungen. Das Fest dauerte zwei Tage und der Stadtplatz von Lambach war für die Besucher fast zu klein. Von den Veranstaltern war auch geplant, im Zusammenhang mit dem Jubiläum unsere Reisegruppe zu verabschieden, welche die vier Autos in die Zentralafrikanische Republik überstellen sollte.

Ich hatte zuvor sieben Interessenten für dieses Projekt angeworben, welche dann alle am Fest teilnahmen. Einige Mitarbeiter der MIVA, so auch ich, hatten bei diesem Fest Aufgaben zu erfüllen, wobei auch die Gäste mit einbezogen waren. Ich musste beispielsweise ein Rad ohne die

hmer: Peter Schnaubelt, Klaus Killer, Martin Angelmaier, Gerd Fromwald, Reinhold Hofstätter, Eva Vetter, Sr. Petra Hiemetsberger (v. l. n. r.)

»Notre Dame de la Garde«, Marseille

üblichen technischen Hilfsmittel (pneumatischer Schlüssel, hydraulische Reifenpresse) von einem Auto abmontieren, den Luftschlauch entnehmen, dann händisch aufpumpen und den Reifen wieder montieren. Ein Probelauf für spätere mögliche Situationen, die es bei der Wüstenfahrt sicher geben würde.

So manche Besucher und Besucherinnen beneideten uns und hätten gern an dieser Reise teilgenommen. Nach dem Gottesdienst und dem Reisesegen brachen wir am Sonntag direkt von Lambach zu unserer über 8.500 Kilometer langen Reise durch die Wüste auf.

Nach dem festlichen Essen fuhren wir mit den vier Autos los und wollten noch am selben Tag über den Brenner bis nach Brixen kommen. Die Fahrt bis zur österreichischen Grenze war problemlos. Die italienischen Zöllner gingen genauer an die Arbeit, wollten alles genau sehen, denn vier Autos im Konvoi voll bepackt mit Hilfsgütern für die Dritte Welt kamen hier selten vorbei. Es bedurfte einiger Argumente um unsere spezielle Situation zu erklären. Eine Dolmetscherin hatte es rascher begriffen und sagte zu den jungen, eifrigen Zollbeamten wiederholt »va bene«. Erst als wir Schiffsticket und Flugbillett vorzeigten, wurde unsere Reise durch die Wüste nach Zentralafrika glaubhaft und wir konnten weiterfahren. Das erste Ziel war bald erreicht. In einem Kloster wurden wir sehr freundlich aufgenommen und fanden eine Unterkunft.

Für uns gab es aber noch Arbeit, denn erst jetzt wurde die Ladung genau verteilt und jedes Auto entsprechend damit versehen. Gegen 10 Uhr abends waren wir fertig, tranken noch ein Bier mit den Gastgebern und besprachen einige Details für den kommenden Tag.

Es war Peter, der mich noch einmal nach dem genauen Datum fragte, wann denn unsere Fähre in Marseille abfahren würde. Ich sah zur Sicher-

Die Fähre Tipasa brachte uns nach Oran

Camping zwischen Oran und Mascara

heit noch auf dem Ticket nach und stellte fest, dass ich mich um einen Tag geirrt hatte. Ich glaubte fest, dass wir noch zwei Tage für die Strecke nach Marseille hatten und musste nun feststellen, dass uns in Wirklichkeit nur noch ein Tag blieb. Es waren also am den nächsten Tag 1.000 Kilometer zurückzulegen, eine Strecke, die den ganzen Tag in Anspruch nehmen wird. Wegen meines Irrtums war die Nachtruhe verkürzt. Um 3.30 Uhr gab es den Morgenappell, und nach dem Frühstück brachen wir in Richtung Marseille auf. Zu Mittag aßen wir bereits in Frankreich nahe der Grenze von Ventimiglia. Die Chauffeure leisteten gute Arbeit, und nach genau 12 Stunden waren wir in Marseille und fanden Herberge im »l'Hôpital St. Jean de Dieu«.

Es blieb sogar noch ein wenig Zeit für einen Bummel in den alten Hafen, der bereits im 6. Jahrhundert v. Chr. von den Phöniziern gegründet worden war. Nach unserer Rückkehr nahm sich der Prior des Klosters noch Zeit und plauderte mit uns. Nach dem guten Abendessen fielen wir nach dieser langen Fahrt müde ins Bett.

Aber auch diese Nacht war für uns nur kurz, denn schon am frühen Morgen des nächsten Tages sollten wir beim Schiff sein.

Der Pater Prior begleitete uns zum Hafen, damit wir rascher den Weg finden. Als wir ankamen, sahen wir schon eine lange Reihe von PKWs, ebenfalls Passagiere des Schiffes. Beim Einfahren gab es wieder Probleme mit der Grenzpolizei. Zu dieser Zeit gab es Attentate auf Leitungsmasten in Südtirol, daher mussten Österreicher vorübergehend ein Visum für Frankreich beantragen. Diese Visumspflicht war aber wenige Wochen vor unsrer Reise aufgehoben worden. Der Chef vom Zoll wusste dies allerdings noch nicht. Schließlich brachte ich als Begründung vor, dass wir ohne Visa

Unsere Gruppe in der Wüste Richtung Hoggar-Gebirge mit Sonnenschutz

Dünen bei El Golea

eingereist waren und der Kollege bei der Einreise keine Schwierigkeiten gemacht hatte. Schließlich kamen wir doch an Bord und legten gegen 10.20 Uhr ab.

Die Überfahrt verlief ohne Probleme. Ich empfand die Sonne sehr aggressiv und empfahl eine Kopfbedeckung zu nehmen, denn auf hoher See gibt es immer eine kühle Brise, welche die Gefahr eines Sonnenbrandes oder Sonnenstichs verharmlost.

Früher als vorgesehen war Oran in Sicht und wir betraten gegen 15 Uhr afrikanischen Boden. Wieder hatten Zoll und Polizei uns viel Geduld abverlangt. Bei der Kontrolle waren wir fast die Letzten und zogen mit den neuen Autos die Aufmerksamkeit auf uns. Es war bereits 19 Uhr, als wir den Zollbereich verlassen konnten. Aber es erwartete uns noch eine andere Überraschung. Wir brauchten wieder eine Versicherung, weil unsere nicht anerkannt wurde, oder besser, weil vermutlich eine lokale Versicherung ein Geschäft machen wollte.

Als alles erledigt war, fuhren wir in Richtung Mascara, um nach etwa 50 Kilometer, in einer öden Gegend die Nacht zu verbringen. Das Abendessen war gewärmtes Dosengulasch mit Dosenbier, ein letztes Zeichen heimatlicher Gewohnheit am Fuße des Atlasgebirges.

Ohne Frühstück brachen wir am nächsten Tag, es war der 27. Juli 1989, auf, denn wir wollten möglichst schnell in südliche Gegenden kommen. In Mascara kauften wir den billigen Treibstoff Algeriens, tranken Kaffee und kauften Früchte. Dann ging es weiter über Frenda, Aflou nach Laghouat. Eigentlich wollten wir hier etwas rasten, aber die Geschäfte waren alle geschlossen. Daher machten wir erst wieder Rast in Ghardaia. Hier kauften wir lange Kleider und Stoff für Turbane, denn sie sind der beste Schutz gegen die heiße Sonne der Wüste. In einem kleinen Restaurant aßen wir

Kamelherde in der Wüste

Kamelkarawane im Hoggar Gebirge

und brachen noch vor Sonnenuntergang auf, denn in dieser Stadt ist es für Touristen verboten, die Nacht innerhalb der Stadtmauern zu verbringen. Wir fuhren etwa 30 Kilometer, suchten einen Platz zum Campieren und stellten die Autos wie bei einer Wagenburg in früheren Zeiten im Kreis auf.

Petra klagte zum ersten Mal über Müdigkeit, für die wir hauptsächlich das Klima verantwortlich machten. Wir fuhren weiter nach El Golea. Die Straße war noch immer asphaltiert, aber es gab in dieser Gegend sehr schöne Dünen. Erstaunlich wie manchmal selbst mitten in diesen Sandhügeln Sträucher wachsen, unvorstellbar woher sie die Feuchtigkeit zum Wachstum beziehen.

In El Golea leisteten wir uns ein Hotel um gut zu essen. Erstaunlicherweise gibt es hier Dattelpalmen, Obst, Gemüse und Getreide. Nicht umsonst wird der Ort »Stadt der einhunderttausend Palmen genannt«. Durch artesische Brunnen ist die Wasserversorgung sichergestellt.

Bei heißer Sonne brachen wir in Richtung »In Salah« auf. Die Straße wurde zusehends schlechter. Meist verließen wir den löchrigen Asphalt und folgten der Sandpiste, weil dort die Stöße besser abgefedert wurden. Endlich ging es in Serpentinen in die Tiefe, denn »In Salah« liegt unter dem Meeresspiegel. Das ist auch ein Grund, warum hier schon bis zu 60° Hitze gemessen wurden. Wieder tankten wir und fuhren zum Campingplatz. An Schlaf war aber kaum zu denken, weil es in der Nähe eine Unterhaltung gab, die bis 2 Uhr nachts andauerte und sehr laut war. Die Hitze der Nacht trug den Rest dazu bei.

Am folgenden Morgen waren alle plötzlich wach, denn Eva entdeckte, dass ihre Tasche vom Autositz verschwunden war. Die Sorge war groß,

Wasserpfützen in der Nähe von Tamanrasset

Auf dem Campingplatz in Tamanrasset

denn es befanden sich alle Papiere in dieser Tasche. Wenig später eine gewisse Erleichterung, denn die Tasche wurde in den Toiletten gefunden, allerdings ohne Geld und Fotoapparat. Ein Dieb hatte die Tasche in der Nacht gestohlen und zum Glück Pass und Papiere zurückgelassen. Wir legten Beschwerde beim Besitzer des Campingplatzes ein, jedoch ohne Erfolg. Eine Anzeige bei der Polizei war ebenso erfolglos. Man sagte uns, dass die Nachforschungen Wochen dauern könnten.

Also gaben wir auf. Ein achtfacher Durchschlag mit unserer Unterschrift blieb zurück, zwei Stunden Zeitverlust dazu und die Gewissheit, dass wir hier auf jeden Fall das Nachsehen hatten. Die Freundlichkeit des Polizeibeamten konnte den Eindruck nicht verdrängen, dass Unwille vielleicht sogar Komplizenschaft mit im Spiele war. Wir verzichteten auf eine Klärung des Diebstahls und fuhren weiter.

Anfangs gab es starkes Sandtreiben, dann wurde es besser. Die Berge des Hoggar-Gebirges tauchten in der Ferne auf. Während wir uns über das rasche Vorankommen freuten, hatten wir Sorge um Petra, die erste Schwächeanfälle zeigte. Wir wussten nicht, was es war und auch sie selbst konnte nichts Genaues sagen. Es wäre kein Fieber, meinte sie, aber Stirn und Hände fühlten sich heiß an, die Kehle war trocken. Sie glaubte, dass es der Kreislauf wäre, mit dem sie ab und zu Schwierigkeiten hatte.

Wir suchten ein schattiges Plätzchen abseits der Straße. Es war Samstag, daher wollten wir einen Gottesdienst feiern, weil in Tamanrasset sicher viel Wirbel sein würde. Eine schlichte Feier mitten in der Steinwüste des Hoggar-Gebirges war ebenfalls stimmungsvoll. Nach dem Abendessen hörten wir fernes Donnerrollen und spürten sogar einige Tropfen. Sonst war es schwül und drückend.

Aufstieg zur Eremitage

Gespräch mit einem Bruder der Gemeinschaft

Weiter ging es Richtung Tamanrasset. 60 Kilometer hatten wir noch auf einer Sandpiste zu fahren, dann sollte Asphalt kommen. Regenwasser hatte die Straße noch schlechter gemacht und teilweise gab es weite Pfützen, deren Tiefe man nicht erahnen konnte. Mit Schwung einfach durch in der Hoffnung, dass uns nicht ein zu großes Loch unter der Wasseroberfläche überrascht.

Wir beschleunigten unsere Fahrt um schneller nach Tamanrasset zu kommen, denn Petra fühlte sich zunehmend schlechter. Die Tankstelle an der Ortseinfahrt nützten wir, um die fast leeren Tanks zu füllen. Es ging schnell, aber doch zu langsam für Petra, die zusehends nervöser wurde, hastig das Fenster öffnete und schloss, nach Luft schnappte, offensichtlich in großer Bedrängnis und Angst war. Rasch fuhren wir zum Campingplatz, weil ich mir dort Ruhe und auch Hilfe erwartete.

Bei der Einfahrt stieg sie aus, wankte zu einer Matratze bei der Rezeption, sank darauf nieder und verlor fast die Besinnung. Während der Fahrt sprach sie wenig, aber jetzt trat der Ernst der Lage klar zutage. Wir mussten sofort ins Spital fahren, ein Glück nur, dass wir in einer Stadt waren. Unsere Autos waren voll mit Gepäck, unmöglich einen Raum zu schaffen, in dem eine Person liegend transportieren werden konnte. Ein Auto vor allen Leuten zu entladen, war zu riskant. Mir kam der Gedanke, eine Ambulanz zu rufen und ersuchte beim Eingangsbüro darum. Zögernd stimmte der Rezeptionist zu und telefonierte. Aber es kam keine Ambulanz, sondern ein Löschwagen der Feuerwehr, denn eine Ambulanz stand nicht zur Verfügung.

Im Spital war die Diagnose rasch gestellt: Dehydratation, zu wenig getrunken, zu viel der Sonne ausgesetzt. Der Arzt gab eine Spritze Valium, damit sich die Verkrampfung löste und hing dann eine Infusion an, die

Unser Nachtquartier am Berg der Mitte

Pannenhilfe in der Wüste

rasch beruhigte. Während wir uns auf dem Campingplatz einrichteten, trafen wir einen Arzt aus Italien, der gute Ratschläge gegen Fieber wusste: den Körper mit Wasser befeuchten und dann mit Tüchern Wind machen, um das Fieber zu senken. Tatsächlich sank die Temperatur verhältnismäßig rasch. Die ganze Nacht hielten wir abwechselnd am Bett Wache.

Gegen Mittag am nächsten Tag wurde Petra dann aus dem Spital entlassen. Wir waren erleichtert, als wir sie zwar noch schwach aber doch gesund unter uns sahen. Dennoch erkundigte ich mich nach der Möglichkeit einer Evakuierung per Flugzeug, falls es weitere Probleme geben sollte. Die Antwort war ermutigend: Täglich gab es einen Flug nach Algier und von dort Anschlüsse in fast alle Hauptstädte Europas. Kostenpunkt 600 Dinar.

Für den Sonntag, 1. August, organisierte ich eine Fahrt auf den Assekrem. Fünf von unserer Gruppe wollten hinfahren. Nach dem Frühstück brachen wir mit nur einem Auto auf und nahmen gerade das Notwendigste mit. Die Straße führt 80 Kilometer ins Hoggar-Gebirge, den letzten Aufstieg aber mussten wir zu Fuß zurücklegen. Die höchste Erhebung nennt sich Tahat und ist 2.908 m hoch. Das Hoggar-Gebirge ist vulkanischen Ursprungs und bekannt durch seine bizarren Felslandschaften. Auf der Hochebene trafen wir einen Bruder der Gemeinschaft von Charles de Foucauld und sprachen mit ihm über sein Leben in der Eremitage.

Hier leben überwiegend Touareg. Dieser Volksstamm zählt zu den Berbern, deren Siedlungsgebiet sich weit über die Sahara erstreckt. Sie haben eine eigene Sprache und leben als Nomaden in Mali, Algerien, Niger, Libyen und Burkina Faso. Nach Schätzungen soll es bis zu drei Millionen dieses Stammes geben. Viele sind inzwischen sesshaft geworden, aber es gibt immer wieder Aufstände und Kämpfe mit den Regierungen der Länder, weil sie sich in ihrer hirtennomadischen Lebensweise behindert fühlen. Frankreich unterstützt Algerien gegen die Aufständischen, gilt es doch auch eigene, wirtschaftliche Interessen zu verteidigen.

Für den nächsten Tag war die Weiterreise vorgesehen, aber wir konnten nicht sehr früh aufbrechen, weil die Grenzbehörden erst etwas später mit ihrem Dienst begannen. Dann allerdings waren die Formalitäten erstaunlich schnell erledigt und noch vor Mittag waren wir auf der Strecke in Richtung Grenze. Vor uns lagen 400 Kilometer reine Sandpiste mit Ausnahme der ersten 60 Kilometer, die asphaltiert waren.

Unser Tagesziel war wie bei früheren Reisen der Berg der Mitte, ein Hügel, der genau zwischen der Grenze und Tamanrasset liegt. Es ist die einzige Erhebung auf diesen 400 Kilometern bis zur Grenze und ein sicherer Orientierungspunkt.

Nach dem Frühstück brachen wir gegen 8 Uhr auf und erreichten um 12 Uhr »In Guezzam«, den Grenzort für die Ausreise in den Staat Niger. Die Polizei arbeitete erst wieder um 16 Uhr. Ich beneidete diese Beamten nicht, denn sie waren tatsächlich am Ende der Welt, mitten in der Wüste ohne die geringste Möglichkeit einer Abwechslung. Der einzige Zeitvertreib waren die Touristen und seltene Lastwagen. Eine kleine Hütte trug die Aufschrift »Restaurant«, und tatsächlich gab es gekühltes Wasser und eine Kleinigkeit zu essen.

Wir trafen hier auf eine Jugendgruppe aus Frankreich, die ebenfalls mit einigen Autos unterwegs war. Viele nehmen die Strapazen auf sich und fahren mit alten Fahrzeugen durch die Wüste, die sie dann irgendwo für eine schöne Summe verkaufen; ein Geschäft, das floriert.

Diese Gruppe aber hatte untereinander Streit gehabt. Ein Pärchen mit einem kleinen Peugeot wollte sich absetzen und ersuchte, ob es sich uns anschließen könne. Da wir gut ausgerüstet waren, stimmten wir zu, ohne zu ahnen, dass wir uns damit ziemliche Probleme aufladen würden.

Gegen Abend erledigten wir die Grenzformalitäten, hatten aber noch 10 Kilometer bis zur Grenze zum Staat Niger. Als wir ankamen, sahen wir schon etliche Touristen und Transporteure, die ebenfalls auf ihre Abfertigung warteten. Für mich war es klar, dass wir hier die Nacht verbringen würden. Damit niemand unkontrolliert davonfuhr, wurden am Abend alle

Bruch der Radaufhängung

Souvenirverkäufer mit Silberschmuck

Pässe eingesammelt. Zum Trost gab es in einer kleinen Kneipe gut gekühltes Bier und ein gutes Abendessen.

Der neue Tag, der 4. August 1989, war klar strukturiert. Am Morgen wurden Formulare ausgefüllt, die Autos kontrolliert; wieder mussten wir eine Versicherung für unsere vier neuen Autos abschließen, obwohl wir eine eigene aus Österreich hatten. Dann ging es Richtung Arlit, wie es ein Wegweiser anzeigte. Die ersten Kilometer brachten keine Schwierigkeiten.

Jetzt ging es nicht mehr nach Süden, sondern wir fuhren in südöstlicher Richtung. Wir kannten den Zustand des Autos unserer neuen Begleiter nicht, waren dann aber doch überrascht, dass schon kürzere Tiefsandpassagen Schwierigkeiten machten. So entschlossen wir uns, um nicht zu viel Zeit zu verlieren, behilflich zu sein und zogen das Fahrzeug durch diese Stellen. Nach etwa 70 Kilometern brach dann die Radaufhängung rechts vorne.

Zweimal versuchten wir den Schaden mit Gummibändern zu beheben, was auch teilweise gelang. Als es aber nach 15 Kilometern wieder nicht klappte, gaben wir auf, ließen das Auto mit einer Begleitperson zurück und fuhren die restlichen 60 Kilometer rasch nach Arlit, damit der Besitzer den Bestandteil kaufen konnte. Gegen Abend kamen wir in Arlit an. Unsere Gäste verabschiedeten sich, wir aber blieben auf dem Campingplatz, der gleich am Eingang des Ortes lag. Einige Leute kannten mich sogar von früheren Fahrten.

In Arlit wird, wie schon erwähnt, Uran im Tagebau gewonnen. Zudem fand man etwas entfernt auch Erdöl. Durch diese industrielle Bedeutung kamen auch viele Touristen in die Stadt, so dass überall Souvenirverkäufer anzutreffen waren.

Wir feiern Gottesdienst bei Agadez im Staat Niger

Ein Zollbeamter begleitet uns

Das nächste Ziel war die alte und schöne Wüstenstadt Agadez. Sie ist UNESCO Weltkulturerbe und bekannt wegen der Freitagsmoschee am Westrand des alten Stadtkerns. In Agadez meldeten wir uns bei der Polizei und bekamen den Vermerk »Vu au passage en Agadez« (Bei der Durchreise in Agadez gesehen) in den Pass. Lange hielten wir uns nicht auf, sondern setzten die Reise Richtung Tanout fort.

Es kam Wind auf, der rasch zu einem leichten Sandsturm wurde. Daher fuhren wir etwas näher hintereinander, um uns nicht aus den Augen zu verlieren. Die Straße führte aufwärts über die »Falaise von Tigidit«. Als wir oben ankamen, sahen wir zum ersten Mal wieder die Sonne, die vorher vom Sandtreiben völlig verdeckt gewesen war. Es war hell und wir erlebten auf dieser Hochebene einen herrlichen Abend. Wir verließen die Straße und suchten abseits einen Platz für unser Nachtquartier. In Afrika bleibt man nie allein, das wusste ich. Daher wunderte ich mich nicht, dass nach wenigen Minuten Leute der Touareg mit ihren Ziegen und Kamelen kamen. Es wurde ein ruhiger und schöner Abend. In der Ferne aber gab es ein Wetterleuchten.

Da der folgende Tag ein Sonntag, war feierten wir einen Gottesdienst. Touareg kamen in unsere Nähe, aber ein Gespräch war nicht möglich, da wir keine gemeinsame Sprache fanden. Es war eine wortlose Kommunikation in Freundlichkeit.

Als wir zu beten begannen, blieben sie in diskreter Distanz zusammen mit ihren Tieren sitzen und verfolgten unser Tun. Nachher verabschiedeten wir uns und jeder setzte seinen Weg fort. Wir fuhren nach Tanout und Zinder, immer südwärts. In den Dörfern sahen wir schön geformte Speicher aus Lehm zur Aufbewahrung von Hirse, Maniok oder Mais.

Die höchste Erhebung der Stadt Kano

Reitversuch auf einem Kamel

In Zinder gab es Probleme mit der Polizei. Wieder sollte ein Vermerk in den Pass kommen, dass wir hier von der Polizei gesehen wurden, aber diesmal verzögerte sich alles.

Es spießte sich an Nebensächlichkeiten, deren Lösung Stunden dauern konnte. Diesmal ließ ich mich auf keine langen Debatten ein, denn er wollte, was ich schon von Anfang an wusste, ein kleines »Geschenk«. Ich gab ihm 3.000 CFA (etwa 5 €) und hatte rasch die acht Eintragungen in unseren Pässen.

Der Weg zur Grenze war nicht mehr weit. Schon am frühen Nachmittag waren wir an der Grenze zu Nigeria. Diese Grenze war immer schon schwierig gewesen, diesmal aber schien sie fast unüberwindlich. Ich war immer mit den gleichen Zolldokumenten unterwegs, diesmal aber gab es ernste Schwierigkeiten.

Anfangs argumentierte ich mit den Erfahrungen früherer Fahrten, dann mit einer Zusage von Seiten der nigerianischen Vertretung in Österreich, aber alles vergeblich. Nach langem Hin und Her wurde entschieden, dass uns ein Zöllner bis zur Ausreise nach Kamerun begleiten wird. Mit ihm fuhren wir zunächst bis Kano und mussten im Garten einer Schule bleiben.

Wir verbrachten dort die Nacht und machten Bekanntschaft mit Moskitos, Ziegen und modernder Feuchtigkeit. Nach Mitternacht schliefen wir ein. Es war irgendein öffentlicher Platz, der am Morgen von vielen Leuten frequentiert wurde. Wir fühlten uns wie in einer Auslage. Nach dem Frühstück wurden wir ins Zolldepot geleitet, auch kein Ort für einfache Touristen. Ich reklamierte einen Aufenthalt auf dem Campingplatz, was auch gestattet wurde. Ein Führer begleitete uns dorthin und vermittelte uns dann noch einen Taxi-Bus, da wir die Stadt besichtigen wollten.

Viehmarkt in Kano

Eifrige Verkäufer am Souk

Wir gingen diesmal auf den Kamel- und Lebensmittelmarkt sowie zur Stofffärberei. Es gibt einen kleinen, erhöhten Hügel in der Stadt, der früher ein Heiligtum war und wo der Schmied der Stadt lebte und arbeitete. Schmiede waren überall in Afrika geachtete Leute, weil sie mit dem Feuer und somit mit dem Jenseits zu tun hatten.

Die »Große Moschee« wurde 1963 in der heutigen Größe unter Mithilfe der britischen Kolonialverwaltung errichtet. An Freitagen kamen oft an die 50.000 Menschen, die auch außerhalb des Gebäudes am Gebet teilnehmen.

In den letzten Jahren war Kano wiederholt Ziel von Angriffen durch die islamische Rebellengruppe »Boko Haram«. Bei einem solchen Anschlag auf die zentrale Moschee wurden einmal mindestens 120 Menschen getötet. Hinter den Attentaten steht nicht nur ein Konflikt der Religionen, sondern auch ein ungerechtes Wirtschafts- und Einkommensverhältnis zwischen Nord- und Südnigeria.

Die Erzeugung von Batikstoffen ist eine Spezialität in Kano. Wir besuchten den Ort der Herstellung der schönen, meist blauen Tücher. Die Arbeit der Färberei wird ungeschützt mit Händen gemacht und ist sicher eine schlecht bezahlte und gefährliche Arbeit.

Nach einem Besuch im alten Markt kehrten wir hungrig und müde zum Campingplatz zurück und genossen ein Mittagessen in einem Restaurant.

Am nächsten Tag brachte uns der Begleiter wieder zum Zoll, um die Ausfuhrformalitäten zu erledigen. Ich befürchtete Komplikationen und Schikanen, war aber angenehm von der schnellen Erledigung überrascht. Die

Erzeugung von Batikstoffen in Kano

Durchfahrt durch den Fluss nach einem Gewitter bei Mora, Kamerun

Begleitung durch einen Zollbeamten blieb aber aufrecht. Bis nach Kamerun war er unser aufgezwungener Gast.

Nach 70 Kilometern war plötzlich die Straße blockiert. Eine Brücke drohte einzustürzen und war aus Sicherheitsgründen gesperrt. Für uns hieß das, einen Umweg von 60 Kilometern machen zu müssen, aber das fiel bei unserer langen Reise nicht mehr ins Gewicht. Als wir vor Maiduguri tanken wollten, verweigerte uns der Tankwart den Dienst und wollte uns kein Diesel geben, obwohl es welchen gab. Ich diskutierte mit dem Mann in aller Freundlichkeit, bemerkte aber eine aggressiv ablehnende Haltung, so dass ich das Gespräch nicht fortführte. Im nächsten Ort hatten wir mehr Glück und konnten unsere Tanks füllen.

Während wir tankten, schrie der Muezzin, daneben lärmte Musik aus einer Disco, eine Mischung von Eindrücken, welche die Situation des Landes widerspiegelt. Ein konservativ-muslimisches Land mit einer langen Tradition einerseits, andererseits die Modernität aus dem Westen. Diese Polarität wurde gefährlich verschärft durch eine ungerechte Verteilung der Güter zwischen Süd und Nord. Das war der Grund für die Attentate im Norden des Landes, eine Unsicherheit, die bis heute (2020) andauert. An diesem Tag, dem 9. August 1989, waren wir 600 Kilometer gefahren und verbrachten die Nacht in Maiduguri.

Am nächsten Morgen gab es Regen, schwere, dicke Tropfen eines Tropengewitters. Nach 8 Uhr drang die Sonne wieder durch und wir frühstückten in der Schwüle des verdampfenden Regens. Polizei und Zöllner waren höflich, standen aber selber unter dem Zwang des Gesetzes, das sie zum Teil blind exekutierten. Erst gegen Mittag erschien unser Begleiter, der uns bis an die Grenze nach Kamerun zu begleiten hatte. Ich konnte

Kirche in Figuil

Abendessen mit den Missionaren

mir vorstellen, dass dieser Job für keinen Angestellten angenehm war. Er musste selber auch wahrgenommen haben, dass wir ihn als Ballast empfanden und uns durch ihn eingeschränkt fühlten. Einmal am Ziel musste er wieder eine Gelegenheit für die Rückreise finden, eine Strecke von fast 1.000 Kilometern.

In der Ferne tauchten Berge auf, die schon in Kamerun liegen. An der Grenze dauerte es lange, bis sich jemand um uns kümmerte. Aber jetzt hatten wir Zeit, und ich war nicht gewillt, die Abfertigung wieder mit einem »Geschenk« zu beschleunigen. Als wir in aller Ruhe diese Verzögerung genossen und sie bei uns keine Nervosität feststellten, konnten wir auf einmal rasch ausreisen.

Mitten in einer großen Pfütze begann Kamerun, ein Zeichen, dass es große Niederschläge gegeben hatte. Auf der Seite des neuen Landes waren die Formalitäten rasch erledigt. Es schien, als wollten die Zollbeamten auf der anderen Seite durch besondere Höflichkeit zeigen, dass Kamerun anders war. Wir verließen die Grenze und kamen nach kurzer Zeit zu einem Fluss, der durch ein Gewitter viel Wasser führte.

Normalerweise gab es eine problemlose Durchfahrt, aber diesmal war nur Wasser zu sehen. Wir überlegten, ob wir nicht einen Tag warten sollten, bis das Wasser gesunken war, dann aber, als wir die Leute queren sahen, entschlossen wir uns zur Durchfahrt. Da der Rand des Wasserfalls nicht zu sehen war, lotsten uns Kinder durch die Furt. Um keinen Streit unter ihnen entstehen zu lassen, übergab ich einem größeren Buben das Kommando, der den »Einsatz« leitete und auch die Verteilung der »Entlohnung« regelte. Sie gingen knapp am Rand der Mauer und zeigten dem Chauffeur, wieviel Platz bis zur Mauerkante war. Eine Gefahr wäre eventuell ein im Wasser treibender Baumstamm gewesen, der ein Auto spielend

Reservat Benoue, Nilpferde

Regenbarriere auf der Strecke zwischen Garoua Boulai und Bouar

über die Mauerkante hätte spülen können. Aber zu unserem Glück ging alles gut. Wir fuhren nur noch ein kurzes Stück weiter und suchten einen Platz zum Campieren.

In der Nacht hörten wir wieder die Moskitos, die während der ganzen Reise durch die Wüste abwesend gewesen waren. Die nächste größere Stadt war Maroua. Hier besuchten wir den Markt und kauften bei einer kleinen Genossenschaft der Frauen, die von der Mission gegründet worden war, selbst gewebte und bestickte Tischtücher samt Servietten.

Wie schon bei früheren Reisen machten wir auch diesmal einen Abstecher nach Mokolo, mitten im Mandara-Gebirge. Die Erosion hat in Jahrtausenden bizarre Felsspitzen geformt, die wie Pfeiler mitten aus der Ebene aufragen, Reste des vulkanischen Gesteins, das der Erosion widerstanden hat. Hier findet sich auch die typische familienorientierte Wohnweise, bei der kleine Häuschen für jedes Familienglied gebaut werden: Eltern, Kinder, Großeltern, Ziegen und andere Haustiere. Die Felder sind terrassenartig angelegt, um jeden Quadratmeter für den Anbau zu nützen.

Auf der Weiterfahrt kamen wir nach Figuil und fanden eine herzliche Aufnahme bei den Missionaren. Nach langer Zeit konnten wir wieder in einem Bett schlafen. Die Kirche war in ihrem Bau an die übliche Wohnweise angepasst, kleine Rundbauten für die verschiedenen Bedürfnisse, wie Versammlungsraum der Gläubigen, Sakristei und Nebenkapelle.

Wir blieben an diesem gastfreundlichen Ort nur eine Nacht und fuhren weiter nach Garoua, der Hauptstadt der Nord-Provinz Kameruns und Umschlagplatz für den Handel. Die Stadt liegt am Ufer des Flusses Bénoué, der schiffbar ist. Außerdem gibt es einen internationalen Flughafen.

Unweit der Stadt beginnt ein Reservat mit Wildtieren, besonders Nilpferden. Wir fuhren zum Reservat und gingen dann zu Fuß, um die Tiere zu sehen. Die intensiv grüne Landschaft hatte ein extrem feuchtes Klima. Wir schwitzten und jede Anstrengung war mühsam, sodass wir unseren Plan änderten und nicht weiter in das Reservat hineinfuhren, sondern umkehrten und die Fahrt nach Karna fortsetzten. Hier gab es nur eine kleine Missionsstation, dennoch wurden wir wieder freundlich aufgenommen und konnten die Nacht dort verbringen.

Am nächsten Tag, dem 12. August, brachen wir zeitig auf und fuhren nach Ngaoudéré, eine Stadt auf einer Höhe von etwa 1.000 Meter am Rand des Hochlandes des Adamau Gebirges. Sie ist ein bedeutendes landwirtschaftliches Handelszentrum, hat eine Universität für Agrikultur und ist auch ein Standort der Herstellung von Schmuck. Verkehrsmäßig ist Ngaoudéré durch eine Bahnverbindung mit Douala und einem Flughafen gut erschlossen.

Wir verweilten hier nicht lange, sondern setzten die Reise nach Meiganga fort, wo wir uns wieder mit Treibstoff versorgten. Teilweise gab es Regen, der aber kein Problem bereitete, weil die Hauptstraße asphaltiert war. Nur das restliche Teilstück bis Garoua Boulai, dem Grenzort zur Zentralafrikanischen Republik, war schlecht und durch den Regen aufgeweicht.

In Garoua Boulai konnten wir wieder auf der Mission bleiben und waren dankbar für Betten und Dusche. Hier lebten zwei französische Priester, die den Ort und die benachbarten Dörfer betreuten, zusammen mit einer Schwesterngemeinschaft und Mitgliedern des Peace Corps.

Die Zollformalitäten am nächsten Tag nahmen nicht viel Zeit in Anspruch, so dass wir am frühen Vormittag bereits in Zentralafrika unterwegs waren. Hier gab es allerdings noch keine asphaltierten Straßen, so dass wir wegen des Regens an einer Regenbarriere warten mussten. Reisen wird so zu einem Abenteuer, denn Passagiere müssen damit rechnen, dass sie irgendwo die Nacht über bleiben müssen, oft bei einem Dorf, in dem es keinerlei Versorgung gibt. Nach einer Stunde Wartezeit beurteilte der Wächter der Barriere, dass er für unsere Kleinautos die Straße freigeben konnte. Wir fuhren zügig in die nächste Stadt Bouar.

Auch hier blieben wir nicht sehr lange, fragten auf der Mission, ob Post nach Bangui mitzunehmen wäre und setzen die Fahrt fort. Nach 50 Kilo-

Eine abendliche Gesangseinlage

Altarbild in der Kirche von Baoro

metern sahen wir in der Ferne große düstere Wolken aufziehen, ein nahendes Gewitter mit der Folge, dass die Straße sicher wieder gesperrt wurde. Wir wollten auf keinen Fall im freien Gelände bleiben, sondern entschieden uns auf der Missionsstation in Baoro zu bleiben. Ganz gelegen kamen wir zwar nicht, weil gerade Besucher aus Italien anwesend waren, da wir aber unabhängig waren und weder Essen noch Unterkunft benötigten, durften wir die Autos im Garten parken. In einer offenen Garage stellten wir Tisch und Sessel auf, bereiteten ein einfaches Mahl und genossen den Abend im Freien und das Nachtquartier im Auto.

Vor der Nachtruhe saßen wir noch beisammen, sangen und erzählten Witze, total entspannt, wussten wir doch, dass uns nur noch etwa 400 Kilometer von unserem Ziel trennten. Die Kirche war geschmückt mit Bildern, die dem Künstler Mveng aus Kamerun nachempfunden waren.

Bezüglich des Wetters hatten wir richtig entschieden, denn es regnete die ganze Nacht, und selbst am Morgen gab es noch Wolken, so dass wir erst gegen Mittag aufbrechen konnten. Für die erste Barriere war auch das noch zu früh, denn wir mussten wieder warten. Dann aber ging es zügig voran. In Bouali, 80 Kilometer vor Bangui, besichtigten wir die spektakulären Wasserfälle. Da die Straße schlecht war, gingen wir eine halbe Stunde zu Fuß bis zu den Fällen, die auch für den Antrieb von Turbinen zur Stromerzeugung benützt wurden. Gegen 21 Uhr erreichten wir schließlich Bangui.

Beim Checkpoint »Kilometer 12« wurden Autos, Gepäck und die Pässe von der Polizei und den Zollbehörden kontrolliert. Zu meiner Überraschung gab es diesmal keine Probleme, so dass wir mit unseren Autos sofort in das »Centre d'Accueil« fahren konnten. Hier trafen wir eine gute Bekannte, Brigitte Bauchinger, die als Entwicklungshelferin viele Jahre in der Diözese Bangassou gearbeitet hatte.

Centre d'Accueil, Reinigung der Autos

Reiseteilnehmer bei Bischof Maanicus in Bangas

Am Ziel angelangt, mussten wir nun die Autos ausladen und reinigen. Immerhin sollten sie in sauberem Zustand übergeben werden. Am Nachmittag fuhren wir zur Post, um den Angehörigen in Krems telefonisch von unserer Ankunft zu berichten.

Zum Dank für die gute Reise und die Bewältigung aller Schwierigkeiten feierten wir einen Gottesdienst in der Kapelle des Zentrums. Den Abend verbrachten wir in einem Hotel am Ufer des Oubangui, ein Ort ganz nahe am Fluss, wo wir ein Fischgericht, den Kapitän, mit guten Beilagen aßen.

Auf der Reise Richtung Osten machten wir Station in Grimari, wo wir auch die Nacht verbrachten. Schon am nächsten Tag brachen wir zum letzten Teil unserer Reise auf und fuhren zunächst ein Stück mit den gereinigten Autos Richtung Bambari. Aber wieder gab es eine Regenbarriere, an der wir drei Stunden warten mussten. Da vermutlich auch weitere Barrieren geschlossen waren, fuhren wir zurück nach Grimari und blieben noch einen Tag dort.

Am 17. August 1989 erlaubte das Wetter die Weiterfahrt. Wir erreichten Bambari, machten einen kurzen Stopp, nahmen die Post von der Mission mit und waren gegen Mittag in Alindao.

Hier war ich ja noch vielen Leuten wegen meines früheren Aufenthaltes bekannt. Es kamen viele ehemalige Pfarrmitglieder, um mich zu begrüßen und mit mir zu reden, mit einer Freundlichkeit, die zu Herzen ging.
Am nächsten Tag unternahmen wir den letzten Teilabschnitt unserer Reise und fuhren nach Bangassou, der Bischofsstadt, wo Bischof Antoine Marie Maanicus wohnte, der seit 1964 diese Diözese leitete.

---

* v. l. n. r.: Peter Schnaubelt, Bischof Antoine Maanicus, Sr. Petra Hiemetzberger, Klaus Killer, Martin Angelmaier, Eva Vetter, Gerd Fromwald, Besucherin, Reinhold Hofstätter

*Fahrt mit dem Einbaum auf dem Oubangui Fluss**

In Alindao zu Gast

Der Bischof war dem Volk sehr nahe, besuchte jährlich alle Missionsstationen, sei es für eine Visitation oder zur Spendung der Firmung, war also viel unterwegs mit Auto oder Einbaum. Er hatte das Ausbildungszentrum »Centre Charles L'Wanga« in Alindao gegründet, das Seminar zur Heranbildung von Priesterstudenten, die Organisation »Animation rurale« als Hilfe der Kirche für die wirtschaftliche Entwicklung des Landes, das Leprazentrum »Bagonde« in Bangassou selbst und förderte den Ausbau handwerklicher Kompetenz in der Diözese durch eine Tischlerei, Ausbildung zum Hausbauen und eine Werkstätte für Kraftfahrzeuge.

Hier blieben wir einige Tage, besichtigten den Ort sowie die erwähnten Einrichtungen und Gebäude, von denen die Kirche besonders erwähnenswert ist. Der Aufenthalt in Bangassou war wie ein Urlaub nach einer anstrengenden aber auch aufregenden Zeit. Wir waren in der Schwesterngemeinschaft zu einem Mittagessen eingeladen, konnten von einer Anhöhe aus einen Blick auf das Tal des Oubangui machen, lernten Angehörige der Missionsgemeinschaft kennen und besuchten Leuten aus der Provinzstadt Bangassou.

Aber bald kam der Tag der Abreise. Der Bischof gab uns zwei Autos, mit denen wir den Weg nach Bangui antraten, wobei wir in der Mission von Kembe wie auch Alindao einen kurzen Aufenthalt einplanten.

Der Weg nach Bangui war 800 Kilometer lang und brachte immer wieder Überraschungen mit sich. Die M'Bororo, ein Nomadenvolk in der ZAR, trieben ihre Rinder auf der Hauptstraße in die nächste Stadt, und

* v. l. n. r.: Peter Schnaubelt, Reinhold Hofstätter, Gerd Fromwald, Eva Vetter, vier afrikanische Ruderer

*Herzlicher Empfang in Krems nach unserer Heimkehr**

Hannes Leitner, Thomas Maier, Adelh Torky, Ingrid Hagen mit Bekannten

man war gut beraten, nicht unaufmerksam in jede Kurve mit hoher Geschwindigkeit hineinzufahren.

Nicht selten waren die Tiere Ursache von Unfällen. Allerdings sind es sehr oft auch technische Gebrechen der Lastwagen, schlechte Bremsen, zu spätes Schalten in den ersten Gang bei Gefälle, unvorsichtiges Überholen und auch Trunkenheit am Steuer.

Einen längeren Aufenthalt gestatteten wir uns nur noch in der Missionsstation von Alindao. Am Tag vor unserer Abreise kamen viele Menschen und spielten kleine szenische Darstellungen aus der Bibel: Besuch Mariens bei Elisabeth, Krankenheilungen, etc. Es ist dies eine Art, die Freude über den Besuch auszudrücken und auch ein Zeichen der Dankbarkeit.

Nach wenigen Tagen fuhren wir nach Bangui. Dort blieb noch Zeit, einige Souvenirs zu kaufen. Beliebt waren Schnitzwerke und Batiktücher, sowie auch Masken, Bilder und Stoffe. Auch Silberschmuck und Ebenholzschnitzereien standen den Touristen in großer Auswahl zur Verfügung.

Der Abschied ließ sich nicht verschieben. Ich merkte, dass sich in die Freude der Heimkehr auch etwas Wehmut mischte. Afrika lässt den offenen und ehrlichen Besucher nicht gleichgültig. Die Spontaneität der Leute, ihre selbstverständliche Gastfreundschaft, besonders aber ihre Natürlichkeit, das alles weckt eine leichte Trauer im Wissen um den europäischen Lebensstil mit seiner Hast, der Einsamkeit vieler Leute und deren Kontaktlosigkeit, neben einer Unzahl von Angeboten der Zerstreuung, die aber letztlich oft wenig Lebensfreude bringen. Zentralafrika ist zwar ein materiell armes Land, Besucher aber kehren reich an Erfahrungen und Erlebnissen heim und diese beeinflussen noch lange das Leben in der Heimat.

* v. l. n. r.: Peter Schnaubelt, Klaus Killer, Martin Angelmaier, Eva Vetter, Sr. Petra Hiemetsberger, Gerd Fromwald

Reisen in Länder jenseits des Eisernen Vorhangs

Die Jahre 1989 und 1990 waren von großen politischen Ereignissen in Europa geprägt. Jahrzehntelang war der Osten Europas durch den Eisernen Vorhang abgetrennt, und Besuche in diesen Ländern waren nur erschwert möglich.

Unzufriedenheit und Freiheitsdrang der Menschen brachten im Jahre 1989 diesen Eisernen Vorhang zu Fall. Als erstes fiel der Grenzzaun zu Ungarn. Wenig später brach die Mauer in Berlin zusammen, schließlich zerfiel auch die Einheit der kommunistischen UdSSR.

Die Öffnung der Grenzen nach Rumänien folgte etwas später, denn Präsident Ceauşescu führte ein strenges, diktatorisches Regime und war durch die gefürchtete »Securitate« geschützt. Der Aufstand gegen diese Politik begann in Temeswar (Timişoara), setzte sich in Bukarest fort und endete mit der Erschießung des Präsidenten und dessen Ehefrau Helena am 25. Dezember 1989 in Târgovisté.

Nach der Befreiung von dieser Diktatur und der Öffnung der Grenze machten wir mehrere Besuche bei Bekannten in Rumänien, zu denen es schon in früheren Jahren einige Kontakte gab, allerdings unter schwierigen Bedingungen.

Reisen nach Rumänien

Wenige Wochen nach diesen Ereignissen und der Öffnung der Grenze fuhren wir nach Temeswar, um einem bekannten Priester Hilfsgüter zu bringen. Wir, das waren Adelheid, Ingrid, Ludwig, Hannes, Hans und ich. Wir waren mit zwei Autos unterwegs und hatten Kopierpapier, Briefkuverts, aber auch Nahrungsmittel wie Käse, Kaffee und andere Waren mit uns. Wichtiger als diese Güter aber war die Kontaktnahme mit bekannten Leuten nach all den Jahren der Abschottung gegenüber dem Westen.

In der Bevölkerung war noch die Atmosphäre der Diktatur zu spüren, die Angst vor freier Meinungsäußerung als Folge der jahrelangen Überwachung durch den Geheimdienst. Wir blieben einige Tage und machten Besuche bei bekannten Leuten. Diesem ersten Besuch folgten noch zwei weitere, wobei einmal auch ein Baugerüst übergeben wurde.

Wir folgten damit einer Tradition, die schon in den 60er Jahren begonnen hatte, als wir als Priesterstudenten trotz Schwierigkeiten wiederholt

Kränze für gefallene Revolutionäre

Transport eines Baugerüstes

Besuche in Staaten der kommunistischen Zone machten, wovon in den nächsten Kapiteln die Rede sein wird.

Ostfahrten in den 60er Jahren

In der Zeit des Eisernen Vorhangs war es nicht leicht, Kontakte mit den Christen in Bulgarien, Rumänien, Russland, Tschechoslowakei, Polen, Jugoslawien und Ostdeutschland aufzunehmen. Literatur, Papier und Kopiermaschinen waren für Studenten der Theologie in diesen Ländern oft unzugänglich. Die Geschichte unseres Einsatzes begann im Jahre 1963, als eines Tages ein orthodoxer Mönch, Bonifatius mit Namen, in unser Priesterseminar gekommen war und fragte, ob wir bereit wären, Hilfe für die Christen in den Ostländern und für die Studenten im Besonderen leisten zu wollen.

Der Verantwortliche des Priesterseminars wollte es nicht selbst entscheiden, sondern schickte ihn zu uns Studenten. Wir trafen uns in meinem Zimmer zu einem Gespräch.

Der Mönch war gebürtiger Schweizer, lebte aber als orthodoxer Priester in der Abtei Chevetogne[49] bei Namur in Belgien. Die Mönche feierten die Liturgie in kyrillischer Sprache und pflegten Kontakt mit der orthodoxen Kirche in Russland, Rumänien, Ungarn und anderen Ländern. Während des Stalinismus waren die Beziehungen zu den Kirchen des Ostens völlig abgebrochen, denn Stalin verfolgte die Kirche und wollte sie auslöschen. Seine Partei sollte sie ersetzen, denn er sah religiöse Betätigung als Verrat

49 Papst Pius XI. schlug in einem apostolischen Brief vor, dass die Benediktiner von Stotzingen die Versöhnung mit den Ostkirchen zu ihren bevorzugten Aufgaben machen sollten. Erster Schritt war die Neugründung einer orthodoxen Gemeinschaft, die sich 1939 in der ehemaligen Schlossanlage bei Chevetogne niederließ. (https://de.wikipedia.org/wiki/Abtei_Chevetogne.)

am Staat, weil alle Kräfte allein zum Aufbau der Nation eingesetzt werden sollten.

Nach Stalins Tod im Jahre 1953 wurde der Weg für Besuche in die Oststaaten wieder einfacher. Diese Gelegenheit nützte P. Bonifatius und machte Reisen in diese Länder, um festzustellen, was nach den Jahren der Verfolgung von der früheren Kirchenstruktur noch geblieben war. Dreimal reiste er als Professor für Kunst und Kultur in verschiedene Länder des Ostens und knüpfte Kontakte mit Christen und Priestern. Bei einer dritten Reise wurde sein wahrer Beruf den Behörden bekannt, so dass er in der Folge kein Visum für die Oststaaten mehr erhielt. Da er selbst keine Möglichkeit mehr hatte, diese Kontakte zu pflegen, suchte er nach einer anderen Lösung, sprach bei uns im Priesterseminar vor und fand reges Interesse für seinen Plan. Wir lauschten gespannt den Ausführungen unseres Gastes und waren bereit, die begonnenen Besuche in seinem Sinn fortzusetzen.

Bonifatius gab uns die Namen und Adressen und würde entsprechende Literatur schicken, wenn unsre Begeisterung eines Tages auch in konkretes Handeln münden sollte. Jedenfalls versprachen wir, mit ihm in Kontakt zu bleiben, müssten aber vorher noch die Erlaubnis vonseiten unserer Vorgesetzten einholen und die Möglichkeit des Transportes klären. Es war eine positive Stimmung unter uns allen, und als er sich verabschiedet hatte, besprachen wir die nächsten Schritte und planten die ersten Besuche.

Der Verantwortliche unseres Seminars war einverstanden, und auch Spiritual Dr. Alois Hörmer stimmte zu, der sogar eine Lösung für das Transportproblem fand, nämlich das Gemeinschaftsauto der Angestellten des Bischöflichen Ordinariates.

Besuch in Pressburg

Unsere erste Fahrt machten wir im Jahre 1964 in das nahe Pressburg. Drei Studenten aus unserem Priesterseminar besuchten eine Familie, deren Sohn im Priesterseminar studierte, aber überhaupt keine religiöse Literatur, ja nicht einmal eine Bibel hatte. Wir wurden von der Familie herzlich empfangen, zogen es aber vor, in einem Hotel zu nächtigen, damit bei etwaigen Nachforschungen unser Aufenthalt in einem öffentlichen Hotel und nicht bei einer Familie nachgewiesen werden konnte.

Es war ein Blitzbesuch, der uns aber sehr ermutigte, da die Reise ohne den geringsten Zwischenfall und ohne Schwierigkeiten verlief. Im Gegenteil, die Familie war sehr erfreut über den Besuch und die Bücher, die wir für den Studenten überbrachten. Wir selber erlebten es als eine Tat der Solidarität mit Menschen, die nicht die gleiche Freiheit hatten wie wir im Westen.

Fahrt nach Rumänien

Bestärkt durch diese erste Erfahrung planten wir für die Ferien des Jahres 1964 eine Reise nach Rumänien. Diesmal wollten wir einen Besuch in Alba Julia machen, da es dort ein Priesterseminar für ungarisch und deutsch sprechende Studenten gab. Ein zweites Seminar gab es in Iaşi, im Nordosten des Landes, für Priesterstudenten rumänischer Sprache.

Die Reise führte quer durch Ungarn. In Oradea erreichten wir die erste größere Stadt Rumäniens. Bei diesen Reisen nächtigten wir ausschließlich im freien Gelände in einem Zelt. Unser Besuch galt den Studenten des Priesterseminars in Alba Julia aber auch dem Bischof Aaron Marton, der sieben Jahre in seiner Wohnung unter Hausarrest leben musste. Nur zweimal im Jahr durfte er das Haus verlassen, zu Ostern und zur Priesterweihe.

Den Studenten brachten wir Bücher und Material zur Vervielfältigung, denn in manchen Jahren war sogar eine Schreibmaschine meldepflichtig. Falls sie eine solche hatten, schrieben sie die Bibel mit einer Schreibmaschine und machten Kopien, die manchmal schwer zu lesen waren. Dem Bischof überreichte ich die ersten Dokumente des II. Vatikanischen Konzils. Als ich in sein Haus eintrat, musste ich an Wachebeamten vorbeigehen und hoffte im Stillen, dass ihm die Bücher nicht wieder weggenommen werden.

Rumänien sollte das Hauptziel unserer Ostreisen werden. Ich selbst war in den Jahren zwischen 1963 und 1967 acht Mal in diesem Land mit unterschiedlichen Zielen.

Beeindruckend war die Reise in den Norden, wobei das Ziel damals ein Besuch im Kloster Sihastria war. Es ist dies ein Kloster im Nordosten des Landes, das auch in der kommunistischen Zeit von Mönchen besetzt war. Über unseren Kontakt mit Belgien erfuhren wir, dass sie bestimmte Medikamente für kranke Mönche benötigten, die ich besorgte. Zu dritt machten wir uns auf den Weg und brachten in den Ferien Medikamente

Kloster Sihastria in den rumänischen Karpaten

Zufahrt zum Kloster

und Bücher nach Rumänien. Mit von der Partie waren Erich, Alfred und ich.

An der rumänisch-ungarischen Grenze gab es eine Situation, die ich nie vergessen werde. Während die ungarische Kontrolle fast nicht stattfand, kontrollierte der rumänische Zöllner unser Auto erstaunlich gründlich und fand in meinem Koffer irgendein Medikament, blickte mich an und fragte: »Shampoo?« Blitzschnell überlegte ich, ob ich lügen sollte oder nicht. Ich entschied mich für die Wahrheit und sagte: »Ein Medikament für den Magen!« und zeigte mit dem Zeigefinger auf meinen Bauch. Er sah es an, und tatsächlich war es ein Medikament gegen Gastritis. Sofort war die Kontrolle zu Ende und wir konnten weiterfahren.

Wir fuhren Richtung Cluj und zweigten dann nach Norden ab. In Dej besuchten wir einen Priester, der 19 Jahre unschuldig im Gefängnis eingesperrt war. Er war keineswegs durch seine langjährige Haft mit langen Perioden von Einzelhaft gebrochen, sondern äußerst interessiert an der Entwicklung der Kirche im Westen. Die Begegnung mit diesen verfolgten Priestern hat uns tief beeindruckt. Es relativierte die Bedeutung der Studentenrevolten in den 68er Jahren, die für mehr Freiheit in allen Bereichen im Westen stattfanden. Während es in Rumänien um existentielle Bedrohung und Verfolgung wegen des Glaubens ging, schienen uns die Anliegen im Westen weniger wichtig.

Über Suceava ging es nach Tirgu Neamt und weiter ins Tal zum Kloster, ziemlich abgelegen von der übrigen Welt. Bei der Zufahrt zu diesem Tal mussten wir die Moldau (in Rumänien) durchqueren, die hier noch einem Bach gleicht. Die Brücke war zerstört, vielleicht ein Versuch, das Kloster noch mehr zu isolieren. Der Verdacht kam mir deshalb, weil auch in einer Straßenkarte aus dem Jahre 1990 dieses Kloster nicht ein-

Wohnhaus der Mönche im Kloster Sihastria

Klosterkirche Moldovita, ein Frauenklost
erbaut im Jahre 1532

gezeichnet war, obwohl alle anderen Klöster, die heute Museen sind, aufschienen.

Die Mönche vom Kloster Sihastria konnten während der gesamten Zeit der kommunistischen Herrschaft ihre Berufung leben. Sie waren erfreut über die Medikamente, die wir brachten, wurden aber dauernd kontrolliert. Nach diesem Besuch verließen wir das Kloster und fuhren wieder zurück, besichtigten aber die berühmten → **Moldauklöster** in den Karpaten: Voronet, Moldovita, Suzevita, Humor.

Bei weiteren Besuchen kamen wir nach Iaşi im Nordosten, aber auch ins Zentrum nach Cluj, Sibiu und weiter im Süden nach Bukarest sowie Temeswar im Südwesten, um bekannte Priester der katholischen wie auch orthodoxen Kirche zu besuchen.

Reise nach Bulgarien

Einmal planten wir eine Reise nach Bulgarien und wollten den Rückweg nach Österreich über Rumänien nehmen. Bei dieser Reise fuhren Christa, die Tochter einer Professorin für Slawistik an der Universität Wien, und Erich mit. Es gab eine Kontaktperson in Bulgarien, der Christa eine Botschaft überbringen sollte. Wir präsentierten diesen Plan unseren Vorgesetzten und erhielten die Erlaubnis für diese Reise. Wie üblich, nahmen wir wieder das Zelt mit, um in keinem Hotel übernachten zu müssen, sondern ungestört unsere »Geschenke« vorbereiten und austeilen zu können.

Die Reiseroute ging diesmal über Zagreb, Belgrad nach Niš, dann ostwärts, bis wir bei Dimitrovgrad am späteren Abend die bulgarische Grenze

Das Zelt mit Erich Resch und Christa Eckardt (v. l. n. r.)

Alexander Newski Kathderale in Sofia

überquerten. Die erste Rast war insofern wichtig, weil bei dieser Gelegenheit auch unsere »Geschenke« aus den Verstecken geholt werden mussten. Manches war einfach im Koffer, anderes wieder hinter der Autoverkleidung oder im Reserverad eingeklemmt.

Diese Arbeit war am langwierigsten, weil der Reifen von der Felge abmontiert, die Bücher entfernt und der Reifen wieder mit Luft gefüllt werden musste. Dann war alles griffbereit im Auto, aber so, dass es nicht auf den ersten Blick entdeckt werden konnte aber doch rasch zur Hand war.

Am nächsten Tag erreichten wir Sofia, die Hauptstadt Bulgariens, die heute das politische, wirtschaftliche und kulturelle Zentrum des Landes ist. Unübersehbar steht in der Mitte der Stadt wie ein Wahrzeichen die Alexander Newski-Kathedrale. Der Bau der Kirche hatte 1882 begonnen und wurde 1912 fertiggestellt. Es war derselbe Architekt, der auch das Warenhaus Gum in Moskau entworfen und gebaut hatte. Die Kirche ist dem Nationalheiligen Alexander Newski geweiht und erinnert an Zar Alexander II. und die etwa 20.000 russischen Soldaten, die bei der Befreiung Bulgariens von der osmanischen Herrschaft im Krieg des Jahres 1877/78 gestorben waren. Die Kirche ist im Inneren fünfschiffig und künstlerisch herrlich ausgestaltet.

In Sofia wollten wir niemanden besuchen, daher hielten wir uns nicht lange auf, denn das eigentliche Reiseziel war Plovdiv, 119 Kilometer östlich der Hauptstadt.

Auch Plovdiv hat eine sehr bemerkenswerte Geschichte, die vor die Römerzeit zurückgeht. Die Römer prägten das Stadtbild sehr, bauten Straßen, öffentliche Gebäude und Tempel und gaben der Stadt den Namen

oben: Blick über Plovdiv

rechts: »Lamartine Haus« in Plovdiv

»Trimontium«, wegen der Hügel, die die Stadt umgaben. Das großartige Amphitheater ist das bedeutendste Denkmal.

Auch der französische Dichter Lamartine war Gast in dieser Stadt gewesen. Stolz wird das Haus, in dem er gewohnt hatte, gezeigt. Der Dichter machte in den Jahren 1832/33 eine Reise in orientalische Länder und besuchte auch Bulgarien, wo er in Plovdiv eine kurze Zeit verweilte. Das Haus, in dem er damals gewohnt hatte, steht heute Touristen als besondere Attraktion zur Nächtigung zur Verfügung.

Die Familie, die wir besuchen sollten, war zum Zeitpunkt unserer Reise leider gerade nicht zu Hause. So hinterließen wir die Botschaft in ihrem Postfach und beschlossen, das nahe gelegene Kloster Batschkovo zu besuchen.

Dieses Kloster liegt etwa 30 Kilometer südlich von Plovdiv und ist, nach dem Rila-Kloster bei Sofia, das meist besuchte in ganz Bulgarien. Es wurde 1083 gegründet und entwickelte sich zu einem zentralen, geistigen Zentrum Bulgariens. Während der 500-jährigen Herrschaft der Türken leistete das Kloster einen wichtigen Beitrag zur Erhaltung der bulgarischen Kultur und Sprache.

Auf dieser Reise trafen wir nur wenige Kontaktpersonen. Daher besuchten wir orthodoxe Kirchen und hinterließen dort Bücher. Die wichtige Mitteilung, dass der Sohn einer Familie trotz gefährlicher Umstände gut in Deutschland angekommen war, konnten wir schriftlich hinterlassen. Damit war auch unsere Aufgabe erfüllt und wir machten uns auf den Weg nach Rumänien.

Das Kloster Batschkovo südlich von Plovdiv

Schipkapass mit Kriegerdenkmal

Es ging nach Norden über Karlowo, wo wir in den östlichen Teil des berühmten Rosentals kamen. Dieses Tal ist von einer natürlichen Schönheit, sehr weit und ausladend, das nördlich wie südlich von Gebirgszügen begrenzt ist. Hier liegt die bedeutende Stadt Kazanlak, nach der dieser Talkessel benannt ist.

Von dieser Stadt führt die Straße auf den Schipka Pass, der mit 1.185 m der höchste Pass Bulgariens ist. Der Weg führt am Kriegerdenkmal vorbei, das an den Befreiungskampf gegen die Osmanen im Jahre 1878 erinnert. Der Turm ist 31,4 Meter hoch und birgt im Inneren Gebeine von gefallenen Kämpfern dieser Schlacht.

Weiter ging es, diesmal ausschließlich in nördlicher Richtung, wobei die Straße hier durchgehend sehr kurvenreich war. Über Veliko Tarnovo kamen wir nach Ruse und damit an die rumänische Grenze. Die folgende Strecke war uns vertraut, denn Bukarest war schon früher ein Reiseziel gewesen, wie auch andere Städte im südlichen Rumänien. Nach einem kurzen Treffen mit bekannten Personen in Alba Julia fuhren wir Richtung Cluj und Oradea über Budapest nach St. Pölten.

Spannende Russlandreise

Unter den wiederholten Reisen in verschiedene Oststaaten war die bedeutendste Fahrt ohne Zweifel jene, die uns nach Russland führte. Ich selbst war insgesamt dreimal mit dem Auto in diesem Land, doch diese Reise war besonders abenteuerlich für unsere Gruppe, zu der Charly, Norbert und ich gehörten.

Eine Reise nach Russland musste gründlich vorbereitet werden. Nur im Büro »Intourist« konnte man ein Visum für eine Fahrt durch Russland beantragen. Dieses Visum wurde nicht im Pass vermerkt, sondern man erhielt eine Durchreiseerlaubnis, ausgestellt auf einem eigenen Dokument, mit genauer Angabe der Reiseroute sowie der Orte und der Art der Übernachtung. Da wir wieder mit Zelt unterwegs waren, kam für uns nur ein Campingplatz in Frage. Ein Abweichen von der Route oder eine andere Übernachtung war nicht möglich, es sei denn, die Polizei wurde davon informiert.

Diese Reise unternahmen wir im Jahre 1965. Wir bestellten Literatur in kyrillischer Schrift in Chevetogne, religiöse Texte aber auch solche, die sich mit der Ideologie des Kommunismus beschäftigten, ein Gepäck also, das kein Zöllner zu Gesicht bekommen sollte. Zu Hause trainierten wir das Aus- und Einpacken, damit selbst Bücher in Kleidungsstücken bei der Durchsuchung nicht entdeckt werden konnten, vorausgesetzt, dass wir selber die Koffer leeren durften. Um nach Russland zu kommen, mussten wir noch Ungarn und Rumänien durchqueren, wobei jedes Mal mit Durchsuchungen zu rechnen war. Bis Odessa verlief die Reise erstaunlich problemlos. Die Zöllner machten ihre Arbeit ohne besonderen Eifer, vielleicht auch deshalb, weil wir sofort unser definitives Reiseziel, die UdSSR, angaben.

Die Nacht verbrachten wir noch in Rumänien in unserem Zelt unweit der Grenze. Bei Risesti auf rumänischer Seite überschritten wir die Grenze und bereiteten uns auf den Empfang auf russischer Seite vor. Wir wurden sehr freundlich empfangen, die Zöllner waren gesprächig und sogar an der Musik von Strauss interessiert, ohne dabei ihre Arbeit zu vernachlässigen. Die Grenzformalität und die Kontrolle dauerten fast eine Stunde, dann war der Weg frei nach Kischinau und Odessa, wo wir die Nacht auf dem Campingplatz verbrachten. Wieder benützten wir die bewährte Methode, Bücher unbemerkt in Beichtstühlen oder Bänken zu hinterlegen. Es war uns verdächtig, dass wir erstaunlich oft von Jugendlichen angesprochen wurden, eine Erfahrung, die wir früher nicht gemacht hatten.

Die Reise ging nach Kiew, etwa 500 Kilometer nördlich von Odessa, eine Stadt, die als Mutter aller russischen Städte galt. Wegen ihrer vielen Kirchen und Klöster und ihrer Bedeutung für die orthodoxe Christenheit wird diese Stadt seit dem Mittelalter das Jerusalem des Ostens genannt. Die Ukraine war zur Zeit unseres Besuches noch eim Teil der Sowjetunion.

bild des Fürsten Wladimir am Ufer des Dnjepr

Kathedrale des hl. Wladimir in Kiew

Maria in Orantenstellung, Sophienkathedrale, Kiew

Nach der langen Fahrt dieses Tages blieb noch Zeit für einen ersten Besuch im Zentrum der Stadt und die Planung einer ausführlicheren Besichtigung am nächsten Tag. Am frühen Nachmittag fuhren wir zurück zum Campingplatz am Stadtrand, und da entdeckte Charly, dass uns ein Auto folgte. An sich nicht schlimm, nur das Auto hatte immer dasselbe Kennzeichen, und als wir durch das Portal in den Campingplatz einbogen, machten unsere »Begleiter« kehrt und waren nicht mehr gesehen.

Diese Zufälligkeit verunsicherte uns und wir beschlossen besonders aufmerksam zu sein. Unsere touristischen Interessen sollten ganz deutlich sichtbar sein und wenn es sich ergab, wollten wir die Gelegenheit benützen, das eine oder andere Buch zu hinterlegen. Wie geplant, fuhren wir am nächsten Tag ins Zentrum und besichtigten die Andreas-Kirche, den Maidan-Platz, später »Platz der Unabhängigkeit« genannt und viele andere Sehenswürdigkeiten. Heute erinnert dieser Platz an die traurigen Ereignisse der Revolution von 2013/2014.

Von besonderer Schönheit war die Sophienkathedrale mit dem mächtigen Glockenturm. Sie gilt als eines der hervorragendsten Bauwerke christlicher Kultur.

Der Gebäudekomplex wurde Anfang des 11. Jahrhunderts begonnen, im Laufe der Jahrhunderte wiederholt zerstört, umgebaut und erweitert. Seit dem Jahre 1990 gehört der Kirchenbau zum Weltkulturerbe der UNESCO. Innen ist die Kirche mit Fresken und Malereien kunstvoll ausgeschmückt. Auch die Kathedrale des heiligen Waldimir ist sehenswert.

Unter Stalin wurde die Kirche zur Hl. Sophia enteignet und säkularisiert, war aber für Touristen zugänglich, wie wir selbst erleben konnten. Sie machte zwar den Eindruck vernachlässigt zu sein, strahlte aber trotz der Mängel eine religiös-spirituelle Atmosphäre aus. Dies war durch die Architektur wie auch der Fresken und Malerei deutlich spürbar. In der Apsis sieht man das große Mosaik mit Maria in priesterlicher Gebetshaltung. Das zeugt von einer theologischen Offenheit und passt in den modernen innerkirchlichen Diskurs.

Ebenso bedeutsam ist das sogenannte Höhlenkloster am Ufer des Dnjepr. Seinen Namen erhielt es von den ausgedehnten künstlich geschaffenen Höhlen am Steilufer des Flusses, die am Beginn den Mönchen als Einsiedelei dienten. In Abständen gibt es kleine Mönchszellen und unterirdische Kirchen. Diese Höhlen wurden auch als Begräbnisstätten verwendet. Die Särge standen entlang der Gänge in Nischen, doch die Körper der verstorbenen Mönche waren über die Jahrhunderte mumifiziert erhalten geblieben, wie wir selber sehen konnten.

Die Stadt selber erlebten wir voll von Leben, aufgeschlossen, ja modern, mit einer Atmosphäre von Freiheit und Selbständigkeit aber auch voll Stolz auf die eigene Kultur und historische Größe.

Am nächsten Tag brachen wir zeitig auf, denn unser Weg führte uns in Richtung Osten nach Charkow, etwa 500 Kilometer entfernt. Der Campingplatz lag gleich am Eingang der Stadt und war verhältnismäßig gut ausgerüstet. Wir stellten unser Zelt auf und machten uns einen gemütlichen Abend.

Die lange Fahrt hatte uns müde gemacht, den Chauffeur wie die Mitreisenden. Zudem brauchten wir Zeit um die nächsten Aktionen zu planen. Wir hatten bis jetzt kaum etwas von unsren »Geschenken« verteilen können und waren nach den Beobachtungen in Kiew äußerst skeptisch, ob es überhaupt gelingen würde. Vorsicht und Behutsamkeit waren angebracht. Wir mussten das Zelt jedes Mal ausräumen, so dass keine Literatur in unserer Abwesenheit im Zelt zurückblieb. Des Nachts andererseits musste alles wieder im Zelt verstaut werden. Nichts durfte im Auto bleiben.

Wir beschlossen am nächsten Tag den Versuch zu wagen, einige Bücher in einer Kirche zu deponieren. Der Plan war folgender: Norbert sollte mit dem Auto zu einem bestimmten Platz fahren, während Charly und ich mit den Büchern den öffentlichen Bus in die Stadt nehmen wollten. Die Bücher hatten wir um den Leib gebunden, mit einem leichten Staubman-

Der Campingplatz in Charkov

Norbert, Charly und unsere drei »Begleiter« vor der Verkündigungskirche, v. l. n. r.

tel darüber. Wir besuchten eine der vielen Kirchen, hatten aber das Gefühl, beobachtet und verfolgt zu sein. Daher unterließen wir jeden Versuch Bücher zu deponieren. Nach einiger Zeit waren wir überzeugt, dass wir in Charkow kein Buch hinterlassen konnten. Wir begaben uns zum vereinbarten Treffpunkt und waren verwundert, dass Norbert mit dem Auto noch nicht zur Stelle war, obwohl wir doch eine längere Zeit unterwegs waren. Da es keine telefonische Verständigung gab, mussten wir warten.

Als er dann endlich ankam, waren wir zunächst froh darüber, weniger allerdings über die Umstände seiner Verspätung. Es hatte einen Blechschaden gegeben, so erzählte Norbert. Auf einer breiten nicht sehr frequentierten Straße überholte ihn plötzlich ein Bus, der die linke Autotür beim Überholen streifte und etwas eindrückte. Der Bus blieb stehen, die Leute stiegen wie auf Kommando aus und gingen zu Fuß weiter. Ein Polizist kam, nahm den Vorfall auf und entschied, dass unser Auto unbedingt hier in der Stadt repariert werden müsse. Norbert versprach es, konnte aber erklären, dass er zuvor zwei Freunde, die einen Stadtbummel machten, abzuholen hätte. Das wurde ihm gestattet, da der Polizist schon die Autonummer aufgeschrieben hatte. Zusammen fuhren wir also zu besagter Werkstätte, freilich in Sorge, was wir jetzt mit unseren »Geschenken« machen sollten. Uns kam der Verdacht, dass alles inszeniert war, damit die Polizei einen Zugang zu unserem Auto hatte, denn der Wagen war absolut fahrtüchtig, hatte nur einen kleinen Schaden durch die leicht verbeulte linke Wagentür, die aber durchaus zu öffnen und zu schließen war. In der Werkstätte angekommen, wurde uns gegen unsere Einwände mitgeteilt, dass das Auto erst am nächsten Tag repariert sein würde. Jetzt war guter Rat teuer.

Aber wir hatten Glück. Ein junges Ehepaar aus Deutschland war ebenfalls wegen einer Reparatur ihres Autos in der Werkstätte. Da ihr Auto eben fertig geworden war, konnten sie zum Campingplatz fahren und waren bereit unser ganzes Gepäck mitzunehmen.

So ließen wir sehr erleichtert unser leeres Auto zurück in der Hoffnung, es am nächsten Tag holen zu können. Die Freude über diesen Zufall überdeckte den Ärger über das Missgeschick des Unfalls und die Vergeblichkeit unseres Besuches in Charkow. Wir hatten den Eindruck, dass wir in Charkow unter absoluter Kontrolle standen. Am nächsten Tag konnten wir, wie versprochen, das Auto holen. Ich bezahlte 10 Rubel für die Reparatur und brachte das Auto zum Campingplatz in der Absicht die Stadt unverrichteter Dinge zu verlassen. Dann aber wollten wir doch noch einen Versuch wagen und vor unserer Abreise die berühmte Verkündigungskirche besichtigten, in der Hoffnung, vielleicht hier Bücher hinterlegen zu können. Umso mehr staunten wir, als bei unserer Ankunft bereits drei Männer vor dem Portal gleichsam auf uns warteten. Sie hatten gleiche Kleidung, einen dunkelblauen Staubmantel, eine Mütze auf dem Kopf und waren offenbar unmotiviert an diesem Ort zugegen ohne eigenes Ziel. Damit war unser Verdacht bestätigt, dass wir unter Beobachtung standen.

Also spielten wir Touristen und wollten die Kirche besichtigen. Leider war das Tor verschlossen, weil in der Ära Stalins keine öffentlichen Gottesdienste gefeiert werden durften. So erbaten wir von unseren unbekannten »Begleitern« einen Schlüssel für die Besichtigung des Kircheninneren. Tatsächlich ging einer der Männer zu einem nahen Haus, kam mit einem Schlüssel zurück und öffnete.

Wir bewunderten das Innere der Kirche, fragten nach der Bedeutung der verschiedenen Fresken, die Bibelszenen oder Heilige darstellten und merkten das Unbehagen, das sie befiel, wenn sie religiöse Auskünfte geben sollten.

Nach diesem Kirchenbesuch war es für uns klar, dass nur die Weiterfahrt sinnvoll war. Wir verstauten unser Gepäck, fuhren Richtung Kursk und weiter nach Orel. Als wir auf der Fahrt die vergangenen Ereignisse überlegten, kamen uns neue Bedenken. Es war durchaus möglich, dass in der Werkstätte ein Nachschlüssel von unserem Auto gemacht worden war, so dass Fremde jederzeit Zugang zu unserem Wagen hätten. Außerdem vermuteten wir, dass vielleicht auch eine »Wanze« installiert worden wäre. Daher sprachen wir ab jetzt im derbsten Dialekt und benutzten für Worte, die unsere Reise betrafen, fremde Bezeichnungen; wir sprachen in einem verschlüsselten Code.

Standbild eines Panzers in Orel

Jugendliche halten Wache

Auf dem Campinglatz in Orel wurden wir zu unserem Erstaunen sofort als die »drei Studenten aus Österreich« begrüßt. Also waren die Informationen über uns schon angekommen. Völlig überrascht waren wir, als uns die Dame beim Empfang mitteilte, dass wir in Moskau, unserem nächsten Ziel, nicht wie vorgesehen auf dem Campingplatz, sondern im »Hotel Moskwa« übernachten müssten. Auf meine Frage, wer die Kosten bezahlen würde, meinte die Dame, dass dies zu unseren Lasten ginge.

Wir beschlossen aber, dass wir dieser Forderung nicht nachkommen würden, denn schließlich stand auf unserem Visum klar und deutlich, dass wir in Moskau, wie vorgesehen, auf dem Campingplatz zu nächtigen haben.

Persönlich interessierte ich mich in Orel für allfällige Soldatenfriedhöfe, wie es sie bei uns in Österreich als Erinnerungen an die Gefallenen gibt. Der Grund war der Tod meiner zwei Onkel, die in der Kesselschlacht von Orel im Jahre 1944 ums Leben gekommen waren, wie auf ihrem Sterbebildchen zu lesen ist: »Gefallen im Raum von Orel.«

Die Antwort der Dame vom Empfang war leider negativ, sie wüsste nichts von Soldatenfriedhöfen. Dafür aber gab es ein Monument mit einem Panzer, bei dem Jugendliche Wache hielten, die sich alle paar Stunden ablösten.

Hier kam mir wieder die Sinnlosigkeit dieses Krieges zu Bewusstsein, der 50 Millionen Menschen das Leben gekostet hatte, dazu noch 10 Millionen getötete Zivilisten in den Gaskammern der Konzentrations- und Vernichtungslager und Zivilisten, die mutwillig von der SS auf dem Vormarsch durch Polen, die Ukraine und Weißrussland, aber auch in Frankreich und anderen Ländern erschossen oder sonst ermordet wurden. Ob Erwachsene oder Kinder, sie wurden hingerichtet wegen ihrer Volkszugehörigkeit oder aus Gründen des Widerstandes.

Die Stadt Orel war für uns nur ein Zwischenstopp auf unserer Reise. Am nächsten Tag fuhren wir weiter nach Moskau mit der Gewissheit, dass wir auch dort nicht unbekannt sein würden. Einer der Campingplätze in Moskau lag 17 Kilometer vom Stadtzentrum entfernt, genau an der Straße, die von Orel kam. Wir suchten auf dem geräumigen Areal einen geeigneten Platz aus, begannen unser Zelt aufzustellen und wollten es uns gemütlich machen. Es war ein Gehen und Kommen von Touristen, weniger aus dem Ausland, sondern sehr viele von Oststaaten und Russland selbst.

Es dauerte keine 10 Minuten als etwa sieben Meter von uns entfernt drei Männer ebenfalls ein Zelt aufstellten. Eigentlich hätte uns das egal sein können. Was uns aber auffällig erschien, war das Auto mit einem Moskauer Kennzeichen. Die neuen »Nachbarn« waren drei Herren, bekleidet – wie schon an den anderen Orten – mit blauem Staubmantel, und zudem war ihre Camping-Ausrüstung extrem bescheiden. Es kam kein Kocher zum Vorschein, keine Campingsitze noch irgendetwas für eine Freizeitbeschäftigung.

Kein Wunder, dass wir misstrauisch wurden. Wir wollten uns Gewissheit verschaffen, ob unser Verdacht berechtigt oder nur das Produkt einer Angstpsychose war. Wir wählten für das Experiment das WC. Einer von uns besuchte den Ort und ließ seine Armbanduhr gut sichtbar auf der primitiven Ablage des Plumpsklos zurück.

Wir warteten ab, was geschehen würde. Es war eine billige Uhr, die wir im Falle eines Diebstahls verschmerzen konnten. Aber es kam ganz anders. Kaum zehn Minuten später ging ein freundlicher Herr von den Neuangekommenen auf uns zu und brachte uns die im Klo vergessene Uhr mit der Bemerkung, dass er sie am erwähnten Ort gefunden hätte. Wir bedankten uns sehr höflich für die Ehrlichkeit. Für uns aber war es ein Beweis, dass wir wieder unsere »Schutzengel« hatten, die uns nicht aus den Augen lassen würden. Nun war guter Rat teuer. Die übliche Art, Bücher unbemerkt in Kirchen zu deponieren, war nun nicht mehr möglich. Die Literatur in kyrillischer Schrift war nun eine Last geworden, die mehr und mehr bedrohlich wurde. Eines war uns klar, wir durften weder uns noch andere Personen in Gefahr bringen.

Wir saßen im Zelt beisammen, überlegten und diskutierten, um einen Weg finden, wie wir die Bücher möglichst schnell loswerden könnten. Es gab eine letzte Alternative, die wir jetzt in Betracht zogen, eine Notlösung, wie sie als letzter Ausweg vorgesehen war.

Blick auf den Roten Platz mit Kreml, Basilius-Kathedrale und Kaufhaus Gum

Wir hatten die Adresse einer Dame, Sekretärin in der belgischen Botschaft, die von solchen Aktionen informiert war. Das Codewort war »Bonifatius« und diese Dame war im Ernstfall zu kontaktieren. Es gab eine Telefonnummer, ob geschützt oder abhörbar, wussten wir nicht. Es galt zunächst per Telefon Kontakt aufzunehmen.

Ich telefonierte und es kam tatsächlich ein Rendezvous zustande. Inhaltlich ging es beim Gespräch natürlich nicht um Bücher, sondern um ein Wiedersehen nach langer Trennung, um Grüße von Freunden aus der Heimat zu überbringen. Termin und Zeitpunkt wurden vereinbart, und wir hatten es zu arrangieren, diesen Termin wahrzunehmen.

Eines war uns klar: das Auto durften wir nie mehr allein lassen. Nach dem Ereignis in Charkow waren wir überzeugt, dass die Spitzel sicher einen Schlüssel zu unserem Auto hatten. Daher musste tagsüber immer jemand von uns im Auto bleiben, um eine etwaige geheime Durchsuchung zu verhindern. Natürlich hätte die Polizei jederzeit eine solche durchführen können, aber wir vermuteten, dass es eher darum ging, durch unsere Aktivitäten eventuelle Kontaktpersonen zu entlarven.

Am Tag des Rendezvous mit besagter Dame waren wir guter Dinge und verbrachten die Zeit mit einer Besichtigung des Kremls, einiger Kirchen, natürlich auch der Zarenglocke, der größten Glocke der Welt, die aber nie geläutet wurde, weil ein Stück ausbrach. Auch beim Lenin-Mausoleum auf dem Roten Platz stellten wir uns für eine Besichtigung an, verzichteten dann aber, weil uns die Wartezeit wegen der vielen Touristen zu lange wurde.

Ganz in der Nähe des Roten Platzes ist die Tretjakow-Galerie. Mit 140.000 Werken von Malerei, Ikonen, Graphiken und Bildhauerei ist sie,

Große Zarenglocke im Kreml

Eingang in die Basiliuskathedrale

Wostok Rakete im Ausstellungsgelän-

neben der Eremitage in St. Petersburg, eine der größten und auch berühmtesten Kunstsammlungen Russlands. Wir interessierten uns besonders für die Ikonen und staunten, wie viele Besucher gerade bei den Ikonen verweilten und im Gebet und Betrachtung lange Zeit vor ihnen verbrachten. Besonders beeindruckte uns die Basilius Kathedrale auf dem Roten Platz.

Während zwei von uns auf Besichtigungstour unterwegs waren, verbrachte der dritte seine Zeit im Auto, um unliebsame Besucher fernzuhalten. Alle zwei Stunden gab es dann eine Ablöse.

Daher konnten wir uns nicht allzu weit vom Auto entfernen, was die Entdeckerfreude etwas einschränkte. Dieser Tag sollte mit der Übergabe der Bücher gekrönt und damit auch ein Tag der Entlastung für uns sein. Das Rendezvous war für die Abendstunden vorgesehen. Die restliche Zeit bis zum »Date« verbrachten wir in der Ausstellung »Wystocha«, wo Errungenschaften der russischen Volkswirtschaft ausgestellt waren.

Die wenigen Stunden reichten natürlich nicht aus, um auch nur einen kleinen Teil der Objekte zu sehen. Unsere Aufmerksamkeit zog die Wostok-Rakete auf sich, die 1968 den ersten Menschen in eine Umlaufbahn um die Erde gebracht und damit einen entscheidenden Schritt für die Weltraumforschung gesetzt hatte.

Die Ausstellung sollte die Größe der werktätigen Bevölkerung der UdSSR dokumentieren und der Welt zeigen, wie wirksam die Planwirtschaft im Gegensatz zum Kapitalismus des Westens war.

Inzwischen ist das kommunistische System 1989 zusammengebrochen und der »Eiserne Vorhang« gefallen. Leider hat der Westen das Ereignis nur als ein Scheitern eines Wirtschaftssystems interpretiert und nicht die Sehnsucht des Volkes nach menschlichen Grundrechten gesehen, welche die eigentlichen Gründe für den Umschwung waren: Meinungs- und Pressefreiheit, Religions- und Gewissensfreiheit und die Freiheit zu reisen.

Die Zeit verging rasch und das Vorhaben dieses Abends rückte näher. Wir waren dafür vorbereitet, hatten die Bücher wie üblich bei uns und warteten die Dämmerung ab. Gegen 7 Uhr abends wurden die Lichter der Straßenbeleuchtung eingeschaltet. Während Norbert mit dem Auto zum Felix-Dserschinski-Platz fahren und uns dort erwarten sollte, wollten Charly und ich mit den Büchern per Taxi zur Adresse von der Botschaftsangestellten fahren.

Zunächst fuhren wir mit unserem eigenen Auto auf dem »Prospekt Mir«, der Friedensstraße, eine kurze Strecke. Plötzlich erlosch die Straßenbeleuchtung aus irgendeinem Grund. Wir deuteten dies als ein günstiges Zeichen, verließen bei einer Ampel schnell unser Auto und stellten uns in das Dunkel eines Baumes am Rande des Boulevards. Wir warteten kurze Zeit, begannen dann langsam auf dem Gehsteig entlangzugehen, warfen ab und zu einen Blick in die Auslagen, bis wir dann ein Taxi aufhielten. Die ersten verweigerten, dann aber blieb ein Taxi stehen, und wir nannten die Straße, in die wir fahren wollten. Wir waren fast eine Stunde unterwegs und vermuteten, dass sich die Adresse in einem Vorort von Moskau befinden musste. Dann aber flüsterte mir Charly, der auf dem Rücksitz saß, zu, dass uns ein Auto folgte. Das Kennzeichen war immer dasselbe, nur die Lichter änderten sich; manchmal brannte das linke Positionslicht nicht, dann wieder das rechte, vermutlich um eine Tarnung vorzutäuschen. Die Lage wurde durch diese Beobachtung für uns sehr ungemütlich. Wir konnten unmöglich die Adresse der Dame bekannt machen, denn das hätte sich für sie nachteilig auswirken können. Der Taxifahrer hatte inzwischen tatsächlich die von mir gewünschte Straße gefunden und fragte nach der Hausnummer. Ich erinnere mich noch heute genau an diese Sekunde, in der ich um eine rechte Antwort rang. Nur nicht die richtige Nummer sagen. Was aber, wenn eine andere Nummer die richtige war und wir aussteigen müssten? In dieser Sekunde kam mir der Gedanke, eine ziemlich hohe Hausnummer zu nennen in der Hoffnung, dass es diese nicht gäbe. Also nannte ich eine Nummer weit über 100. Der Chauffeur begann zu suchen und sagte dann am Ende der Straße, dass es diese Nummer nicht gäbe.

»Dann war das wohl ein Irrtum«, sagte ich und bat ihn umzukehren und uns auf den Felix-Dserschinski-Platz ins Stadtzentrum zu bringen. Am Ziel angelangt, bezahlte ich mit einem guten Trinkgeld. Erst jetzt sahen wir, dass uns mindestens zwei andere Autos gefolgt waren. Sie blieben in einer gewissen Entfernung stehen, stiegen aus und sprachen miteinander.

Wir entdeckten Norbert, der inzwischen im Auto wartete und fuhren dann schweigend zum Campingplatz. Im Zelt analysierten wir unsere Lage, die alles andere als rosig war. Wie würden wir unsere Bücher loswerden? Wir dachten an eine Entsorgung auf dem Klo, aber die Erfahrung mit der vergessenen Uhr zeigte uns, dass dies nicht möglich war. Wir dachten sogar daran, die Bücher zu essen, aber die Menge war dafür zu groß. Ohne eine sinnvolle Lösung gefunden zu haben, verkrochen wir uns in die Schlafsäcke und warteten auf den nächsten Tag, in der Hoffnung, dass sich mit der Helle des Tages auch für unser Problem eine Lösung finden würde.

Schließlich beschlossen wir Folgendes: Wir würden uns jetzt einige Zeit absolut unauffällig verhalten, brave Touristen sein, die sich für Kunst, Kultur und gutes Essen interessieren. Die Entscheidung, unser Auto persönlich zu bewachen, würden wir beibehalten. Das gab Sicherheit für unsere »Geschenke« und ermöglichte ein gutes Maß an touristischem Vergnügen.

Auf dem Roten Platz befindet sich auch das große Kaufhaus Gum, das »Hauptwarenhaus« Moskaus. Heute ist Gum kein Warenhaus mehr, sondern ein Einkaufszentrum. Bei unserem Besuch in den sechziger Jahren war das Warenangebot eher dürftig, obwohl das Gebäude imposanter und wichtiger Zeuge der Architektur des 19. Jahrhunderts ist. Wir besuchten auch eine kleine katholische Kirche in Moskau, die sich im Zentrum befindet. Von den 142 Millionen Russen sind heute etwa 1 Million Katholiken. Bekannt ist die Kathedrale der Unbefleckten Empfängnis Mariens in Moskau.

Beeindruckend waren die breiten Boulevards mit vier Fahrstreifen und mehr. Bei all den Besichtigungen behielten wir unser wichtigstes Problem stets im Auge, die Bücher vor unserer Abreise irgendwo zu hinterlegen. Dabei reifte ein Plan, den wir schließlich auch durchführen wollten. Unser Auto benötigte als Kraftstoff Superbenzin. Mit diesem Qualitätsbenzin war volle Leistung zu erreichen, was sich im Straßenverkehr positiv auswirkte. Am Tag der Abreise wollten wir in letzter Minute die Bücher doch noch in Moskau lassen. Als letzter Ausweg war ein Treffen mit Elisabeth, unserer Kontaktfrau, gedacht, die wir im Büro der Botschaft besuchen wollten.

Kaufhaus Gum auf dem Roten Platz, 1966

Katholische Kirche in Moskau

Seit unserem letzten Versuch waren vier Tage vergangen, Zeit genug, um die Aufmerksamkeit der Spitzel etwas abzulenken. Mit dem Auto fuhren wir wiederholt die Strecke vom Campingplatz zur Belgischen Botschaft, einfach deshalb, um die benötigte Zeit zu erfassen und den Straßenverlauf genau zu kennen. Dabei versuchten wir, bei den Kreuzungen immer in der »Pole Position« zu sein, um möglichst schnell als erster wegfahren zu können. Unsere Absicht war, die Autos Type Wolga, die mit dem schlechteren Benzin unterwegs waren, hinter uns lassen zu können. Bei der Botschaft angekommen, würden zwei von uns rasch aussteigen und ins Gebäude gehen, während Norbert mit dem Auto weiterfahren würde, um nach kurzer Zeit wieder zurückzukommen.

Wir nahmen Kontakt mit der Dame auf und fixierten acht Uhr früh als den Zeitpunkt unseres Treffens, früher als der übliche Bürobeginn. Am frühen Morgen des Tages unserer Abreise bauten wir das Zelt ab, verstauten alles im Auto, banden uns die Bücher wieder um und bereiteten die Abfahrt vor. Zu unserer Überraschung wurden wir bei der Ausfahrt aus dem Campingplatz sehr detailliert über unsere Reisepläne befragt. Bereitwillig nannten wir unser nächstes Ziel Smolensk, denn nun ginge es heimwärts Richtung Österreich.

Bis zur Botschaft waren es an die 10 Kilometer. Wie an den vergangenen Tagen eingeübt, versuchten wir immer als erste bei den Ampeln anzukommen, um dann rasch wegfahren zu können. Auf diese Weise hatten wir tatsächlich einen großen Vorsprung vor den anderen Autos. Beim Botschaftsgebäude angekommen, verließen wir schnell das Auto, traten ein, während Norbert um den Häuserblock fuhr. Die Dame war wegen der frühen Stunde allein anwesend, übernahm die Bücher und verbarg sie in einem Safe. Sie erzählte, dass sie in Abständen diese Literatur an Priester und Intellektuelle verteilen würde.

Lange dauerte das Gespräch nicht, denn Norbert sollte rasch wieder zurück sein. Eine kurze Verabschiedung, ein Danke für diese Mithilfe und schon waren wir draußen, gerade rechtzeitig als unser Auto um die Ecke bog. Wir stiegen ein und fuhren Richtung Smolensk und Minsk. Die Erleichterung war einem jeden von uns anzusehen.

Bald hatten wir die Verbindungsstraße nach Smolensk erreicht und fuhren, 17 Kilometer von Moskau entfernt, an jenem Denkmal vorbei, das an die Grenze des Vormarsches der Deutschen in Richtung Moskau im Zweiten Weltkrieg erinnerte. Nun waren wir auf der Straße nach Smolensk, hatten keine Bücher mehr als belastendes Material mit uns, waren also Touristen im wahrsten Sinn des Wortes.

Wir waren vielleicht eine halbe Stunde unterwegs, als Charly plötzlich auf ein entgegenkommendes Auto zeigte und sagte: »Das war dasselbe Kennzeichen wie bei jenem Auto, das in der Nacht hinter uns herfuhr.« Sollte es also gelungen sein, dass die Verfolger nichts von unserem Besuch in der Botschaft mitbekommen hatten? Trotz allen Bemühens konnten wir keine »Begleitung« entdecken.

Hatten sie also unserer Reiseangabe beim Verlassen des Campingplatzes geglaubt und waren sofort diesen Weg gefolgt, bis sie entdeckten, dass wir doch weiter zurück sein mussten? Wenn es so wäre, dann müsste bald wieder eine Beschattung zu sehen sein.

Wir warteten eine geraume Zeit, fuhren weiter auf der breiten, sehr grobkörnigen Straße, wollten uns aber doch versichern, ob es eine Beschattung gab.

Die Gegend zwischen Moskau und Smolensk ist ziemlich eben, aber großwellig geformt, so dass die Autos sich aus den Augen verlieren können. Nach einer solchen Bodenwelle im Gelände blieben wir einmal plötzlich stehen, liefen in die Ebene seitlich der Straße und simulierten eine Pisspause. Gleichzeitig beobachteten wir etwaige Reaktionen nachfolgender Autos. Tatsächlich schien ein Fahrer überrascht zu sein und hatte seinen Wagen plötzlich abgebremst, obwohl unser Auto ganz nahe am Straßenrand geparkt war. Der Beifahrer streckte seinen Kopf durch das Fenster und blickte in unsere Richtung. Wir waren überzeugt, dass dieses Auto uns gefolgt war und hatten einen Beweis, dass wir noch immer unter Kontrolle standen. Bei der nächsten Umkehrmöglichkeit über unsere Straße sahen wir tatsächlich dieses Auto, wie es vermutlich den Weg nach Hause nahm. Von da an allerdings hatten wir wieder eine permanente Begleitung durch ein anderes Fahrzeug. In Smolensk kamen bald nach unserer Ankunft Studenten auf uns zu und begannen ein Gespräch über verschiedene Themen. Auch kam die Frage nach Büchern (»knigi« auf Russisch), ob wir solche hätten und ihnen schenken könnten. Für uns war es neuer Beweis, dass wir wieder beobachtet wurden. Das sollte sich noch bei einer anderen Gelegenheit bestätigen.

Wir besuchten auch Geschäfte um Nahrungsmittel oder Früchte zu kaufen. Dabei beobachteten wir, wie sich Männer bei der Kassiererin mit Blick auf uns erkundigten. Wir überlegten und vermuteten, dass es sich nur um die Summe unseres Einkaufes handeln konnte. Das machte uns auf das Devisenproblem aufmerksam. Als wir einreisten, mussten wir zwangsweise Schillinge in Rubel umwechseln. Eine Einfuhr von Rubel war damals streng verboten. Der Grund war der Wechselkurs, der im Ausland wesentlich niedriger war als an der Grenze.

Wir wechselten nur 17 Rubel, mit denen wir eine Zeitlang auskamen. Als es knapp wurde, tauschten wir nicht Geld um, sondern verkauften einige unserer Kleider, die reißend Absatz fanden. Damit kauften wir Souvenirs wie Schallplatten, Pelzhauben oder Geschenke für Angehörige. Durch die inoffizielle Geldbeschaffung überstiegen die Ausgaben die offiziell umgetauschten Devisen. Das hätte uns zum Fallstrick und als Devisenschmuggel interpretiert werden können.

Wir zählten die Summe unserer gekauften Geschenke zusammen und kamen auf eine Summe, die durch offiziell getauschte Devisen tatsächlich nicht gedeckt war. Es blieb uns nichts anderes übrig, als diesen offenen Betrag offiziell einzutauschen, das Geld zu verstecken und außer Landes zu bringen, damit es den Anschein hatte, dass alles ausgegeben worden wäre. Zudem mussten wir sichere Verstecke finden, denn wir rechneten mit einer strengen Kontrolle bei der Ausreise. Die Rohrstäbe für unser Zelt schienen uns sicher, dann aber hatten wir Zweifel und benützten nur die Mittelstange, weil ein Durchblicken hier nicht möglich war. Ein Teil fand in den Schuhsohlen einen sicheren Platz.

Der Rest der Reise über Minsk nach Brest, dem Grenzposten nach Polen, verlief ohne Probleme. Am Zoll angekommen, fand sich zunächst niemand, der sich für uns interessierte. Es war still und menschenleer. Erst nach etwa fünf Minuten bangen Wartens kam – wie auf Befehl – eine Gruppe von vier Personen, teils in Uniform, teils in Zivilkleidung, und beschäftigte

Straße zwischen Moskau, Smolensk, Minsk und Brest

Denkmal im Konzentrationslager Majdanek

sich mit unserem Auto. Wir mussten alle unsere Gepäckstücke ausräumen, dann wurde der Wagen auf eine Montagegrube gefahren, damit das Auto auch unten inspiziert werden konnte. Jedes einzelne Gepäckstück wurde untersucht, die Türverkleidung abgeklopft, der Reservereifen geschüttelt. Man blickte tatsächlich durch jene Zeltstangen, bei denen es möglich war. Wie der Spuk begonnen hatte, so war er nach einer knappen Stunde auch wieder vorbei. Die Herren verließen uns, sagten »karascho«, deuteten auf das Gepäck, das einzuräumen war, und wiesen dann den Weg zum Grenzbaum als Zeichen, dass wir fahren konnten.

Noch nie hatte ich ein solches Gefühl von Freiheit und Befreiung erfahren wie in dieser Stunde, und meinen Begleitern ging es ebenso. Obwohl auch Polen ein kommunistisches Land war, gab es einen eklatanten Unterschied. Wir fühlten uns nicht mehr überwacht und verfolgt, sondern frei, schon dadurch, dass wir das Ziel unserer Fahrt selbst wählen konnten.
Die Reise ging dann nach Lublin, wo wir im Priesterseminar übernachteten. Wir besuchten auch das Konzentrationslager Majdanek südlich von Lublin. Hier war im Jahre 1941 ein großes Vernichtungs- und Todeslager unter Himmler errichtet worden, in dem nach neueren Forschungen an die 80.000 Menschen getötet wurden. Das Lager war groß und umfasste viele Baracken.

Nach dieser langen und abenteuerlichen Reise hatten wir kaum noch Lust auf neue Entdeckungen auf unserem Weg nach Süden. Er führte über Krakau nach Katowitz, Brünn und Wien.

Für uns Studenten war diese Aktion von großer Bedeutung gewesen. Wir hatten eine Kirche erlebt, die verfolgt und gedemütigt wurde, die ihre Helden und Märtyrer hatte, die aber alles andere als gebrochen waren.

Diesen Eindruck hatten wir auch von den Menschen, die jahrzehntelang im Gefängnis waren und tapfer durchgehalten hatten.

Wir waren dankbar für die Großzügigkeit, mit der wir die Erlaubnis für solche Reisen von Seiten unserer Vorgesetzten erhalten hatten.

Vor dem Hintergrund dieser Erlebnisse war die Spontaneität zu erklären, mit der wir nach der Öffnung des Ostens, besonders von Rumänien, wieder solche Reisen unternahmen, weil uns die Lage dort nicht unbekannt war und wir hofften, frühere Bekannte zu treffen.

Reise nach Haiti
1990

Bei meinem Aufenthalt in »Lumen Vitae« hatte ich die Theologie der Befreiung kennengelernt. Diese Theologie war ein Ergebnis des II. Vatikanischen Konzils. Während in Europa die Erneuerung hauptsächlich im innerkirchlichen Raum stattfand (Sprache, Liturgie), wandte sich die lateinamerikanische Kirche dem Volk zu, einem Volk, das unterdrückt, ausgebeutet und arm war. Die politische Lage war in allen Ländern durch die Herrschaft einer kleinen, aber reichen Oligarchie gekennzeichnet, die von Amerika finanziell und besonders militärisch unterstützt wurde.

Die Theologie der Befreiung hatte genau dieses politische System des Unrechts aufgezeigt, die Menschen sensibilisiert und ihnen die Ungerechtigkeit, deren Opfer sie waren, bewusst gemacht. Sie fragte nach den Ursachen der Armut, die sie in den ungerechten Strukturen fand. Nach den versprechenden Anfängen in Lateinamerika kam bald Kritik aus Rom mit der Warnung, dass die Verwendung der Gesellschaftsanalyse von Marx nicht frei sei von ideologischer Indoktrinierung und daher auch der Gebrauch dieser Methode abzulehnen sei.

Da ich Priester und Schwestern aus Lateinamerika, besonders aus Haiti, kennengelernt hatte, plante ich im Jahre 1990 dieses Land zu besuchen. Es war eine Zeit, in der es politische Unruhen gab, weil sich die Menschen nach dem Sturz des Diktators Jean Claude Duvalier auf Neuwahlen vorbereiteten. Ich wusste, dass Haiti zu den Karibikinseln gehört und von Kolumbus 1492 entdeckt wurde. Andere Teile der Geschichte des Landes erfuhr ich von meinen Gastgebern.

Port-au-Prince

Standbild des Aufstands

Die Urbevölkerung von → **Haiti** wurde innerhalb von 10 Jahren durch die Krankheiten der Eroberer, strenge Arbeitsverpflichtung und willkürliche Tötung sehr stark dezimiert, so dass man Sklaven aus Afrika für die Arbeit auf den Feldern holte. Durch das rasche Aussterben der Ureinwohner kam es zu keiner Vermischung der Völker, so dass ein Großteil der Bevölkerung noch immer Afrikaner sind.

Der letzte in der Reihe der Diktatoren war Jean Claude Duvalier. Er war unterstützt von den »Tontons Macoutes«, eine Gruppe aus Schlägern und Geheimpolizei, wurde aber 1986 entmachtet. In dieser Zeit der Unsicherheit besuchte ich das Land auf Einladung von Schwester Roselene, hörte Schüsse in der Nacht und nahm die aufgebrachte und unzufriedene Stimmung unter den Menschen wahr.

Sklavenhandel

Wer Haiti besucht, kommt auch mit der Geschichte des Sklavenhandels in Berührung, denn bald nach der Eroberung des Landes durch die Spanier begann der interkontinentale Transfer von Sklaven aus Afrika und sollte fast 400 Jahre lang dauern. Das Schicksal der Ureinwohner und später der Sklaven war von Anfang an tragisch und leidvoll.

Die Einheimischen empfingen die Eroberer mit Geschenken, vermutlich weil sie glaubten, dass es sich um gottähnliche Wesen handelte, die übers Meer zu ihnen gekommen seien. Da die Erde fruchtbar war, verpflichteten sie die Eingeborenen zu Zwangsarbeit auf den neu errichteten Plantagen für Zuckerrohr und Baumwolle.

Die Indianer waren der schweren Arbeit nicht gewachsen, starben durch Schikanen, neue Krankheiten, eingeschleppt durch die Europäer, und willkürliche Tötung. Um die Leiden der einheimischen Bevölkerung zu lin-

rtholomé de las Casas

Blick auf Port-au-Prince

dern, schlug man vor, Afrikaner ins Land zu holen. Damit begann die Sklaverei, ein düsteres Kapitel der europäischen Geschichte.

Nach anfänglichen Zweifeln wurde Bartholomé de las Casas (Sevilla 1484–1566 bei Madrid) ein spanischer Theologe, Dominikaner und Schriftsteller, ein mutiger Kämpfer gegen die Sklaverei. Er war ab 1502 in dieser spanischen Kolonie und somit langjähriger Augenzeuge der Conquista. Sein Bericht schildert den Eroberungsalltag mit den unvorstellbaren Grausamkeiten. Der flammende Protest des Paters provozierte heftigen Widerstand, zeigte aber wenig Wirkung bei den Verantwortlichen. Nach vielen Versuchen erhielt er 1540 eine Audienz beim Kaiser, um die Lage zu schildern, aber Konsequenzen blieben aus. Sein Bemühen brachte ihn sogar ins Gefängnis.
Sein Mitbruder Pater Montesino beklagte ebenfalls die grausamen Methoden der Eroberer. Die 1513 erlassenen Gesetze von Burgos[50] brachten keine Erleichterungen, weil es keine Sanktionen gab. Berühmt wurde die Predigt am vierten Adventsonntag des Jahres 1511 in der Kirche von Santo Domingo, bei der Montesino die anwesenden spanischen Kolonisatoren fragte:

> »Mit welchem Recht und welcher Gerechtigkeit haltet ihr diese Indios in einer so grausamen und schrecklichen Knechtschaft?

50 Gesetze von Burgos regelten die Lebensbedingungen der Indianer. Die Einheimischen wurden in Gruppen von 40 bis 150 Menschen versammelt, um für die Kolonialherren zu arbeiten. Die einheimische Bevölkerung wurde umgesiedelt und zur Zwangsarbeit verpflichtet. Einheimische wie Sklaven mussten christianisiert werden. Die Gesetze regelten die Lebensbedingungen der Indianer genau (Arbeit, Bezahlung, Provisionen, Behausung, Hygiene), blieben aber weitgehend wirkungslos, weil es keine Kontrolle gab. (https://de.wikipedia.org/wiki/Leyes_de_Burgos.)

Pablo Richard, Befreiungstheologe

*Tagungsteilnehmer*innen*

Mit welcher Befugnis habt ihr diese Völker blutig bekriegt, die ruhig und friedlich in ihren Ländern lebten, habt sie in ungezählter Menge gemartert und gemordet? Ihr unterdrückt sie und plagt sie, ohne ihnen essen zu geben und sie von ihren Krankheiten zu heilen, die über sie kommen durch die maßlose Arbeit, die ihr ihnen auferlegt, und sie sterben – oder besser gesagt: ihr tötet sie, um Tag für Tag Gold zu gewinnen.«

(Martin Neumann: Las Casas. Die unglaubliche Entdeckung der Neuen Welt, Herder, Freiburg 1990, S. 41.)

Trotz solcher Worte kam es zu keiner wesentlichen Änderung. Erst im 19. Jahrhundert wurde die Sklaverei zu verschiedenen Zeiten gesetzlich abgeschafft (Frankreich 1848).

Die »Zitadelle«

Motiviert durch die Französische Revolution gab es 1804 einen Sklavenaufstand in Haiti, der erste, erfolgreiche, der in die Geschichte einging. Seit dieser Zeit ist Haiti eine Republik. Der Nachfolger von Dessalines war Henri Christoph. Da er fürchtete, dass die Franzosen wieder zurückkommen würden, ließ er die Festung → »**Zitadelle**« in den Jahren 1805 bis 1820 erbauen.

Es kam aber zu keinem Angriff, so dass die Festung nie ihrem Zweck gedient hatte. Am Fuß des Berges ließ Henri Christophe ein Schloss für seine Ehefrau Marie-Louise Coidavid errichten. Als Vorbild hat ihm Versailles in Frankreich gedient. Heute ist dieses Gebäude schon sehr verfallen.

Als Haiti 1825 die Unabhängigkeit von Frankreich erreichte, musste das Land noch Jahrzehnte hindurch insgesamt 90 Millionen Gold-Franc als Entschädigung an ehemalige Plantagenbesitzer zahlen. Der Export von

Zitadelle von Haiti

Haus der Voodoo-Religion

Agrargütern ging später stark zurück. Es lag an der Agrarstruktur, die für die Bauern nur kleine Parzellen vorsah, die ihr Eigentum waren.

Bibelkurs in Port-au-Prince

Die Stadt Port-au-Prince hat eine schöne Lage und bot viele Ausflugsziele wegen der hügeligen Umgebung. Sie ist farbenreich durch die Häuser, die an den Hängen gebaut sind, ebenso bunt wie die Taxis in der Stadt, die mit wahren Kunstwerken verziert sind. Mir fiel auf, dass die Bevölkerung bis zu 80% rein afrikanisch war, und es kaum Mischlinge gab. Freunde erklärten mir, dass die Vermischung mit der Urbevölkerung durch ihre rasche Vernichtung nach der Eroberung kaum möglich war, und »Papa Doc« in jüngerer Zeit viele Mischlinge aus Angst vor einem Umsturz töten ließ.

Einen Tag nach meiner Ankunft begann bereits der Bibelkurs, gehalten vom Befreiungstheologen Pablo Richard, geboren in Chile, dann Professor der Theologie an der Universität in Costa Rica. Es waren etwa 110 Teilnehmer, die in heißen Temperaturen von 8 Uhr früh bis am Abend um 17 Uhr durchhielten.

Im Alten Testament steht Gott immer auf der Seite des Volkes. Er hört den Schrei der Armen und solidarisiert sich mit den Verfolgten. Die Botschaft Jesu entspricht dieser Beobachtung, wie viele biblische Beispiele zeigen. Bis zum II. Vatikanischen Konzil war die theologische Lehre ausschließlich von Europa geprägt und kümmerte sich wenig um die Entwicklung der Dritten Welt.

Die Befreiungstheologie war kein Produkt aus Lehrsälen und von Schreibtischen, sondern sie erhielt ihre entscheidenden Impulse aus dem Leben des Volkes und den überfüllten Städten Südamerikas, einem Konti-

»Poteau mitan«, ein Holzpfosten, an dem der Geist herabkommt

Darstellung der Gottesmutter a
»Loa« im Voodoo Kult

nent, der durch politische Unterdrückung und jahrhundertelanger Kolonialisierung sich selbst entfremdet war.

Diese Notlage analysiert der Theologe, entdeckt auf dem biblischen Hintergrund die Strukturen, welche die Gewalt institutionalisieren und die Ursache der Armut heute sind. Angefeuert durch diese Erkenntnisse versucht er das Leid und die Ursachen bewusst zu machen und die Situation zu ändern.

In pastoraler Hinsicht geht es um die Bildung von Gemeinschaften, Basisgemeinden genannt, die durch die Beschäftigung mit der Bibel die Güte Gottes erkennen sollen, aber auch die Situation des Unrechts, in dem viele von ihnen leben.

Kein Wunder, dass die Befreiungstheologie von den Herrschenden abgelehnt wurde und deren Vertreter mit Verfolgung zu rechnen hatten. Dieser Bibelkurs zum Thema Befreiungstheologie war für mich wie ein Eintauchen in eine neue Welt der Verkündigung. Die Heilige Schrift war kein Lehrbuch für eine bibeltheologische Wissenschaft, sondern eine Anweisung für praktisches Handeln jetzt und heute.

Während meines Aufenthaltes gab es in Port-au-Prince immer wieder Todesfälle durch nächtliche Banden, angeheuert von höchster Stelle.

In einem Fall war ein solches Opfer auch Mitglied einer Basisgemeinde. Die Mitglieder fanden sich nun zusammen, um zu beraten, welche Wege ihnen offen stünden, um der Gerechtigkeit Genüge zu tun. Dazu bedurfte es der Hilfe von allen Mitgliedern.

Bei einem Voodoo-Priester

Interessant war auch der Besuch bei einem Voodoo-Priester in Port-au-Prince. Voodoo ist eine synkretistische Religion, die sich ursprünglich

flanzen eines Bäumchens im »Centre Laborde«

Taxi in der Hauptstadt

in Westafrika entwickelt hatte und heute (2019) auch in kreolischen Gemeinschaften des atlantischen Raumes und vor allem in Haiti beheimatet ist. Durch die Sklaverei kam diese Praxis aus Westafrika in die Karibik. Durch Tanz, Trommel und Duft kommen Teilnehmer in Ekstase. Nach ihrem Glauben kommt der Geist durch Gesang und Gebete des Priesters auf einer Holzsäule (Poteau mitan) in der Mitte des Gebetsraumes auf Menschen und besonders auf Kranke herab. Der Beter versinkt in einen Trancezustand und hat keine Erinnerung, wenn er erwacht. Manchmal müssen Kranke auch länger bleiben, bis sie entlassen werden.

Im Glauben des Voodoo-Kultes gibt es nur einen Gott und dieser wird »Bondye« in Kreol genannt, was vom französischen »Bondieu« (Guter Gott) herkommt.

An diesen Gott kann man sich nur über Vermittler nähern, die »Loa« genannt werden. Bei ihnen handelt es sich um göttliche Geistwesen, die Macht haben, Dinge zu verändern.

Jede Familie trachtet einen solchen »Loa« als Fürsprecher zu haben; sie werden angebetet und sind der wichtigste Ansprechpartner bei Schwierigkeiten. Manchmal werden Heilige der katholischen Kirche in einen solchen »Loa« projiziert und entsprechend auch dargestellt, wie hier auf diesem Bild. Das Verhältnis zwischen Katholizismus und Voodoo ist gut und konfliktfrei. Unter der Präsidentschaft von Aristide (1996–2004) wurde der Voodoo Kult eine vom Staat anerkannte Religion und ist bis heute wesentlicher Teil der Gesellschaft.

Während meines Aufenthaltes konnte ich auch andere Städte besuchen, von denen »Cap-Haitien« besonders bemerkenswert war. Die Stadt war während der französischen Kolonialzeit viele Jahre Hauptstadt.

Cap Haitien, Stadt im Norden

V. r. n. l.: Hildegard Schandl, Pater Adam Grona der Gastgeber in Bolivien, Petra Hiemetsberger

Ein Erlebnis war der Besuch des »Centre Laborde« im südlichen Teil des Landes in der Diözese Les Cayes. Es handelt sich um ein mit französischer Hilfe erbautes Ausbildungszentrum für Landwirte.

Hier lernten die Landarbeiter den Umgang mit modernen Maschinen (Traktor, Pflug), wie auch die richtige Fruchtfolge beim Anbau und die gefahrlose Verwendung von Handelsdünger und Spritzmitteln kennen. Als Erinnerung an meinen Besuch durfte ich auf dem Areal einen Baum pflanzen, eine große Ehre für mich. Auch Frauen haben hier Weiterbildungsmöglichkeiten. Es gibt Kurse für gesunde Ernährung und auch einen Kurs für Alphabetisierung.

Haiti ist ein aufgeschlossenes Land, aber politisch instabil und auf Hilfe von außen angewiesen. Die Erwartungen der Bevölkerung nach Frieden und Sicherheit wurden bis heute nicht erfüllt.

Reise nach Bolivien
1992

In der Pfarre Krems St. Veit gab es immer wieder Priesterstudenten, die das verpflichtende Pastoraljahr machten. Es war das Missionshaus St. Gabriel bei Mödling, das ab und zu Priesteranwärter zu uns schickte. Mit diesen jungen Studenten kam auch immer wieder frischer Wind in unsere Pfarre und Christen erlebten auch etwas von einer weltweiten Kirche, da mancher dieser jungen Studenten sehr bald nach der Priesterweihe in ein Land in Lateinamerika oder Afrika gesandt wurde. Natürlich blieben auch nach ihrem Pastoraljahr die Kontakte noch einige Zeit aufrecht durch Briefkontakt oder über die Rundbriefe, die der eine oder andere von ihrem neuen Arbeitsgebiet sandte.

Überfahrt über den Rio Grande bei Santa Cruz

Probleme mit dem Tiefsand am Ostufer

So war es mit Pater Adam Grondziel, der sehr bald nach seiner Priesterweihe nach Bolivien ging und konkret in Cochabamba tätig war. Irgendwann äußerte ich den Wunsch, ihn in seiner neuen Heimat besuchen zu dürfen. Schließlich kam eine Einladung, die ich mit Freuden annahm. Ich wollte aber nicht allein diesen Besuch machen, sondern sprach einige Leute an, ob sie Interesse an einer solchen Reise hätten. Unsere Gruppe bestand schließlich aus drei Personen, Sr. Petra Hiemetsberger, Hildegard Schandl und mir. Die Reise fand wegen des Schuldienstes meiner Begleiterinnen in den Ferien statt.

Wir flogen von Frankfurt nach Sao Paulo in Brasilien und dann weiter nach La Paz mit dem höchsten Flughafen der Welt in El Alto (4085 Meter). Von dort ging es weiter nach Cochabamba. Bei dem Zwischenaufenthalt in El Alto machten wir die Erfahrung des Luftmangels durch die große Höhe, in die wir ohne Vorbereitung gekommen waren. Die ersten raschen Schritte nach dem Verlassen des Fliegers werden schnell langsamer und die Atmung wird schneller, ohne dass man den Eindruck hat, dass es den Luftmangel lindert. Ein Tee aus Coca Blättern wirkt in diesem Fall Wunder und hilft über die ersten Probleme hinweg.

Nie werde ich den Eindruck des Weiterfluges vergessen, wo nach dem Start der Maschine sofort der Sinkflug Richtung Cochabamba einsetzte und die drei mächtigen Berggipfel des Illimani (6.800 m) in Augenhöhe vom Flugzeug aus zu sehen waren.

Adam empfing uns in Cochabamba, einer Stadt 2560 m hoch gelegen. Nach einigen Tagen der Akklimatisierung planten wir eine Fahrt in das Hügelland von Chiquitos, einer fruchtbaren Ebene im Osten des Landes. Nach einem Zwischenstopp in Santa Cruz überquerten wir am nächsten Tag bei schlechtem Wetter den Rio Grande. In seinem weiteren Verlauf wird der Fluss in den Amazonas münden.

oben: Kirche von Conception, Bolivien

rechts: Kircheninneres von San Xavier

War die Überfahrt mit dem stotternden Schiffsmotor schon spannend, so erwartete uns am anderen Ufer eine andere Überraschung. Der Boden war durch den Regen sehr aufgeweicht, so dass die Autos Mühe hatten, die etwa hundert Meter lange Sandpassage durchzufahren.

Einmal dieses Hindernis bewältigt kamen wir nach 259 Kilometer zu den berühmten Kirchen, die die Chiquito Indianer bauten. Ein sehr schönes Gotteshaus ist die Kirche Conception, errichtet im Jahre 1753. Sie zählt heute zum UNESCO Kulturerbe.

Die Kirche zeigt am besten den Sinn der Eingeborenen für Kultur und ihr künstlerisches Können, indem sie beim Bau ihrer Kirchen einen besonderen Stil mit eigener künstlerischer Ausprägung geschaffen haben. Die Chiquitos waren ein sehr kriegerischer Indianerstamm, der der Missionierung durch die Spanier lange Zeit widerstand. Das war mit ein Grund, warum die Jesuiten ein Missionsgebiet bekamen, das sich genau zwischen den Eroberungsmächten der Spanier und der Portugiesen befand, ein Gebiet, das von den Chiquito-Indianer bevölkert war[51]. Anfangs unterrichteten die Jesuiten nur auf Universitäten und wirkten nicht in der Pfarrseelsorge. Nach ihren ersten Erfahrungen in Peru kamen sie zur Erkenntnis, dass ohne wirtschaftliche Unabhängigkeit keine geistige und kulturelle Entwicklung möglich ist[52]. Das war die Geburtsstunde der Idee, wirtschaftliche Hilfe zu

51 Der Film »Mission« behandelt die Thematik der Missionierung der Chiquito Indianer.
52 Antonio Menacho: Por tierras de Chiquitos, Imprenta »Sirena« Santa Cruz 1991, S. 55.

leisten und gleichzeitig den Glauben zu verkünden. So gründeten sie die »reducciones« (Reduktionen), indem sie die Bevölkerung zusammenführten und in Zentren wohnen ließen, was eine größere Unabhängigkeit vom spanischen König und wirtschaftlichen Erfolg mit sich brachte. Der Erfolg war auch darauf zurückzuführen, dass die Chiquitos in diesen Reduktionen in Sicherheit gegen Angreifer und vor der Versklavung geschützt waren.

Das wiederum missfiel der Kolonialmacht Spanien, die vom Papst die Vertreibung der Jesuiten aus den spanischen Ländern Lateinamerikas verlangten. In der Folge wurde der Jesuitenorden verboten und schließlich ganz aufgehoben.

Nach der Besichtigung dieser Kirchen aus der Zeit der Jesuitenmission fuhren wir nach Cochabamba über das Gebirge mit einer Höhe von 3.600 m zurück. Es waren meist Sandstraßen. Steigung und Höhe waren auch für das Fahrzeug eine Belastung. In kurvenreichen Windungen führte die Straße über das Gebirge, manchmal auch unterbrochen durch defekte Brücken mit Umleitungen durchs Wasser.

Die Fahrt nach La Paz war spannend, mussten wir doch über 1000 Höhenmeter überwinden. Der letzte Teil der 390 Kilometer langen Stecke führt über den Altiplano, einer eher trostlosen Hochebene.

Umso größer ist die Überraschung, wenn nach den ersten Häusern der Blick auf La Paz in einem tiefen Talkessel fällt, mit den unzähligen Indiohütten, die an den steilen Rändern des Tales hochschwappen. 500 Meter tiefer erkennt man die koloniale Altstadt und dazwischen die repräsentativen Hochhäuser. Dahinter erheben sich wie eine Kulisse die drei Gipfel des Illimani (6800 m), der zum Stadtbild gehört wie der Stephansdom zu Wien. Die Stadt selber verzeichnet einen Höhenunterschied von fast 1000 Metern, was jeder Besucher bei seinen Spaziergängen sofort bemerkt. Mit solchen Gegebenheiten ist La Paz die höchste Hauptstadt der Welt. Wir besichtigten in dieser Stadt einige Märkte, das Mond Tal, die San Franzisco Kirche.

Auf dem Hexenmarkt fanden wir neben verschiedenen Essenzen auch getrocknete Embryos von Lamas, die als Schutz gegen Unglück verkauft und bei Neubauten von kleinen Häusern in die Fundamente eingebaut werden, denn sie sollen Schutz bringen.

La Paz, (La Ciudad De Nuestra Senora De La Paz), Zentrum 3650 m

Illimani, 6.800 m, mit Ostteil von La Paz

Die Mondlandschaft ist ein Phänomen der Erosion im Tal des Flusses La Paz, der einfach »Rio Abajo«, flussabwärts, heißt. Die verschiedenen Materialien sind im Laufe der Zeit ganz verschieden erodiert, so dass sich als Ergebnis eine Landschaft mit spitzen Steingebilden bildete.

Auf unserer weiteren Fahrt kamen wir in das Zentrum einer der größten Indianerkulturen von Südamerika, Tiwanacu. Als Entstehungszeit dieser Kultstätte wird heute die Zeit zwischen dem 8. und 10. Jahrhundert n. Chr. angegeben. Geschichtliche Fakten sind rar, weil die Indios keine Schrift kannten und die Inkas, die das Gebiet im 15. Jhd. eroberten, die geschichtlichen Daten verfälschten[53].

Die Anlage befindet sich auf einer Höhe von etwa 3000 Meter, ist nicht geschützt durch Wälder oder Vegetation und somit jedem zugänglich. Daher kam es zu Plünderungen auch des Steinmaterials, das zum Bau von Häusern, der Kathedrale, ja sogar für Brücken und Dämme der Eisenbahn verwendet wurde. Das Wenige, das übrig blieb, kam ins Freilichtmuseum in La Paz. Beeindruckend sind die erhaltenen Mauern mit der genauen Anpassung der Steine, ähnlich wie auf dem Machu Picchu, Peru, das Sonnentor und die wenigen erhaltenen Figuren.

Unser Weg führte uns zum höchst gelegenen See der Erde, dem Titicacasee, der schiffbar ist und in dessen Mitte sich Inseln befinden. Sie haben den Namen »Sonneninsel« und »Mondinsel«. Am Ufer des Sees liegt der Wallfahrtsort Copacabana, einer der berühmtesten der mittleren Anden. Hier verehren die Wallfahrer das Bildnis einer »Schwarzen Madonna«, geschnitzt von einem Indio im 16. Jahrhundert.

53 Möller, Gerd und Elfriede: Bolivien, Goldstadtverlag, Pforzheim 1981, S. 55 und S. 186.

»Hexenmarkt«

Sonnentor von Tiwanacu

Nach diesen Besichtigungen planten wir am nächsten Tag eine Fahrt zum höchsten Schigebiet der Welt, dem Chacaltaya. Per Auto kommt man bis zur Schihütte in einer Höhe von 5,180 m. Der Anstieg zum Gipfel ist anstrengend aber völlig gefahrlos.

Nach diesem erlebnisreichen Ausflug unternahmen wir an einem der nächsten Tage eine Fahrt nach Coroico, nordöstlich von La Paz. Obwohl die Stadt wenig an Sehenswürdigkeiten zu bieten hat, ist die Fahrt dorthin ein unvergessliches Erlebnis. Die Straße wurde aus den Steilhängen des Gebirges herausgesprengt und bietet keine Möglichkeiten zum Überholen. Selbst bei Gegenverkehr ist eine geeignete Stelle zu suchen um aneinander vorbeizukommen. Wir wurden von Freunden von Pater Adam herzlich empfangen.

Coroica ist die Hauptstadt des Landstrichs Las Yungas und erfreut sich eines sehr angenehmen Klimas, so dass die Bevölkerung von La Paz hier oft die Ferien verbringt und die angenehme Wärme genießt.

Bolivien ist ein Land, in dem die Coca Pflanze seit Jahrhunderten angebaut wird. Die Blätter der Cocapflanze halfen den Arbeitern in großer Höhe den Hunger zu stillen und die Mühen der Arbeit besser zu ertragen. Sie ist eine Heilpflanze, die auch bei Krankheiten hilft. Erst durch die massive Erzeugung von Kokain kam die Pflanze in Verruf. Da auch Kalk für die Herstellung des weißen Pulvers benötigt wird, ist in Las Yungas der Kauf von Kalk meldepflichtig, wie uns Einheimische erzählt haben. Für viele Bauern ist der Anbau von Coca wesentlich ertragreicher als jede andere Frucht. Eine Änderung wird es erst geben, wenn der Staat andere gewinnbringende Erwerbsmöglichkeiten schafft. Landwirtschaft ist in vielen Gegenden möglich und warum nicht Coca-Anbau für medizinische Zwecke, wo Cocablätter doch heilsame Pflanzen sind?

Mühsame Arbeit bei der Bereitung der Pflanzung

Cocaplantage in Las Yungas

Ein letzter Besuch galt einem aufgelassenen Bergwerk, bei dem es Zusammenstöße zwischen der Bevölkerung und dem Militär gab, wobei viele Menschen getötet wurden. Heute noch sind die Grabmäler sichtbar, weil die Getöteten an Ort und Stelle beerdigt wurden. Der Ort ist inzwischen öde und verlassen, nur Lamas weilen in dieser Gegend. In der Ferne ist der mächtige Huayna Potosi sichtbar, ein beliebter Berg für erfahrene Bergsteiger. Die Leute sprachen damals mit viel Wehmut und Verzweiflung von diesen blutigen Ereignissen, weil viele ihrer Väter und Gatten das Leben verloren hatten. Es war ein Kampf um Gerechtigkeit und menschenwürdige Arbeitsbedingungen, die die Regierung nicht bieten wollte. Unser Aufenthalt ging zu Ende und mit vielen Erlebnissen flogen wir wieder nach Europa zurück.

Bolivien, wie ich es erlebte, hat eine phantastische Vielfalt in jeder Hinsicht. Geographisch teilt sich das Land in eine fruchtbare Tiefebene mit einer üppigen Vegetation, von Norden ausgehend die Region Selva mit anschließender Las Pampas und das Bergland Los Chiquitos. Im Westen erheben sich gewaltige Berge, die aber noch in Höhen fruchtbar sind, wo bei uns nichts mehr wachsen würde.

Eine Vielfalt auch im Hinblick auf die Bevölkerung. Bolivien ist eines der wenigen Länder, in der die einheimische Bevölkerung noch in der Mehrzahl ist (52 % Eingeborene). Eine Vielfalt auch in der Vegetation, bedingt durch die geographischen Unterschiede. Was die Bevölkerung betrifft ist Bolivien unterbevölkert, da auf einer Fläche von 1 Million Quadratkilometer nur etwa 6 Millionen Menschen leben, also 6 Personen pro Km^2. Bolivien ist ein Land, das bei günstigen politischen Bedingungen Wohlstand und Frieden haben könnte.

Gräber der getöteten Arbeiter

Menschen in La Paz

Der Traum vom Fliegen

Einer meiner Kindheitsträume war das Fliegen. Allerdings blieb es beim Wunsch, denn ich hatte weder Gelegenheit noch Geld und Zeit. Erst als ich Pfarrer in Krems wurde und die wichtigsten Erneuerungen im Pfarrhof wie in der Kirche beendet waren, machte ich eines Tages einen Besuch auf dem nahen Flugplatz in Gneixendorf und wollte mich wegen eines Gästefluges erkundigen. Der diensthabende Kontroller auf dem Turm verwies mich auf die nächste Sitzung, bei der ich Piloten wegen eines Rundflugs kontaktieren könne. Ich nahm an dieser Sitzung teil, vereinbarte einen Termin für einen Flug und wurde sofort Mitglied des Flugvereins. Ich meldete mich als Flugschüler an und begann unverzüglich mit dem theoretischen Unterricht und praktischen Flugstunden.

Am 22. April 1993 machte ich meinen ersten Flug mit einem Fluglehrer und spüre noch heute das Glücksgefühl beim ersten Abheben. Fünf Monate später war Prüfungstermin. Bis zu diesem Zeitpunkt musste ich die notwendigen 40 Flugstunden absolviert, zudem den Dreiecksflug und die Alpeneinweisung gemacht haben. Die Alpeneinweisung stand zuletzt auf dem Programm. Es waren drei Landungen im Gebirge verlangt, bei uns meist auf Flugpisten im Ennstal. Diesen Flug unternahmen wir am 31. Juli 1993 und landeten in Timmerstorf, Trieben und schließlich in Niederöblarn im Ennstal.

Am Morgen dieses Tages war der Wetterbericht gut, aber es wurde gegen Mittag ein Wetterumsturz angekündigt. Die Gesamtzeit des Fluges würde knappe drei Stunden beanspruchen, also Zeit genug, um diesen Flug vor dem Schlechtwetter durchzuführen. Nach der letzten Landung in Niederöblarn gönnten wir uns einen Kaffee, als plötzlich eine Windböe

Polizeiaufnahmen vom abgestürzten Flieger in Niederöblarn, Ennstal

Flugplatz in Krems, Gneixendorf

die Tür des Lokals zuschlug. Mein Fluglehrer Otto Salzinger, der diese Gegend sehr genau kannte, sagte: »Jetzt müssen wir rasch aufbrechen, denn hier kann es schnell einen Wetterumsturz geben!«

Wir starteten die Maschine, mussten aber lange auf die Starterlaubnis warten, weil inzwischen einige Segelflieger, ein Schleppflugzeug und Paragleiter wegen des aufkommenden Windes landeten, ein Wind, von dem wir in der Kabine bei laufendem Motor nichts mitbekamen. Schließlich durften auch wir starten, und ich war überrascht wie schnell wir in die Höhe gehoben wurden. Noch war ein Teil der Piste in Sicht, als wir plötzlich wie von unsichtbarer Hand zu Boden gedrückt wurden. Unter uns war inzwischen die Piste zu Ende und vor uns floss die Enns, gesäumt von hohen Erlen. Ich übergab das Steuer dem Fluglehrer, weil mich diese Situation überforderte. Der Fluglehrer hatte keine andere Wahl als zu versuchen über die Bäume auf die andere Seite der Enns zu kommen. Trotz voller Motorkraft und zeitweiser Stallwarnung gewannen wir nicht genügend an Höhe. Der Propeller und die Flügel berührten die Baumwipfel, so dass wir Geschwindigkeit verloren und senkrecht auf der anderen Seite der Enns zu Boden stürzten.

Nach einem Moment der Stille meinte der Fluglehrer: »Wir müssen hier raus!« Ich selbst war in dieser Minute zu keiner Initiative fähig, verstand aber die Weisung und kroch aus dem Trümmerhaufen. Als ich meinen Begleiter nachzog, begann er zu jammern, da er Schmerzen am Bein hatte.

In sicherer Entfernung warteten wir auf das Rettungsauto, das der Tower von Niederöblarn sofort verständigt hatte. Die Untersuchung im Kran-

Winter in einem Dorf im Waldviertel

Ötscher von Süden, Niederösterreich

kenhaus von Schladming ergab, dass Otto, der Fluglehrer, einen offenen Knochenbruch hatte, während ich mit dem Schrecken davongekommen war. Trotzdem musste ich zur Kontrolle eine Nacht im Spital bleiben.

Das Glück im Unglück bestand darin, dass sich beim senkrechten Aufprall der Propeller in voller Geschwindigkeit in die Erde schraubte und die Wucht des plötzlichen Stillstands den Motor aus der Aufhängung gerissen hatte, so dass er einen Meter neben dem Flugzeug zu liegen kam und nicht in die Kabine gestoßen wurde. Als gläubiger Mensch sagte ich, dass wir hier wirklich einen Schutzengel hatten.

Der Vorfall hatte auch Konsequenzen, denn einige meiner Kollegen aus dem Kurs gaben anschließend ihr Fliegerprojekt auf. Ich persönlich dachte keinen Augenblick daran, sondern zwei Tage später saß ich bereits wieder im Flieger und drehte meine Runden, um nach diesem Unfall wieder Vertrauen zu mir und zum Fliegen zu bekommen.

Zwölf Tage später war die praktische wie auch die theoretische Prüfung. Ergänzend machte ich das Funkzeugnis für Englisch und Deutsch und nach weiteren 200 Flugstunden die Berechtigung für den Instrumentenflug. In dieser Zeit flog ich viel, zunächst weil es mir Freude bereitete, dann auch um die Routine zu bekommen. Unvergessen sind die Winterflüge mit guter Sicht, wenn die Dörfer wie Rettungsinseln aus dem Schnee herausragen und die Berge sich in ihrer ganzen Schönheit zeigen. Mit Freunden machte ich Rundflüge in verschiedene Städte Österreichs.

Der Anflug auf Innsbruck von Osten kommend war jedes Mal ein besonderes Erlebnis, weil der letzte Teil des Sinkfluges direkt über die Stadt verläuft, mit der beeindruckenden Kulisse der Berge zu beiden Seiten und der wunderbaren Stadt unterhalb.

Besuch auf dem Hafelekar, Innsbruck; v. l. n. r.: Gustl Koppensteiner, Madlene Hochleitner

Flugplatz in Innsbruck: v. l. n. r.: Gustl Koppensteiner, Anton Harrer

Die Erreichung der Pilotenlizenz war für mich am Anfang ein reines Hobby, ein Zugeständnis an meine Liebe zum Fliegen. Einige Jahre später sollte sich dieser »Luxus« als sehr sinnvoll erweisen, ohne dass ich es auch nur im Geringsten am Beginn geahnt hätte. Davon wird später zu berichten sein.

Hundertjahrjubiläum in Bangui, Feier und Reflexion 1994

Auch in Österreich unterhielt ich immer wieder Kontakte mit ehemaligen Freunden und Mitarbeitern in der Zentralafrikanischen Republik, war über die politischen Ereignisse informiert und verfolgte die innerkirchlichen Veränderungen mit Interesse. Eines Tages kam eine Einladung zum hundertjährigen Bestehen der Kirche. Im Jahre 1894 waren zum ersten Mal Missionare in dieses Land gekommen, und somit sollte 1994 das Hundertjahrjubiläum (»Le Centenaire«) gefeiert werden. Der Termin war für den Jänner des Jahres 1995 vorgesehen. Es freute mich, dass ich zu diesem Fest eingeladen wurde, war ich doch fast 10 Jahre am Aufbau dieser Kirche mitbeteiligt gewesen. Ich entschied mich zu einem Besuch und lud zwei gute Freunde, Madlene und Peter, zu dieser Reise ein, die jedoch erst etwas später nachkamen.

Auf dem großen Platz vor der Kathedrale in Bangui stand die festlich geschmückte Tribüne für den Gottesdienst, an dem alle Bischöfe des Landes teilnahmen. Der Kirchenchor stellte sich aus Sängern verschiedenster Religionsgemeinschaften zusammen und zählte weit über 100 Teilnehmer.

Eine Frau bringt das Evangelium zum Altar

Sänger verschiedener Konfessionen

Auch der Präsident und andere Vertreter der Politik waren zum Festakt geladen. Die Feier leitete ein aus Rom entsandter Kardinal.

Beeindruckend war die Überbringung des Evangeliums, das sich in einer Kalebasse befand, die eine Frau zum Altar trug. Dieses Gefäß ist das Zeichen der Gastfreundschaft, des Willkommens, wie auch der Nahrung, alles Werte, die auch die Frohe Botschaft bringt. In seiner Predigt sprach der Erzbischof Joachim Ndayen von den Schwierigkeiten am Beginn der Missionierung, weil die französische Kolonialregierung ja eine flächendeckende Tätigkeit der Kirche untersagte.

Schwerpunkt der Ansprache war die damals aktuelle gesellschaftliche Lage, geprägt von Ungerechtigkeit, Armut und schwächelnder Politik. Wirtschaftlich bestand eine totale Abhängigkeit vom Ausland. Rohstoffe wie Kaffee, Baumwolle, Holz oder Diamanten wurden exportiert, nichts wurde im Land selber verarbeitet. Die Korruption bei Politikern und Geschäftsleuten war weit verbreitet, während die Bevölkerung in großer Armut lebte.

Es war ein starkes Zeichen der Ökumene, dass andere christliche Glaubensgemeinschaften an der Feier teilnahmen. Nach der Feier gab es ein großes Festmahl im Regierungsgebäude der Nationalversammlung, der »Assemblée Nationale«, zu welchem an die 500 Gäste geladen waren.

Das Ereignis der Hundertjahrfeier in Bangui und verschiedenen Aktivitäten in den Pfarren laden ein zu einem kurzen Rückblick auf die Geschichte und einer Reflexion über die Bedeutung der Mission in Zentralafrika.

In Zentralafrika waren die Anfänge schwierig, weil die französische Kolonialverwaltung mit laizistischer Ideologie kein Interesse an der Präsenz von Missionaren hatte. Daher auch die schon erwähnte Beschränkung des Wirkens der Missionare auf drei Städte: Bangui, Bouar und Ndele.

Bischöfe bei der festlichen Feier

Neue Kapelle in Mandao

Aus Berichten der ersten Missionare in den Jahren 1885 bis 1920 geht hervor, dass die ersten Zentren von Christen in Sainte Blandine, Bangui, und in Djoukou (Sainte Famille), 120 km nordwestlich von Bangui am Ufer des Oubangui entstanden sind.

Es gab Ende des 19. Jahrhunderts auch unter den afrikanischen Stämmen einen regen Handel von Sklavenkindern. Die ersten Missionare kauften versklavte Kinder frei, gewährten ihnen Unterkunft, Nahrung und schließlich auch Bildung. Der Ruf dieses Lebens in Freiheit und Sicherheit verbreitete sich rasch. Die Kinder wurden unterrichtet und erhielten Einführung in den Katechismus. Bald nützten auch andere Jugendliche diese Gelegenheit zur Bildung.

Der französischen Administration blieb dies nicht verborgen, so dass am 28. Dezember 1920 eine amtliche Regelung erfolgte und die erste private, katholische Schule in Djoukou genehmigt wurde. In Folge wurde das gesamte Schulwesen den Missionaren anvertraut. Erst im Jahre 1963/64 übernahm der Staat die Verantwortung für den Schulunterricht.

Missionarische Tätigkeit ist kein Selbstzweck, und das Christentum war von den Anfängen an eine Befreiungsbewegung. In Zentralafrika wird das sehr deutlich. Jugendliche, die in weißer oder schwarzer Untertänigkeit lebten, kamen in die erwähnten Zentren und blieben trotz geregelter Tageszeit und manueller Beschäftigung, obwohl sie vorher keinen strukturierten Tagesablauf hatten. Sehr bald nützten auch andere Kinder und Jugendliche diese Gelegenheit der Bildung.

Aus diesen Schulzentren sind später die ersten Verantwortlichen des Landes hervorgegangen. Daher wundert es nicht, dass der erste Kandidat für das Amt des Präsidenten im Zuge der Unabhängigkeit, ein Priester war, Barthelemy Boganda, weil es an anderen, qualifizierten Persönlichkeiten fehlte.

Mandao, Gottesdienst in der neuen Kapelle

Erzeugung von Brettern

Christliche Mission dient nicht in erster Linie der Ausbreitung der Kirche, sondern hat der Humanisierung der Gesellschaft zu dienen. Die Botschaft Jesus soll zur Befreiung von Unterdrückung, zu Respekt der menschlichen Würde und zu einem neuen Menschsein führen.

Die Behandlung dieser Kinder zeigt einen solchen Umgang in Würde und Menschlichkeit, wie ihn die Botschaft Jesu lehrt, ganz im Sinne von Freiheit, Gleichheit und Geschwisterlichkeit.

Bei aller Wertschätzung jeder Kultur, gibt es immer Elemente, die verletzend und menschenunwürdig sind: Sklaverei, Praxis des Duellierens, Ehrenmorde, Missachtung von Armen, Diskriminierung Andersdenkender, Fremdenangst und Fremdenfeindlichkeit …

Selbstkritisch möchte ich hier anmerken, dass christliche Mission in ihren Anfängen (auch auf anderen Kontinenten) oft problematisch war. Jahrhundertelang kümmerte man sich wenig um Inkulturation. Trotz aller Nächstenliebe standen oft nicht Dialog und Partnerschaft im Vordergrund, sondern Bevormundung und Verlängerung von Abhängigkeit, egal ob gewollt oder ungewollt. Vor diesem Hintergrund wurde das jesuanische Erbe der Befreiung und Solidarität des Öftern verraten: die christliche Botschaft ist keine Vertröstung auf ein besseres Jenseits, sondern ein Aufruf zum Einsatz für ein menschenwürdiges Leben in dieser Welt.

Heute ist die Kirche in Zentralafrika ein stabiler Faktor der Gesellschaft besonders in politisch kritischen Zeiten. Sie zeigt klar und deutlich Missstände auf und mahnt Freiheit, Würde und Gerechtigkeit ein, wenn diese bedroht sind.

Seit 2012 herrscht im Land ein flächendeckender Krieg durch Rebellengruppen. Dahinter stehen in erster Linie wirtschaftliche und politische Interessen. Aber es gab auch gewalttätige Übergriffe auf christliche Missionen, für die muslimisch dominierte Gruppen verantwortlich waren. Dabei wurden Gebäude zerstört und viele Menschen getötet.

Sr. Anastasia und Madlene,
Kunst des Wassertragens

Abendessen in Bangui vor der Heimreise; mit
Madlene Hochleitner und Peter Eichler

Politisch und historisch gesehen ist es nicht sehr lange her, dass sich die Europäer in Afrika als Ausbeuter und Unterdrücker aufführten und bis auf wenige Ausnahmen beinahe den ganzen Kontinent in Kolonien untereinander aufteilten, ohne auf die Bevölkerung auch nur die geringste Rücksicht zu nehmen. Noch heute unterhält Frankreich Sonderbeziehungen auf dem afrikanischen Kontinent, und ein Dutzend afrikanischer Staaten (auch die ZAR) bleibt durch wirtschaftliche Strukturen und Abhängigkeiten eng an Paris gebunden.

In Zeiten wie diesen ist es notwendiger denn je, der christlichen Botschaft treu zu bleiben. Es ist immer und überall herausfordernd, gewaltfreien Widerstand zu praktizieren und die Option für die Benachteiligten nicht aus dem Blick zu verlieren.

> ... Wann werden die Menschen dieser Erde aufstehen und sagen: Genug ist genug ... Wann werden wir lernen, dass Menschen von unendlichem Wert sind, weil sie nach dem Bilde Gottes geschaffen wurden ... Diejenigen, die andere unmenschlich behandeln, werden selbst entmenschlicht. Unterdrückung entmenschlicht den Unterdrücker wie den Unterdrückten, wenn nicht noch mehr. Beide brauchen einander, um wirklich frei zu werden.
>
> (Erzbischof Desmond Tutu anlässlich der Verleihung des Friedennobelpreises 1984)

> Es ist eine harte Lektion, dass das Vertreiben der Kolonialisten und falschen Missionare noch lange nicht bedeutet, frei zu sein. Das Wiederentdecken von afrikanischer Vielfalt als Wert, die Integration von Unabhängigkeit und Freiheit als etwas Bedeutungsvollem für Frauen und Männer in unserem afrikanischen Alltag steht noch immer bevor.
>
> (Ama Ata Aidoo, Schriftstellerin aus Ghana)

Nach der Ankunft von Madlene und Peter fuhren wir mit dem Auto, das uns der Bischof zur Verfügung gestellt hatte, nach Bangassou. Auf dem Weg dorthin machten wir Halt in Alindao, ein Ort, den ich durch meine fast zehnjährige Tätigkeit (1973–1982) sehr gut kannte.

Hier wurde aus Anlass der Hundertjahrfeier eine Kapelle im Wohnviertel Mandao errichtet. Als verantwortlicher Seelsorger von Alindao hatte ich 1978 ein Grundstück für den Bau eines kirchlichen Zentrums mitten im Wohnviertel erworben, weil dort viele Christen etwas entfernt von der Hauptkirche leben. Mit Eukalyptusbäumen hatte ich das Grundstück abgegrenzt, auf dem inzwischen eine Kapelle errichtet worden war. Bischof Maanicus hatte mich beauftragt, die Weihe dieser Kapelle vorzunehmen. Es war ein großes Ereignis für alle Menschen in diesem Wohnviertel.

In benachbarten Dörfern besuchten wir kleine Genossenschaften, bei denen sich besonders Jugendliche engagierten. In einem Dorf erzeugten sie Bretter, indem sie Holzstämme mühsam der Länge nach durchsägten. Da es wenig Schnittholz gab, hatten sie keine Mühe ihre Bretter zu verkaufen.

Mit den jungen afrikanischen Schwestern verstanden wir uns schnell, und Madlene erhielt sogar eine Einführung in die Kunst des einheimischen Wassertransports auf dem Kopf, für Europäer eine wahrliche Herausforderung.

Nach dem Besuch fuhren wir wieder nach Bangui zurück. Auf der Fahrt dorthin sahen wir wiederholt Buschbrände, die besonders in der Trockenzeit, die sich von Oktober bis März etwa erstreckt, bewusst gelegt werden, um bei der Jagd erfolgreicher zu sein. Durch das Feuer fliehen aufgeschreckte Kleintiere und geraten in die Netze der Jäger.

Da die Brände nach erfolgter Jagd nicht gelöscht werden, breitet sich das Feuer immer weiter aus und äschert große Gebiete ein. Damit wird jedes Jahr die Humusschicht vernichtet und der Boden durch die heiße Sonne ausgetrocknet. Das schadet dem Boden, fördert die Erosion und mindert die Fruchtbarkeit des Bodens.

Die wenigen Tage in Bangui nützten wir für Besuche im »Centre artisanal«, dem Zentrum für Kunsthandwerk, ein beliebter Treffpunkt für Touristen, um das eine oder andere Erinnerungsstück zu erwerben.

Gäste aus Bolivien

Abbé Jean Vermond Aramassi in Krems

Verabschiedung im Pfarrhof Bürgermeister Alfred Höl

Abschied von Krems
1997

Auf die Zeit in Krems schaue ich mit viel Dankbarkeit zurück. In all den Jahren konnten wir gemeinsam in vielerlei Hinsicht einiges gestalten, feiern und auch restaurieren.

Neben vielen Aktivitäten wurde im Jahr 1995 das Millennium der Stadt Krems gefeiert. Die Pfarre wurde von der Stadtgemeinde eingeladen, etwas zum Fest beizutragen.

So haben wir Vorträge zu aktuellen Themen von Kirche und Gesellschaft organisiert und mit dem »Chorus Musica Sacra« das Oratorium »Messias« von G. F. Händel aufgeführt.

Ein weiterer Schwerpunkt war die Einladung von Gästen aus Haiti, Bolivien, Mexiko, Philippinen und aus Zentralafrika, wo jeweils 2 Personen unserer Einladung gefolgt sind. Innerhalb einer Woche gab es einen interessanten Austausch und die Gäste berichteten von ihrer Kultur, ihrem Alltag und den Problemen in ihren Ländern.

Meist bereisen wir Europäer die Länder des Südens. Mir war es beim Millennium wichtig, dass diesmal Gäste aus südlichen Ländern zu uns kommen und ihre unterschiedlichen Erfahrungen mit uns teilen.

Aufgrund meines Aufenthaltes in Afrika war ich für die jeweiligen wirtschaftlichen Schieflagen in den südlichen Ländern sensibilisiert. Das war u. a. auch ein Ansporn, diese Themen innerhalb der Pfarre zu thematisieren. So gründeten wir den entwicklungspolitischen Arbeitskreis WEKEF (Weltkirche und Entwicklungsförderung), wo wir uns mit den Problemen in wirtschaftlich ärmeren Ländern auseinandersetzten. Als konkrete Frucht dieser Beschäftigung entstand bei den Beteiligten die Idee, einen »Weltladen« in Jahre 1993 zu gründen. Bei der Eröffnung war auch Bischof

Antoine Maanicus aus Bangassou anwesend, der den Weltladen segnete. Seit dieser Zeit ist auch in Krems der Faire Handel bekannt.

Des Öfteren habe ich Studenten aus Zentralafrika, die in Frankreich ein Studium absolvierten, nach Krems eingeladen. Damit wollte ich auch etwas von der erfahrenen Gastfreundschaft in Afrika zurückgeben. Gleichzeitig weckten diese Besuche immer wieder die Erinnerungen an die Zeit in Afrika.

Nach 12-jähriger Tätigkeit in Krems kam die Zeit, wo ich entscheiden musste, ob ich weiterhin in der Pfarre bleibe, oder noch einmal ein neues Kapitel aufschlage. Um all diese Überlegungen in Ruhe zu ordnen, nahm ich mir im Bildungshaus Lainz eine Zeit der Stille, um eine Neuorientierung für mein weiteres Leben zu finden.

Damals reifte in mir der Gedanke, einen zweiten Aufenthalt in Zentralafrika in Erwägung zu ziehen. Begünstigt wurde dieser Plan durch den Gedanken, dass nicht sehr viel Aufwand notwendig sein wird, da für die Landessprachen (Französisch und Sango) lediglich eine kleine Auffrischung notwendig war.

All diese Gedanken waren mir schnell vertraut und so habe ich sehr rasch eine Entscheidung für meine berufliche Zukunft getroffen.

Unmittelbar danach nahm ich Kontakt mit Bischof Maanicus (Bischof von Bangassou in Zentralafrika) auf und informierte ihn über meine Absicht, mich wieder in der ZAR zu engagieren. Der Bischof war sehr erfreut, und es gab keine Einwände für einen neuerlichen Aufenthalt. Als ich so nebenbei erwähnte, dass ich mittlerweile auch den Flugschein erworben hatte, war er zunächst einmal überrascht.

Dann erzählte er mir, dass die Diözesen Bangassou und Bambari seit einigen Jahren ein gemeinsames Flugzeug gekauft haben, welches von der NGO »Piloten ohne Grenzen« in Holland betreut wird. Immerhin beträgt die Fläche beider Diözesen über 300 000 km². Die Piloten sind sehr engagiert, brauchen aber ab und zu eine Vertretung (Urlaub, Krankheit). Außerdem werden sie bei jeder geringsten politischen Unsicherheit abgezogen, so dass der Flieger in dieser Zeit keine Verwendung hat. Ein Pilot in Reserve könnte diesen Mangel beheben.

Bischof Maanicus ermutigte mich, die bestmögliche Ausbildung zu machen, da es sich meist um Personentransporte handle, daher größtmögliche Kompetenz erforderlich ist.

Dieses Gespräch mit dem Bischof motivierte mich, meine Flugkompetenzen noch zu erweitern. Daraufhin machte ich in Wien die Prüfung für den Berufspilotenschein und absolvierte in Linz und Wiener Neustadt Übungsflüge auf einer zweimotorigen Maschine, Cessna 310, und später in Wiener Neustadt auf einem Flieger, Type Partenavia, einer Maschine, wie sie in Afrika verwendet wurde.

Insgesamt war ich sehr verblüfft, wie sich die Dinge ordneten. Als ich im Jahre 1993 die Flugprüfung machte, war Fliegen für mich ein reines Hobby (mit einem schlechten Gewissen). Nun stellte sich heraus, dass ich meine Freude am Fliegen in den pastoralen Dienst integrieren konnte.

Zeitgleich war es auch in unserer Diözese sehr turbulent, wo Kurt Krenn Bischof in St. Pölten war. Als ich ihm bei einem Gespräch mein Vorhaben mitteilte, war ich etwas überrascht, dass er mir ohne zu zögern die Erlaubnis für einen weiteren Aufenthalt gab.

Es war mir aber wichtig, die Nachfolge in Krems nicht dem Zufall zu überlassen und habe einige Kollegen von meinem Vorhaben informiert. Eduard Gruber konnte sich damals den Dienst als Pfarrer in St. Veit vorstellen, was er dann auch 10 Jahre erfolgreich gemacht hat.

Damit waren alle wichtigen Entscheidungen gefallen und der Weg frei für die nächste Etappe.

III.

Rückkehr nach Zentralafrika
1997

Eigentlich wollte ich auch diese Fahrt wie schon in früheren Jahren wieder mit Autos machen, aber die Zeiten hatten sich inzwischen geändert. Es war unmöglich ein Visum für Algerien zu bekommen, weil radikale Islamisten eine zu große Gefahr darstellten. Inzwischen war das Drama von Tibhirine in Algerien geschehen, wo sechs Mönche von Islamisten enthauptet worden waren.

Auch der Bischof von Bangassou warnte per E-Mail ausdrücklich vor einer Fahrt mit dem Auto, weil auch in südlichen Ländern das Reisen gefährlicher geworden war. Daher musste ein anderer Weg gefunden werden. Wir wollten Ghana besuchen, dann nach Douala fliegen und mit Autos nach Zentralafrika fahren.

Die MIVA hatte wieder drei Autos per Schiff nach Douala geschickt, von denen zwei in der Diözese Bouar bleiben sollten, das andere für Mobaye, meinem künftigen Einsatzort in der Diözese Bangassou bestimmt war. Der Tag der Ankunft in Douala war bekannt, wie auch die Zeit für die zollmäßige Abfertigung der Autos. Unsere kleine Reisegruppe, bestehend aus Eva, Madlene, Klaus und mir, flog also nach Ghana. Dort besuchten wir meinen ehemaligen Kaplan Josef Pichler, der seit einigen Jahren in Adeemmra, im Norden Ghanas wirkte.

Besuch in Ghana

Ghana ist ein fortschrittlicher Staat, der die alten Traditionen pflegt und wo die traditionellen Autoritäten noch Einfluss haben. Es ist dies ein Charakteristikum der englischen Kolonialmacht. Die Lords hielten sich dem Volk fern, aber überwachten die angestammten Autoritäten des Landes. Die Franzosen dagegen ersetzten alle einheimischen Autoritäten mit ihren Soldaten, die wohl gefürchtet, aber nicht respektiert waren. Josef holte uns vom Flughafen in Accra ab und brachte uns zu einer bekannten Familie, wo wir einige Tage bleiben konnten.

El Mina, Ghana, Befestigung und Auslieferungsort für Sklaven

Kapelle im Fort

An einem der nächsten Tage besuchten wir → **El Mina**[54] eine Stadt, die durch die Sklaverei ab dem 15. Jahrhundert traurige Bekanntheit erlangte. Es befindet sich dort eine Befestigungsanlage mit Zellen für die ehemaligen Sklaven, die auf ihren Abtransport warteten.

In der Mitte der Festung steht eine Kapelle, in der regelmäßig ein Gottesdienst gefeiert wurde. Welch ein Widerspruch zur Botschaft Christi.

Menschen wurden im Landesinneren gefangen und im Fort so lange festgehalten, bis wieder ein Sklavenschiff nach Amerika fuhr. So wurden Millionen Afrikaner gewaltsam in die Emigration gezwungen, Familien zerstört und die wirtschaftliche Basis zugrunde gerichtet. Widerständige Afrikaner kamen in Todeszellen und wurden hingerichtet. In der Kapelle daneben sang man das Lob Gottes und verkündete die Botschaft von Erlösung und Menschlichkeit. Das Verbrechen der Sklaverei dauerte vier Jahrhunderte. Starke, gesunde und junge Menschen wurden zwangsemigriert, eine permanente Ausblutung der Bevölkerung. Bis heute gibt es keine Wiedergutmachung in irgendeiner Form.

In El Mina führte aus dem Hof eine Tür auf einen schmalen Pfad, der über das Meer zu den wartenden Schiffen ging. Wer einmal hier seinen Fuß setzte, konnte seine Heimat niemals mehr wiedersehen. Das war der »Point of no return«, der Punkt, nach dem es kein Zurück mehr gab. Manche, so erzählt man, hätten sich ins Meer gestürzt und wären ertrunken, andere gingen traurig auf dem Steg zum Schiff, dem Schicksal und einer unbekannten Zukunft entgegen.

54 El Mina ist die Festung am Meer, in der die Sklaven vor dem Abtransport eingesperrt waren.

Port of no Return

Todeszelle

Überquerung des Volta Stausees

Am nächsten Tag fuhren wir Richtung Norden und überquerten den Fluss Volta, der hier aufgestaut ist. Der Akosombo-Staudamm[55] liegt etwa sechzig Kilometer von der Küste entfernt und wurde im Tal des Volta Flusses errichtet.

Dann ging es weiter nach Adeemmra, wo Pater Josef wirkte. Er hatte damals gerade ein Projekt fertiggestellt und eine Wasserpumpe installiert, die mit Strom durch Sonnenenergie betrieben wurde, sodass das Wasser mitten ins Dorf kam und die Bewohner sich den langen Weg und die schwere Last der Wasserbehälter ersparten.

Wir blieben nur einige Tage in Ghana, wurden von einheimischen Chiefs begrüßt und waren überrascht vom stabilen Charakter des Fortschritts im Land. Nach diesem Besuch kehrten wir nach Accra zurück und flogen nach Douala, um per Achse nach Zentralafrika zu fahren.

Von Douala nach Bangui

Wie überall auf den Flughäfen in Afrika gab es auch in Douala ein Gedränge von Menschen, die helfen und Koffer tragen wollen, um damit ein wenig Geld zu verdienen. Wir heuerten zwei Taxis an und fuhren in die Rue Franqueville, wo es ein Haus der »Heiligen-Geist-Väter« gibt, damit Missionare oder Helfer ein Quartier für die Durch- oder Weiterreise haben.

Wir waren angemeldet, weil es ja unsere Aufgabe in Douala war, die Autos, welche die MIVA per Schiff hierher geschickt hatte, zollmäßig ab-

55 Der Voltastausee ist mit einer Fläche von 8.502 km^2 der größte See der Erde, der vollständig von Menschen geschaffen wurde. Die Länge des Staudamms beträgt 660 Meter, die Höhe 114 Meter.

Solarzellen für die Wasserleitung v. l. n. r.: Madlene, P. Josef, Klaus

Unsere Gruppe; v. r. n. l.: Eva, P. Denkmayer, Madlene, Klaus, Sprachlehrer

fertigen zu lassen und sie nach Zentralafrika zu bringen. Das ersparte den künftigen Besitzern den Flug nach Douala, uns aber ermöglichte dieser »Deal« eine kleine Reise durch einige Länder Afrikas.

Mit Hilfe eines Paters, der für diese Arbeit freigestellt war, wurden die entsprechenden Papiere beim Zoll eingereicht. Wir erhielten für jedes Fahrzeug das übliche Begleitpapier (Feuille de route), das in größeren Städten bestätigt werden musste. Nach einer Woche war der administrative Hürdenlauf zu Ende, und wir konnten die Reise nach Yaoundé antreten.

Teile der Straße waren sehr schlecht, hatten große Schlaglöcher, die behutsam durchfahren werden mussten. In Yaoundé konnten wir in der »Casba« schlafen, einer Herberge für Missionare und Mitarbeiter in der Mission, die ich schon von früheren Reisen kannte. Am nächsten Tag fuhren wir weiter nach Bertoua, der letzten größeren Stadt vor der Grenze. Hier mussten wir den erwähnten Sichtvermerk einholen, was uns viel Zeit kostete. Der verantwortliche Beamte war nicht in seinem Büro, also blieben wir die Nacht in der Mission, um am nächsten Tag nach Erhalt der Unterschrift die letzte Etappe bis zur Grenze bei Garoua Boulai anzutreten.

Dieses Teilstück unserer Reise beanspruchte den ganzen Tag. Die Strecke von 260 Kilometern war zwar nicht allzu lang, aber die Straße selbst war kurvenreich und wegen einiger morastiger Passagen nur schwer befahrbar. Am späteren Nachmittag waren wir endlich am Ziel, durften aber in die kleine Stadt an der Grenze nur nach Errichtung einer Gebühr hineinfahren. Das nennt sich »cadeau«, Geschenk auf Französisch, meint aber eine Abgabe korrupter Art, die zu einer Selbstverständlichkeit geworden ist.

Wir konnten die Nacht wieder auf der Mission verbringen und feierten am nächsten Tag, einem Sonntag, bei geistlichen Schwestern einen Gottes-

Bischof Armando von Bouar

Hauswirtschaftsschule für Mädchen

dienst. Nach der heiligen Messe erfreute uns alle ein gutes Frühstück, ein Zeichen gemeinschaftlicher Verbundenheit.

So gestärkt und ermuntert fuhren wir zur Zollgrenze und betraten nach unkomplizierten Zollformalitäten den Boden von Zentralafrika. Der Eintritt in unser Zielland war absolut freundlich. Man hatte den Eindruck, dass die Zöllner sich freuten, dass Fremde ins Land kamen. Die Fragen richteten sich nach unseren Absichten im Land, und als sie erfuhren, dass ich »ortskundig« war und sogar ihre Sprache »Sango« kannte, trübte nichts mehr das Vertrauen.

Nach der Zoll- und Polizeikontrolle fuhren wir weiter nach Bouar, der westlichsten Stadt der Zentralafrikanischen Republik. Am frühen Abend kamen wir an und wurden von Bischof »Armando« herzlich empfangen. Er wusste, dass wir zwei Autos für seine Diözese brachten und war froh, dass sie unversehrt angekommen waren.

Bischof Armando lebte nahe dem Volk und förderte die Bildung der Jugend durch Schulen, auch durch eine Hauswirtschaftsschule für Mädchen. Der franziskanische Geist war sogar beim gemeinsamen Abendessen spürbar. Bei Tisch saßen fast ein Dutzend Leute: Priester, Helfer und wir. Zwei Gäste aus Italien fielen auf, denn es waren ehemalige Häftlinge, die eine wohltuende Gemeinschaft erfahren sollten.

Für die Weiterfahrt am nächsten Tag musste alles Gepäck in einem einzigen Auto Platz finden, was schließlich auch gelang. Die letzte Etappe führte uns nach Bangui. Dieser Straßenabschnitt war nicht asphaltiert, es gab nur Straßen mit Laterit Belag, der bei Regen glitschig und grundlos wird. Ohne Aufenthalt kamen wir am frühen Nachmittag in Bangui an.

Eine Geschäftsstraße in Bangui

Bank im Zentrum von Bangui

Empfang im »Gefängnis«

Zwölf Kilometer vor der Stadt gab es die Einreisekontrolle. Hier prüft die Polizei die Pässe, die Zollbeamten die Autos und die mitgeführten Waren. Es begann alles sehr gut. Meine Kenntnis der Landessprache schien ein Vorteil zu sein. Ich begann die Formulare für die Einreise auszufüllen, als es sich plötzlich spießte.

Ich hörte wiederholt das Wort »Tourist« und sah, wie ein Mann zu telefonieren begann.

Die begonnene Arbeit wurde unterbrochen, unsere Pässe wurden eingesammelt und wir wurden gebeten mit Polizeibegleitung in die Stadt zu fahren. Es war nicht das erste Mal, dass ich hier einreiste, daher kannte ich die übliche Vorgangsweise. Diese Sonderbehandlung verwunderte mich aber, und ich fragte nach dem Grund dieser Änderung. Diplomatisch antwortete der Beamte, dass die Zentrale der Polizei nun für unsere Einreise zuständig wäre. Da in Afrika buchstäblich alles möglich ist und ich sogar den Ort der Zentrale kannte, fand ich an dieser Änderung nichts Außergewöhnliches.

Wir fuhren mit dem Zöllner los und als wir an die Stelle kamen, wo wir zur Polizeizentrale abzweigen sollten, nahmen wir einen anderen Weg. Auf meine erstaunte Frage antwortete er, dass die Zentrale verlegt worden sei, was natürlich nicht stimmte, wie ich später sah. Schließlich öffnete sich vor uns eine Schranke und wir fuhren durch. Ich erkannte den Ort als den Hafen, in dem ich früher manchmal Zement direkt vom Lager gekauft hatte, wenn es sich um größere Mengen handelte.

Dass dieser Ort inzwischen ein provisorisches Gefängnis geworden war, konnte ich nicht ahnen. Da landeten wir also, und der etwas mürrische Beamte, der sich als Gefängniswärter vorstellte, nahm sofort unsere Pässe in Empfang und meinte lakonisch, dass unsere Angelegenheit am nächsten Tag behandelt würde.

Jetzt ahnte ich etwas von der Tragweite des Geschehens ohne den Grund zu wissen. Da es keine Möglichkeit zu telefonieren gab, suchte ich einen geeigneten Augenblick, um mich dem Schranken beim Eingang zu nähern und den Wächter zu fragen, ob ich mir etwas Nahrung besorgen könnte. Er ließ mich durch und ich nahm sofort ein Taxi, fuhr ins Centre d'Accueil, um bekannte Kollegen von unserer »Verhaftung« zu informieren. Tatsächlich traf ich dort den Bischof von Bouar, der auch an diesem Tag nach Bangui reiste, und er verständigte P. Bernard und P. Piet aus Holland, zwei Kenner der politischen Lage in der Hauptstadt. Für meine Begleiter war diese neue Situation besorgniserregend: Fremd in einem Land und plötzlich ohne Angabe eines Grundes der Freiheit beraubt.

Als ich wieder zu meiner Reisegruppe kam, war der Gefängniswärter verärgert, weil ich als »Gefangener« widerrechtlich den Ort verlassen hatte. Ich begründete das mit Hunger und Durst; das schien ihn zu besänftigten.

Eigentlich wurden wir bei den »Schwestern des Heiligen Franziskus« bei der Kirche Notre Dame d'Afrique erwartet. Vor unserer Abreise in Bouar hatte ich telefonisch unsere Ankunft angekündigt. Als wir nicht kamen, rief Schwester Monique die Polizei bei Kilometer 12 an und erhielt die Auskunft, dass wir sehr wohl gekommen seien, aber im »Ngaragba«, im Hafen-Gefängnis, wären. Sofort bereitete sie Nahrung und Getränke vor und kam sehr bald mit ihrem Korb und mitten auf dem Platz im ehemaligen Hafen gab es ein ausgiebiges Essen, sehr zum Staunen der übrigen Häftlinge und besonders des Wärters.

Dann erschienen auch die zwei Priesterkollegen, die verständigt worden waren. Aber auch sie bekamen weder eine Erklärung für diese Festnahme noch eine sonstige Auskunft über diese Vorgangsweise. Schließlich informierten sie den österreichischen Konsul in Bangui. Ich kannte ihn von früher, da ich manchmal bei Festen eingeladen war. Auch seine Stellung als Konsul machte keinen Eindruck. Es blieb dabei, dass wir die Nacht hier verbringen sollten. An sich wäre das auch nicht so unmöglich. Nur muss man in Flussnähe mit den vielen Moskitos rechnen, die nachts erbarmungslos angreifen. Nach all den erfolglosen Versuchen wusste P. Bernard eine letzte Möglichkeit. Er kannte einen einflussreichen Minister, den er nun kontaktierte.

Stundenlang war es unmöglich, weil der besagte Herr bei einer wichtigen Sitzung war und nicht ans Telefon ging. Es war schon fast 23 Uhr, als endlich der Kontakt zustande kam. Er war etwas verärgert, versprach aber dann doch einen »Commissaire de Police« zu schicken, um dem Problem auf den Grund zu gehen. Tatsächlich kam wenig später ein Pick-up mit großem Geschütz und schwer bewaffneten Soldaten. Der Kommissär ging ins Büro des Gefängniswärters, verlangte die Pässe, kontrollierte unsere Visa. Es herrschte vollkommene Stille, wie bei einem Tribunal. Schließlich fragte er uns, was wir hier im Gefängnis täten. Ich antwortete ihm, dass ich es auch nicht wüsste. Dann besprach er sich mit dem Wärter, rief uns ins Büro und erklärte sinngemäß: »Er bedauere, dass wir solche Unannehmlichkeiten bekommen hätten. Wir seien frei und könnten ins Quartier fahren.«

Allerdings war zu dieser fortgeschrittenen Stunde bereits Ausgangssperre für die Bevölkerung. Daher bat ich den Kommissär um Militärbegleitung, damit wir durch eine andere Kontrolle nicht noch einmal Probleme hätten. Das sah er ein, und so fuhren wir in Begleitung dieser schwer bewaffneten Polizeistreife ins Haus der Schwestern neben der Kirche Notre Dame d'Afrique.

Nach der »Befreiung« feierten wir ausgiebig bei den Schwestern und waren froh über den günstigen Ausgang. Die nächsten Tage verbrachten wir in Bangui. Da das neue Auto noch nicht verzollt war, gab uns Bischof Maanicus ein Fahrzeug seiner Diözese, mit dem wir dann unsere Reise nach Mobaye fortsetzten.

Mobaye im Jahre 1997

Die Fahrt nach Mobaye verlief ohne Zwischenfälle. Wir machten Halt in Grimari und Alindao, Missionen, in denen bekannte Missionare und Schwestern wirkten. Dann fuhren wir in meine neue Wirkungsstätte Mobaye, wo damals zwei holländische Priester und zwei italienische Schwestern lebten. Ein dritter Pater hatte Monate zuvor, als er auf Urlaub in seiner Heimat war, einen schweren Verkehrsunfall und konnte nicht mehr zurückkommen. Daher wurden seine Dörfer nicht mehr pastoral betreut. Ich sollte später sein Nachfolger sein.

Gemischtwarenhandlung in Mobaye

Oubangui bei Mobaye mit dem Staudamm

Madlene, Eva und Klaus, die mich begleiteten, konnten bei den Schwestern übernachten, da es im Missionshaus der Priester keine Fremdenzimmer gab.

Mobaye liegt am Ufer des Oubangui, der über 1.000 Kilometer Grenzfluss zur Demokratischen Republik Kongo (DRK) ist. Mit meinen Gästen verbrachte ich die Zeit mit Besuchen einiger Orte, die man Sehenswürdigkeiten nennen kann.

Da war zunächst der Fluss mit seinen Felsen, die besonders in Mobaye zu sehen waren. Mit Pater Piet besuchten wir auch den kleinen Wallfahrtsort Penge, der nur sieben Kilometer von Mobaye entfernt liegt. Piet hielt als eifriger Seelsorger immer wieder Vorträge und Kurse für Laien. Durch seinen pastoralen Eifer hatte sich langsam ein religiöses Zentrum gebildet, in dem am 7. Oktober das Rosenkranzfest gefeiert wurde. Etwa tausend Pilger kamen, um hier drei Tage bei Gebet, Gottesdiensten und Vorträgen zu verbringen. Es war ein beeindruckendes Treffen, bei dem es um innere Erneuerung, aber auch um Begegnung der Christen verschiedener Volksgruppen ging.

Für meine Begleiter vergingen die Tage sehr rasch. Dann mussten wir wieder nach Bangui zurückkehren, diesmal mit einem kleinen Flugzeug, das die Diözesen Bangassou und Bambari gemeinsam betrieben. Nach ihrem Abflug in die Heimat besorgte ich die Verzollung meines neuen Autos, mit dem ich dann die Reise nach Mobaye antrat.

Mobutus Sturz und die politischen Konsequenzen

Im Mai des Jahres 1997 vertrieben Rebellen aus Ruanda Mobutu, der schließlich schwer krank nach Marokko flüchtete, dort Asyl fand und im

September desselben Jahres verstarb. Die Folgen der Kapitulation in Zaire mit all den Konsequenzen konnte ich bei meinem Eintreffen in Mobaye im November desselben Jahres noch spüren.

Pater Bernard, der die ganze Zeit anwesend war, erinnerte sich noch genau an den Lärm der startenden Maschine auf dem Flughafen von Gbadolite, nur 17 Kilometer von Mobaye entfernt, und sagte zu seinen Mitbrüdern: »Jetzt verlässt Mobutu das Land.« Nach seiner Flucht löste sich das Heer von Zaire auf und floh vor den anstürmenden Rebellen westwärts. Ein Teil dieser Soldaten kam nach Norden an das Südufer des Oubangui und setzte nach Mobaye über. Da diese Situation vorauszusehen war, organisierten die Verantwortlichen dieser Provinzstadt eine Versammlung mit allen Autoritäten vor Ort: Präfekt, Souspräfekt, Chefs der Wohnviertel, katholische Kirche, Freikirche Elim, islamische Gemeinde. Sie alle kamen überein, dass etwaige Flüchtlinge in der Stadt aufgenommen werden sollten.

Es dauerte nicht lange, bis tatsächlich die ersten Flüchtlinge im Einbaum den Fluss überquerten. Pro Kanu kamen etwa fünf oder sechs bewaffnete Soldaten, die von der lokalen Gendarmerie und den wenigen zentralafrikanischen Soldaten entwaffnet werden konnten. Insgesamt waren es an die 5.000 Soldaten, die in wenigen Tagen nach Mobaye kamen. Die Provinzstadt selber zählte nur wenig mehr Einwohner, so dass fast jede Familie einen Flüchtling aufnahm, manche auch mehrere.

Die Kirche kümmerte sich um die Verwundeten und kranken Flüchtlinge, stellte täglich Nahrung für jede einzelne Person zur Verfügung und sorgte für Medikamente. Auch andere religiöse Gruppen übernahmen Flüchtlinge und betreuten sie. Schließlich fanden alle Obdach und Verpflegung.

In Bangui ist seit jeher eine Direktion des internationalen Flüchtlingshilfswerkes (UNHCR) stationiert. Die Zentrale entsandte nach einer Woche eine Delegation, um die Lage in Mobaye zu kontrollieren und eventuell zu ordnen. Als sie die Situation sahen, waren sie keineswegs einverstanden, dass sich Flüchtlinge in Privathäusern aufhielten und verlangten, dass Alle in ein zu errichtendes Camp gebracht werden müssten. Da die von den örtlichen Autoritäten getroffene Lösung des Flüchtlingsproblems problemlos funktionierte, verweigerte die Bevölkerung die Errichtung eines Camps, bat aber um Hilfe in Form von Nahrung wie Reis, Bohnen, Öl und Mani-

Kochen für geflüchtete Menschen

Hütten in Mobaye

ok. Diese Bitte wurde kommentarlos abgelehnt und jegliche andere Hilfe zur Unterstützung der Bevölkerung ebenfalls.

Als ich im Spätherbst dieses Jahres nach Mobaye kam, traf ich noch geflüchtete Soldaten. Sie wurden nach fünf Monaten per Lastwagen nach Bangui gebracht. Von dort brachte sie ein Flugzeug nach Kinshasa, der Hauptstadt von Zaire. Die Großzügigkeit der Bevölkerung bei der Aufnahme von Flüchtlingen in einem der ärmsten Länder der Welt war beeindruckend, denn sie sahen in den Soldaten Menschen und keine gefährlichen Fremden.

»So aita ti e«![56] sagten sie lakonisch und teilten mit ihnen das Wenige, das sie selber für sich hatten. Fünf Monate lang waren die meisten Flüchtlinge in Mobaye. In dieser Zeit hörten wir weder von Gewalttaten und Vergewaltigungen noch von Diebstahl. Als die Fremden später abgezogen waren, blieben manche noch jahrelang in Briefkontakt mit den ehemaligen »Gastgebern«. Ähnliches ereignete sich auch an anderen Orten wie zum Beispiel in Zemio weiter im Osten des Landes. Auch dort übernahm die Bevölkerung die Versorgung der Flüchtlinge, bekam aber keine Unterstützung für die geleistete Hilfe in Form von Nahrung.

Menschlicher Umgang, respektvolle Aufnahme und Beschäftigung sind die besten Voraussetzungen zur Verhinderung von Gewalt und für Integration in die Gemeinschaft.

Gesellschaft und politische Entwicklung

Die Zentralafrikanische Republik kennt seit ihrem Bestehen im Jahre 1959 fast ausschließlich gewaltsame Umbrüche. Nach dem Sturz von Kai-

56 »So aita ti e« – Sango und bedeutet: Das sind unsere Brüder und Schwestern.

ser Bokassa war sein Neffe David Dacko mit französischer Hilfe an die Macht gekommen und von 1979 bis 1981 Präsident. Allerdings begannen bereits nach seiner Angelobung Aufstände, geschürt von General André Kolingba, so dass Dacko demissionierte und Kolingba an seine Stelle trat.

Er war nach einer Zeit provisorischer Präsidentschaft bis 1993 an der Macht. Er untersagte jegliche Partei und errichtete einen Militärrat zur Stabilisierung des Staates, was schließlich in eine Art Diktatur ausartete. Seine neue Partei nannte er RDC (Rassemblement Démocratique Centrafricain), auf Deutsch: »Demokratische Zentralafrikanische Vereinigung«.

Bei der ersten Wahl 1987 erhielt diese Partei sämtliche Sitze im Parlament. Nach 1990 musste Kolingba wieder Parteien zulassen. Er förderte den Tribalismus, bevorzugte Leute aus seinem Stamm, unterließ es, Angestellte wie Lehrer und Ärzte zu bezahlen und berief ausschließlich Freunde und Stammesgenossen in die Führungsspitze des Militärs. Die Unzufriedenheit im Volk wuchs zusehends, dennoch riskierte er im Jahre 1993 eine korrekte Wahl. An seiner Stelle gewann eindeutig sein Gegenkandidat Ange Félix Patassé.

Selbst in seiner Heimatstadt Kembe hatte Kolingba nur 12 % der Stimmen erhalten. Es war dies die Folge seines Regierungsstils, der alles andere als vorteilhaft für das Land gewesen war. Es war dies das erste Mal überhaupt, dass ein Präsident durch demokratische Wahlen an die Macht gekommen war.

Allerdings war auch Patassés Politik nicht unumstritten. So erlaubte er die Stationierung von 300 Soldaten aus dem Kongo in Bangui, um von hier aus gegen Rebellen im Kongo eingreifen zu können. Auf diese Weise wurde er Beteiligter dieser Feindseligkeiten, was viele ablehnten. Einige Jahre später sollte er ebendiese Soldaten um Hilfe für sein eigenes politisches Überleben bitten. Dem unterlegenen Kandidaten Kolingba missfiel diese Politik und er provozierte wiederholt durch Anschläge. In Kembe kam es zu einem Überfall auf Soldaten, die dort stationiert waren, dabei wurde ein Colonel erschossen, und vier Häuser fielen den Flammen zum Opfer. Das alles waren Zeichen für den regierenden Präsidenten, dass er mit Gegnerschaft zu rechnen habe.

Zur selben Zeit gab es Probleme mit Soldaten, die aus dem Kongo in die ZAR im Zusammenhang mit Kämpfen gegen Rebellen aus dem benachbarten Ruanda flüchteten. Dies geschah weit im Osten des Landes, in

Zemio, einer kleinen Stadt etwa 300 Kilometer vom Sudan entfernt. 3.000 Flüchtlinge überschritten den Grenzfluss und waren plötzlich in diesem Ort, der selbst nur einige tausend Einwohner zählte. Unter ihnen waren auch Soldaten, die nicht bleiben wollten. Sie verlangten einen Transport nach Mobaye, um dort den Oubangui überqueren zu können und auf diesem Weg wieder zurück nach Zaire zu kommen.

Allerdings entwickelte sich daraus ein politisch heikles Spiel, weil es plötzlich hieß, diese Soldaten dürften nicht im Land transportiert werden, da sie illegal die Grenze überschritten hätten. Selbst als bereits vier Lastwagen gekommen waren, um sie nach Mobaye zu bringen, wurde der Transport verweigert. Die Bevölkerung litt am meisten unter diesem Ansturm, konnte aber dennoch alle notdürftig ernähren.

Daneben häuften sich Überfälle auf Missionen. So wurden in Alindao sowohl die Schwestern als auch die Priester überfallen und bestohlen. Auch Jean Marie, der Chauffeur unseres Bischofs, wurde auf offener Straße in der Nähe von Kembe von elf Verbrechern angehalten und musste zusehen, wie ihm alles genommen wurde; ihm selbst blieben seine Kleider und die Unterwäsche. In Bangui wurden die Franziskanerschwestern im Vorort Begoua überfallen und völlig ausgeraubt. Neben dem Verlust ihrer Habseligkeiten blieb das Gefühl totaler Unsicherheit und traumatischer Erinnerungen zurück.

Andererseits wurde mit aufgegriffenen Dieben und Plünderern kurzer Prozess gemacht. So wurden am 11. Jänner 1999 einige von ihnen kurzerhand erschossen, weil sie an Diebstählen und Raub beteiligt waren. Das alles waren Zeichen einer sich auflösenden Staatsstruktur. Auch die Bevölkerung reagierte darauf durch vermehrte Anklagen wegen Likundu, also Hexerei. In solchen Fällen wird der Angeklagte oft durch Selbstjustiz bestraft.

Ein solcher Fall war ein Ehebruch in Zemio. Der betrogene Ehemann entführte zusammen mit einem Kollegen den jungen Ehebrecher, der von da an verschwunden blieb. Nach zwei Tagen wurden die beiden Entführer wegen Mordverdacht eingesperrt. Die Angehörigen des Verschwundenen gingen zum Zauberer und baten um Klärung des Falles. Geheimnisvoll sagte dieser, »dass er seinen letzten Schrei noch nicht gehört habe«. Im Glauben, dass er noch lebe, holten sie die Täter gewaltsam aus dem Gefängnis, um den Verbleib des Verschwundenen zu erfahren. Diese jedoch gestanden, dass sie ihn getötet hatten. Erbost darüber töteten die Anwesenden beide Mörder. Schließlich wurde auch die Frau selber angeklagt, alles verursacht zu haben. Sie wurde als »zo ti likundu« (Hexerin) diffamiert und mit Tod durch Verbrennen bedroht.

Ein Pater, der dies erfuhr, setzte sich für das Leben der Frau ein und bat den Piloten, die Frau in Sicherheit zu bringen. Die Flucht gelang, aber in ihr Dorf wird sie nie mehr zurückkehren können. Erbost über die Initiative des Paters, der den Flieger bestellt hatte, äußerten die Leute auch gefährliche Drohungen gegen den Pater und die Mission. Sie verlangten den Abzug der Weißen.

Diese wenigen Ereignisse zeigen, wie unkontrolliert ein Volk zu reagieren beginnt, wenn Regierung und oberste Leitung eines Staates selbst gesetzlos handeln. »Der Fisch beginnt beim Kopf zu stinken«, sagt ein Sprichwort, und es stimmt. Wenn die Autoritäten die Gesetze missachten, korrupt sind und willkürlich vorgehen, dann nimmt sich auch die Bevölkerung alsbald das Recht, auf ähnlichem Niveau gemäß ihren Möglichkeiten ähnlich zu handeln.

Mobaye – mein neues Arbeitsgebiet 1997–2011

Mobaye ist eine Provinzhauptstadt mit etwa 5.000 Einwohnern (1997). Die Stadt liegt am Oubanguifluss, ist also eine Grenzstadt zum Nachbarland DRK (Demokratische Republik Kongo, unter Mobutu »Zaire« genannt). Die Bevölkerung spricht wie überall in Zentralafrika neben ihrem Stammesdialekt die Umgangssprache Sango.

Das Arbeitsgebiet der Mission umfasste drei Sektoren. Die Provinzstadt selbst mit einigen nahe gelegenen Dörfern, einen Bereich mit 16 Dörfern, den Pater Piet betreute und der auf einfachen Wegen erreichbar war; schließlich das Gebiet entlang des Flusses Oubangui mit einer Länge von 60 Kilometer, wobei die meisten der 18 Dörfer nur mit dem Einbaum erreichbar waren.

Diesen Sektor sollte ich übernehmen. Er war in den letzten Jahren selten besucht worden, weil Pater Bernard gesundheitliche Probleme hatte. Zuerst half ich in der Zentralmission mit, übernahm Gottesdienste und begann nach und nach die Dörfer zu besuchen.

Gbadolite und der Staudamm

Eine Spezialität von Mobaye ist die Tatsache, dass es elektrischen Strom gibt. Dieses Privileg hatten damals nur zwei Städte: die Hauptstadt Bangui und Mobaye. Im ganzen übrigen Land gab es weder Strom noch Telefon. Nur wer sich einen Generator oder genügend Solarzellen leisten konnte, hatte Strom und damit auch Zugang zu Medien.

Der Staudamm in Mobaye hängt mit der Geschichte von Präsident Mobutu zusammen. Er hatte die Idee in Gbadolite – nur 17 km südlich von Mobaye und etwa 120 km von Lisala entfernt, dem Geburtsort des Präsidenten – eine zweite, kleine Hauptstadt neben Kinshasa zu bauen, eine »Minihauptstadt« gleichsam, die er »Versaille des Urwalds« nannte. Er ließ drei Paläste errichten, ein Mausoleum aus Carrara-Marmor für die verstorbenen Mitglieder seiner Familie, eine Kirche, ein kleines Amphitheater, eine Schule und einen großen Flugplatz bauen.

Auch ein Krankenhaus gibt es, besser ausgerüstet als die Provinzspitäler. Eine vierspurige Straße verbindet die Paläste und andere wichtige Gebäude, sonst aber ist dieser Ort am besten mit dem Flugzeug zu erreichen, denn die Zufahrtsstraßen gleichen Buschwegen. Auch ließ er 80.000 Ölpalmen zur Produktion von Palmöl anpflanzen, sowie eine Rinderfarm mit tausenden Kühen errichten.

Zum Betreiben dieser Einrichtungen war Strom notwendig. So ließ der Präsident bei Mobaye einen Staudamm zur Stromgewinnung errichten. Dieses Bauwerk ist insofern interessant, weil die Staumauer nur bis zur die Hälfte des Flusses reicht, während auf der anderen Hälfte Pfeiler für eine Brücke stehen, die aber nie fertiggestellt wurde.

Diese geplante und nie vollendete Brücke ist übrigens der einzige Brückenversuch auf der gesamten Länge des Flusses Oubangui bis zur Hauptstadt Bangui. Durch diese Staumauer ist der Fluss für die weitere Strecke flussaufwärts allerdings nicht mehr schiffbar, da keine Schleusen vorgesehen sind.

Die Bevölkerung musste durch den erhöhten Wasserspiegel im Staugebiet ihre Dörfer verlassen und siedelte sich abseits des Ufers weiter im Inneren des Landes an. Allerdings wurden die betroffenen Uferbewohner, die eine Hütte oder eine Plantage verloren hatten, wertgemäß entschädigt. Wer die Gelder richtig zu nützen wusste, konnte sich ein neues Haus bauen, besser und schöner als das Alte.

Staudamm von Mobaye, erbaut von Mobutu in den 1980er Jahren

Auch Kaffeeplantagen und kleine Felder, die im Überschwemmungsgebiet lagen, wurden vergütet. Bei meinen späteren Besuchen in diesen Dörfern stellte ich fest, dass sich die Wohnqualität in diesem Bereich der Stauzone tatsächlich verbessert hatte.

Auch für die Bewohner von Mobaye erwies sich das Projekt von Vorteil. Die Stadt selbst war vom steigenden Wasserspiegel nicht betroffen, da sie flussabwärts der Staumauer liegt, wurde aber mit Strom versorgt, in den ersten Jahrzehnten sogar gratis.

Nach der Vertreibung von Mobutu im Jahre 1997 wurde Gbadolite von den Rebellen geplündert. Inzwischen ist der Ort verödet, die Paläste sind zugewachsen. Die Natur holte sich ihre Rechte zurück und alles Wertvolle und Kostbare wurde geraubt. In späteren Jahren ließ sich eine Rebellengruppe[57] in Gbadolite nieder, deren Verantwortlicher → **Jean Pierre Mbemba** war. Er schuf sich eine Privatmiliz, die 2003 beim Sturz des zentralafrikanischen Präsidenten Patassé auf Seiten des Präsidenten stand und durch besondere Grausamkeit auffiel. Wegen der Brutalität dieser Jugend- und Kindersoldaten wurde Mbemba 2006 verhaftet, nach Den Haag gebracht und zu einer Haftstrafe verurteilt.

Gesellschaft im Umbruch

Seit meinem Aufenthalt in den Siebzigerjahren hatte sich die Gesellschaft sehr verändert. Die Unsicherheit hatte zugenommen und sich in wiederholten Überfällen verschiedenster Art geäußert. Bei Privathäusern wurden Zäune durch Mauern ersetzt, bestehende Mauern um etliche Ziegelreihen

57 »Mouvement de Libération du Congo« (MLC) mit dem Anführer Jean-Pierre Mbemba; seine Truppen unterstützten Präsident Patassé in Zentralafrika gegen Bozizé, der einen Umsturz plante.

Banditen, auch Zaragina genannt

FACA – Zentralafrikanische Soldaten

erhöht und mit Glassplittern an der Oberseite bewehrt. Früher wusste jeder, wo der Schlüssel für die Haustüre lag, jetzt wurde er versteckt. Selbst die Fenster in unseren Schlafzimmern waren früher nur durch ein Plastikgitter gegen Moskitos geschützt. Jetzt musste man die Fenster mit Eisengitter schützen.

Das Wort »Zaragina«[58] war jetzt in aller Munde. Es waren kriminelle Kleingruppen, die gewalttätig waren und stahlen. Zu den Opfern zählten auch M'Bororos, Rinder züchtende Nomaden, die von diesen überfallen, ja getötet wurden, um Rinder ihrer Herde zu entwenden. Ein solcher Überfall geschah am 20. Jänner 1998 bei Bambari, im Zentrum des Landes, wobei sechs Menschen brutal getötet wurden.

In dieser Zeit wurde auch ein Dorf im Norden bei Ndele überfallen. Die Leute eines ganzen Dorfes wurden gezwungen, sich außerhalb ihres Dorfes auf den Boden zu legen, während die Verbrecher alle Häuser plünderten. Solche und ähnliche Szenen wiederholten sich, wobei auch die Missionen nicht verschont blieben, wie etwa bei den Schwestern in Kongbo, nahe Alindao, wo in der Nacht eingebrochen und geplündert wurde.

Als Vorsichtsmaßnahme installierte ich zu dieser Zeit bei den Priestern und Schwestern in Mobaye elektrische Sirenen, damit im Ernstfall Lärm gemacht werden konnte. Wir teilten diese Vorsichtmaßnahme allen mit und waren uns der Solidarität der Bewohner in Mobaye sicher. Beim Ertönen der Sirene würden die Leute auf die Straße gehen und Lärm machen, was die Plünderer zumindest stören könnte.

Die friedliche Zeit früherer Jahrzehnte schien endgültig vorbei. Die Methode, mit Gewalt das Präsidentenamt zu erreichen, hatte in gewissen

58 Straßenräuber und Diebe.

Kreisen der Bevölkerung Schule gemacht und zur Nachahmung eingeladen.

Die Hüter des Gesetzes, wie Polizei und Militär, waren alles andere als der »Freund und Helfer« der Menschen. Gegen den Willen der Regierung errichteten sie in den Provinzen Barrieren, um Geld zu verlangen und ihren dürftigen, oft auch überfälligen Monatslohn aufzubessern.

Kein Wunder, wenn sich korruptes Verhalten ausbreitete und als normaler Umgang mit den Mitmenschen angesehen wurde. Jeder versuchte durch Korruption zu Geld zu kommen, der Lehrer mit den Schülern, der Hüter der Regenbarriere auf seine Weise, der Angestellte mit seinen Mitteln. Und manche halfen mit Gewalt nach, diskutierten nicht lange, fühlten sich stärker und nahmen sich, was ihnen beliebte, ganz nach dem Vorbild der Staatslenker. Seriosität und Ehrlichkeit blieben auf der Strecke und eine Rückkehr zur Normalität schien in weite Ferne gerückt.

Erste Flugerfahrungen in Afrika

Mit meinem Aufenthalt in Zentralafrika bekam mein früherer Hobbywunsch vom Fliegen eine völlig neue Bedeutung. Anfangs hatte ich gedacht, dass es wohl selten sein würde, als Pilot Dienste zu machen. Bald merkte ich, dass meine Vorstellungen völlig falsch waren.

Der Verein AMBB hatte zwar einen Vertrag mit der NGO »Piloten ohne Grenzen« aus Holland. Diese NGO konnte aber nicht jeden Ausfall wegen Krankheit oder Urlaub ersetzen.

Als ich ankam, war René, ein beliebter Pilot, für die Flüge verantwortlich. Er war es, der mich in die Gepflogenheiten des hiesigen Flugverkehrs einführte.

Schon beim Rückflug mit meinen Gästen nach Bangui am 22. November 1997 überließ er mir das Steuer als »pilot in command«. Bei späteren Flügen zeigte er mir die verschiedenen Flugpisten mit ihren Tücken, die zu kennen von großem Vorteil war. Bei manchen Flugfeldern musste man mit Wildtieren rechnen, daher war ein tiefer Überflug nötig, um die Tiere zu verscheuchen. Andere Pisten wieder hatten Unebenheiten, so dass mit besonderer Vorsicht zu landen war. Offenbar überzeugt von meiner Kompetenz, durfte ich ihn öfter vertreten, so dass ich bis zum Neujahr 1998 in

Flieger, Type »Partenavia«, des missionseigenen Vereins »Aviation missionaire Bambari Bangassou« (AMBB)

den wenigen Wochen bereits 22 Flüge gemacht und 37 Passagiere transportiert hatte. Das waren Zahlen, die man als Privatflieger eines Vereins in Europa nur mit Mühe in einem Jahr erreicht.

Darunter waren interessante Flüge. Um die Weihnachtszeit dieses Jahres musste ich das Operationsteam mit Dr. Onimus und seinen drei Helferinnen von Bossangoa nach Berberati bringen. Dr. Onimus stammte aus Marseille, verbrachte seit 26 Jahren jährlich einige Wochen in Zentralafrika und operierte gratis vornehmlich Gelenksprobleme, aber auch andere Gebrechen wie Brüche, Hasenscharten, Verformungen durch Brandwunden.

Bei einem anderen Flug war der Verantwortliche der französischen Entwicklungshilfe mein Passagier, der die aus Frankreich stammenden Helfer und Helferinnen besuchen wollte. Die Häufigkeit der Flüge verringerte sich auch nicht im Jahr 1998, weil Rene inzwischen einen anderen Dienst übernommen hatte und mit einer Cessna Caravan 208 unterwegs war. Sein Entschluss bei AMBB zu kündigen, war überraschend gekommen. Daher gab es keinen Nachfolger und ich musste auch diese Lücke füllen, was ich gerne tat.

In der Zeit bis zum Juli 1998 machte ich 209 Flüge. Einen interessanten Flug hatte ich am 19. Juni, als der amerikanische Botschafter für die Demokratische Republik Kongo mit seiner Begleitung nach Mboki fliegen wollte, um das große Flüchtlingslager zu besichtigen.

Trotz dieser Beschäftigung besuchte ich in dieser Zeit auch alle meine Gemeinden und versah meinen Dienst als Missionar. Größere Projekte, wie den Bau einer Kirche oder eines Gemeindehauses, konnte ich nicht beginnen, denn das hätte regelmäßige Präsenz und entsprechende Zeit für die Besorgung der nötigen Materialien erfordert. Kleinere Arbeiten aber kamen dennoch zustande. In einem Dorf nahe von Mobaye reparierten wir

Erster Flug in Zentralafrika

Ausbesserung eines Weges in Zate

mit der Bevölkerung den Weg, so dass er auch für Autos zu benützen war. Regenfälle hatten einen tiefen Graben aufgerissen. Die Leute trugen Steine zusammen, während die Mission Betonrohre und Zement beisteuerte, damit der metertiefe Graben geschlossen und der Weg wieder passierbar wurde.

»Ferry-Flight« nach Europa

Eine überraschende Wende für unsere Flugdienste gab es im Juli des Jahres 1998. Beim regelmäßigen Service unseres Fliegers teilte uns der Chefmechaniker mit, dass die Firma unserer Fliegertype, Partenavia, in Konkurs gegangen war und somit die nötige Versorgung mit Ersatzteilen in Zukunft Probleme machen könnte. Wir sollten dafür eine Lösung finden, meinte der Chef des Flugwartungsdienstes. Die Verantwortlichen von AMBB in Holland beschlossen schließlich, dass dieser Flieger verkauft und gleichzeitig ein neuer Flieger, eine Cessna 206, bestellt werden sollte.

Für unsere »Partenavia« waren also die Tage in Zentralafrika gezählt, und da wir keine Interessenten für einen Kauf fanden, entschieden wir, das Flugzeug nach Europa zu bringen. Dieser Ferry-Flight sollte zusammen mit einem zweiten Piloten aus Holland am 23. Juli stattfinden. Plötzlich stand das Erlebnis eines Flugabenteuers von Afrika nach Europa in Aussicht, ein Traum für jeden Hobbyflieger und für mich die Erfüllung eines kaum gewagten Wunsches.

Ich begann die Vorbereitungen für diese Reise und meldete beim Internationalen Flugplatz Bangui M'Poko unseren Plan mit der Bitte, die Genehmigung für den Überflug eines jeden Landes einzuholen. Natürlich musste es bei jeder Landung auch Flugbenzin geben.

Am 23. Juli 1998 starteten wir gegen 8 Uhr in Bangui, nahmen Kurs nach Westen und landeten nach einem mehr als vierstündigen Flug in Douala.

Hier machten wir Bekanntschaft mit der im Land üblichen Korruption. Als ich die Landegebühr bezahlte, rügte mich der Angestellte und meinte: »Sie sind ohne Überfluggenehmigung ins Land gekommen und müssen Strafe zahlen.« »Das stimmt nicht, denn ich habe hier die Kopie der Faxmeldung von Bangui«, antwortete ich.

»Diese haben wir nicht bekommen«, erwiderte er.

»Dann müssen sie die richtige Adresse dem Internationalen Flughafen in Bangui mitteilen«, sagte ich. Verärgert meinte er: »Das kann nur der Chef persönlich entscheiden; aber er ist im Augenblick nicht hier.« Unhöflich forderte man uns auf, das Büro zu verlassen und im Stiegenhaus zu warten. Es verging fast eine Stunde, bis endlich der Chef kam und mit ähnlichen Argumenten einfach 500 $ als Strafe für unser vermeintliches Vergehen verlangte. Als ich mich weigerte und behauptete, dass ich diese Summe nicht bei mir hätte, schickte er uns unhöflich weg.

Anschließend wollten wir den Flieger für den nächsten Tag startklar machen und verständigten den Traktor mit dem Benzinfass zum Füllen unserer Tanks. Der kam auch rasch vorbei mit dem Versprechen bald zurückzukehren.

Als nach einer Stunde noch immer kein Traktor in Sicht war, ging ich ins Büro der Arbeiter. Einer der Crew erklärte mir, dass eben jetzt Schichtwechsel sei, die neue Gruppe aber sofort kommen würde. Wieder dauerte es eine Stunde, bis endlich Benzin in unsere Tanks floss.

Endlich konnten wir das Gelände verlassen und begaben uns zum Ausgang, wo ein Visum verlangt wurde. Als Piloten auf einem Ferry-Flight hatten wir keines. Bis wir dann ein 24-Stunden-Visum erhielten, verging wieder eine Stunde.

Nach vier Stunden waren wir endlich im Gästehaus der »Heiligen Geist Väter«. Ich bin überzeugt, mit entsprechenden Banknoten in der Hand, wäre alles viel schneller gegangen. Mir aber ging es vor allem um das Prinzip, Kleinkorruption nicht zu fördern.

Mein junger holländischer Kollege kochte innerlich, aber ich schärfte ihm ein, nie ausfällig zu werden, keine Eile zu zeigen, Verständnis aufzubringen aber doch hart zu bleiben.

Vorbereitungen für die Überstellung des Fliegers nach Holland

Senegalese mit Copilot

Der nächste Tag begann nicht ganz sorgenfrei. Mein Kollege hatte Durchfall, und das könnte ein Problem bei einem Flug werden, der mindestens 4 ½ Stunden dauern wird, mit einem Flugzeug, dass nun einmal über keine Toilette verfügt. Wir warteten zu, er nahm Medikamente, und schließlich richteten wir sogar einen Kübel für alle Notfälle her. Das Steuer wollte er selber übernehmen, denn dann hätte er weniger Gelegenheit, sich auf seine »innere Befindlichkeit« zu konzentrieren.

Die Flugroute führte über die Insel Malaba, da der hohe Mt. Cameroun umflogen werden muss; dann ging es westwärts über das Nigerdelta mit den vielen Bohrtürmen nahe der Mündung und im Meer. Ich begann sie zu zählen, hörte aber bei dreißig auf, weil ich den Überblick verlor.

Die Zwischenlandung in Lome, der Hauptstadt Togos, diente einzig zum Auftanken. Unser Flug ging weiter nach Bouake [59] in der Elfenbeinküste, ein Flug von 2 ½ Stunden. Von einem Visum war hier keine Rede. Nach dem Betanken unseres Fliegers fuhren wir mit einem Taxi in die Stadt und blieben die Nacht über in der Unterkunft einer Mission.

Der Flug am nächsten Tag ging zunächst nach Bamako[60], der Hauptstadt von Mali. Er dauerte nur 2½ Stunden; auch die Versorgung mit Benzin war schnell erledigt. Tagesziel war diesmal Dakar in Senegal. Es war der längste Flug nach unseren Berechnungen (1.040 Kilometer Luftlinie). Bei widrigen Windverhältnissen rechneten wir mit einer Zwischenlandung in

59 Die Stadt Bouaké liegt im Zentrum des Staates Elfenbeinküste, etwa 350 Kilometer nördlich von Abidjan. Hier führt auch die Bahnlinie von der Hauptstadt bis nach Ouagadougou in Burkino Faso vorbei.

60 Bamako liegt im fruchtbaren Tal des Niger, der die Produktion vieler Nahrungsmittel ermöglicht. Die Stadt ist ein Handelszentrum und wurde zu einem Umschlagplatz für Waren wie Gold, Elfenbein, Kola-Nüsse und Salz. Im Mittelalter war es ein Zentrum islamischer Gelehrter.

Senegal, etwa in der Stadt Tambacounda, 420 Kilometer vor Dakar, genau auf unserer Flugroute. Zu unserer Überraschung hatten wir günstigen Rückenwind und waren in knappen vier Stunden am Ziel.

In Dakar[61] wohnten wir bei den Missionaren der Heiligen Geist Väter und beschlossen einen Ruhetag einzulegen. Nicht die Müdigkeit zwang uns zu einer Unterbrechung des Fluges, sondern wir wollten die Gelegenheit nützen, die Stadt und die Insel Goree zu besichtigen.

Dakar ist eine Hafenstadt und liegt am Atlantik. Der Hafen selbst wie auch die → **Sklaveninsel Goree** liegen in der Bucht, abgeschirmt vor den Stürmen des Atlantiks.

Beeindruckend war die Besichtigung der Insel Goree vor der Küste in Dakar. Hier war ein Sammellager für Sklaven vor der Fahrt nach Amerika ähnlich wie in El Mina. Auf der Insel befindet sich »La Maison des Esclaves«, das Sklavenhaus, ein Ort der Erinnerung an den Sklavenhandel, den die Europäer mit großem Gewinn betrieben.

Nach diesem Tag der Erholung flogen wir am 27. Juli 1998 von Dakar Richtung Norden nach Mauretanien. Ein ruhiger Flug, zunächst entlang der Küste, dann teilweise über den Atlantik. Nach fast 3 ½ Stunden Flugzeit machten wir einen Zwischenstopp in Nouadhibou, um Flugbenzin für den Weiterflug nach Lanzarote auf den Kanarischen Inseln zu tanken. Nach fast vier Stunden landeten wir auf dem Flughafen Arrecife in Lanzarote. Wir nächtigten in einem Hotel, besichtigten kurz die Stadt und genossen ein gutes Abendessen, da es ja während des Fluges und bei Zwischenlandungen kaum Gelegenheit für normales Essen gab.

Der nächste Tag brachte uns wieder zurück auf den afrikanischen Kontinent nach Casablanca in Marokko. Der Flug über das Meer dauerte drei Stunden, dann war der Flughafen »Mohammed V« in Sicht.

Nach einer Zwischenlandung flogen wir weiter nach Sevilla. Für die Landung gab uns der Tower die Codenummer für den Transponder[62], der

61 Dakar hat eine große Nahrungsmittel-, Kunststoff-, Textil-, Holz- und Möbelindustrie. Die Stadt ist der westlichste Punkt des afrikanischen Kontinents.

62 Ein Transponder ist ein Kommunikationsgerät, das eingehende Signale aufnimmt und automatisch beantwortet, bzw. weiterleitet. Im Flugverkehr stellt der Pilot eine vierstellige Zahl ein und kann damit von der Flugsicherung eindeutig identifiziert werden.

Sklaveninsel Goree bei Dakar

Landepiste in Lanzarote

aber – wie wir feststellen mussten – nicht funktionierte. Dieses Halbradargerät wird in Afrika nie verwendet, weil die Radarüberwachung bei Lokalflügen nicht üblich ist. In Europa dagegen ist ein Fliegen ohne Transponder kaum möglich, erst recht, wenn es sich um Anflüge auf größere Städte handelt. Wir teilten dem Tower unsere Panne mit und erhielten schließlich doch eine Landeerlaubnis. Beim Anflugmanöver mussten wir alle paar Minuten unsere Position, Entfernung, Höhe und die zu erwartende Landezeit mitteilen. Je näher wir zum Flughafen kamen, umso häufiger wurde der Funkkontakt mit dem Tower. Schließlich landeten wir sicher, allerdings mit dem Wissen, dass wir ohne Transponder in Europa nicht mehr weiterfliegen konnten.

Zufällig trafen wir am Flughafen von Sevilla einen Piloten, den wir fragten, ob es hier eine Reparaturstelle für Avionics Geräte gäbe. Die Auskunft war negativ. Die nächste Wartungsstelle für elektronische Geräte gäbe es bei Madrid, sagte er, auf dem Flughafen »Cuatro vientos«. Da der Tower am nächsten Tag den Weiterflug nach Instrumentenflugregeln (IFR) verweigerte, mussten wir mit Sichtflugregeln vorliebnehmen und flogen so zum Flugplatz »Cuatro vientos«.

Die Werkstätte dort kümmerte sich um unser Instrument, reparierte es, so dass wir gegen 16 Uhr nach Limoges, Frankreich fliegen konnten. Nach dreieihalb Stunden Flug landeten wir gegen 20 Uhr in Limoges. Die Zollbeamten interessierten sich sehr ausführlich für uns, weil wir aus Afrika kamen. Sie verlangten, dass wir das Flugzeug ganz ausräumen.

Nach 1 ½ Stunden Kontrolle durften wir das Flugzeug wieder beladen, konnten tanken und den Nachtflug nach Rotterdam beginnen. Für mich war es eine Premiere, weil in Zentralafrika Nachtflüge nur in Richtung Hauptstadt möglich waren, da es sonst nirgendwo eine Befeuerung gab.

Interessant war der Überflug von Belgien, weil in diesem Land alle Autobahnen durchgehend beleuchtet sind. Von oben besehen, ergab das ein Netz aus Lichtern und bildete einen Kontrast zu den anderen Ländern, die im Dunkel lagen.

Um 1.43 Uhr MEZ landeten wir in Rotterdam. Ich war stolz auf dem Anzeiger das Kennzeichen unserer Maschine »TL ABL« zu erblicken. Damit ging ein sehr interessanter Flug zu Ende. Mein Kollege fuhr in seine Wohnung, während ich ein Zimmer in einem Hotel nahm und bis in die späten Morgenstunden schlief.

Am Vormittag traf ich Beer, einen Piloten, der früher in Zentralafrika flog, der mir die Flugroute nach Teuge erklärte, einem Flugplatz nahe bei Apeldorn, denn dort sollte der Flieger gewartet und verkauft werden.

Ich hatte zunächst die Absicht, den Ersatzflieger nach Zentralafrika zu bringen, gab diesen Gedanken aber später auf, weil die Zeit der Vorbereitung für den Rückflug einige Monate dauerte.

Ich wusste, dass der neue Flieger eine Cessna 206 sein würde, daher nützte ich meinen Aufenthalt in Österreich, um eine Einweisung in diese neue Fliegertype zu machen, was mir der Flugverein in Gneixendorf bei Krems großzügig gewährte.

Bautätigkeit in der Region

Es dauerte ein Jahr, bis das neue Flugzeug kam. Ich flog inzwischen nach Zentralafrika zurück und arbeitete an einigen Projekten.

Unser Wohnhaus war in den 1960er Jahren gebaut worden und hatte seit dieser Zeit keine Veränderung erfahren. Daher mangelte es an einigen wichtigen Gebäuden. Es gab keine Garage für unsere Autos, die deshalb Jahr und Tag bei Sonne und Regen im Freien stehen mussten. Außerdem gab es beim Gebäude einen Platz zum Trocknen des Kaffees, da die Mission früher eine Kaffeeplantage besessen hatte. In späterer Zeit musste man sich von dieser ehemals sehr nützlichen Einnahmequelle verabschieden, weil sie keinen Gewinn mehr brachte. Nun sollte dieser Teil umgestaltet werden. Zwischendurch begann ich die Dörfer in meinem Sektor öfter zu besuchen.

Lembo, Fertigstelluung der Kapelle

Dach der Paillote

Fertigstellung einer Kapelle in Lembo

In Lembo, einem Dorf, das ganz nahe bei Mobaye liegt, hatten die Leute eine Kirche aus gebrannten Ziegeln gebaut, allerdings fehlten noch Dachstuhl und Bedeckung. Das wäre, so meinten meine Mitbrüder, ein guter Anfang mit der Pastoral und der Bautätigkeit.

Ich besuchte die Gemeinde und wir besprachen die künftige Arbeit, auf die sie sich schon freuten, weil es schon Monate dauerte, dass zwar ein Kirchengebäude existierte, es aber keinen wirklichen Schutz gegen Regen und Sonne bot.

Nach wenigen Tagen kam ich mit Holz für den Dachstuhl, den wir an Ort und Stelle zimmerten und auf die Mauern aufsetzten. Einige Wochen später befestigten wir das Wellblechdach. Damit erfüllte eine längst erbaute Kirche endlich ihren eigentlichen Zweck.

Paillote

Die Plattform an der Westseite unseres Wohnhauses, früher ein Platz zum Trocknen des Kaffees, wurde nicht mehr gebraucht und diente nun als Versammlungsort für pfarrliche Gruppen. Allerdings war dieser Platz der prallen Sonne oder dem Regen ausgesetzt. So entstand die Idee, diesen Platz mit einem Strohdach zu bedecken und eine Paillote zu machen.

Am 2. Jänner begann ich mit dieser kleinen Konstruktion, berechnete den Holzbedarf, nahm Maß für die Befestigungen und zimmerte die fünf Träger, die das Dach halten sollten. Wir holten Bambusstangen zum Befestigen des Grases. Nach wenigen Tagen war die Paillote fertig. Heute ist dieser nach drei Seiten hin freie Platz ein sehr beliebter Ort, um Versammlungen zu halten und Feste zu feiern. Die Öffnungen sorgen für Luftzug

achdecken mit Stroh muss gelernt sein

Gäste im Schatten des überdachten Platzes

und das Strohdach für Schatten und bei großer Hitze für Kühlung. Alle großen Feste mit vielen Geladenen finden nun in dieser Paillote statt.

Bau der Garage

Auch für unsere Autos sollte es eine Lösung geben. Sie litten nicht nur wegen der Temperaturen, sondern waren auch trotz Nachtwächter den Dieben ausgesetzt. Bei schweren Gewittern mit Blitz und Donner war es Dieben wiederholt gelungen, Reservereifen zu stehlen. Sie entfernten sogar die Heck- oder Frontscheibe, um an das Reserverad oder die Werkzeugkiste zu kommen.

Nun gab es an der Westfront des Hauses einige Abstellkammern, die nicht mehr benützt wurden. Mit einigen baulichen Veränderungen konnten daraus Garagen für unsere drei Autos werden, geschützt mit drei großen verschließbaren Portalen.

Am 15. März begann ich mit der Vorbereitung der Baustelle, dem Abriss des alten Mauerwerks und dem Ausheben der Fundamente. Trotz großer Anstrengung benötigten wir doch zwei Monate, bis der kleine Bau fertig war. Jedenfalls konnte sich das Ergebnis sehen lassen und entsprach den Erwartungen.

Wie üblich schweißte ich auch die Rahmen der drei Tore, deren Rahmen einbetoniert wurden. Für die Torflügel verwendete ich keine Scharniere, sondern Türangel, die sich in einem Sitz aus Eisen oben und unten bewegen konnten.

Außenbordmotor und Einbaum

Meine Außenstellen und Buschdörfer lagen alle am Ufer des Oubangui und waren mit wenigen Ausnahmen nur mit einem Einbaum erreichbar. Um

Garage für drei Autos

Der Einbaum – Hilfe für den Transport

eine regelmäßige Betreuung dieser Gemeinden zu gewährleisten, kaufte ich einen Außenbordmotor und einen Einbaum. Reisen auf dem Fluss Oubangui mit Ruderern waren schön, aber wenn sie lange dauerten, wurden sie mühsam. Zudem waren für lange Fahrten mehrere »pagayeurs«, Ruderer, erforderlich, für die in den besuchten Orten Unterkunft und Nahrung benötigt wurden.

Mit der neuen Möglichkeit war eine regelmäßige Betreuung meiner Gemeinden gewährleistet. Manchmal fuhren auch Abordnungen von einer Gemeinde mit, um in anderen Dörfern beim Aufbau einer christlichen Gruppierung zu helfen. Dank des Einbaums mit Außenbordmotor konnte ich in diesem Jahr meine 18 Dörfer oft besuchen und regelmäßig mit den Christen Kontakt halten.

Mit dem Einbaum transportierte ich auch notwendige Materialien für die Dörfer, die eine Kapelle oder ein Gemeindezentrum bauen wollten. Die Baustellen konnte ich regelmäßig besuchen und bis zu einer Tonne Gewicht Material mitnehmen. Der Besuch in den Dörfern war wichtig wegen der Pastoral und erste recht bei baulicher Tätigkeit, da der Umgang mit Geräten und Schalungselementen nicht selbstverständlich war.

So war jeder Kirchenbau auch eine praktische Einschulung für die Beteiligten, sei es in der Handhabung von Geräten, sei es beim Mischungsverhältnis mit Schotter, Sand und Zement, sei es bei Verschalungen oder der Fixierung von Türrahmen und vieles andere.

Im Jahr 2000 führte der Oubanguifluss Hochwasser und der Wasserspiegel stieg um 12 Meter an, so dass viele Dörfer unter Wasser standen. Die Leute in Flussnähe übernachteten oft in ihrem Einbaum, kochten darin, indem sie etwas Sand hinein gaben, damit die Feuerstelle das Holz nicht anbrann-

Einbaum mit Außenbordmotor

Kapellenbau in Tunduru

te. Die Gemeinden konnte ich dennoch mit dem Einbaum erreichen, auch wenn man teilweise durch Gras und zwischen Bäumen hindurchfahren musste.

Kapelle in Tunduru

Eine der ersten Gemeinden, die eine Kapelle bauen wollten, war Tunduru, ein rühriges Dorf nicht allzu weit von der Missionszentrale entfernt. Die Christen dieser Gemeinde besaßen keinen eigenen Versammlungsraum, sondern gingen ins benachbarte Dorf Ndiagbute, wo es eine solide Kapelle gab. Schon seit längerer Zeit drängten sie darauf, ein eigenes Gebäude zu haben. Ein wichtiger Faktor spielte noch mit, lebten doch in den Dörfern zwei verschiedene Stämme, Sango in einem Dorf, Mbugu im anderen, zwischen denen früher ein sklavenähnliches Verhältnis bestanden hatte, ein Faktum, das noch immer zu spüren war.

In Abstimmung mit meinen Priesterkollegen und nach Gesprächen mit der christlichen Gemeinde, stimmten alle grundsätzlich zu. Sie wussten auch um die Bedingungen, dass sie die notwendigen Arbeiten zu leisten und die Materialien, wie Sand, Steine oder Ziegel, vorzubereiten hatten. Der Bau einer solchen Kapelle erforderte Entschlossenheit der Gemeinde, Ausdauer und Gemeinschaftsgeist, denn alle Arbeiten werden händisch gemacht. Es gibt keine Mischmaschine, kein Auto für den Transport von Sand und Steinen oder sonstige technische Hilfe. Sand wird beispielsweise aus dem Fluss gewonnen, dann mit einem Einbaum ans Ufer gebracht und auf dem Kopf zur Baustelle getragen.

Anfang Februar begannen wir mit der Arbeit. Zuerst versammelten sich alle Gläubigen nach der Messe an dem Ort, an dem die neue Kapelle entstehen sollte. Dabei wurden die Grundmauern vermessen und die Baustel-

Tunduru am Ufer des Oubangui

Fertiger Bau der Kapelle

le ausgepflockt. Später begannen sie mit dem Ausheben der Fundamente, trugen Steinmaterial und Sand zusammen, während ich selbst die übrigen Materialien wie Zement, Holz, Betoneisen und Alu-Wellblech in Bangui besorgte. Der Kauf dieser Materialien und der Transport waren mein Beitrag zur Errichtung dieser neuen Kapelle.

Da es in dieser Gegend sehr hartes Gestein gibt, verwendeten wir es für das Fundament und den Aufbau der Seitenmauern. Bei der Verschalung der Pfeiler und Überlager half ich natürlich mit und kontrollierte auch sonst den Fortgang der Arbeiten. Je nach Bedarf brachte ich Zement für Mörtel, sei es für die Mauern oder die Herstellung der Zementziegel. Sechs Monate nach Baubeginn konnten wir das Blechdach befestigen und damit war die Kapelle soweit fertig, dass wir den Gottesdienst geschützt unter Dach feiern konnten. Die weiteren Arbeiten wie Mauern mit Lüftungsziegel, Türen und Fußboden brauchten noch weitere Monate.

Kapellenbau in Fiato

Während in Tunduru noch gebaut wurde, überlegten auch die Christen in Fiato, eine neue Kapelle zu bauen.

Das Dorf Fiato liegt zehn Kilometer flussaufwärts, ist größer als Tunduru und hatte einen charismatischen, sehr engagierten Katecheten. Die Gemeinde war lebendig, zudem gab es keine Stammesunterschiede, da alle dem Stamm der Mbugu angehörten. Am 9. März 2000 begannen wir – wie üblich – mit dem Ausmessen der Grundmauern für die künftige Kapelle, knappe 20 Meter neben der alten Hütte.

Hier waren Sand und Steine schwieriger zu beschaffen, da die Zugangswege länger waren, und das Dorf zudem etwas erhöht am Ufer des Flusses lag. Alles musste den Hügel hinaufgetragen werden. Der Eifer bei der

Fiato, alte Kapelle mit Grasdach

Kapelle kurz vor der Fertigstellung

Bautätigkeit war lobenswert, zudem arbeiteten die Leute hier selbständiger als anderswo, so dass die Kirche nach einem Jahr fertig war.

Frauen brachten in Kübeln Sand und Schotter, Kinder holten im Team die Holzteile für den Dachstuhl aus dem Kanu am Ufer. Nach der Errichtung der Giebelmauern setzten wir den Dachstuhl auf, und befestigten als letzte Arbeit die Alu-Wellblechplatten.

Damit war die Kirche bereits zu benützten, auch wenn noch Türen und Boden fehlten. Dieser Tag war ein Festtag für die Gemeinde, zu dem auch die Abordnungen von benachbarten Dörfern und anderen religiösen Gruppen kamen. Am Tag der Eröffnung der Kapelle feierten wir einen Gottesdienst mit Spendung der Taufe von Erwachsenen und Kindern.

Ein neuer Flieger

Inzwischen war auch ein neues Flugzeug gekommen, eine Cessna 206, die die zweimotorige Partenavia, PA 68, ablöste. Der neue Flieger hatte den Nachteil, dass ausländische Politiker nicht mehr mitflogen, weil sie aus Sicherheitsgründen nur zweimotorige Flugzeuge benützen dürfen.

Der Vorteil aber war, dass die neue Maschine größere Lasten transportieren konnte, weil ein Motor eben weniger wiegt als zwei, selbst wenn er etwas größer und stärker ist. Allerdings ist die Überlebenschance im Falle eines Motorausfalles gleich Null.

In Zentralafrika gibt es keine ausgedehnten Wiesen und Felder, die für eine Notlandung geeignet wären. Die lokalen Felder sind klein und reichen gerade für die Nahrungsbeschaffung einer Familie, sonst ist das Buschgebiet uneben, mit Sträuchern besetzt und, wie im Falle in der Gegend von Alindao, durchzogen mit meterhohen, toten Termitenhügeln. Eine Notlandung kommt in solchen Fällen einem Todesurteil gleich.

Das neue Flugzeug, Cessna 206, für sechs Personen

Beladen und Betanke des Fliegers

Ein Jubiläumsjahr mit Herausforderungen 2000

Das Wort Jubiläum kommt vom hebräischen Wort »jobel« und erinnert an die Weisung in der Geschichte des hebräischen Volkes, alle 50 Jahre in der Gesellschaft einen grundsätzlichen Neuanfang zu machen. Alle Schulden werden getilgt oder zurückbezahlt, Land wird zurückgegeben und Dienstverhältnisse werden neu gestaltet (Levitikus 25,10).

Auch für die Kirche in Mobaye war das Jahr 2000 ein Appell, zusätzliche Aktionen der Hilfe zu planen, die Menschen in Not zugutekommen sollten. Wir konzentrierten uns auf das Spital und das Gefängnis, die beide sehr mangelhaft ausgestattet waren, weil der Staat wenig investiert oder überhaupt das Geld fehlt. Wenn auf internationale Weisung Strukturanpassungen gefordert wurden, kam es zu Kürzungen im Schulsystem und den sozialen Einrichtungen.

Steuereinnahmen waren bescheiden, weil es in Zentralafrika keine Industrie gibt, sondern nur Landwirtschaft für den Selbsterhalt. Die Regierung erhielt Geld lediglich aus den Steuern der Löhne von Angestellten und den Zöllen importierter Waren, die aber selbst immer wieder durch korrupte Machenschaften einem Schwund unterlagen.

Unterstützung im Spital

Ein Angestellter des Spitals informierte uns, dass es beispielsweise keine Möglichkeit für Frauen gibt, um sich nach der Geburt eines Kindes zu reinigen. Ebenso fehlten ein funktionierendes WC und ein Verbrennungsofen für Abfälle. Wir sprachen öffentlich über die Absicht im Spital diese Notsituation zu ändern und sofort meldeten sich Jugendliche, die bereit waren

Duschraum für die Gynäkologie

Einfacher Verbrennungsofen; links WC

mitzuarbeiten. Nach Absprache mit der Leitung des Spitals, begannen wir mit dem Bau einer Dusche für die Gynäkologie. Wir stellten Zementziegel her und sammelten Steine für die Fundamente. Die übrigen Materialien stellte die Mission zur Verfügung. Die Arbeiten gingen rasch voran, so dass die Dusche in kurzer Zeit fertig war.

Da es kein Fließwasser gab, musste in der neuen Dusche genügend Raum für einen Wasserbehälter sein und auch genug Platz, um sich reinigen zu können. Der kleine überdachte Zementbau hatte innen einen sauberen, leicht zu reinigenden Betonboden und genügend frische Luft, schützte vor Regen oder Sonne und ermöglichte die persönliche Hygiene diskret und in Wahrung der persönlichen Würde.

Da es auf dem Areal des Spitals keinen Ofen zum Verbrennen der Abfälle gab, errichteten wir eine einfache Verbrennungsstelle.

Ein anderes Projekt war ein WC etwas abseits des Spitalsgebäudes, eine Art Plumpsklo, weil es ja keine Wasserspülung gab. Zur Desinfektion wird man sich mit Kalk behelfen müssen. Dennoch war es von Vorteil, wenn die Leute ihre Bedürfnisse in einem WC erledigen konnten.

Dieses Projekt war etwas schwieriger, weil sich die Anlage des WCs auf einem Felsen befand, der zum Fluss hin abfiel. Auch beim dritten Projekt half die Bevölkerung mit, so dass der einfache Ofen bald beendet war. Die Armut der Menschen ist leider bei vielen Verantwortlichen im Staat nicht wirklich präsent. Sie selber kennen die Nöte und Mühen der einfachen Leute nicht, weil sie im Fall eigener Bedürfnisse das Ausland vorziehen. Kaum ein höherer Beamter lässt sich im eigenen Land operieren.

Auch die Kinder dieser Personengruppe besuchen Schulen im Ausland, daher ist es kein Wunder, dass eine moderne Bildungspolitik im eigenen Land kein großes Anliegen darstellt.

Spitalsgebäude

Operationssaal

Trotz Korruption und grober Vernachlässigung zentraler Verpflichtungen durch die Regierung muss dem Volk geholfen werden. Diese Hilfen werden vielleicht die Handlungsweise der Verantwortlichen nicht ändern, aber sie zeigen wenigstens die Mängel auf. Die Absicht jeder Hilfe muss immer auf mehr Engagement des Staates abzielen.

Erleichterungen im Gefängnis

Ein weiterer Schwerpunkt war das Gefängnis, für viele Menschen ein Ort der Qual und Demütigung. Es gab im Gefängnis keine offizielle Verpflegung. Jeder Häftling musste sich tagsüber selbst das Notwendigste beschaffen, sei es durch einfache Arbeiten, manchmal sogar durch Stehlen. Erschwerend kam hinzu, dass ein Teil solcher »Verdienste« ab und zu dem Gefängniswärter abzuliefern war. Sollte die Suche nach Nahrung oder Geld zum Überleben erfolglos gewesen sein, konnte es zu drakonischen Strafen kommen.

Die Ausstattung der Zellen war nüchtern: Ein überfüllter Raum mit einem Betonboden ohne Licht und einem kleinen Fenster, das kaum genügend Luft für die Insassen hereinließ. Das Blechdach heizte sich bei Sonnenbestrahlung derart auf, so dass die Temperatur in diesen Räumen bis über 40 Grad anstieg. Um diese Umstände zu verbessern, bekam Pater Bernard die Erlaubnis, unter dem Dach Luftschlitze einzubauen, damit ein Luftzug entstehen konnte. Ich selbst installierte in allen Räumen die Beleuchtung, da neben der Gefängnismauer ein Strommast stand und der Anschluss kein Problem darstellte.

Als Abschluss dieser Tätigkeit bereiteten die Frauen unserer Pfarre ein gemeinsames Mahl mit allen Gefangenen. Ein Festtag besonderer Art, der sich nicht sehr häufig wiederholte.

Drakonische Strafen für Gefangene

Friedensmarsch

Das Jahr 2000 war für Zentralafrika alles andere als ein Jahr zum Jubeln. Die Unsicherheit verstärkte sich im ganzen Land. In Mobaye wurde eines Tages Militär gesichtet, das sich für bestimmte Häuser von Anhängern des früheren Präsidenten interessierte. Erinnerungen wurden wach, was sich im Nachbarort Kembe ereignet hatte. Ein solcher Besuch forderte dort einen Toten und vier verbrannte Häuser.

Bewaffnete Gruppen machten die Straßen unsicher und überfielen Reisende wie auch Transportunternehmen. Zwischen Grimari und Bambari wurden Priester und Schwestern von bewaffneten Straßenräubern überfallen, wobei eine Schwester grundlos getötet wurde. Selbst als man den Leichnam später in die Heimat nach Bambari bringen wollte, wurde der Transport von eben diesen Verbrechern wieder gestoppt und sogar der Sarg geöffnet und kontrolliert.

In einem kleinen Dorf nahe von Alindao, hatte ein Kraftwagen eine Panne, weil die Radaufhängung vorne rechts gebrochen war. Der Wagen scherte aus und tötete eine Person am Straßenrand. Die Menge war so erbost, tötete den Chauffeur und verletzte den Beifahrer. Schließlich wurde die gesamte Ladung gestohlen. Als die Gendarmerie kam, musste sie den verletzten Beifahrer nach Alindao in Sicherheit bringen, und die Polizisten selbst waren froh, nicht attackiert worden zu sein.

Diese wenigen Beispiele zeigten, wie sich gleichsam unaufhaltsam die staatliche Ordnung aufzulösen begann und manche Bürger der Bevölkerung korrupt, ja selbst kriminell wurden. Längst gab es keine rechtlichen Konsequenzen mehr für Überfälle, Tötungen, Plünderungen und Diebstahl. In dieser Zeit allgemeiner Verunsicherung und Bedrohung hatte P. Bernard die

Essen für die Gefängnisinsassen

Friedensmarsch der Religionen im Jahre 2000

Idee, einen Friedensmarsch durch die Stadt Mobaye zu machen, wozu wir alle Konfessionen einluden.

Dieser Marsch wurde zu einem gewaltigen Zeugnis für den Frieden. Der Zug begann bei der Mission und bewegte sich anschließend zum »Platz der Nation« bei der Präfektur. Dort sprach sogar der Präfekt einige Worte zum Thema Frieden. Anschließend kehrten wir zur Mission zurück, um bei der Mariengrotte mit einem Gebet abzuschließen. Der Marsch dauerte an die drei Stunden. Auf dem Weg wurde gesungen und gebetet. Aber es war auch ein heiterer Marsch mit fast ausgelassener Stimmung. Die Freude in den Gesichtern dominierte. Von den Autoritäten der Stadt nahmen nur wenige am Marsch teil.

Selten habe ich einen so klaren Willen zum Frieden und zu einem friedvollen Zusammenleben gesehen wie an diesem Tag. Bei der Mariengrotte unserer Mission wurde dieser Friedensmarsch beendet. Priester und Laien entzündeten Kerzen, um mit diesen Zeichen der Bitte um Frieden Nachdruck zu verleihen. In einer Zeit zunehmender Verunsicherung durch Rebellen und Plünderer zeigte sich der eindeutige Wille des Volkes nach Ruhe, Frieden und Ordnung. Der nächste Tag war als »Tag des Friedens« proklamiert. Beim feierlichen Gottesdienst wurde für den Frieden gebetet, und anschließend zeigten Kinder und Jugendliche selbst erfundene Theaterstücke.

Tod von Bischof Antoine Marie Maanicus

Das Jubiläumsjahr begann mit neuen Herausforderungen, die die Diözese und die Missionsstationen betrafen. Ein Ereignis sehr trauriger Art war der Tod des Bischofs wenige Tage vor Weihnachten 1999.

Am ersten Tag des Jahres 2000 brachte ein Auto den Leichnam des verstorbenen Bischof Maanicus. Der erste Bischof der Diözese Bangassou war

Friedenskerzen bei der Grotte

Bischof Antoine M. Maanicus

Verabschiedung in der Kirche von Mobaye

wegen einer Lungenkrankheit nach Holland gebracht worden, konnte aber nicht geheilt werden. Er verstarb in Utrecht und wurde in Zentralafrika beerdigt.

Als der Leichnam auf dem Weg von Bangui nach Bangassou war, blieb der Konvoi an jenen Orten stehen, an denen der Verstorbenen gewirkt hatte. In Mobaye hatte Pater Antoine seine Tätigkeit als Priester begonnen und in den 60er Jahren diese Mission gegründet. Er ließ alle notwendigen Gebäude erbauen: die Kirche, ein Schwesternhaus und das Haus für die Priester. Beteiligung und Betroffenheit der Bevölkerung waren echt und tief.

Schließlich war er wie ein Vater zu ihnen, korrekt und allen Menschen gegenüber hilfsbereit. Jedes Jahr besuchte er die Missionsstationen seiner Diözese, eine Leistung, die nicht genügend gewürdigt werden kann. Dabei ging es um viele Stunden Fahrt auf schlechten Straßen, Nächtigungen und Aufenthalt in entlegenen Buschdörfern ohne geringsten Komfort, ohne Fließwasser, Strom, Telefon, Fernsehen und WC, mit Nahrung, wie sie eben in der Region üblich war, aufgebessert durch Fisch, Fleisch aus Dosen und Suppenpäckchen.

Der Sarg wurde in der Kirche zur Verabschiedung für die Bevölkerung aufgestellt. Wie üblich wurde die ganze Nacht über gesungen und gebetet. Manche Leute verbrachten die Nacht in der Kirche und schliefen dort. Dazwischen gab es Kaffee für die Teilnehmer, wie es eben bei einem Totenplatz bei der Bevölkerung üblich ist. Am nächsten Tag feierten wir einen Seelengottesdienst, dann begann die letzte Reise des Bischofs in seine Wirkungsstätte Bangassou.

In Afrika ist es wichtig, dass ein Verstorbener unter ihnen weilt. Die Leute glauben, dass sein Geist auch in Zukunft zum Wohle der Bevölkerung wirken wird, daher soll er sein Grab unter den Menschen haben. In

Bangassou verbrachte der Bischof 36 Jahre seines Lebens. Er gründete ein Leprazentrum in Bagonde, einem Wohnviertel in Bangassou. In diesem Zentrum können Leprakranke stationär bleiben.

Neben der medizinischen Behandlung konnten die Patienten nach ihren Möglichkeiten auch an der Bestellung einiger Felder mit Früchten wie Ananas, Erdnüsse und Maniok mithelfen. Sie empfanden dies als eine persönliche Wertschätzung in ihrer Krankheit, weil sie von der Gesellschaft oft ausgeschlossen wurden. Auch ließ er kleine Hütten für Menschen bauen, die der Hexerei angeklagt waren und manchmal von der Bevölkerung gemieden wurden. Diese Aktivitäten und viele andere zeigen, wie der Bischof die Worte Jesu lebte: »Was ihr den Geringsten meiner Brüder und Schwestern getan habt, das habt ihr mir getan.«

Bischof Maanicus hatte diese Worte in seinem Leben nach Kräften verwirklicht. Er gründete auch das Seminar für Priesterstudenten und förderte die kirchliche Entwicklungshilfe »Animation rurale«.

Mit dem Tod von Bischof Maanicus ging ein mutiger und unerschrockener Mahner von uns, der auch in gefährlichen Zeiten, wie unter Kaiser Bokassa, die Rechte der Bevölkerung von den Autoritäten immer wieder einforderte. Er versäumte es nicht, bei Audienzen auf die wirklichen Sorgen der Menschen hinzuweisen und Ungerechtigkeiten anzuprangern. Seine Stimme war nun verstummt, daher war auch die allgemeine Trauer unter der Bevölkerung groß. Seine Sorge um Gerechtigkeit zeigte sich auch darin, dass er in seiner Diözese die Bewegung für »Gerechtigkeit und Frieden« (»Justitia et Pax«) einführte, sehr empfahl und förderte. Es war Papst Paul VI., der diese Bewegung 1967 ins Leben gerufen hatte. Der Grundgedanke, dass es in der Welt ohne weitreichende Gerechtigkeit keinen dauerhaften Frieden geben konnte, hatte besonders in Ländern mit großer Unterdrückung bereite Aufnahme gefunden.

Beitrag der Christen für »Gerechtigkeit und Frieden«

Es war Pater Bernard, der in Mobaye eine Gruppe gründete, die sich mit ungerechten Situationen in unserer Stadt befasste, Protokolle schrieb und sie an die Autoritäten weiterleitete. In einigen Dörfern wurden sogar Untergruppen errichtet, die in ihrem Dorf ungerechte Zustände aufgriffen,

Lepra-Zentrum im Wohnviertel Bangonde

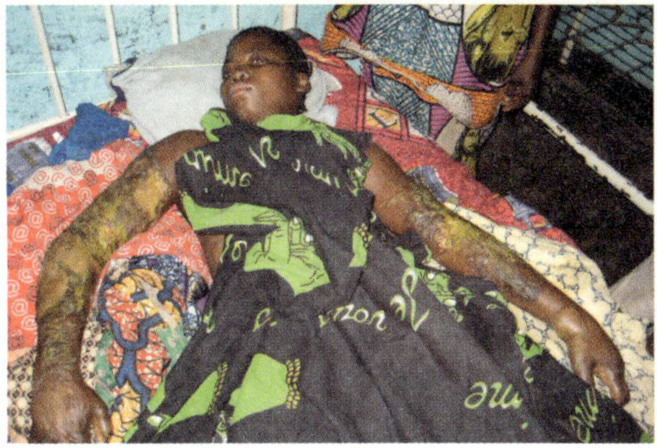
Angèle mit Brandwunden im Spital

darüber diskutierten und Härtefälle manchmal schon in den Anfängen verhinderten. Einige dieser Protokolle erreichten sogar die Hauptstadt.

Um eine Vorstellung davon zu bekommen, worum es sich dabei handelt, schildere ich zwei Fälle, die sehr dramatisch verliefen.

Angèle war ein junges Mädchen von 12 Jahren. Ihre Mutter war eine Frau von Stamm der Mbugu, ihr Vater war Araber, der aber die Familie und die schwangere Frau verlassen hatte. Diese Familiensituation war alles andere als günstig für das junge Mädchen. Angèle besuchte ein paar Jahre die Pflichtschule, verzichtete dann aber auf weitere Bildung, weil sie Geld durch Verkauf von Früchten und Nahrungsmittel verdienen sollte. Mit den Ergebnissen konnten sie und ihre Mutter zufrieden sein. Ihr Auftreten war durchaus selbstbewusst.

Diese engagierte Tätigkeit und der bescheidene Wohlstand rief Neider auf den Plan. Als eines Tages eine angesehene Frau Migräne hatte, beschuldigte sie das Mädchen, Ursache dieses Leidens zu sein. Sie meldete diesen Vorfall der Polizei und klagte Angèle der Hexerei an. Diese wurde verhaftet und kam in Mobaye ins Gefängnis für Erwachsene, weil es für Jugendliche keine Haftanstalt gab. Ohne Verurteilung lebte sie zwei Jahre im Gefängnis, musste für sich selbst sorgen, konnte zwar die Zelle verlassen, musste aber immer wieder am Abend zurückkehren.

Als die Frau des Gefängniswärters an Aids starb, war es für ihn klar, dass nur Angèle, die ja der Hexerei angeklagt war, für den Tod seiner Frau verantwortlich sein kann. Er beauftragte männliche Mitgefangene Angèle zu foltern, mit der heimlichen Absicht, sie zu töten. Sie wurde an Händen und Füssen mit Stricken an eine Stange gebunden, während die Häftlinge ihre Hände mit brennenden Grasbüscheln berührten. Nach dieser Tortur legt man sie in ihre Zelle in der Hoffnung, dass sie an Dehydratation sterben würde. Zum Glück kam ihre Mutter zu Besuch und fand Angèle mit den schweren Verbrennungen.

Sie brachte Angèle ins Spital und verständigte uns. Wir besuchten sie sofort und sorgten für die nötigen Medikamente zur Erstbehandlung.

Bei einem nächsten Flug in die Hauptstadt kaufte ich Gaze für Verbrennungen, um die Wunden professionell behandeln zu können. Schwester Monica von der Mission, selber eine Krankenschwester, überwachte die Hilfe, weil wir den Eindruck hatten, dass die Angestellten des Spitals Angst vor zu nahem Kontakt mit der Gefolterten hatten.

Gleichzeitig informierte ich einen Advokaten in Bangui, damit er sich dieses Falles annähme um Anklage zu erheben. Er kam nach Mobaye, recherchierte und es gab einige Konsequenzen. Der Gefängniswärter wurde zur Strafe in ein anderes Gefängnis als leitender Beamter versetzt, kam aber nach einigen Jahren wieder nach Mobaye zurück.

Der Advokat rief die Bevölkerung sowie die Autoritäten des Ortes zusammen, um über diesen Fall zu reden. Die Beteiligung war groß, der Erfolg aber mäßig. Für den Juristen war die Beweislage das Problem. Hexerei wird ohne Beweise strafrechtlich verfolgt, eine Anschuldigung genügt als Verhaftungsgrund. In einer kleinen Runde fragte ich einen Universitätsprofessor, ob er denn wirklich an die Wirksamkeit der Hexerei glaube? Er antwortete mir: »Ich glaube nicht daran, aber ich kann es nicht sagen, sonst bin ich der nächste Fall von Hexerei!« Diese Angst hält den Glauben an die Hexerei am Leben.

Angèle wurde schließlich geheilt, ist aber für ihr ganzes Leben durch die Verbrennungen gezeichnet. Ich teilte ihr Schicksal »Amnesty International« mit und informierte auch den österreichischen Vertreter bei der UNO bezüglich der Folter. Es scheint, dass es zu einer Begegnung mit dem Vertreter aus Zentralafrika kam, so dass dieses Ereignis wenigstens eine gewisse Öffentlichkeit erhalten hat. Da das Gesetz gegen Hexerei im Land weiter besteht, schätzen die Autoritäten es nicht, wenn solche Vorfälle einem breiten Publikum bekannt werden.

Ein besonderes Ereignis gab es im Dorf Lembo. Die Leute sind Fischer und verbringen oft Tage und Wochen in kleinen Hütten und kommen nur am Samstag nach Hause. Bei einem schweren Gewitter hatte der Blitz in

»Hexerei« war das Thema einer Versammlung im Pfarrsaal

Angèle geheilt, aber gezeichnet

eine solche Hütte eingeschlagen, eine Frau mit einem Kleinkind getötet und Verbrennungen bei zwei anderen Personen verursacht. Ein 15-jähriger Bursch erlitt arge Verbrennungen, aber der Vater wollte ihn nicht ins Spital bringen.

Da ich beide gut kannte, drängte ich darauf und brachte selbst den Verletzten mit dem Auto ins Krankenhaus. Er wurde behandelt, aber der Vater nahm ihn schon am nächsten Tag wieder mit nach Hause und verhinderte damit eine weitere Behandlung. Schließlich verkrusteten die Wunden derart, dass er nicht mehr auf den Beinen stehen und nur auf allen Vieren kriechen konnte. Als ein paar Jahre später ein Ärzteteam nach Alindao kam, um Operationen gratis durchzuführen, überredete ich den Vater, doch diesmal den Sohn zur Begutachtung zu den Ärzten zu bringen. Tatsächlich sah man die Möglichkeit mittels einer Hauttransplantation die Beweglichkeit der Beine zu verbessern.

Es war ein langer Heilungsprozess, weil die Hauttransplantation nicht gelang. Nach etlichen Monaten konnte der junge Mann aber wieder gehen. Die anfängliche Weigerung des Vaters ist für uns nicht nachvollziehbar. Aber vermutlich hielt er seinen Sohn für diesen Blitzschlag verantwortlich und wollte ihn gleichsam als Sühneopfer leiden lassen und so die Geister wieder versöhnen.

Bei solchen und ähnlichen Fällen ist christlicher Glaube eine echte Befreiung vom Korsett archaischer Vorstellungen. Heute kann der junge Mann gehen und erfreut sich des Lebens. Er übte und arbeitete an seiner Gesundung, vielleicht auch deswegen, weil ihm eine Krankenschwester Turnschuhe in Aussicht stellte, die er bekommen würde, wenn er sie selber aufrecht gehend holt. Ich durfte sie ihm geben, weil er die Bedingung erfüllt hatte.

Verletzter nach der Heilung

Lesesaal für Studenten

Pastoral in politisch schwierigen Zeiten

Bau des Pfarrsaals

In unserer Pfarre fehlte für große Versammlungen ein Saal. Dafür aber gab einen ummauerten Platz, der früher als ein Freilichtkino verwendet wurde. So kamen wir auf die Idee, diesen Platz mit einem Dach zu versehen und damit einen Saal für die Begegnung vieler Menschen schaffen.

In nur zwei Monaten war der Saal fertig, und wir konnten die erste Versammlung darin abhalten. Im Zuge dieses Umbaus schufen wir einen Lesesaal für Studenten und vergrößerten die bereits vorhandene Bibliothek. Es war dies ein wichtiger Dienst für die zahlreichen Studenten, die es in Mobaye gab, besaß die Stadt doch auch eine Mittelschule, die viele Jugendliche besuchten. Leider sind die Aussichten auf eine sinnvolle Betätigung nach dem Studium sehr gering, besonders in Zeiten politischer Unsicherheit und Kriegsdrohung.

Politische Entwicklung

Der 1993 gewählte Präsident Ange Félix Patassé gewann fünf Jahre später wieder die Wahlen, aber ein paar Jahre später gab es einen ersten Umsturzversuch. So meldete das Radio am 29. Mai 2001, dass ein General versuchte, mit militärischer Hilfe aus dem Tschad den Präsidenten zu stürzen. Es fielen Schüsse in Bangui und es gab viele Tote. Kampfhubschrauber aus Libyen waren auch im Einsatz, aber schließlich konnte die Gefahr eines Umsturzes gebannt werden. In dieser Zeit waren alle internationalen Flüge gestrichen. Es setzte eine Fluchtbewegung der Yakoma ein, weil sie wussten, dass hinter diesem Aufstand ein hoher Militär von Stamm der Mbaya stand.

Pfarrsaal in Mobaye

Das Pfarrzentrum in Bangassou vom Flugzeug aus

Pater Antonio, ein Comboni – Missionar, berichtete über Internet von den Ereignissen und verglich das Land mit einem Schlachthaus wegen der vielen Opfer. Das wurde der Regierung bekannt; der Pater wurde verhaftet und verbrachte einige Zeit im Gefängnis.

In Bangui selber gab es nach dem Umsturzversuch Razzien und immer wieder Schießereien unter den verfeindeten Gruppen. Noch schlimmer wurde es im November desselben Jahres, als dieser General wieder einen Umsturz inszenierte.

An diesem Tag sollte ich einen Flug nach Bangassou und Mobaye machen, musste aber wieder umkehren, weil die Zufahrt zum Flugplatz von fremden Soldaten gesperrt war, die zur Unterstützung des Präsidenten gerufen worden waren. Sie sollten ihn zusammen mit der Präsidentengarde schützen. Schließlich wurde bekannt, dass hinter dem Umsturzversuch der ehemalige General Bozizé stand. Er flüchtete diesmal in den Tschad, sollte aber im nächsten Jahr mit verstärkter Kraft wiederkommen.

Trotz dieser Vorkommnisse flog ich in diesem Jahr 45 Mal in fast alle größeren Orte. Wie sehr die Bevölkerung wegen der militärischen Ereignisse verunsichert war, zeigt ein Flug nach Bangassou, wo es zu einer richtigen Panik unter der Bevölkerung gekommen war. Ich war unterwegs und konnte die Mission per Funk nicht erreichen. Die Flugpisten waren ja unbesetzt, so dass jede Kommunikation über Funkverbindung mit der Mission des Ortes stattfand. Da der Flug je nach den Windverhältnissen zwei bis drei Stunden dauern konnte, kontaktierte ich zur vereinbarten Zeit die Missionsstation von Bangassou, hatte schließlich Kontakt und teilte der Mission mit, dass ich zu einem späteren Zeitpunkt die genaue Landezeit mitteilen würde.

Zur vereinbarten Zeit kam aber kein Funkkontakt zustande. In einem solchen Fall war es üblich, mit dem Flugzeug eine Runde über dem Missionsgebäude zu drehen, in der Hoffnung, dass irgendwer aufmerksam wird, ins Auto steigt und zur Piste fährt. Es war am früher Nachmittag und das Zentrum der Stadt voll von Menschen, die auf den Markt gingen oder von dort kamen. Ich kehrte nach einer solchen Runde zur Piste zurück, landete und wartete auf das Missionsauto.

Als wir später in Richtung Stadt fuhren, kam uns ein Auto mit bewaffneten Polizisten und einer Autoritätsperson der Stadt entgegen. Der Präfekt der Stadt machte mir Vorwürfe, dass ich ohne Ankündigung über die Stadt geflogen wäre und damit Panik unter der Bevölkerung ausgelöst hätte. Die Leute seien Hals über Kopf geflohen, weil sie glaubten, dass feindliches Militär im Zusammenhang mit den Ereignissen in Bangui nun auch nach Bangassou gekommen sei. Ich konnte die Umstände erklären, wies darauf hin, dass ich meinen Flugplan gesetzeskonform auf dem Internationalen Flugplatz in Bangui abgegeben hätte und bei der Angabe meines Zieles kein Wort auf ein eventuelles Landeverbot ausgesprochen wurde. Von Bangassou wüsste ich übrigens keine Funkfrequenz, die ich hätte kontaktieren können. Nachdem auch der Präfekt keine kannte, war die Diskussion beendet.

Obwohl die militärischen Ereignisse sich in der Hauptstadt zugetragen hatten, waren die Menschen auch in entfernten Provinzstädten zutiefst verunsichert. Es genügte ein kleines Missverständnis, um eine ganze Stadt in Panik zu versetzen.

Nicht immer verlief die Pastoral ohne Schwierigkeiten. Verkündigung und Friedensarbeit wurden manchmal auf eine harte Probe gestellt. Bei der Vorbereitung auf die Sakramente wie Taufe, Eucharistie und Firmung war immer auch von der Würde seiner Person die Rede. Die Katechumenen aber lebten in einer Gesellschaft, in der Hexerei und die Fähigkeit des »talimbi«[63] Teil des Volksglaubens waren. Jene, die diesen Volksglauben anzweifelten, wurden als erste verdächtigt, Hexer zu sein. Deshalb wagt es kaum jemand, ehrlich seine Meinung zu diesen Fragen zu äußern.

Ausländische Priester und Schwestern waren die Einzigen, die gefahrlos über diesen Volksglauben reden konnte. Kein Wunder also, wenn diese

63 Talimbi – Sango: Fähigkeit zur Metamorphose; der Glaube, dass sich ein Mensch in ein Tier (Krokodil, Elefant, ...) verwandeln kann und Menschen Schaden zufügt.

Themen in den Predigten immer wieder zur Sprache kamen. Wer es dem anderen zutraut, dass er Kinder, ältere Menschen oder jede beliebige Person allein mit seiner geistigen Fähigkeit töten kann, der muss in jedem Menschen einen potentiellen Feind erblicken. Umso wichtiger war es, diese Grundangst im Zusammenleben mit anderen anzusprechen und das Vertrauen zueinander zu betonen. Und genau das war die Botschaft des Evangeliums.

Aktionen in der Fastenzeit

Wir versuchten Bibelworte immer im Alltag zu verankern. Die Fastenzeit bot dazu immer eine gute Gelegenheit. Im Zusammenhang mit der Erzählung von der Samariterin am Jakobsbrunnen (Johannes 4), kamen wir auf das Thema Brunnen und Quelle zu reden.

Wir beschlossen ganz konkrete Aktionen, die für die Gemeinschaft nützlich waren. Die Quelle wurde zum Hauptthema. Konkret reinigten wir die Wasserquelle, zu der täglich hunderte Menschen kamen, um dort Wasser für die Familie zu schöpfen. Bei Bedarf fassten wir die Quelle mit Steinen oder Zement ein.

Die Blindenheilung (Johannes 9) bot eine hervorragende Gelegenheit über den Zusammenhang von Krankheit und Schuld zu sprechen. »Weder er noch seine Eltern haben gesündigt …«, sagt Jesus. Daher war die Krankheit nicht auf die Schuld eines Menschen zurückzuführen, sondern hat andere Gründe. Das gab Gelegenheit über Viren, Bakterien und Infektion zu reden, aber auch über die Fähigkeit, sich durch ein gutes Immunsystem selbst zu schützen. Selbst der Gang ins Spital bei schwerer Krankheit war nicht selbstverständlich und musste immer wieder eingefordert werden.

Der Lebenswandel selbst war zu überdenken: wie kann ich auf Reinlichkeit achten, wie die Gefahr von Alkohol und Drogen vermeiden. Immer wieder gab es Streit in den Dörfern, der verschiedene Gründe hatte: Feindseligkeit, Hass und Eifersucht.

Vorfälle in Gemeinden

Eines Tages kam eine mehrköpfige Abordnung aus der christlichen Gemeinde Zate zu mir mit der Nachricht, dass ein Mann das Tor des Kircheneingangs zugenagelt hatte. Der Täter wäre ein Verwandter des Chefs des Ortes, der behauptet, dass ich als verantwortlicher Priester per Brief diese Aktion befohlen hätte. Der Mann berichtete, dass die Gemeinde zerstritten wäre und deshalb keine offene Kirche verdiene.

Ich entschloss mich daraufhin, einen Besuch zu machen, um das Problem zu lösen.

Es wurde viel und lang geredet, wobei ich kaum jemals einen richtigen Durchblick bekam. Letztendlich ging es um einen Diebstahl, den der Chef selber begangen haben sollte; da er Christ war, hatte er dadurch die ganze Gemeinde beleidigt. Als Konsequenz – so befand dieses Mitglied der christlichen Gemeinde – müsste die Kirche geschlossen werden.

Es endete jedenfalls damit, dass ich selbst mit einem Nagelzieher die Bretter, mit denen die Kirchentür vernagelt war, entfernte, nachdem sich sonst niemand von der Gemeinde dazu bereit erklärt hatte. Ich merkte, dass sie Angst hatten und keine Stellung weder gegen den Chef noch gegen den Ankläger beziehen wollten. Nachdem ich das Brett entfernt hatte, waren alle froh, dass die Kirche wieder zugänglich war.

Schlimmer war ein Vorfall im Zusammenhang mit der charismatischen Gruppe unserer Gemeinde. In der Freikirche Elim, die in Mobaye sehr stark vertreten war, gab es eine charismatische Gruppe, die trotz ihres christlichen Glaubens auch den Volksglauben an die Hexerei teilte. Manchmal ergab es sich, dass die katholische Gruppe mit der Freikirche Elim, einer Schweizer Gründung, gemeinsam sang und betete. Bei einem solchen Gebetstreffen geschah es, dass eine Teilnehmerin in Trance fiel und in diesem Zustand jemand der Hexerei beschuldigt.

Die Frau nannte konkret den Namen eines Mannes und klagte ihn öffentlich der Hexerei an. Daraufhin ging die ganze Gruppe zum Haus des Beschuldigten um ihn zu bestrafen. Die Jugendlichen suchten in seinem Haus nach irgendwelchen Zeichen der Zauberei, gruben sogar den Boden in der Hütte auf, um versteckte Zaubermittel zu entdecken, fanden aber nichts.

Der so Angeklagte sah, dass Leugnen nichts half. Er wollte sein Leben retten, indem er auch andere beschuldigte. Er sagte, er wäre es sehr wohl gewesen, aber nicht allein und er nannte die Namen von anderen Beteiligten. Die »Charismatiker« schlugen ihn zunächst und brachten ihn ins Gefängnis zusammen mit jenen, die er namentlich genannt hatte. Die

Ausbau von Quellen

Der Hexerei angeklagt

Polizei ist per Gesetz verpflichtet, solch beliebig Angeklagte in Gewahrsam zu nehmen. Es dauerte fast ein Jahr, bis die Leute schließlich wieder freikamen.

Ich reagierte auf diesen Vorfall energisch und verlangte vom Chef unserer charismatischen Gruppe die Namen der Beteiligten. Doch weder er noch andere der Gruppe waren bereit, Namen zu nennen. Daher löste ich die charismatische Gruppe auf und verbot ihnen als Bewegung in unserer Kirche weiterhin aufzutreten. Es dauerte sechs Monate lang, bis sich eine neue Gruppe bildete, deren Mitglieder bereit waren, ein Dokument mit entsprechenden Verhaltensweisen zu unterschreiben, die sie auch verpflichtend befolgen würden.

Damit setzten einige der Gruppe zwar ein äußeres Zeichen, aber ich zweifelte, ob auch die innere Gesinnung dem entsprach, denn diese Forderungen richteten sich gegen einen uralten Brauch, der in der Überzeugung der Leute tief verankert, aber gleichzeitig absolut ungerecht war. Es war eine Frage der Bildung und der Verinnerlichung des Hauptgebotes der Bibel, damit die Gleichheit aller Menschen verstanden und respektiert würde.

Bau von Gemeindezentren

Die Menschen in Afrika lieben Gemeinschaft. In jedem Dorf gab es Orte, an denen sich die Leute zusammenfanden, meist unter Bäume oder auf freien Plätzen. Dort feierte die Gemeinde schöne oder traurige Ereignisse und schlichtete Streitfälle, wenn sie unter den Einwohnern auftraten. In diesem Fall wurde der Baum zum »Baum des Palabers«.

Verständlich, dass auch die Christen in größeren Dörfern neben dem Kirchengebäude oft ein Gemeindehaus wollten, in dem sie ihre Gruppenversammlungen abhalten konnten, ohne das große Kirchengebäude benützen zu müssen. In einigen großen Dörfern war im Kirchenraum zudem ein Tabernakel mit konsekrierten Hostien, so dass nicht jede beliebige Versammlung dort abgehalten werden konnte. In Orten mit vielen Christen gab es zahlreiche Gruppierungen: Legio Mariä, Jugendgruppen, Kindergruppen, Mitglieder von Gerechtigkeit und Frieden, Gruppen von Kleinkindern von Müttern geleitet, die auch »Amolenge ti siriri«, »Kinder des Friedens« genannt wurden, manchmal auch Pfadfinder oder die Frauengruppe »Rita«. Auch sie wollten das Gemeindehaus benützen.

Mofunga

Ein erstes Dorf, das ein Gemeindehaus wollte, war Mofunga, etwa 20 Kilometer flussabwärts von Mobaye entfernt, einem Ort, der sowohl mit dem Kanu wie auch mit dem Auto erreichbar war. Neben der katholischen Kirche gab es dort auch eine zahlenmäßig große Gemeinschaft der Freikirche Elim.

Nach einer Zeit der Planung und Suche des Bauplatzes begannen wir im März mit dem Ausmessen der Fundamente und dem Bau dieses kleinen Gemeindehauses. Die Leute halfen fleißig mit, so dass in wenigen Monaten der Bau fertig war. In diesem Haus war auch eine kleine Kammer vorgesehen, die hauptsächlich als Abstellplatz diente.

Im Fall eines Besuches meinerseits oder wenn der Bischof zur Spendung der Firmung kam, war es auch ein Platz zum Übernachten, einfach und bescheiden, aber doch sicher vor Sturm und Regen. Das Haus lag etwas abseits vom Zentrum, so dass eine Ruhe für die obligate Siesta in der Hitze der Mittagszeit gewährleistet war.

Die Kapelle selbst stand nur wenige Meter vom Gemeindehaus entfernt, auf erhöhten Fundamenten, weil erfahrungsgemäß in manchen Jahren der Fluss in der Regenzeit über die Ufer trat, so dass die Leute sogar mit dem Kanu in die Kirche kamen. Dieses Gebäude hatte bereits Sprünge und bedurfte einer Erneuerung. Bei größeren Gewitterstürmen war das Blechdach nicht mehr sicher, und selbst die Mauern zeigten schon Sprünge.

Ndiagbute

Flussaufwärts von Mobaye lag das Dorf Ndiagbute, etwa acht Kilometer von Mobaye entfernt. Dank des Katecheten und seiner Mitarbeiter war die Gemeinde sehr lebendig. Auch sie wünschten ein Gemeindehaus. Zum

Gemeindehaus in Mofunga

Segnung des Gemeindehauses in Ndiagbute

Glück waren hier schon Fundamente vorhanden, gebaut in früheren Jahren, dann aber doch nicht vollendet.

Wir bauten auf den vorhandenen Grundmauern auf und errichteten einen kleinen Saal, groß genug für die Zusammenkünfte der einzelnen pfarrlichen Gruppen. Auch hier waren die Leute Fischer und zählten durch die sicheren Einkünfte zu den wohlhabenderen Uferbewohnern. Nach der Beendigung der Arbeiten wurde das Gemeindehaus feierlich eröffnet und seiner Bestimmung übergeben. Seit dieser Zeit finden darin die kleineren Treffen der Erwachsenen wie auch der Kinder statt.

Auch andere Dörfer wollten solche Versammlungsräume für ihre Gemeinde, konnten aber nicht durchgeführt werden.

Meine 18 Gemeinden besuchte ich durchschnittlich fünf Mal im Jahr. Bei meinen Besuchen kontrollierte ich immer die Kirchenkassa und das Heft der Komptabilität. Es bedurfte einer gewissen Zeit, bis dieses System von allen akzeptiert wurde und die Kassen auch stimmten.

Wichtiger als diese materiellen Bedürfnisse aber waren die Besuche bei den Menschen mit ihren Problemen wie Krankheiten bei Erwachsenen und Kindern, oft Folgen vernachlässigter oder falscher Behandlung von Wunden. Manchmal brachte ich kranke Leute mit meinem Kanu ins Spital, damit sie angemessen behandelt wurden.

Tag des afrikanischen Kindes

Jedes Jahr feierten die Schulkinder am 16. Juni den → »**Tag des afrikanischen Kindes**«. An diesem Tag marschierten sie durch die Straßen von Mobaye, schwangen Transparente und sangen. Lehrer und Professoren

*Schüler*innen beim Marsch durch die Stadt*

marschierten mit und erklärten an bestimmten Plätzen den Sinn dieses Tages. Die Schüler und Schülerinnen trugen Plakate mit sich mit Aufschriften, welche an die Rechte der Kinder erinnerten. Der Ursprung dieses Festtages liegt in den tragischen Ereignissen in Südafrika im Jahre 1967.

Zum Abschluss der Festlichkeiten trafen sich die meisten Schüler und Schülerinnen in unserem Pfarrsaal wobei sie Gesänge oder Sketches vortrugen und in manchen Jahren auch Preise für besonders gelungene Darbietungen erhielten. Kein Zweifel, dieser Tag war wichtig für ganz Afrika, denn Bildung ist der Schlüssel für jegliche Entwicklung, und die Rechte der Kinder können nicht oft genug in Erinnerung gerufen werden.

Alltag afrikanischer Kinder

Kinder sind der Reichtum einer jeden Familie, denn sie helfen zu Hause und auf den Feldern mit; sie würden einmal auch die Altersversorgung sichern. Sie waren auf jeden Fall der Stolz und die Freude der Eltern. Schon der Name »Molenge«[64] deutet dies an. Sie halfen nicht nur zu Hause, sondern waren auch häufig auf dem Markt anzutreffen. Mütter schickten die Töchter oder Söhne mit ihren bescheidenen Produkten auf den Marktplatz, um sie zum Kauf anzubieten.

Meist saßen sie auf einem kleinen Schemel, vor sich ein Tischchen oder ein ausgebreitetes Tuch, auf dem verschiedene Produkte zum Kauf angeboten werden. Am häufigsten sah man Früchte vom eigenen Feld, aber auch Fleisch, Fische, selbstgemachte Seife, Maniok, Erdnüsse, Maniokblätter, Bohnen, manchmal auch Zuckerrohr. Das war eine große Hilfe für die Familien und wurde von allen geschätzt.

64 »Molenge« – Sango: »Du mein Augenstern«; im Wort Kind ist eine Anrede mit DU.

*Schüler*innen versammeln sich*

Abschlusstreffen im Pfarrsaal

Versuch einer Kindesentführung

Am 23. April 2007 schickte eine Mutter ihre zwölfjährige Tochter auf den Markt von Mobaye. Sie sollte Früchte vom eigenen Feld verkaufen und den Erlös nach Hause bringen.

In den kleineren Dörfern beginnt der Markt in den Morgenstunden und endet am frühen Vormittag. In größeren Orten oder Provinzstädten gibt es auch am Abend einen Markt, der am späteren Nachmittag beginnt und bei Anbruch der Dämmerung gegen 18 Uhr zu Ende ist.

Georgette kam zum Markt und versuchte etwas zu verkaufen. Am Abend wartete die Familie vergebens auf ihre Rückkehr. Da das Mädchen Mitglied der Jugend- und Kindergruppe der Pfarre »Aita kwe« ist, dachte sie, sie wäre vielleicht bei einer ihrer Freundinnen und ging zu ihnen.

Aber sie fand sie nicht. Rasch sprach sich das Verschwinden dieses Mädchens unter den Mitgliedern herum, und schließlich begann eine kleine Gruppe durch den Ort zu ziehen und laut den Namen des Kindes zu rufen. Da diese erste Aktion keinen Erfolg zeigte, gesellten sich andere hinzu, die ebenfalls mitzogen und immer wieder den Namen des Kindes riefen.

Als es nach einer Stunde noch immer kein Lebenszeichen von Georgette gab, schlossen sich auch die Eltern dieser Kinder dem Zug an und zogen laut rufend durch die kleinen Straßen und Wege von Mobaye in der Hoffnung, dass irgendwann eine Antwort käme. Eine solche Aktion ist durchaus sinnvoll, denn die Häuser sind üblicherweise aus dünnem Material gebaut. Die Wände bestehen oft nur aus Holzbrettern, bestenfalls gibt es dünne, einreihige Ziegelwände oder überhaupt nur ein mit Lehm beschmiertes Flechtwerk, das keineswegs lärmhemmend wirkt. Eine Ausnahme bilden die kleinen Geschäfte, die mit Steinen, Zementziegeln oder gebrannten Ziegeln gebaut sind.

Freundschaftsspiel

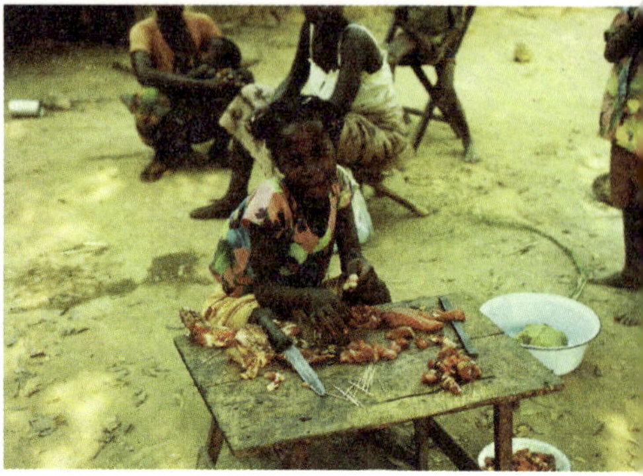

Mädchen auf dem Markt

Nach einigen Stunden hatte der Einsatz der Kinder und Erwachsenen Erfolg, denn aus einem Haus kam die Antwort »mbi la«, ich bin hier. Die zahlreichen Teilnehmer, man sprach von etwa 50 Personen, standen vor dem Eingang eines Hauses und der Besitzer musste die Türe öffnen. Es war eine Frau, die herauskam und meinte, dass Georgette gerne eine Reise nach Dimbi machen wollte und sie morgen die Gelegenheit dazu gehabt hätte. Alles wurde erklärt als eine freie Entscheidung des Kindes, das schon wie eine Erwachsene aussah, und man wollte dem Mädchen eben diesen Wunsch erfüllen.

Nach den Worten von Georgette war es aber ganz anders. Die unbekannte Frau lebte mit einem Araber in Dimbi zusammen. Dimbi ist ein kleiner Ort in der Nähe von Kembe, früher total unbekannt, seit dem Auffinden von Diamanten im nahen Flüsschen jedoch Anziehungspunkt vieler Araber, die sofort in das Diamantengeschäft eingestiegen sind.

Heute leben die früheren Bewohner des Ortes am Rand der Siedlung, während das Zentrum nur von Diamantenhändlern aus arabischen Ländern besiedelt ist. Dorthin sollte das Mädchen gebracht werden. Als Lockmittel gab die Dame zuerst einige Süßigkeiten, dann versprach sie 2.000 CFA (etwa 3 €) und lockte so das Mädchen ins Haus und versperrte dann die Türe. Sie sollte vermutlich nach Dimbi gebracht werden, um dort in der Familie der Frau als Sklavin zu dienen. Es gab auch andere Fälle, die auf diese Weise entführt, in einen fremden Ort gebracht wurden und dann der Freiheit beraubt jahrelang in der Fremde arbeiten mussten. Sie bekamen gerade genug zum Leben, waren aber in Wirklichkeit wie Sklaven gehalten.

In diesem Fall ging der Plan dieser Familie nicht auf, und das Mädchen wurde dank des Einsatzes ihrer Freundinnen und Freunde sowie der Eltern gerettet und blieb bei ihren Eltern. In der pfarrlichen Gruppe »Gerechtigkeit und Frieden« behandelten wir diesen Fall und schickten das Protokoll an die zuständigen Autoritäten, ohne jemals eine Antwort zu bekommen.

Mitglieder der Kindergruppe »Aita kwe«

Diamantensuche

Sklavenhandel

Ein ganz anderer Fall geschah im Osten des Landes bei Djema, nördlich von Zemio. Ein zwölfjähriger Bub namens Markus ging in den Busch, um ein Kleintier zu jagen. Das war durchaus üblich, weil es für die Bevölkerung keine Jagdgesetze oder sonstige Verbote gibt, sodass jeder auf die Jagd gehen kann.

Der Junge nahm den Weg durchs hohe Gras, kam aber am Abend nicht zurück. Die Familie und Freunde strömten aus und riefen seinen Namen in der Hoffnung eine Antwort zu erhalten. Das Buschgebiet in der Gegend von Djema hat keine hohen Bäume, auf die man hätte klettern können, um Ausschau zu halten; zudem wächst das Gras bis zu zwei Meter hoch und verstellt jede Sicht. Markus hatte die Orientierung verloren und den Weg zurück in sein Dorf nicht mehr gefunden. Er war immer weiter gegangen, allerdings in die falsche Richtung. In der Dunkelheit hatte er schließlich einen Lichtschimmer entdeckt, dem er sich näherte. Aber es war nicht ein Haus seines Dorfes, sondern ein Lager von M'Bororos, einem Nomadenstamm, die ihre Kühe weit abseits besiedelter Zivilisation weideten und selbst immer unterwegs waren. Von Zeit zu Zeit kamen sie mit einem Rind in ein Dorf und boten es zum Kauf an. Fand sich ein Käufer, dann wurde es erstanden und geschlachtet.

Zu einer solchen Gruppe stieß also Markus und erzählte, dass er den Weg verloren hatte. Die Leute versprachen, ihn am nächsten Tag ins Dorf zu bringen und machten sich in den Morgenstunden auf den Weg. Doch sie zogen in eine andere Richtung und entfernten sich immer weiter von seinem Dorf.

Als er nach Stunden des Marsches wusste, dass er hintergangen worden war, bekam er Angst, musste aber bleiben. Schließlich war er jetzt völlig

M'Bororo mit seinen Rindern im Busch

Bischof Jean José Aguirre, Bangassou

desorientiert. Zudem drohten sie ihm mit dem Tod, sollte er Schwierigkeiten machen. Nach Tagen kamen sie zu Leuten, die aus Nord-Sudan stammten. An diese übergaben sie ihn und bekamen dafür Geld. Nun war es Markus klar, dass er ein Sklave war und keine Chance hatte, aus eigener Kraft frei zu kommen. Er zog notgedrungen mit diesen Menschen mit und kam schließlich in eine große Stadt. Später erfuhr er, dass es Khartum war, die Hauptstadt von Nord-Sudan. Hier wurde er an einen anderen Mann verkauft und musste nun Dienste im Haus machen. Er bekam einen neuen Namen, lernte die Sprache, hatte zu essen und arbeitete dafür bei seinem Herrn.

Er selber hatte auch kaum Kontakt zu anderen Menschen, so dass er bald seinen eigenen Namen vergaß. Vier Jahre lang lebte er unter diesen Verhältnissen und hatte das Vertrauen seines Herrn gewonnen, so dass er ihn auch allein in die Stadt gehen ließ, um Kleinigkeiten zu besorgen.

Eines Tages hörte er bei einem Gang durch die Straßen Worte in Französisch, einer Sprache, die er einige Jahre in der Schule gelernt hatte. Es waren weiße Ausländer[65], die von Sklaven redeten. Er näherte sich ihnen und sagte in gebrochenem Französisch: »Moi aussi ésclave«, ich bin auch Sklave. Die Leute wurden auf ihn aufmerksam und interessierten sich näher für seine Herkunft. Sie nahmen ihn in ihre Obhut und recherchierten bezüglich seiner Abstammung und seines Ursprungslandes. Allerdings hatte er sehr viel vergessen, kannte weder seinen Familiennamen, noch den Namen seines Heimatdorfes. Schließlich erinnerte er sich an einen Missionar mit

65 Tatsächlich gibt es Sklavenfreikaufaktionen, die von evangelikalen Gruppen mit Spenden aus den USA und Kanada an der Sklavenbefreiung arbeiten. Die Organisation »Christian Solidarity International« (CSI) aus der Schweiz und andere haben viele tausende Sklaven besonders aus dem Sudan in ihre Heimat bringen können.

Flug mit Markus nach Bangassou

Ein Schneider näht Kleider für Kinder

Namen »De Angelis«. Auf Nachfrage beim Nuntius in Bangui entdeckte man, dass ein solcher tatsächlich im Osten der ZAR gewirkt hatte, allerdings seit ein paar Jahren in seine Heimat Italien zurückgekehrt war. Der Nuntius verständigte den Bischof der Diözese Bangassou. Der hatte bei Besuchen in Djema vom Verschwinden eines Buben vor vier Jahren gehört.

Die Eltern hatten bereits alle Hoffnung aufgegeben und hielten nach zwei Jahren einen Totenplatz ab, weil sie kein Lebenszeichen erhalten hatten. Sie meinten, dass er einem wilden Tier zum Opfer gefallen sei.

Selbst wenn kein Leichnam gegenwärtig ist, wird des Toten in Gemeinschaft gedacht. Dies ist der Fall, wenn jemand ertrinkt und nicht gefunden wird, oder wenn ein Missionar in der Heimat stirbt und zu Hause bestattet wird. Die betroffenen Leute kommen zusammen, singen oder beten, wenn sie Christen sind, halten Mahl und trösten die Angehörigen. Da es in einem solchen Fall kein Begräbnis gibt, ist nach einem Tag die Feier zu Ende. Nun aber klärte sich alles auf, die Identität des inzwischen jungen Mannes wurde gänzlich geklärt, und die Organisation bezahlte ihm den Flug von Khartum zurück nach Bangui.

Ich selbst hatte das Vergnügen, den inzwischen stattlichen, jungen Mann mit dem Flieger nach Bangassou zu bringen. Das Wiedersehen mit dem Vater, der aus dem entfernten Buschdorf eigens nach Bangassou kam, war entsprechend erschütternd und bewegend. Der totgeglaubte Sohn stand wieder lebendig vor ihnen; ein Wunder für die Eltern, ein Erfolg für die Organisation der Befreiung aus der Sklaverei.

Unterstützung von Waisenkindern

In unserer Pfarre gab es sehr viele Waisenkinder. Es ist eine Tatsache, dass viele Kinder ihre Eltern schon in frühen Jahren verlieren. Oft sind es

Schulkinder mit den neuen Kleidern

Krankheiten, die nicht rechtzeitig erkannt werden oder deren Behandlung zu teuer für die Familie ist, so dass sie den Weg ins Spital hinauszögern, bis es zu spät ist. Häufige Krankheiten sind die Malaria, auch Aids sowie Wurmkrankheiten oder Infektionen. Zudem ist der Körper oft geschwächt durch einseitige Ernährung oder Überbelastung besonders bei Frauen, die hochschwanger noch Arbeiten verrichten, die zu inneren Brüchen und damit zum Tod führen.

Meist übernimmt dann eine Großmutter oder andere Verwandte solche Waisen oder auch Halbwaisen und versorgt sie. Nicht selten sind diese Kinder aber eine willkommene Hilfe bei Haus- oder Feldarbeiten, besonders dann, wenn die Bezahlung des Schulgeldes nicht möglich ist.

Wenn sie zur Schule kamen, waren sie sehr oft äußerst dürftig bekleidet und nicht ausreichend ausgestattet. Gerade in solchen Fällen half die christliche Gemeinde und unterstützte solche Kinder mit Schulsachen und Kleidung, wenigstens einmal im Jahr. Wir engagagierten Schneider, die für hundert und mehr Kinder Kleider nähten. Wenn sie fertig waren, wurden sie an bedürftige Waisenkinder verteilt.

Selbstverständlich war das immer ein Tag der Freude, wenn die Kinder mit einem neuen Kleid ausgestatten waren und sich vor den anderen nicht mehr schämen mussten. Ein schönes Kleid ist Ausdruck der Würde. An einem Tag des »afrikanischen Kindes«, zu dem auch Erwachsene und Angehörige geladen waren, fragte einmal der politische Verantwortliche des Ortes einen Buben, was er sich denn wünsche. Spontan kam die ganz ehrlich und berührende Antwort: »Mou na mbi bongo!«, gib mir neue Kleider! Es wollte keine Geldspende, noch ein Spielzeug, sondern ein Gewand.

Das Schulgebäude »Meneke« in Mobaye hatte weder Türen noch fertige Mauern. Nachts kamen Ziegen und Schafe in den Raum und bei schlechter

Fertige Schule »Meneke«

Lehrkräfte mit Kindern

Witterung wie Sturm und Regen war ein Unterricht nicht unmöglich. Mit Hilfe einiger Helfer und Helferinnen konnten wir das Gebäude sanieren, einen Boden aus Beton machen, die Mauern bis zur Decke mit Lüftungsziegel hochziehen und verschließbare Türen anbringen.

Damit war nicht nur den Kindern geholfen, sondern auch die Lehrkräfte waren höchst dankbar, weil damit ein Unterricht zu jeder Zeit möglich wurde.

Ein Missgeschick meines holländischen Mitbruders 2002

In das kleine Dorf Penge, sieben Kilometer von Mobaye entfernt, kamen jedes Jahr am kirchlichen Rosenkranzfest, dem 7. Oktober, viele Menschen zu einer Wallfahrt. Tage vorher wurde alles für den Empfang der Gäste vorbereitet. Viele Frauen waren beschäftigt mit der Vorbereitung von Nahrung für etwa 1000 Menschen, die drei Tage hier verbrachten.

Pater Piet aus den Niederlanden, der schon an die vierzig Jahre in Zentralafrika lebte, war für diesen Bereich zuständig. Er war es, der Penge zu diesem berühmten Ort gemacht hatte, so dass in manchen Jahren sogar Pilger aus der Hauptstadt Bangui hierhergekommen waren. Er kümmerte sich um die Einladung der Gäste, die liturgische Gestaltung der Feiern, ja selbst der Installation der Lautsprecher. In diesem Jahr aber sollte es anders kommen.

Es war am Vormittag, als ein Radfahrer ins Zentrum nach Mobaye kam mit der Botschaft, dass Piet gestürzt sei und mit dem Auto nicht selbst kommen könne. Diagnosen einfacher Leute waren meist sehr vage und unpräzise, aber am Unterton des Berichterstatters erkannte ich, dass es sich tatsächlich um einen ernsten Zwischenfall handelte.

Pater Piet de Groot in Penge, Mobaye

Krankentransport mit dem Flugzeug nach Bangui

Ich fuhr mit dem Auto ins Dorf und fand Piet in seinem Haus offensichtlich mit großen Schmerzen im Unterleib. Ein Mitarbeiter erzählte mir, Piet habe beim Verlegen von Kabeln für die Lautsprecheranlage eine Stufe übersehen, wäre auf die Bankkante gestürzt und hatte plötzliche Schmerzen im Bauchbereich bekommen. Es war kein Bruch, sondern offenbar eine innere Verletzung.

Ich brachte ihn zur Missionsstation, aber er wollte keine Hilfe, sondern hoffte, dass die Schmerzen vorbeigingen. Er blieb in seinem Zimmer, trank etwas Tee, legte sich ins Bett und versuchte später doch am Schreibtisch etwas zu arbeiten. Ich war in der Nähe, als ich plötzlich meinen Namen rufen hörte. Ich fand ihn gekrümmt auf seinem Sessel, kalter Schweiß auf der Stirn und er bat mich ihn ins Bett zu bringen, denn er hatte keine Kraft und war nahe daran, ohnmächtig zu werden. Einmal im Bett, besserte sich der Zustand wieder.

Schwester Monica war auch Krankenschwester. Sie beobachtete den Zustand von Piet und ließ zur Sicherheit den Arzt vom Spital holen, damit er ihn untersuche. Während der Abendmesse, die ich mit einer kleinen Gruppe feierte, wurde ich weggeholt, weil die Diagnose des Arztes neue Erkenntnisse brachte.

Der Arzt vermutete, dass es sich um einen Bruch der Milz handeln könnte, bei dem es zu Blutverlust kommt, was schließlich zum Tod führen würde. Mir schien diese Diagnose einleuchtend, besonders wenn ich an seinen Schwächeanfall vor wenigen Stunden dachte. Die Lösung war die operative Entfernung der Milz.

Als ich diese Piet mitteilte, wollte er davon nichts wissen. Nie und nimmer würde er sich hier operieren lassen. Ich versuchte ihm die Notwendigkeit zu erklären, aber er blieb entschieden. Ich sagte zu ihm, dass

Der Bach Ngao mit dem kleinen Wasserfall

Kirchengebäude von Penge

es seine Pflicht wäre, alles ihm Mögliche zu tun, um sein Leben zu retten. Als auch solche Worte nicht fruchteten, schlug ich vor, dass ich ihm nun das Sakrament der Krankensalbung spenden werde, da sein Zustand tatsächlich sehr ernst ist.

Ich bereitete alles für die Krankensalbung vor, salbte ihn und sprach die Gebete, ermunterte ihn, Vertrauen zu haben auf Gott und auch die Menschen, die helfen wollen. Erst jetzt erkannte er den Ernst der Lage, denn plötzlich stimmte er der Operation zu. Es war inzwischen bereits sehr dunkel geworden, als wir den Arzt von unserer Entscheidung informierten.

Mobaye ist zum Glück jene Stadt, in der es die meiste Zeit elektrischen Strom gab. Es musste schon gegen 19 Uhr gewesen sein, als wir Piet für die Operation ins Spital brachten. Wir blieben alle in der Nähe, spazierten auf der Straße, beteten und hofften, dass alles gut vorbeigehen würde. Nach einer geraumen Zeit kam ein Operationsgehilfe mit Mundschutz und Handschuhen aus dem Saal und ging ins Medikamentendepot, um einen Infusionsbeutel zu holen. Dabei musste er die staubige Straße überqueren, die Türe mit dem Schlüssel öffnen, das gewünschte Paket nehmen und wieder zurückkehren. In dieser Minute waren in meiner Vorstellung die Chancen auf ein Gelingen dieser OP sehr gering. Nach etwa zwei Stunden wurde Piet auf einer Bahre in das Spitalszimmer gebracht. Ein Helfer begleitet die Träger, in der Hand die Infusionsflasche.

Inzwischen verständigten wir den Piloten vom AMBB, damit er am nächsten Tag nach Mobaye käme, denn wir wollten Piet so rasch wie möglich in die Hauptstadt bringen.

Am folgenden Morgen galt unsere erste Sorge natürlich dem kranken Mitbruder im Spital. Und siehe da, er war wach und guter Dinge, welch eine Erleichterung für uns alle. Allerdings war es nicht möglich sofort an

oben: Gläubige bei der heiligen Messe

rechts: Kreuzwegstation

einen Transport in die Hauptstadt zu denken, denn die Flugpiste war 10 Kilometer vom Zentrum entfernt und der Weg dorthin sehr schlecht. Ich wagte nicht, den frisch operierten Pater mit dem Auto zur Flugpiste zu bringen.

Aber es fand sich eine andere Lösung. Es waren die Jugendlichen, die sich bereit erklärten, Pater Piet einen Tag später auf einer Bahre zum Flieger zu tragen. Es war gerade Vollmond und die Nacht sehr hell. Zudem begünstigte die Kühle der Nacht das Vorhaben. Um zwei Uhr früh setzte sich der Marsch in Bewegung und nach vier Stunden erreichte die Gruppe das Flugfeld. Jemand trug auf einer Stange die Infusionsflache wie ein Kreuz mit. Bei vier Brücken mussten die Burschen sogar den Bach durchschreiten und wateten bis zu den Knien im Wasser. Auf diesem Weg kamen wir auch an Dörfern vorbei, die von Piet betreut wurden. Überall schlossen sich Leute an, gingen mit und diskutierten, so dass am Ende eine Schar von etwa 50 Personen ihrem Pater das Geleit gab.

Das Flugzeug von AMBB brachte Piet nach Bangui und von dort flog er einige Tage später nach Paris. Einmal in Paris angekommen, brachte ihn ein Ambulanzwagen nach Amsterdam. Die Untersuchungen ergaben, dass die Operation korrekt gemacht worden war, nur das Röntgen zeigte zusätzlich einen kleinen Sprung in der Wirbelsäule, welcher Schmerzen verursachte. Nach vier Monaten war Piet wieder gesund und nach Mobaye zurückgekommen. Bei seiner Ankunft war wieder eine große Zahl von Leuten aus den umliegenden Dörfern anwesend, ein Zeichen, wie sehr er beliebt war.

Trotz dieses Unfalls feierten wir das Rosenkranzfest und wieder kamen über 1.000 Personen von überall herbei. Der Ort Penge liegt in der Nähe eines kleinen Baches, der sich Ngaou nennt. Piet übernahm diesen Na-

Mutter mit Kind

Bischofsmesse

Marienkapelle in Penge

men und benannte das Gotteshaus »Maria von Ngaou«. Ganz in der Nähe stürzt Wasser über Felsen in die Tiefe, ein kleines Naturschauspiel, dass viele besichtigten. Das Programm der drei Tage folgte einem fixen Schema: Gottesdienst am Morgen, Vorträge, Beichtgelegenheit oder Aussprache und am Nachmittag Kreuzweg oder Rosenkranz.

Das Leiden Christi war eine Quelle des Trostes, um dem Unausweichlichen in unserem Leben noch einen Sinn abzugewinnen. Erstaunlich wie gerne die Leute hierher kamen, um Gemeinschaft bei Gebet und Gottesdienst zu erleben und dann wieder froh und gestärkt nach Hause zu gehen.

In manchen Jahren hatte sich auch der Bischof unter die Pilger gemischt, den Gottesdienst mit den Gläubigen gefeiert und Nähe und Gespräch mit den anwesenden Leuten gesucht.

Neben der Kirche gab es eine kleine Kapelle mit der Statue der Gottesmutter, ein Gnadenort, den die Besucher immer wieder aufsuchten. Es war ein Ort der Stille und Einkehr, nicht für große Feiern gedacht, sondern mehr für das persönliche Gebet. Die Kerzen vor der Gnadenstatue zeugten immer wieder von den vielen Besuchern, die hierher kamen.

Da Piet in diesem Jahr fehlte, halfen einheimische Priester und hielten die religiöse Unterweisung, boten Gelegenheit zur Beichte und luden zu Kreuzweg und Rosenkranz ein. Es mag ein Trost für Piet gewesen sein, dass die drei Tage in Penge trotz seiner Abwesenheit stattfanden.

Politisches Wetterleuchten und Umsturz

In den Morgenstunden des 18. Jänner 2002 war im Radio die Meldung gekommen, dass in der Stadt Bossembele westlich von Bangui Schüsse

Gesperrte Flugpiste in Kembe

Kwango mit Flugpiste, die im Dorf endet

gefallen seien. Es waren bewaffnete Soldaten, die Leute überfielen, einige töteten und zu plündern begannen.

Es mag wohl ein Zufall gewesen sein, dass an eben diesem Tag in der Hauptstadt in der Avenue de France nahe dem Stadium ein Denkmal enthüllt wurde zum Gedenken an die »Märtyrer«, wie die Bevölkerung jene Jugendlichen nennt, die am Ende der Regierung von Bokassa im Jahre 1979 getötet wurden oder sonst verschwanden. Der gebrechliche Friede, der sich unter der Präsidentschaft von Patassé ausbreitete, bekam Risse. Patassé war der erste Präsident gewesen, der durch Wahlen an die Macht gekommen war und nicht durch einen gewaltsamen Putsch.

Nach den Ereignissen in Bossembele fielen auch Schüsse am »Place des martyrs«, wo das Denkmal enthüllt wurde. Soldaten zielten auf einen Mann, der der Zauberei angeklagt wurde. Selbst in einem kleinen Dorf mit Namen Kossinga wurden die Leute von Bewaffneten bedroht. Bei einem Streik im Juli desselben Jahres waren in der Hauptstadt 15 Personen ums Leben gekommen.

Sturz des Präsidenten und die Folgen

All diese Ereignisse verunsicherten die Bevölkerung. Noch war man sich nicht sicher, wer der eigentliche Drahtzieher all dieser Aktionen war, aber schon bald sollte das Geheimnis offenbar werden, denn Bozizé, der schon früher einen Aufstand versucht hatte, bekannte sich zu den Anschlägen. Die Bedrohung hatte ein solches Maß erreicht, dass im Oktober sogar der Flugplatz gesperrt wurde.

Auf den Straßen bemerkte man immer mehr Autos mit einem Kennzeichen aus dem Tschad, während der regierende Präsident Hilfe bei Jean

Pierre Mbemba suchte, der in Gbadolite eine kleine Privatarmee hatte. Er schickte seine jugendlichen Truppen, die Banjamolenge, denn Patassé hatte längst das Vertrauen in das eigene Militär verloren und im Oktober sogar die Soldaten entwaffnen lassen.

Kampfflieger aus dem Tschad donnerten über die Hauptstadt und fremde Soldaten patrouillierten in den Straßen. Gleichzeitig begannen viele Polizisten und Soldaten zu fliehen. Es waren Stämme aus dem Osten, die Yakoma und Sango, welche die Flucht ergriffen. Sowohl der regierende Präsident Patassé wie auch Bozizé stammten aus dem Stamm der Mbaia, wohnhaft im Westen des Landes. Der Putsch misslang diesmal und Bozizé zog es vor, in den Tschad zu flüchten. Doch das war keine Preisgabe seines Planes, sondern die Vorbereitung für einen neuen, besser organisierten Versuch des Umsturzes.

Bereits in den ersten Wochen des Jahres 2003 war schon spürbar, dass die Situation gefährlich wurde. Die mit Bozizé verbündeten Rebellen aus dem benachbarten Tschad, machten sich verstärkt bemerkbar. In Kwango, einem Ort am Ufer des Oubangui wurden die Schwestern überfallen und ihr Auto gestohlen. Einen Monat später sperrten Rebellen den Bischof von Mbaiki, Guerrino Perin, in einen Raum und raubten alles aus.

In Mobaye war die Unzufriedenheit der Lehrer wegen Gehaltsrückständen auf einem Höhepunkt und sie forderten ihre Gehälter. Der Präfekt ließ den Sekretär der Lehrergemeinschaft einsperren, obwohl dieser nur seine Aufgabe erfüllt und das Protokoll geschrieben hatte, in welchem von einem Streik die Rede war. Es war Pater Bernard, der intervenierte und dem Präfekten riet, den verhafteten Sekretär zu entlassen, weil sonst der Groll der Lehrer noch größer würde. Er tat es und verhinderte damit eine Verschärfung der Lage.

Die Unsicherheit verbreitete sich auch dadurch, da das Militär immer öfter Barrieren errichtete und Geld verlangte. Es gab gewalttätige Übergriffe, ohne dass polizeiliche Hilfe zu erwarten gewesen wäre. Einige Soldaten des einheimischen Militärs und die Verstärkung durch die Milizen von Jean Pierre Mbemba aus Gbadolite sicherten Bangui, indem sie besonders die zwei wichtigsten Einfahrtsstraßen bewachten, die Zufahrt von Westen her als Verbindung nach Kamerun und die zweite Straße als Zugang nach Sibut und den gesamten Osten und Norden des Landes.

Die Banjamolenge und die Präsidentengarde bildeten gemeinsam einen bewaffneten Kreis um die Stadt. Dazu kam ein zweiter Ring von bewaffneten militärischen Kräften, die von Bozizé angeheuert waren, um ihn an die Macht zu putschen. Es waren Rebellen aus dem Tschad und unzufriedene Soldaten, die sich in den Dienst von Bozizé stellten, nicht aus Nächstenliebe, sondern in Erwartung auf irgendeine Belohnung nach dem Fall von Bangui. Diese zwei militärischen Gürtel waren die Ursache, dass sechs Monate lang jeglicher Transport von Douala nach Bangui und von Bangui in die Provinz unmöglich war. Weder Pkws noch Lastwagen konnten die Hauptstadt erreichen oder verlassen.

In dieser Zeit der großen Unsicherheit veranlasste die Regierung auch die Sperrung aller Flugpisten, um damit eine Illusion von Sicherheit zu geben. Diese Maßnahme war völlig sinnlos, weil kein Rebell irgendwo im Hinterland mit einem Kleinflugzeug landen würde, wenn er eigentlich die Hauptstadt erobern will. Umso schwieriger wurde es für private Flieger, weil sie sich nun vor jedem Flug auch um die Entfernung der Hindernisse auf den Flugpisten kümmern mussten. Der einzige Kontaktpartner in der Provinz war die jeweilige Missionsstation, die Ziel des Fluges war. Manchmal gab es eine Übereinkunft mit der Polizei, dass Leute der Mission die Hindernisse wegräumen und nach dem Start wieder zurücklegen konnten.

Die Bedrängnisse wurden in den ersten zwei Monaten des Jahres 2003 in manchen Provinzstädten immer schlimmer. Schwestern aus Grimari mussten die Stadt verlassen.

Eine kranke Schwester wurde per Fahrrad 110 Kilometer durch den Busch nach Kwango geschoben. Von dort mussten sie noch 165 Kilometer mit dem Einbaum nach Mobaye rudern, um von hier aus mit dem Flieger nach Bangui gebracht zu werden.

Einen Zwischenfall gab es in Kwango, einem Ort am Ufer des Oubangui. Ich brachte mit dem Flieger Personen und Gepäck hin. Nachdem die Passagiere ausgestiegen und die Gepäckstücke entladen waren, luden mich die Schwestern zum Mittagessen ein. Die Flugpiste endet hier mitten im Dorf und jede Landung ist eine Attraktion für Groß und Klein. Vor dem Verlassen des Fliegers schärfte ich allen ein, den Flieger nicht zu berühren und auf Distanz zu bleiben. Es war während des Essens, als ein Radfahrer eilig zum Haus kam und meldete, dass ein Hilfsgendarm in den Flügel geschossen hätte. Ich eilte zum Flugzeug und sah einen Mann, der mit dem Finger das ausfließende Benzin zu stoppen versuchte. Mit einem Schlauch rettete ich den restlichen Inhalt und füllte ihn in den anderen Flügel.

Flug in einer Kriegssituation

Zerstörungen und Plünderungen

Was war geschehen? Ein Hilfsgendarm wollte den Schatten unter dem Flügel genießen und hatte sich auf das Rad gesetzt. Er spielte mit seiner Kalaschnikow und musste so einen Schuss ausgelöst haben, der genau den Tank traf. Es war gerade Mittagszeit mit entsprechenden Temperaturen. Es war ein Wunder, dass sich der Benzindampf im Tank nicht entzündet hatte und alles explodiert war. Die lokalen Autoritäten machten sich wichtig bei der Aufnahme des Zwischenfalls, aber es gab keinen rechtlichen Konsequenzen. Ich leerte den lecken Flügel, verschloss das Loch mit Hansaplast und startete für den Flug zurück nach Bangui.

In dieser Zeit war der Flugverkehr die einzige Möglichkeit in die Hauptstadt zu kommen. Weil Autoverkehr unmöglich war machte ich in dieser Zeit viele Flüge und brachte Medikamente in die Spitäler, damit für die schwersten Fälle vorgesorgt war.

In all diesen Monaten war in der Hauptstadt täglich der Lärm von Maschinengewehren und größeren Kalibern zu hören. Beunruhigend war dies vor allem in den Nächten. Die Stärke der Detonationen legte den Schluss nahe, dass die Rebellen von Bozizé sehr nahe der Stadt sein mussten und ein Ende der Kriegssituation in Sicht war.

Am 15. März 2003 bat mich Bischof Jean Claude Rembanga von Bambari um einen Flug in seine Bischofsstadt. Trotz des Lärms der Maschinengewehre, an den ich mich schon gewöhnt hatte, stimmte ich zu. Wir konnten ohne Probleme starten und selbst für den Rückflug fanden sich drei Passagiere. Als ich mich beim Anflug auf den internationalen Flugplatz in Bangui um 12.30 Uhr näherte, wimmelte die Piste von Soldaten, darunter einigen Jeeps. Ich fragte den Tower um die Landerlaubnis, erhielt aber keine Freigabe, sondern den Hinweis »es zu versuchen«. Ich schaltete alle Lichter ein, um mich bemerkbar zu machen und gab mehrmals kurz

Gas, damit der Motorlärm vielleicht auf mein Kommen aufmerksam machen würde. Tatsächlich bildeten die Soldaten einen Korridor, und auch die Jeeps fuhren an den Rand der Piste, so dass ich mitten in dieses Spalier den Flieger aufsetzen und zum Terminal rollen konnte.

Noch heute weiß ich um das Stoßgebet in dieser Sekunde: Nur bitte jetzt keine Radpanne! Ein Ausscheren nach rechts oder links hätte unweigerlich fatale Folgen gehabt.

Zehn Minuten später kam eine Cessna 208, die nicht mehr landen durfte, sondern nach Boda, einem kleinen Ort 120 km entfernt umgeleitet wurde. 30 Minuten später war es der Präsident selber. Seine Maschine hatte Landeverbot und musste nach Yaoundé fliegen. Noch am selben Nachmittag kam der Kriegslärm immer näher. Am Abend wurde im Radio mitgeteilt, dass die Rebellen gegen 17 Uhr die Stadt erobert hatten und der Präsident geflohen sei.

Ereignisse nach dem Umsturz

Nun begann eine Phase der Plünderungen in Bangui. Ich war in St. Charles untergebracht. Plötzlich klopfte es an meiner Tür und Pater Piet sagte zu mir, ich solle den Schlüssel von unserem Auto einem bewaffneten jungen Soldaten geben. Ich gab sie ihm, ging aber mit und holte noch die Autopapiere aus dem Handschuhfach in der Hoffnung, dass wir sie vielleicht noch brauchen werden.

In der Stadt selber wurden Geschäfte gestürmt und Waren wie Fernseher, Radios, Bestandteile für Autos sowie Kleider und Werkzeug in großer Menge meist auf dem Kopf durch die Straßen getragen. In dieser Woche konnten wir das Haus nicht verlassen. Der Flughafen war gesperrt und in der Stadt kontrollierten fremde Soldaten. Die neuen Milizen zögerten nicht, mit angehaltenem Gewehr Nahrung zu fordern.

Bozizé rief sich als Präsident aus, feierte seinen Einzug und zeigte sich großzügig: Alle, die geflüchtet waren, könnten zurückkehren, verkündete er, es gäbe eine Amnestie, keine Verfolgung. Dieser Einladung wenige Wochen nach der Machtübernahme folgten viele Geflüchtete und kehrten in die ZAR zurück. Sie gingen anfangs nicht direkt nach Bangui, sondern überquerten den Oubangui bei Mobaye, meinem Einsatzort. Es waren etwa 30 ehemalige Beamte, Politiker und Militärs. Da es keine Verpflegung gab, organisierte Pater Bernard ein Essen mit diesen »Heimkehrern«, die auch von den anwesenden Autoritäten begrüßt wurden.

An diesem Tag kam ein Muslim zu mir mit der Bitte, seine Tochter, die an einer unerklärlichen Lähmung litt, mit dem Flieger nach Bangui zu bringen. Der Flug sollte am folgenden Montag stattfinden. Kurz darauf bat auch ein Geflüchteter um einen Flug nach Bangui. Als ich mich bei diesem Flug an der TMA[66] Bangui meldete, bat mich mein Passagier, ich möge den Tower informieren, dass General Tchengbo an Bord wäre und er sich dem Militär stellen wolle. Ich übermittelte diese Meldung, bemerkte aber doch eine gewisse Überraschung in der Stimme des Controllers.

Nach der Landung brachte ich den Flieger auf unseren Parkplatz und wollte meine zwei Passagiere holen, um sie in die Stadt zu bringen. Als ich mich dem Büro näherte, sah ich Fahrzeuge von Militär und Gendarmerie, teils mit Blaulicht, und eine stattliche Anzahl uniformierter Soldaten und Gendarmen. Ich selbst wurde wie ein Komplize dieses Herrn betrachtet und mit zwei Polizeiautos in die Stadt begleitet, zunächst in das Camp Beal, die Zentralverwaltung des Militärs. Hier stiegen zwei Beamte in mein Auto.

Meine beiden Begleiter, Gendarmen in Zivil, gaben mir das weitere Ziel bekannt, die »Gendarmerie des Recherches«[67].

Dort gab es nun ein Verhör von einigen Stunden, bei dem ich erfuhr, welche Person ich transportiert hatte. General Tchengbo, früher hochrangiger Militär, war wegen eines Mordes im Gefängnis und im Zusammenhang mit den Unruhen in das Nachbarland RDC geflohen. Jetzt war er zurückgekommen, um sich der Polizei zu stellen. Da ich ihn mitgenommen hatte, kam auch auf mich der Verdacht, Kollaborateur des Geflüchteten zu sein. Es wurde ein Protokoll verfasst, das ich erst nach mehrmaliger Korrektur unterschrieb. Ich kannte den Herrn nicht, wusste nichts von seiner Geschichte, hatte auch keinen Verdacht gefasst, da selbst die politischen Autoritäten in Mobaye ihn freundlich begrüßten und ich keine Befugnis habe, Passkontrollen vorzunehmen. Spät am Abend konnte ich endlich nach Hause fahren mit der Auflage, das Haus nicht zu verlassen, also Hausarrest.

66 TMA (= Terminal Manoeuvring Area), Nahverkehrsbereich des Flughafens mit Meldepflicht ankommender Flugzeuge.

67 »Gendarmerie des Recherches« = Ort des Verhörs, der Nachforschungen.

Rückflug nach Mobaye, Sandbänke

Alte Pfarrkirche von Mobaye

Inzwischen war aber auch die Flughafenpolizei auf der Suche nach mir, fand mich aber nicht, da ich ja in den Fängen der Gendarmerie war. Sie hinterließen in St. Charles die Botschaft, dass ich mich innerhalb von 24 Stunden melden müsse, sonst hätte das ein gerichtliches Nachspiel. Am nächsten Tag jedenfalls war eine Notiz in einer der Tageszeitungen von Bangui, dass der Pilot von AMBB, der General Tchengbo nach Bangui gebracht hatte, flüchtig ist. Trotz Hausarrest ging ich zum Verantwortlichen der Gendarmerie und ersuchte ihn, dieses Missverständnis zu klären.

Es war gerade die Karwoche des Jahres 2003. Ich ging trotz Hausarrest ins Hauptquartier der Gendarmerie, sprach mit dem Oberinspektor und erklärte ihm, dass ich als Priester an den Feierlichkeiten dieser Woche in Mobaye teilzunehmen wünsche und eine Flugerlaubnis für den Gründonnerstag wolle. Es war schließlich der neue Präsident selber, der die Erlaubnis erteilte, weil niemand anderer es wagte.

Nach der Kapitulation gab es Überfälle nicht nur in Bangui, sondern auch in Provinzstädten mit Verwundeten und Toten. In Alindao zündete ein Soldat irrtümlich eine Granate im eigenen Auto, ein Wunder, dass es nur vier Schwerverletzte gab. Nicht selten entdeckte mancher Pater sein Auto in der Hauptstadt, allerdings jetzt im Besitz eines hohen Angestellten oder sogar Ministers. Forderungen nach einer Rückgabe des gestohlenen Autos waren jedes Mal vergeblich.

In solch politischen Turbulenzen war die Kirche wie eine solide Säule für viele Menschen. Die Gottesdienste waren besucht, denn hier erlebte man so etwas wie Stabilität, Einheit und Frieden. In dieser Zeit der Unsicherheit wurden die »Piloten ohne Grenzen« aus Holland in ihre Heimat beordert, so dass ich allein den Flugdienst besorgen musste. Wegen der Sperre der Hauptstraße gab es nur per Flugzeug Zugang zur Hauptstadt. In die-

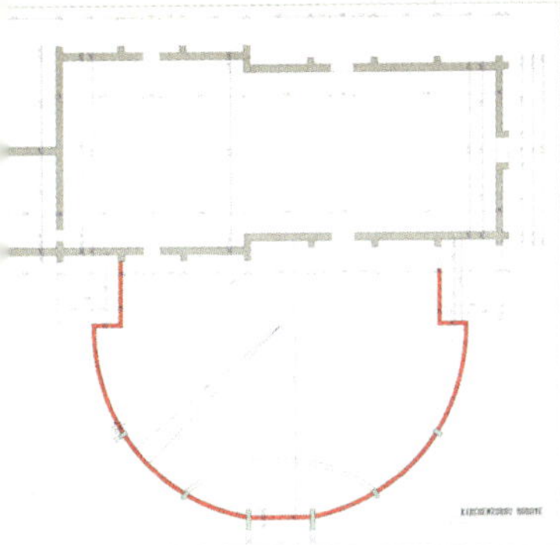

Plan des Neubaus

Ziegelproduktion

Grabungsarbeiten mit Jugendlichen

sen Monaten machte ich 112 Flüge, brachte Medikamente in die Spitäler und evakuierte Kranke und Verletzte nach Bangui. Trotz dieser fliegerischen Tätigkeit besuchte ich auch meine Gemeinden. Da aber die pastorale Tätigkeit in der Hauptsache in den Händen der Katecheten lag, litt die Gemeinde nicht allzu sehr, wenn der Priester seltener kam.

Erweiterung der Kirche in Mobaye

Der Gründer der Pfarre von Mobaye war Pater Antoine Marie Maanicus, der spätere erste Bischof der Diözese Bangassou, gewesen. Als in den 50er Jahren eine Gemeinde entstand, ließ der Bischof eine kleine Kirche bauen.

Kaum 10 Jahre später vergrößerte man bereits diesen Raum, indem ein höheres Gebäude nach Westen hin angefügt wurde. Auch diese Vergrößerung wurde nach 20 Jahren zu klein und erneut gab es das Problem einer Vergrößerung. Die Dachbedeckung mit galvanisierten Wellblechplatten heizte den Raum durch die Sonnenbestrahlung auf, so dass an Sonntagen bei starkem Kirchenbesuch der Raum einer Sauna glich. Die Frage der Vergrößerung wurde heftig diskutiert. Radikale Erneuerer sprachen von Abriss und einem grundsätzlichen Neubau, andere wieder wollten die ursprüngliche Kirche retten und dachten an eine Vergrößerung durch einen Zubau.

Beginn der Arbeiten

Baumeister Ing. Heinz Hagen aus Krems ließ in seinem Büro einen Plan erstellen, den Richard Ennsfellner anfertigte und der bei allen Beteiligten Zustimmung fand. Die alte Kirche sollte einen vieleckigen Zubau bekommen, angefügt an der Südseite der alten Kirche. Der Innenraum würde

Kirchenvergrößerung durch vieleckigen Zubau

Anschweißen der Halterungen für die Dachsparren

dadurch verdoppelt und ein Schrägdach sollte alles überdecken. Schon im Jahre 2003 hatte ich Pläne mit in den Urlaub genommen und den Umbau auch bei der Diözese St. Pölten besprochen, mit der Bitte das Projekt zu unterstützen. Der Plan wurde begutachtet, angenommen und die Unterstützung zugesagt. Damit war der Weg für weitere konkrete Vorbereitungen frei. Für die Bautätigkeit fehlten kleinere Geräte: eine Mischmaschine, ein Rüttler, ein kleiner Flaschenzug, eine Kreissäge und eine Baumsäge. Diese Geräte kaufte ich in Österreich und ließ sie mit Autos von der MIVA ins Land bringen. Für die Fenster besorgte ich strukturierte Plastikplatten.

Ein Jahr zuvor hatte ich mit der Besorgung der nötigen Materialien wie Rohre für die Träger des Dachstuhls, Kantholz für die Befestigung der Wellblechplatten und verschieden starke Betoneisen, je nach Vorgabe des Planes, begonnen. Schließlich fingen wir mit der Herstellung der Betonziegel an, da es ja keine Baumaterialien zu kaufen gab.

Am 2. Februar 2004 begann ich mit dem Vermessen des Zubaus. Ich hatte nur ein Maßband und Kenntnisse von Algebra und Winkelfunktionen und den Plan von Baumeister Heinz Hagen zur Verfügung. Zuerst errichteten wir zwei Pfeiler, die später in der Mitte das Dach stützen sollten. Für die Seitenmauern der Kirche verwendeten wir das Steinmaterial von der Südmauer der alten Kirche. Frauen reinigten die Steine vom Verputz. Die Beteiligung der Bevölkerung war groß. Mitglieder der »Charismatischen Erneuerung« übernahmen die Grabarbeiten für alle Fundamente.

Auch die Messdiener leisteten ihren Beitrag und gruben Steinmaterial für die Fundamente aus, die Isaie, unser Chauffeur, mit dem kleinen Toyota Pick-up holte. Da ein Niveaugefälle von 1,20 Meter bestand, benötigten wir viel Füllmaterial, das zur Gänze von den Frauen auf dem Kopf herbei-

Altar der neuen Kirche

Neuer Zubau zur alten Kirche in Mobaye

gebracht wurde. Wenn wir Sand, Schotter und Steine benötigten, genügte ein Aufruf nach dem Gottesdienst am Sonntag und schon organisierte die angesprochene Bewegung der Pfarre ihre Leute. Es waren dies die Gruppen der Frauenbewegung der hl. Rita, die Legio Mariä, Jugend-, Ministranten- und Pfadfindergruppe, Mitglieder der Gruppe für Gerechtigkeit und Frieden.

Nach einigen Monaten waren die Konturen der neuen Kirche sichtbar. Auf jeder Seite des Neubaus gab es ein großes Kirchenportal mit einem Rahmen aus Beton um den Termiten keine Chance zu geben. In die Verschalung waren die Anker für die Kirchenportale integriert. Dies alles wurde an Ort und Stelle hergestellt. Als wir die Giebelmauern und den Dachstuhl der alten Kirche abtrugen, war das Gotteshaus für einige Zeit geschlossen und wir feierten den Sonntagsgottesdienst im Pfarrsaal. Erst als überall mit dem Betonkranz die endgültige Höhe erreicht war, brachten wir die geschweißten Träger in Position und befestigten sie im Mauerwerk oder in den Pfeilern.

Als ich im September, sieben Monate nach Baubeginn, Urlaub machte und nach Österreich fuhr, war der Rohbau fertig und die gesamte Kirche unter Dach. Die Innengestaltung, der Verputz, die Bemalung, der Bodenbelag sollten noch mindestens fünf Monate in Anspruch nehmen.

Im Urlaub in Österreich war der Kirchenbau zwar in weite Ferne gerückt, doch Weiterführung und Ausgestaltung des Raumes bereiteten mir große Sorge. Der neue Teil der Kirche hatte zehn große Doppelfenster, die wir schön gestalten wollten.

Ich sprach mit dem Künstler Willi Pernerstorfer, der bereit war, selbst nach Zentralafrika zu fahren und die Fenster vor Ort zu malen. So kam es,

Symbole der Evangelisten

Willi Pernerstorfer

Heinz Hagen

Heinrich Rothaler

dass im Jänner 2005 drei gute Bekannte nach Zentralafrika kamen: Willi Pernerstorfer, Heinz Hagen, der auch den Plan für den Zubau machte und Heinrich Rothaler, ein Religionsprofessor in Pension.

In der Zwischenzeit wurde die Innengestaltung in Angriff genommen. Zum Vieleck der Kirchenmauern passte ein neuer Altar in Form einer Ellipse. Der Boden wurde mit farbigen Platten ausgelegt, der Rest mit Farbbeton gestaltet, so dass schon im Dezember 2004 der erste Gottesdienst in der teilweise fertigen Kirche gefeiert werden konnte.

Die Gäste aus Österreich blieben drei Wochen und bemalten in dieser kurzen Zeit die 20 großen Fenster. Der Pfarrsaal wurde in ein Künstlerstudio umgewandelt. Willi machte sich mit der Kunst in Afrika dadurch vertraut, dass er etwa zwanzig Kindern bestimmte Motive und Situationen zeichnen ließ.

Diese Darstellungen inspirierten ihn zu Bildern, die nach der Fertigstellung in die Fensteröffnungen eingesetzt wurden. Die zwanzig Bilder machten eine Oberfläche von 28 m² aus. Sie waren schön anzusehen, hatten afrikanischen Charakter und schufen in der Kirche eine Atmosphäre von Spiritualität, eine »biblia pauperum« (Bibel für die Armen) auf afrikanische Weise. Heinz, der Architekt, half auch beim Malen. Heinrich wieder hatte die vier Symbole der Evangelisten geschnitzt, die wir am Ambo befestigten: für Matthäus ein Menschengesicht, für Markus ein Löwengesicht, für Lukas ein Stiergesicht und für Johannes einen Adler.

Nach 14 Monaten war die Kirche fertig und wir konnten am ersten Mai 2005 die feierliche Einweihung begehen. Bischof Peter Marzinkowski aus Alindao, kurz davor zum Bischof von Alindao ernannt, weihte diese Kirche ein. Es war für ihn der erste offizielle Akt als neuer Bischof von Alindao.

Geistsendung

Jesus, der Kinderfreund

Der reiche Fischfang

Letztes Abendmahl

Das Kreuz an der Südwand der Kirche wurde ebenfalls nach einer Idee von Willi gestaltet. Der linke Arm weist schräg in die Höhe, ein Hinweis auf Gott, aber auch eine Geste der Einladung an den Beschauer.

Die Diözese St. Pölten hatte die Kosten für diesen Umbau übernommen. Die Gläubigen der Pfarre Mobaye waren froh und dankten dafür von ganzem Herzen. Als ein Professor aus Bangui die neue Kirche besuchte, meinte er: »Diese Kirche ist ganz afrikanisch; ich glaube, sie könnte auch in Europa stehen.« Damit war ein Kirchenbau gelungen, der zu Gebet und Meditation einlädt.

Weihe der Kirche

Eines der größten Feste unserer Kirchengemeinde war die Weihe der neuen Kirche. Die Vorbereitungen begannen schon viele Tage vor dem Fest. Es wurde die Zeremonie mit den Ministranten und einigen engagierten Laien geprobt; im Garten arbeiteten die Frauen und bereitetet alles für ein großes Festmahl vor. Die Kirche selbst war gereinigt und mit Blumen festlich geschmückt worden.

Da die Diözese St. Pölten den Bau finanzierte, lud ich Vertreter der Diözese ein und freute mich, dass drei Personen zugesagt hatten: Josef Pretz als Verantwortlicher für Mission, Michaela Ehrenhauser als Verantwortliche der Fastenaktion und Madlene Hochleitner.

Michaela und Madlene bereiteten mit den Kindern Teile des Gottesdienstes vor und dekorierten den Altar mit einem Tuch gestaltet von den Kindern selber. Die Aufschrift lautete: »Lasst die Kinder zu mir kommen!« Dieses Tuch schmückte den Altar während der Weihe der Kirche und Wochen später.

Michaela Ehrenhauser

Madlene Hochleitner

Josef Pretz

»Zia amolenge ga na
(Lasst die Kinder zu
kommen)

Die Feierlichkeiten hatten schon am Vortag mit einem Gottesdienst und einigen Trauungen begonnen. Die Kirchweihe war eine gute Gelegenheit im Beisein des Bischofs das Sakrament der Ehe zu schließen. Schon an diesem Tag war die Kirche randvoll von Gläubigen. Es war nicht nur ein Fest für die Brautpaare, sondern für die ganze Pfarrgemeinde. Das Fest der Kirchweihe mit Trauungen zu beginnen hatte auch einen symbolischen Charakter. Gesunde Familien sind eine Stütze der Gesellschaft wie auch der Kirche. Wenn die Eltern im Leben vorbildlich sind, werden auch die Kinder angstfrei durchs Leben gehen. Je authentischer sie lebten und handelten, umso leichter werden sie mit dem eigenen Leben fertig und zu Entscheidungen fähig sein. Höhepunkt der Feier war die Weihe am 1. Mai 2005. Das Gotteshaus war bis auf den letzten Rand gefüllt. Mitglieder unserer christlichen Gemeinde waren da, aber auch Gäste anderer Glaubensgemeinschaften sowie einige Muslime.

Die Weihe einer Kirche ist kein alltägliches Ereignis, da bestehende Kirchen geweiht sind und neue Kirchen selten gebaut werden. Die Zeremonie begann mit einer symbolischen Geste, indem ich den Plan der Kirche dem Bischof überreichte. Anschließend brachte jeder Arbeiter, der an dem Bau mitgewirkt hat, ein Werkzeug zum Altar und übergab es dem Bischof.

Damit wurde in aller Öffentlichkeit die Bedeutung der Arbeiter hervorgehoben. Sie hatten gute Arbeit geleistet, aber auch Vorsicht walten lassen, weil es weder einen Unfall noch Verletzungen gab.

Eine wichtige Zeremonie war die Übergabe der Kirchenschlüssel an den Bischof durch Pfarrer Josef Pretz als Vertreter von Missio in St. Pölten zusammen mit Michaela Ehrenhauser seitens der Fastenaktion. Es war meine Heimatdiözese, welche die finanzielle Last für diese Umgestaltung getragen hatte. Mit der Schlüsselübergabe endete auch die Verantwortung der

ergabe des Bauplanes

Weihrauchzeremonie auf dem neuen Altar

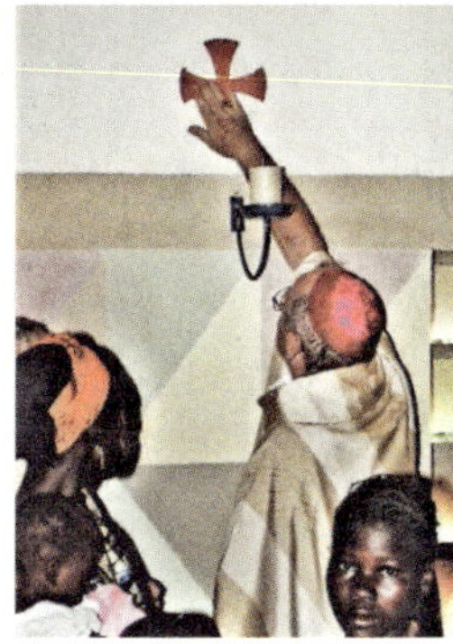

Salbung mit Chrisam

Bauleitung wie die der Arbeiter, die den Um- und Neubau bewerkstelligt hatten. Damit war das Gebäude wieder in die Obhut der Pfarre übergeben.

Nach dem Bußritus und dem Gebet zur Eröffnung wurden Texte aus dem Alten und Neuen Testament vorgelesen, die der Bischof für den konkreten Anlass in seiner Predigt deutete.

Das Glaubensbekenntnis wird in der offiziellen kirchlichen Sprache auch »Symbolum«, Symbol, genannt, weil die Grundbedeutung dieses Wortes Einheit, bzw. Vereinigung bedeutet.

Am einheitlichen Zeichen erkennt man die Gleichgesinnten einer Gruppe. Für die Gemeinschaft der Christen ist also das Glaubensbekenntnis das einheitsstiftende Symbol, an dem die Gemeinschaft erkannt wird. In diesen Zusammenhang fügt sich die Allerheiligenlitanei als ein erweitertes Fürbittgebet ein, das sich an die Glaubenszeugen der früheren Jahrhunderte richtet, die wie die lebenden Christen eben auch zur großen Gemeinschaft der einen Kirche gehören.

Höhepunkt der Feier war ohne Zweifel die Salbung des Altares mit Chrisam. Vor der Salbung wurde im Altar eine Schatulle mit den Reliquien eines Heiligen eingebettet. Es waren Pater Piet und einer der ersten Christen zusammen mit anderen älteren Christen, die das Chrisam Öl und die Steinplatte mit den Reliquien zum Altar brachten.

Nach Auffassung vieler Völker bedeutet Salbung mit Öl Kraft, Gesundheit, Freude und Schönheit. Daher wird die Salbung immer wieder bei religiösen Feiern verwendet. Schon im Alten Testament wurden Kultgegenstände, Altäre und Orte, an denen man die Gegenwart Gottes besonders vermutet, gesalbt. Bei jeder Altarweihe werden kleine Feuer auf dem Altar entzündet, in die Weihrauchkörner gestreut werden. Der aufsteigende Rauch ist ein Zeichen für die aufsteigenden Gebete. Durch die Weihe wird

Gottesdienst am Weihetag

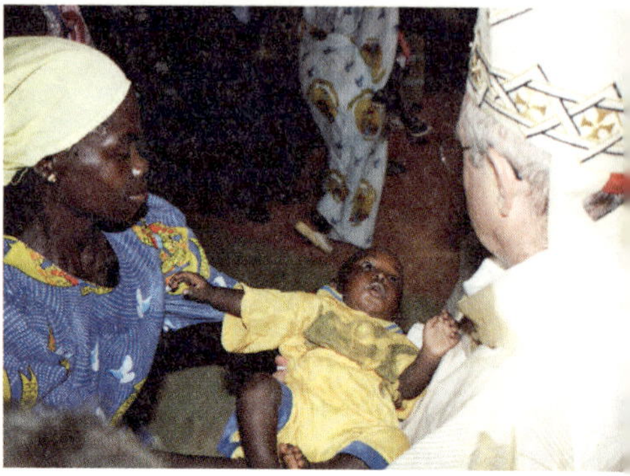

Eltern lassen ihre Kinder segnen

das Gebäude für den religiösen Zweck bestimmt und soll keine andere Funktion mehr haben.

Im Zuge dieser Feier zeichnet der Bischof auch zwölf Kreuze mit Chrisam-Öl an die Wand. Die Zahl zwölf erinnert an die 12 Apostel, das Fundament der Kirche Jesu. Das aus Steinen gebaute Gotteshaus ist das Symbol der aus Menschen errichteten Kirche, die eigentliche Präsenz Jesu in der Gesellschaft von heute.

Groß war der Jubel der gesamten Gottesdienstgemeinde als die Weihe von Altar und Gotteshaus vollzogen war und die Messfeier fortgesetzt wurde. In jedem afrikanischem Gottesdienst hat der Opfergang einen wichtigen Stellenwert und dauert meist sehr lange. Die Gläubigen bringen ihre Gaben zum Altar, wobei neben der Spende von Geld Naturalgaben überwiegen. Jede Gruppe der Pfarre kommt geschlossen und übergibt sie dem Priester oder Katecheten. Den Anfang machten die Tänzerinnen, die mit Körben und Blumen im Rhythmus des Gesanges zum Altar ziehen und dann ihre Körbe auf den Altar stellten.

In dieser Zeit ist die ganze Gemeinde in Bewegung. Mit Tanzschritten begleitet vom Gesang des Chores und der Gemeinde kamen die Gläubigen und brachten ihre Gaben für die Armen. Caritas ist das ursprünglichste Zeichen christlichen Handelns. Noch bevor es Riten, Dogmen, Amtskleider, Gotteshäuser, ein Kirchenrecht oder Schriften gab, war karitatives Wirken das Merkmal des »neuen Weges«, wie es in der Schrift steht.

Gegen Ende des Opferganges brachten manche Mütter auch ihre Babys zum Altar, damit der Bischof sie segne. Die Kleinen schauen meist sehr verwundert, manche krallen sich an der Mutter fest, andere wieder lassen alles mit Gleichmut über sich ergehen. Diese Zeremonie war für Eltern

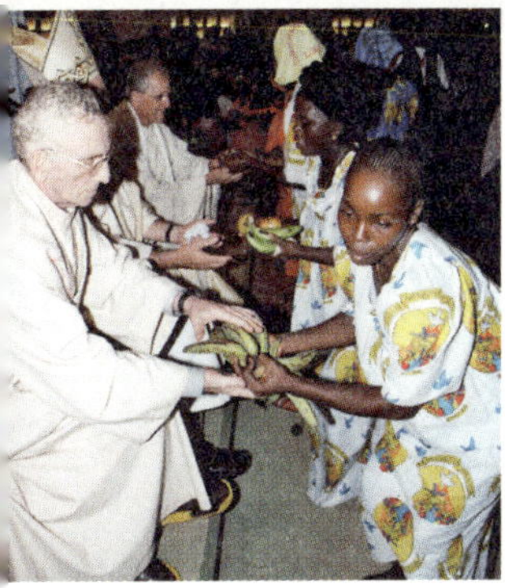

ben werden zum Altar gerbracht *Kinder beim Rollenspiel* *Dank an die Spender und Arbeiter*

wie auch für den Priester meist sehr berührend, wird doch mit dieser Geste Vertrauen und Zuversicht ausgedrückt, beides im Hinblick auf die Zukunft des Kindes. Die Opfergaben wurden nach der Messe an arme und bedürftige Menschen verteilt; einige Gaben bekam der Priester. Diese Arbeit besorgt der Mesner zusammen mit den Ministranten.

Am Ende des Gottesdienstes spielten kleine Kinder aus der Gruppe der »amolenge ti siriri«, Friedenskinder, eine Szene über die Auferstehung Jesu. Kinder wie Erwachsene lieben solche Aufführungen, besonders aber die Eltern, die jeden Satz mit Applaus honorieren. Immerhin zeigen die Kinder ihre Talente, und die Eltern sind stolz auf die gelungenen Darbietungen ihrer Sprösslinge vor einem so großen Publikum.

Natürlich darf an einem solchen Festtag das Festmahl nicht fehlen. So bekamen alle Teilnehmer etwas zu essen und für geladene Gäste gab es ein Festmahl auf der Veranda der Mission.

Mit dem Bau dieser Kirche hat die christliche Gemeinde von Mobaye dank der Hilfe der Diözese St. Pölten ein Gotteshaus bekommen, das sich festlich präsentiert und in seiner Gestaltung über das rein Nützlich e hinausgeht.

Flugabenteuer in Zentralafrika

Durch das plötzliche Ausscheiden unseres Piloten war die fliegerische Tätigkeit wieder mir anvertraut, so dass ich zahlreiche Flüge machte. Nicht selten ging es auch um kranke Menschen, die ins Spital gebracht werden mussten. Ein Bub war von einem Mango-Baum gefallen und hatte sich an der Wirbelsäule verletzt; es wäre unmöglich gewesen, ihn tagelang auf den schlechten Straßen in die Hauptstadt zu transportieren. Es gab einen Fall mit einer Gehirnblutung und Lähmungserscheinungen. Ein Arbeiter hatte beim Straßenbau einen Unfall und musste ins Spital gebracht werden.

Überrascht vom Gewitter

Neben diesen Flügen blieb mir ein Flug besonders in Erinnerung. An einem Mittwoch war ich sieben Stunden im Flugzeug und hatte drei Zwischenlandungen gemacht. Am Abend war ich redlich müde und übernachtete in Bangassou. Am nächsten Tag sollte ich nach Bangui zurückfliegen, um von dort Schwestern nach Mobaye zu bringen.

Ich hatte es nicht eilig, darum startete ich erst nach acht Uhr in Bangassou bei einer Wettersituation, die nicht ganz eindeutig aber auch nicht bedrohlich war. Genügend Sicht für den Start, diesig mit schwüler, warmer Temperatur. In Provinzstädten sind die Flugpisten unbesetzt, daher gibt es weder Wetterinformation noch jemanden, der Start oder Landung überwacht. Jeder Pilot muss sich vor der Ladung selber überzeugen, dass die Piste frei von Hindernissen ist, im Zweifelsfall einen tiefen Überflug machen, um Antilopen oder sonstige Tiere durch den Motorlärm zu vertreiben.

Ist man bei der Missionsstation angemeldet, dann macht manchmal der Chauffeur, der die Passgiere abholt, eine Kontrollfahrt über die Piste und garantiert damit eine einigermaßen problemfreie Landung. Die Windrichtung erriet man durch die häufigen Buschfeuer.

Bei diesem Flug nach Bangui hatte ich keine Passagiere und wählte einen IFR-Flug[68] mit einer Flugfläche von 8.000 Fuß. Nach Erreichen dieser Höhe nahm ich Kontakt mit der Flugüberwachung in Brazzaville auf, welche die Flüge in der Zentralafrikanischen Republik überwacht. Diese Stadt liegt etwa 1.000 Kilometer südlich von Bangui. Aufgabe dieser Überwachung ist es, vom Erreichen der Flugfläche bis zum Eintritt in die TMA[69] von Bangui, etwa 70 Kilometer vor der Hauptstadt die Flugbewegung zu begleiten.

Da es keine Kontrolle per Transponder[70] gab, hatte Brazzaville auch kei-

68 IFR (= Instrument flight rules); Instrumentenflug im Gegensatz zum Sichtflug.

69 TMA (= Terminal Manoeuvring Area): der unmittelbare Luftraum um Flugplätze mit einer Kontrollzone.

70 Transponder, Halbradar zur Identifizierung eines Flugzeuges; bei Aktivierung wird über eine bestimmte Frequenz ein kodiertes Signal an eine Überwachungsstelle gesandt und auf dem Radarschirm sichtbar. Es zeigt Position und Höhe an.

Unsichere Wetterverhältnisse

Verschlechterung der Wetterverhältnisse

ne Angaben von der Position des Flugzeuges. Die Überwachung bestand darin, dass alle 30 Minuten eine Positionsmeldung zu geben war. Erst wenn Sichtkontakt mit der Landepiste gegeben war, wurde der Kontakt beendet.

Der Flug Richtung Bangui verlief zunächst ohne Probleme. Ein trübes und diesiges Wetter begleitete mich auf weite Strecken des Fluges. Nach zwei Drittel des Fluges zeigte das Wetterradar eine leichte Verschlechterung der Wettersituation. Das Grün änderte sich und zeigte erste Verfärbungen in Richtung orange. Von Sicht war seit dem Start keine Rede. Es waren zwar keine Wolkengebilde auszunehmen, dafür aber umgab mich eine hellgraue Dunstmasse, in die hineinflog. Ich war bereits nahe der Hauptstadt und meldete mich am Tower von Bangui. Der Kontakt kam sofort zustande und die Auskunft war ermutigend. Die Situation auf dem Flugplatz war CAVOK[71]. Das gab mir Hoffnung, dass ich schnell aus den Wolken kommen und mit Sicht landen könne.

Meine optimistischen Gedanken wurden durch eine Helle jäh unterbrochen, die mich blendete und die Wolkenmasse aufleuchten ließ. Ich wusste sofort, dass es sich um einen Blitz handeln musste und fragte am Tower nach, wie es denn mit dem Wetter tatsächlich aussähe. Der Mann am Tower meldete sich mit »Standby!«[72] und ich wusste, dass er sich jetzt auf dem Radar informierte. Die Antwort war wenig erbauend, denn er meinte, dass von Osten her ein schweres Gewitter im Anzug ist. Darin befand ich mich nun. Ich überlegte schnell, welche Entscheidung zu treffen wäre.

71 CAVOK (= Clouds and visibility OK); keine Wolken und 10 km Sicht.

72 »Standby« – Befehl zu warten.

Instrumententafel bei einer Cessna 206

Flugplatz Bangui M'Poko in Zentralafrika

Umkehren kam nicht in Frage. Der »Point of no Return«[73] war bereits überschritten. Zudem wusste ich nicht, wie sich die Wettersituation hinter mir inzwischen entwickelt hatte. Es gab zwar kleinere Flugpisten, die waren aber blockiert und somit keine Lösung für mein Problem, weil es ja weder Funkkontakt noch Telefon gab.

Die anfängliche Meldung vom Tower, dass auf dem Flugplatz eine Situation CAVOK herrscht, ermutigte mich schließlich, den Flug in Richtung Flugplatz fortzusetzen, denn ich dachte, dass ich schneller sein würde, als das Gewitter, in dem ich mich befand. Inzwischen bemerkte ich, dass sich die VOR-Anzeigen[74] verabschiedet hatten, vermutlich wegen der statischen Elektrizität, ausgelöst durch die Blitze. Zum Glück hatte ich ein GPS[75], das durch Batteriespeisung funktionstüchtig geblieben war. Die Umgebung hatte die graue Färbung verloren, war zusehend dunkler geworden und die Turbulenzen machten sich mehr und mehr bemerkbar. Die Windböen wurden heftig und warfen mich meterweit in die Luft, brachten mich in Seitenlage, so dass ich alle Mühe hatte, den Flieger flugfähig zu halten. Bald gab es »headwind«[76], der die Geschwindigkeit der roten Marke nahebrachte, bald »tailwind«[77], der mich in »stall situation«[78] brachte. In dieser Situation wollte der Mann am Tower meine Position wissen. Ich antwortete ihm, dass ich alle Mühe hätte, den Flieger zu stabilisieren und ihm jetzt keine Auskunft geben könne.

---

73 »Point of no Return« – erreichter Punkt, an dem es keinen Weg zurück gibt (z. B. wegen Benzinmangel).

74 VOR (= Very High Frequency Omnidirectional Radio Range), Drehfunkfeuer für Navigation.

75 GPS (= Global positioning system); satellitengestütztes System zur weltweiten Positionsbestimmung.

76 Headwind – Gegenwind.

77 Tailwind – Rückenwind.

78 Stall – Nähe der Absturzgefahr, wird durch ein akustisches Signal angezeigt.

Der Zauber dauerte Minuten, die mir wie eine Ewigkeit erschienen. Apropos Ewigkeit, genau in dieser Situation hatte ich Gedanken an den Tod, der sich in wenigen Minuten ereignen könnte. Es war nicht Panik, aber ich richtete ein Gebet an Gott und meinte grimmig: »Wenn es sein soll, dass ich hier blöd im Busch zugrunde gehe, dann bitte schön, möge es geschehen. Aber ich werde nicht billig aufgeben.«

Nach diesem »Gebet« erfüllte mich ein innerer Friede, eine tiefe Ruhe, völlig fern von jeglicher Panikstimmung. Wenige Minuten später hatte ich die letzte, dunkle Wolkenwand durchflogen und befand mich wieder in sonnigen Höhen.

Nie werde ich die wuchtige, schwarze Wolkenwalze vergessen, die sich neben mir aufbaute vom Boden bis in große Höhen, welche ich eben durchflogen hatte. Nun hatte ich Gelegenheit, dem Tower meine Position mitzuteilen. Die Antwort war wieder nicht sehr ermutigend. »Das Gewitter ist bereits in Bangui, und sie befinden sich bereits westlich des Platzes.« Für mich hieß das, dass ich noch einmal diese Wolkenwand durchstoßen musste, wenn ich in Bangui landen wollte.

Ich flog nun entlang dieser gewaltigen Wolkenwand gegen Norden, immer auf der Suche nach einer etwas helleren Wolkenformation, die ich für den Einflug in Richtung Osten nützen wollte. Längst hatte ich den Flugplatz in nördlicher Richtung verlassen, als ich eine passende Stelle zu finden meinte.

Ich richtete den Motor auf »full power« und flog ins helle Grau der Wolken. Der Flieger begann zu vibrieren, ohne dass es große Turbulenzen gab, bis ich dann schließlich wie eine Erlösung die ersten Regentropfen auf dem Cockpitfenster wahrnahm.

Ich meldete mich am Tower, gab meine neue Position bekannt, die völlig entgegengesetzt der ersten war, und der Tower gab mir die Landeerlaubnis für Piste 17, diesmal aus dem Norden kommend. Da es durch die Wolkenmassen sehr dunkel war, gab es für mich sogar eine Befeuerung der Piste, was allerdings auch teuer zu bezahlen war.

Als ich nach der Landung aus dem Flieger stieg, war ich froh, dass dieses Flugabenteuer zu Ende war. Ich brachte den Flieger auf unseren Parkplatz und fuhr ins Quartier nach St. Charles, dem Wohnort der Heiligen Geist Väter. Ich stärkte mich, ruhte mich aus und flog am Nachmittag, nachdem das Gewitter vorbei war, mit zwei Passagieren nach Mobaye zurück.

Sandpiste auf dem Flugplatz in Mobaye

Karte mit Flugroute Birao – Bangui

Abenteuerflug Birao – Bangui

Birao ist ein kleiner Ort im Nordosten des Landes. Die Grenze zum Sudan ist nur 66 Kilometer entfernt. Der Ort ist Zollstelle für die Einreise in den Nord-Sudan. Die Entfernung zur Hauptstadt Bangui beträgt 800 Kilometer Luftlinie.

Auf dem Hinflug musste ich eine Zwischenlandung in Bambari machen, um meinen Passagier, Bischof Edouard Mathos, abzuholen. Durch diesen Umweg betrug der Gesamtflug über vier Stunden. Der Bischof wollte einige Tage in der Region bleiben und die Dörfer dieser Missionsstation besuchen.

Zwar liegt der Ort schon nahe der Sahelzone, ist aber in der Regenzeit von Mai bis September mit keinem Auto erreichbar. Die Niederschläge, obwohl nur etwa 500 mm, verwandeln den Boden in ein sumpfiges Gebiet, unmöglich mit dem Auto zu durchqueren. In dieser Zeit war ein Besuch dieser Gegend nur mit dem Flugzeug möglich. Ein Problem bestand allerdings darin, dass der Pilot bei jedem Flug auch Benzin für den Rückflug mitnehmen musste, was auf Kosten sonstiger Beladung ging. Da die Flugzeit mindestens vier Stunden betrug, nahmen wir zur Sicherheit immer elf Kanister mit Flugbenzin mit (etwa 150 kg), die für den Heimflug reichen sollten.

Für meinen Flug am 6. April 2006 hatte ich nur einen Passagier, allerdings mit ziemlich viel Gepäck, aber ausreichend, um für die Benzinreserven des Rückfluges noch Platz zu haben. Der Hinflug verlief ohne Probleme. Es gab nur einige Turbulenzen, wie sie in subtropischen Klimazonen selbstverständlich waren. Bei meiner Ankunft wurde der Bischof freundlich empfangen und in die Ortschaft geleitet.
Nachdem ich das Flugzeug mit meinen Reserven aufgetankt hatte und es

Ankunft auf der Flugpiste in Birao

Bischof von Bambari

startklar war, trat ich in der Mittagshitze den Rückflug an. Da ich allein war, wollte ich den »Singleflug« genießen und stieg auf 12.000 Fuß Höhe in der Hoffnung, dort vielleicht einen günstigen Rückenwind zu finden. Sehr bald musste ich diese Höhe verlassen und sank auf 8.000 Fuß, weil die Wolken immer dichter wurden und mein Radargerät gelbliche Färbung anzeigte, zwar in einiger Entfernung aber genau auf meinem Kurs.

In subtropische Regionen können Wetterveränderungen sehr schnell auftreten. Nach 1½ Stunden Flug war ich überzeugt, dass mich in weiterer Ferne ein Gewitter erwartete. Es war ein lokales Gewitter, aber immerhin so groß, so dass ein Umfliegen nicht in Frage kam, weil dadurch der Rückflug enorm verlängert würde, ein Problem für meine Benzinreserven. Zwar gab es ein paar kleinere Flugpisten abseits meiner Flugroute, aber die kamen für eine Zwischenlandung nicht in Frage. Es waren dies Privatpisten für Großwildjäger, wo nicht einmal Dörfer geschweige denn Menschen in der Nähe sind.

Mit mulmigem Gefühl flog ich weiter und war bald überrascht, wie schnell ich dem Gewitterstock näher kam. Vermutlich entwickelte sich das Gewitter auch in meine Richtung. Vor dieser Masse dichter, schwarzer Wolken musste ich nun eine Entscheidung fällen. Mit dem GPS berechnete ich die Entfernung zu einer Alternativpiste in Bambari, weit östlich von meiner Flugroute, und stellte fest, dass die Entfernung dorthin fast ebenso groß war wie die nach Bangui selber. Warum also dorthin ausweichen, wo ebenfalls gewittrige Elemente auf dem Radar sichtbar waren und die Distanz nicht kürzer war. Ich entschied mich, das Gewitter zu unterfliegen. Rascher als erwartet kamen die Wolken auf mich zu.

Da es keine Erhebungen in dieser Region gibt, war die Höhe von 3.000 Fuß kein Risiko. Den Motor richtete auch auf »full power« und stellte mich auf eventuelle Aufwinde ein. Die Turbulenzen hielten sich in Grenzen, Sogwirkungen nach oben konnte ich ohne Mühe ausgleichen. Dann aber prasselte der Regen gegen die Scheibe, wie ich es selten erlebt habe. Das Spektakel dauerte zum Glück nicht allzu lange. Es wurde lichter und nach acht Minuten etwa, die gefühlsmäßig viel länger dauerten, wurde es heller und ich wusste, dass ich durch war.

Lange dauerte die Freude nicht, denn ein rotes Lämpchen zeigt mir an, dass die Stromversorgung nicht funktionierte. Tatsächlich liegt der Generator bei der Cessna 206 ganz vorne bei den Lüftungsöffnungen, so dass der starke Regen vermutlich einen Kurzschluss produziert hatte. Die Stromversorgung war ausgefallen. Nun hatte ich noch zwei Stunden zu fliegen und wusste, dass selbst bei sparsamster Verwendung der Strom nicht reichen würde. Eine erste Maßnahme war, alles, was verzichtbar war, auszuschalteten: Lichter und sogar den Kreiselkompass.

Ich versuchte Kontakt mit der Flugüberwachung in Brazzaville aufzunehmen. Es gelang und ich teilte mein technisches Problem mit und meine vermutliche ETA[79] in Bangui. Ich setzte keinen Funkkontakt mehr ab um die Batterie zu schonen. Nur 30 Minuten vor Bangui versuchte ich nochmals Kontakt mit dem Tower aufzunehmen und konnte gerade noch mein Problem und meine ETA durchgeben. Dann gab es nur noch Knackgeräusche und Rauschen im Mikro, ein Zeichen, dass die Batterie leer war.

Schließlich machte ich eine Beobachtung, die ich zuvor noch nie hatte. Etwa 15 Minuten vor der Landung sah ich wie die Zeigerinstrumente langsam auf null sanken. Für die Landung konnte ich auch nicht mehr mit den Landeklappen rechnen. Letztendlich ging alles gut. Ich setzte auf und rollte sofort zu meinem Parkplatz, ohne mich zuvor auf dem Hauptfeld zu melden, wie es vorgeschrieben war. Ich hätte weder den Sprechfunk aktivieren noch starten können. Vom Parkplatz aus verständigte ich den Tower per Telefon und erklärte den Stromausfall und meine Vorgangsweise nach der Landung.

Erlebnisse in den Dörfern

Bei meinen Besuchen in den Dörfern hatte ich manchmal prägende Erlebnisse. Es gab vor der Messe immer Gelegenheit zu Gespräch oder Beichte.

79 ETA (= Estimated time arrival); Voraussichtliche Landezeit.

Nicht immer begann der Gottesdienst pünktlich, denn in einer Buschgemeinde wartet man zusammen, bis alle anwesend sind.

Aber es geschah auch, dass unerwartete Ereignisse auftraten, die eine plötzliche Änderung des geplanten Ablaufs erforderten.

Beschneidungen in Lembo

Am 15. Jänner 2006 war ich in einem Dorf namens Lembo, nicht weit vom Missionszentrum entfernt. Ich war vor der Messe noch mit Gläubigen im Gespräch, als ich entfernt am Ufer des Oubangui Schmerzensschreie hörte. Ich blickte in die Richtung und sah in weiterer Ferne Frauen, die nackte Mädchen bei Füßen und Händen fassten, sie wie im Spiel hin und her schaukelten und schließlich ins Wasser fallen ließen. Verwundert fragte ich meinen Gesprächspartner, was dies zu bedeuten habe. Er antwortete mir lächelnd: »ala fa ala na bi so na nganza!«[80]

Ich wusste, dass es das gab, war aber noch nie so direkt Zeuge davon geworden. Nun erlebte ich es in diesem Dorf, obwohl die Gruppe der Mädchen und Frauen doch etwa 100 Meter von uns entfernt war. Es war nicht möglich zu intervenieren, wohl aber in der Predigt Stellung dazu zu nehmen.

Beschneidung kennen wir aus der Tradition der Juden, eine Prozedur, die den jungen Mann zum Mitglied des auserwählten Volkes macht. Aber fast überall in Afrika gibt es Beschneidung und Exzision durch viele Jahrhunderte, völlig abseits des jüdischen Brauches. Dahinter steht der Glaube der Schuldhaftigkeit des Menschen gegenüber Gott. Im römischen Reich verlangte der Glaube an die verschiedenen Götter, dass die Menschen Opfer brachten. »Do ut des«[81] lautete das grundlegende Verhalten des Menschen Gott gegenüber. Den Göttern mussten Opfer dargebracht werden, damit sie den Menschen wohlgesinnt werden und sie beschützen.

Solche Gedanken sind ja bis heute nicht verschwunden. Immer wieder bringen Leute Opfer dar, um Gott zu besänftigen, versprechen eine Wallfahrt, ein Geldopfer, eine Leistung, die Mühe kostet, um mit dieser Tat Gott gleichsam etwas vorweisen zu können. Wenn von Gläubigen heute

80 »ala fa ala na bi na nganza« – Sango: Sie wurden in der Nacht beschnitten.
81 »do ut des« – Lateinisch: Ich gebe, damit du gibst.

von Opfern oder Gebeten die Rede ist, dann nicht deswegen, weil Gott dieser Opfer bedürfte, sondern weil sich dadurch der Mensch der Abhängigkeit von Gott mehr bewusst werden soll, um sich dadurch intensiver und entschiedener auf Gott auszurichten.

Im konkreten Fall der Beschneidung und Exzision geht es letztendlich um die Nachkommenschaft, die in armen Ländern wesentlich bedeutsamer ist als bei uns. Um Kinder zu bekommen muss man – so der Glaube – Gott ein Opfer bringen, das heißt Schmerzen erfahren, damit er gnädig gesinnt ist und den Kinderwunsch erfüllt.

Viele haben Angst, dass unbeschnittene Männer und Frauen ohne Exzision keine Kinder zeugen bzw. gebären können. Trotz besseren Wissens wird der Brauch weitergeführt und oft sind es ältere Frauen, die darauf bestehen, dass Kinder und Jugendliche beschnitten werden. Im staatlichen Gesetz ist dies per Gesetz zwar verboten, aber niemand wagt es, Angehörige anzuzeigen, wenn es trotzdem passiert.

Ein Katechet namens Philipp erzählte mir, dass er selber es ablehnt, dass seine Töchter beschnitten werden. Doch als er einmal einige Tage verreist war, kam er zurück und fand sich vor die Tatsache gestellt, dass während seiner Abwesenheit die Mädchen von den Tanten beschnitten worden waren. »Ich kann doch jetzt meine Verwandtschaft nicht anklagen«, gestand er mir. Nach dieser Begebenheit sprach ich bei der Predigt öfter über die Exzision, um den Hörern meinen Standpunkt zu erklären. In Europa, so sagte ich, bringen die Frauen auch Kinder auf die Welt, und sie sind nicht beschnitten, weil Gott nicht das Leid will, sondern die Freude an diesem Leben. Sie brauchen nicht diese Qual zu erdulden und ein Leben lang daran leiden, so dass selbst das Gebären von Kindern ein Problem wird, wenn Frauen beschnitten sind. Gott gab uns den Leib, um uns daran zu erfreuen und nicht, damit wir uns unnötig Leid zufügen. Das tägliche Leben bringt genügend Leid in Form von Krankheit, Verletzungen und Unfällen, so dass wir nicht noch eigens Leid schaffen und erzeugen müssen.

Jesus selber hat jedes Leid durch Opfer abgelehnt: »Barmherzigkeit will ich, nicht Opfer«[82] sagte er. Es wird noch lange dauern, bis dieser Brauch endgültig abgeschafft ist. Während bei uns jede Verletzung sofort beim

82 Matthäus 12,7.

Kinder, Reichtum der Familie

Katechet mit seiner Familie

Yawe, Unterricht in der Kapelle

Arzt oder im Spital behandelt wird, gibt es in Afrika keine flächendeckende Versorgung. Die Menschen sind es gewohnt mit Leid zu leben und sehen Genesung eher als einen Glücksfall als selbstverständlich an.

Rettung in letzter Stunde

Wenige Monate später war ich in Yawe, einem Dorf am Ufer des Oubangui, etwa 20 Kilometer von Mobaye entfernt und wollte zwei Tage dort bleiben, um die Taufkandidaten für das Fest der Taufe vorzubereiten. Nach zwei Jahren der Vorbereitung durch den Katecheten Jacques Rendessio ist es üblich, dass der Priester die letzten Tage bei ihnen verbringt, den Ritus erklärt, Fragen stellt und offenen Fragen beantwortet. Bei meiner Ankunft sagte mir der Katechet, dass seine Frau krank sei und nicht für die Nahrung sorgen könne.

Auf meine Frage nach der Art der Krankheit, sagte er mir, dass sie Blut verlor, dass es aber jetzt besser ginge.

Ich bekam die Frau nicht zu Gesicht und ging meiner Arbeit nach, versammelte Kinder und andere Taufbewerber in der Kirche, um ihnen die Bedeutung der Taufe und den Taufvorgang zu erklären.

Als es bereits Abend geworden war, erkundigte ich mich wieder nach dem Befinden seiner Frau. Da erst erklärte er mir, dass sich der Zustand verschlechterte hätte und sie wieder Blut verlor. Als ich das hörte, bereitete ich sofort den Außenbordmotor und ließ alles Gepäck zum Fluss bringen. Ich wollte die Frau in Begleitung von zwei Männern nach Mobaye ins Spital bringen, da es in der Nacht keine Hilfe geben würde und die Frau sterben könnte.

In der Dämmerung begannen wir die einstündige Bootsfahrt. Nach unserer Ankunft in Mobaye, trugen die Begleiter die kranke Frau sofort ins

Reste des früheren Schulhauses

Ersatzschule aus Bambus mit Strohdach

Spital, das etwas erhöht 200 Meter neben meiner Anlegestelle lag. Es war Hilfe in letzter Not. In der Nacht – so erfuhr ich später – verschlechterte sich der Zustand der Frau, sie bekam erneut starke Blutungen, aber dank der Hilfe im Spital überlebte sie.

Ein Problem des Katecheten war, dass er befürchtete, dass seine Frau nun keine Kinder mehr bekommen könnte. Ich nahm ihn beiseite und sprach in aller Ehrlichkeit mit ihm.

»Ihr habt sieben Kinder, das genügt doch. Kümmert euch um die Enkel und ihr habt genügend Arbeit. Erzieht sie gut und ermöglicht ihnen eine Schulbildung.«

Er verstand es und versöhnte sich mit einer eventuellen Kinderlosigkeit in Zukunft. Zudem war dieser Katechet selber als freiwilliger Lehrer tätig und unterrichtete die Kinder seines Dorfes in der Kirche.

Nach einer Woche konnte seine Frau das Spital verlassen und kehrte in ihr Dorf zurück. Ich werde die Dankbarkeit nie vergessen, die sie mir gegenüber zum Ausdruck brachte, als ich mich verabschiedete. Sie hatte Tränen in den Augen, umarmte mich und bedankte sich für meine spontane Entscheidung, die ihr sicher das Leben rettete.

Diese Frau konnte gerettet werden, weil ich zufällig im Dorf war. Viele sterben, weil es keine Hilfe im Ort gibt, der Weg ins Spital zu weit ist oder das Geld für eine Behandlung fehlt. Neben anderen Krankheiten wie Aids, Wurmkrankheiten und Geschwüren ist → **Malaria** eine häufige Todesursache. Trotz Bemühens gibt es keinen wesentlichen Fortschritt in der Bekämpfung dieser Krankheit, im Gegenteil, man beobachtet sogar eine Zunahme der kritischen Fälle.

Laut WHO-Bericht (2019) sterben weltweit jährlich 435.000 Menschen an dieser Krankheit, wobei Afrika die meisten Opfer zählt. Neben

Baubeginn mit viel Begeisterung

Erster Teil der Schule ist eingedeckt

der medikamentösen Behandlung gibt es billigere Mittel zur Heilung, die ohne großen Aufwand vor Ort möglich ist. In Bangui entstand ein solches Projekt.

Unterstützung für das Gemeinwohl

Bau der Schule in Mossombo

Die Ortschaft Mossombo liegt am Ufer des Oubangi etwa 40 Kilometer flussaufwärts von Mobaye. Es ist eine verhältnismäßig große Gemeinde mit vielen Christen, wohlhabend durch die Fischerei und den Verkauf in Bangui. In dieser Gemeinde wie auch in den übrigen gab es all die Jahre hindurch Unterricht, bis schließlich im Jahre 2005 der IWF[83] Rückzahlungen von staatlichen Krediten und Zinsen verlangte. Dem Staat fehlte das Geld und so sparte er bei Bildung und Gesundheit. Es wurden viele Lehrer entlassen, so dass das Schulsystem besonders in der Provinz völlig zum Erliegen kam.

In früheren Jahren war die Lage besser. Vom Staat wurde sogar Geld zum Bau von Schulen gegeben, wenn sich Volksvertreter entsprechend dafür einsetzten. Ein solcher Abgeordneter war M. Gbeti, der in einigen Orten Zement zum Bau von Schulen bringen ließ. In Mossombo begann man damals mit Fundamenten und einigen Mauerteilen, im Nachbarort Sako machte man Betonziegel. Aber in keinem Ort wurden die Arbeiten zu Ende geführt, nachdem der Politiker Gbeti seine Funktion nicht mehr ausübte.

83 IWF, Internationaler Währungsfonds.

Transport der Materialien

Frauen bringen Wasser

Als Ersatz für die Schule errichtete man eine Strohhütte, in der etwa 200 Kinder in mehreren Gruppen unterrichtet wurden. Nach dem Fehlen der Lehrer versuchte die Kirche den Schaden möglichst gering zu halten und organisierte die »écoles villageoises«, die Dorfschulen, wobei ehemalige Studenten angestellt wurden, damit die Kinder wenigstens Lesen, Schreiben und Rechnen lernen. Die Familien mussten einen Beitrag leisten und pro Kind 100 CFA[84] im Monat bezahlen.

Als ich die Ruinen des alten Gebäudes begutachtete, sah ich eine Möglichkeit, diesen Schulbau fertig zu stellen. Zunächst wurde das Gelände gesäubert, von Sträuchern und Gras befreit und genügend Sand und Schotter hergebracht.

Am 16. November 2006 begannen wir mit den Arbeiten. Es war eine große Begeisterung zu spüren, und ich zählte an die 30 Leute auf der Baustelle, die lachend und singend Schutt entfernten, alte Ziegel reinigten und dort Grabarbeiten durchführten, wo die Fundamente erneuert werden mussten.

Die Jahre seit der Errichtung dieser Mauern hatten Spuren hinterlassen. Manche Mauerteile mussten abgetragen werden, weil sie nicht senkrecht standen oder durch Windböen in eine Schräglage gekommen waren. Andere Mauerteile waren umgestürzt, so dass nur noch die Ziegel zu verwenden waren.

Die Vorgangsweise war klar, zuerst die Fundamente konsolidieren und nötigenfalls neu machen, dann die bestehenden Mauern befestigen und was fehlte neu errichten. Ein Betonkranz sollte alles miteinander verbinden. Nach den Giebelmauern kam der Dachstuhl an die Reihe. Alles Baumaterial, wie Zement, Betoneisen, Holz und Dachbedeckung, wurde wie

84 CFA = Zentralafrikanisches Geld; 100 CFA = 0,15 €.

Transport der Schulbänke

Fertiges Schulgebäude für Mossombo und die umliegenden Dörfer

üblich von mir in der Hauptstadt besorgt. Mit dem Einbaum brachte ich die Materialien flussaufwärts nach Mossombo. Manchmal verlängerte sich die Bauzeit, je nachdem Teile des Materials den Weg zu uns gefunden hatten und die Wetterverhältnisse einen Transport ermöglichten. Vier Monate nach Beginn der Arbeiten konnten wir bereits mit den ersten Giebelmauern beginnen und den westlichen Teil sogar mit Wellblech abdecken. Es war dies das künftige Büro des Direktors, das vorübergehend als Depot für die Materialien diente, damit sie vor Witterungseinflüssen und vor Diebstahl geschützt waren.

Für unseren Bau wurde alles vor Ort hergestellt. Die Bewohner von Mossombo stellten die Zementziegel her, die Frauen brachten Wasser, weil alles mit der Hand gemischt wurde. Auch den Dachstuhl machten sie selber, schnitten die Kanthölzer zurecht und brachten sie in Position.

Groß war die Freude als nach sechs Monaten der letzte Dachstuhl gezimmert und aufgerichtet wurde und das Haus für die endgültige Abdeckung bereit war. Mit zunehmender Bautätigkeit wurde auch das Engagement lebendiger, da die Leute den Erfolg ihrer Arbeit sahen und das Endergebnis immer konkretere Züge annahm. Der Fußboden wurde in den fertigen Räumen eingeebnet, mit Laterit-Steinen bedeckt und betoniert.

Das größte Vergnügen bereitete der letzte Teil des Rohbaus, nämlich die Befestigung des Daches, weniger eine Arbeit, sondern eher ein Fest für das ganze Dorf. Kaum ist ein Saal unter Dach, kommen Kinder und Erwachsene und genießen den Schatten und auch die Kühle, die ein vor der Sonne schützendes Haus bietet.

Das neue Schulhaus hatte drei Klassen jeweils 7 x 9 m groß und einen kleinen Raum als Arbeitsplatz für den Direktor. Natürlich kamen die Kinder

Schulkinder am Tag der Eröffnung

Segnung des Gebäudes

nicht nur vom zentralen Dorf Mossombo, sondern auch von den kleineren Dörfern der ganzen Umgebung.

Baulich war auch eine Veranda vorgesehen mit einer großen Wasserrinne um das Regenwasser abzuleiten. Die neue Schule sollte auch schön aussehen, daher machten wir einen Farbanstrich innen und außen. Das Endprodukt erfreute schließlich alle Bewohner, besonders aber die Kinder.

Im Unterschied zum früheren »Schulambiente« bot die neue Schule Vorteile. Die Klassenzimmer waren getrennt, die Schüler konnten den Lehrer besser hören und die Durchlüftung war gut.

Es ist ein wichtiges Anliegen, die Zukunft der Kinder durch eine solide Bildung zu sichern. Chancen wird nur der haben, der sich in der digitalen Welt einigermaßen zurechtfindet. Wer nicht Lesen und Schreiben kann, ist in der neuen Gesellschaft chancenlos.

Es ist verständlich, dass die reichen Länder wenig Interesse an der Ausbildung der Bevölkerung armer Länder haben, sind sie doch in erster Linie an den Rohstoffen interessiert und weniger an intelligenten Partnern, die Fragen und vielleicht auch Forderungen stellen. Seriöse Hilfe darf Bildung nicht vernachlässigen.

Eröffnungsfeier

Am Tag der feierlichen Eröffnung der Schule waren die Kinder in großer Zahl gekommen, sangen und tanzten, begleitet von den Lehrern, während ich auf die Bedeutung der Bildung sowohl der Knaben wie auch der Mädchen hinwies. Manche Eltern zögern noch immer, ob denn auch die Mädchen die Schule besuchen sollten. Vor allem die Mütter lassen ihre Töchter nicht gerne zur Schule gehen, weil sie zu Hause eine wichtige Hilfe bei der Betreuung kleinerer Kinder sind. Zudem helfen sie auch bei

Taufe in Mossombo

Katechet Luc mit seiner Frau

der Zubereitung der Nahrung. Viele Mädchen sitzen auf dem Markt und verkaufen die Produkte ihrer Familie, wodurch sie wesentlich zur Existenz der Familie betragen. Es bedurfte großer Überredungskunst, dass Eltern ihre Mädchen zur Schule gehen ließen. Oft waren es die Mädchen selbst, die auf den Schulbesuch drängten und schließlich doch die Erlaubnis und das nötige Schulgeld sowie die notwendigen Requisiten bekamen.

Christliche Gemeinde von Mossombo

In diesem Dorf gab es eine starke christliche Gemeinde, die sich regelmäßig in der Kirche traf. Wie überall war ein rühriger Katechet zuständig, der von erwachsenen Helfern unterstützt wurde. Aktionen wie der Schulbau hängen stets vom Engagement der christlichen Gemeinde ab.

Diese Gemeinde war die zweitgrößte in meinem Aufgabenbereich. Sie war erst im Jahre 1950 gegründet worden. Nach einem mühsamen Beginn hatte sich die Gemeinde schnell und gut entwickelt, zeigte Interesse und war schon im Jahre 1956 einverstanden mit Schule und Kirche. Damals war das gesamte Schulsystem noch in der Hand der Kirche. Wenige Jahre später wurden die Schulen durch Bokassa verstaatlicht. Der schon erwähnten Initiative des Schulbaues hatte die Führungskraft gefehlt, die zum Durchhalten ermuntert hätte.

Als ich im Jahre 1998 diesen Bereich übernahm, war ein Chef für das Dorf verantwortlich. Die Bevölkerung war jedoch mit ihm unzufrieden, weil er von allen Neuerungen einen persönlichen, finanziellen Vorteil erwartete. Auch im Zusammenhang mit dem Schulbau zeigte sich diese Haltung, indem er mehr oder weniger deutlich einen Teil der Kosten verlangte. Ich fand es bemerkenswert, dass die Leute dies nicht akzeptierten, ihn absetzten und einen anderen per Wahl an seine Stelle setzten. Das

Ursprüngliches Wohnhaus der Missionare in Mobaye bis 2009

Nordseite des fertigen Hauses

zeigte die Reife der Bevölkerung, dass sie sich über jahrelange Traditionen hinwegsetzten und einen neuen Chef wählten, obwohl er ein traditioneller Chef war, fünf Frauen und eine große Zahl von Kindern hatte.

Es war der Katechet Luc Kossamu, der mich über diese Veränderung informierte, die ich nicht für möglich gehalten habe. Ebenso erstaunlich war für mich die Tatsache, dass er diesen Wechsel akzeptierte. Von diesem Zeitpunkt an sah ich den früheren Chef bei den Versammlungen nicht mehr. Wenige Tage vor meiner endgültigen Abreise besuchte ich noch das Dorf und spürte die Dankbarkeit und ein ehrliches Bedauern um mein Fortgehen. Besonders der Katechet Luc Kossamu mit seiner Frau und seinen Helfer hatten sich für den Bau der Schule eingesetzt. Die Neuerrichtung beanspruchte viel Organisation, Energie und Ausdauer, was sehr oft zu einer Unterbrechung des Unterrichtes führte. Mit dem Neubau war der Unterricht nun garantiert.

Erweiterung des Pfarrhauses

Das Pfarrhaus in Mobaye stammte aus den 60er Jahren und war den damaligen Bedürfnissen entsprechend errichtet worden. Der verantwortliche Priester war Pater Antoine Maanicus, der spätere erste Bischof der neu errichteten Diözese Bangassou. Ein Unternehmen stellte Eisentraversen zur Verfügung, die als Stütze des Hauses dienten. Die Wände wurden mit Ziegeln ausgefüllt. Es gab drei Zimmer, je eines für einen Pater, einen Gemeinschaftsraum, eine kleine Küche und ein gemeinsames WC mit Dusche auf dem Gang.

Ein Gästezimmer, wie es normalerweise üblich ist, war nicht vorgesehen. Mobaye lag eben weit entfernt von der Hauptverkehrsstraße am Fluss

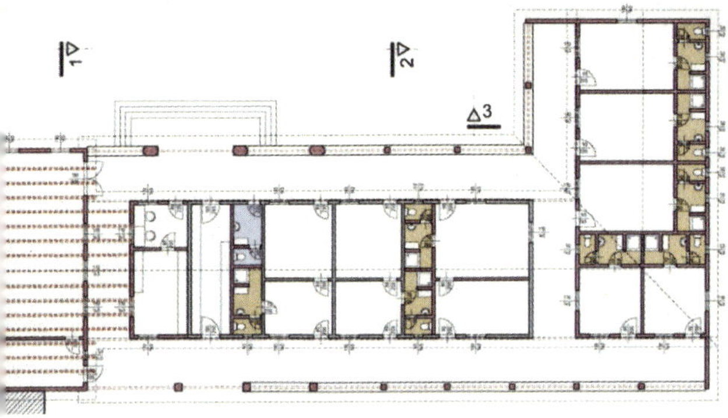

Plan: Wohnhaus mit den angebauten Gästezimmern

Pfarrhaus im Umbau

Oubangui, der die Grenze zur Demokratischen Republik Kongo bildet. Es gab damals noch keine Fähre, um in den Nachbarstaat Kongo überzusetzen, so dass mit keinen Touristen zu rechnen war.

1954 hatte Papst Pius XII. in Bangassou eine Apostolische Präfektur errichtet, die 10 Jahre später zu einer Diözese erhoben wurde. 50 Jahre später wurde dann 2004 von dieser Diözese, die sich über eine Fläche von über 134.000 km² erstreckte, eine neue Diözese gebildet, mit dem Zentrum in Alindao, dem Sitz des neuen Bischofs.

Durch diese Entwicklung wurden auch die Kontakte unter den Pfarren und mit dem Bischof größer, und es mehrten sich Besuche von Gästen und Visitationen von Seiten des Bischofs.

Viele Jahre konnten in der Pfarre Mobaye keine Gäste beherbergt werden, weil es an notwendigen Lokalitäten mangelte. Nach der Errichtung der Diözese Alindao im Jahre 2004 war dieser Zustand nicht mehr tragbar, da diözesane Versammlungen in verschiedenen Pfarren abgehalten wurden, so dass für Teilnehmer Unterkünfte benötigt wurden.

Aus dieser Dringlichkeit heraus planten wir eine Generalsanierung des Hauses selbst und gleichzeitig eine Erweiterung, um mindestens sieben Gästen Platz bieten zu können. Die neue Anlage sollte an das alte Gebäude direkt anschließen, so dass der Gesamtgrundriss einem »L« gleichen würde.

Nachdem der Plan erstellt worden war, genehmigte der Bischof das Vorhaben und wir begannen mit den Arbeiten.

Das ganze Haus sollte mit einer Veranda umgeben sein. Der erste Abschnitt des Baues war erfüllt, als der Quertrakt fertiggestellt und mit Wellblechplatten abgedeckt war. Der Gästetrakt sollte zwar unabhängig,

Alte Kapelle von Koma

Baubeginn der Kapelle und Besuch des Nuntius

aber doch unter einer Überdachung mit dem Altgebäude sein. Wie erwähnt war der Dachstuhl des alten Hauses eine Konstruktion aus Eisen, die erhalten blieb. Das neue Dach wurde 10 Zentimeter über die alte Konstruktion errichtet.

Während des Weiterbaues mussten die Bewohner in eines der neuen Zimmer übersiedeln, damit ein störungsfreies Arbeiten möglich war. Schließlich wurde das Dach mit acht Meter langen Wellblechplatten abgedeckt. Nach einem Jahr und sieben Monaten waren der Zubau und die Erneuerung des Altbaus im Juli 2010 fertig und wir konnten in unsere früheren Wohnungen zurückkehren. Damit war das gesamte Gebäude erneuert und auch innen modernisiert. Jedes Zimmer hatte eine Feuchtgruppe mit Waschbecken, WC und Dusche.

Für die ständig hier wohnenden Missionare wurde der Raum durch eine kleine Mauer getrennt, so dass Schlaf- und Wohnzimmer geteilt waren.

Auch die Küche wurde verändert. Früher musste unser Koch die Speisen einige Steilstufen hinauftragen. Da wir das Küchengebäude um einen Meter angehoben hatten, lag es nun auf demselben Niveau wie das übrige Haus. Wir installierten auch einen Warmwasserspeicher, ein Vorteil beim Reinigen des Geschirrs. Rund um das Haus wurden Abflussrinnen für das Regenwasser gemacht. Nach dem Umbau des Pfarrhauses war Platz für drei Priester und sieben Gäste. Damit war die frühere Enge beendet.

Mit diesem Um- und Ausbau war die Missionsstation in Mobaye auf dem Stand unserer Zeit angekommen und entsprach den heutigen Erwartungen und Erfordernissen. Gastfreundschaft wird in jeder Mission gepflegt und entspricht auch dem Auftrag von uns Christen.

Zerstörung des Dorfes durch einen Sturm

Fahrt mit dem Einbaum nach Koma

Bau einer Kapelle im Dorf Koma

Im Jahre 1949 war zum ersten Mal ein Missionar in das Dorf Koma gekommen und hatte eine kleine christliche Gemeinde gegründet. Zwei Jahre später übernahm Pater Antoine Marie Maanicus, der spätere Bischof von Bangassou, die Verantwortung für dieses Gebiet. Es war ein etwas schwieriger Beginn, weil es eine sklavenähnliche Abhängigkeit zwischen zwei Stämmen gab.

Noch heute leben die Sango am Ufer des Oubangui und sind als Fischer wirtschaftlich besser gestellt als andere Stämme. Hinter jedem Dorf der Sango liegt ein Dorf der Mbugu. Sie produzieren Erdnüsse und Früchte, die tägliche Ergänzung zur Fischmahlzeit. Heute hat sich die Vorstellung dieser Arbeitsteilung etwas gelockert. Es gibt Mbugu die fischen und Sango, die ein Feld bestellen.

Die Mbugu waren der Evangelisierung am Anfang mehr zugetan als die Sango, so dass die ersten Kirchen in der Nähe ihrer Dörfer errichtet wurden. So auch in den beiden Dörfern Koma und Ndiagiso. Während im Dorf Koma Mbugu wohnten, lebten Sango nahe am Fluss im Ort Ndiagiso. Beide Orte lebten in der erwähnten Symbiose der Beschaffung der Nahrung. Da später auch die Sango in die Kirche kamen, wurde die Kapelle bald zu klein so dass schon im Jahre 2002 Gedanken für eine Erweiterung dieses Gebäudes überlegt wurden. Tatsächlich war die Kapelle sehr klein und niedrig gebaut, so dass bei gut besuchten Gottesdiensten ein Teil der Besucher immer vor der Kirchentüre stehen musste, während für die Teilnehmer drinnen wenig Luft und die Hitze fast unerträglich war.

Bei unseren Überlegungen sahen wir, dass eine Vergrößerung des Hauses nicht leicht zu bewerkstelligen war und eine fast ebenso große Anstren-

Neues Dach für die Kapelle

Erster Gottesdienst in der neuen Kapelle

gung verlangen würde wie ein Neubau selbst. Eine neue Kapelle könnte zudem an einem Ort errichtet werden, der zentraler für beide Dörfer liegt.

Es gab eine kleine Anhöhe mit einem wunderbaren Ausblick auf das Tal des Oubangui und genau in der Mitte der Dörfer gelegen. Nach langen Überlegungen und Absprachen mit den Christen wurde der Neubau beschlossen. Im Mai des Jahres 2005 waren wir auf den vorgesehenen Platz gegangen und hatten die Größe der Kirche abgesteckt, damit ab sofort mit dem Erdaushub für die Fundamente begonnen werden konnte. Die Arbeit war nicht einfach, weil Sand und Schotter vom Fluss in diese Höhe gebracht werden mussten. Das Steinmaterial war direkt an Ort und Stelle zu finden.

Als die Fundamente bereits fertig waren, kam eines Tages der Päpstliche Nuntius zu Besuch nach Mobaye. Eine Fahrt mit dem Einbaum war auch für einen solch hohen Herrn ein Ereignis, und so besuchte er Koma – Ndiagiso und die Baustelle der neuen Kapelle.

Die Arbeitsumstände und die Entfernungen für den Transport der Materialien brachten es mit sich, dass dieser Bau längere Zeit in Anspruch nahm. Die Fischer verbrachten viel Zeit auf dem Wasser, wanderten in der Trockenzeit außerdem viele Kilometer flussabwärts und blieben Monate auf einer Sandbank in der Nähe einer größeren Siedlung. Dort hatten sie sich notdürftige Unterkünfte gebaut und lebten vom Verkauf ihrer Fische. Nur ein Todesfall in der Familie bewegte sie, in ihr angestammtes Dorf zurückkehren.

In dieser Zeit war keine Bautätigkeit möglich, weil es an Arbeitskräften fehlte. In den Monaten der Trockenzeit (Oktober bis März) war in solchen Orten kaum eine gemeinschaftliche Arbeit möglich. Kam in dieser Zeit

Segnung der Kapelle in Koma-Ndiagiso

Kreuz von Taizé, Burgund

ein Kind zur Welt, wurde es erst nach der Rückkehr in das Dorf in der Gemeinde registriert. Für die schulpflichtigen Kinder ergab sich das Problem, dass sie manchmal die ganze Zeit dem Unterricht fernblieben, weil sie auf »Kolonie«[85] waren, wie die Leute es nannten.

Es war in einer dieser heißen Trockenzeit, als sich an einem Nachmittag ein gewaltiges Unwetter zusammenbraute, das sich dann mit aller Gewalt auf Mobaye und auch Koma – Ndiagiso entlud. Der Schaden in den Dörfern war enorm, weil fast alle Häuser abgedeckt und zerstört waren. Die Arbeit des Wiederaufbaus ihrer Häuser war natürlich dringlicher als der Bau einer Kapelle, so dass sich die Fertigstellung wieder um Monate verschob.

Aber schließlich war es soweit, dass wir den letzten Schritt machen und die Kirche mit Blechdach eindecken konnten. Die Ausgestaltung des Innenraumes mit dem Altar und der Lüftungsziegel dauerte freilich noch einige Wochen.

Der Tabernakel wurde sehr einfach, aber schön gestaltet, ebenso das Mauerwerk, wobei die Fugen mit Kalk hervorgehoben wurden. Die farbigen Glasfenster waren ein Rest vom Bau der großen Kirche in Mobaye.

Der Segnung der kleinen Kirche stand nun nichts mehr im Wege. Diese geschah zu Pfingsten 2011 während der ersten heiligen Messe in Anwesenheit vieler Christen. Für diesen Anlass wurde alles aufgeboten, um das Fest gebührend zu feiern. In jeder kleinen Gemeinde gibt es einen Choral, Ministranten und Tänzerinnen, die den Gottesdienst feierlich gestalten.

Das Kreuz im Altarraum brachte ich aus Taizé mit, einem spirituellen Ort in Frankreich, den ich jedes Jahr eine Woche lang besuche.

85 »Colonie de pêche«, Fischer verbringen Monate auf Sandbänken.

Gebet in der Versöhnungskirche in Taizé

Frère Roger Schutz, Gründer der Gemeinschaft

»Oh dieser kleine Frühling, Taizé!«

Mit diesen herzlichen Worten hat Johannes XXIII. kurz nach seiner Wahl zum Papst Frère Roger Schutz in Rom begrüßt.

Taizé in Burgund, Frankreich, ist seit vielen Jahren ein Rückzugsort für Madlene und mich. Sie war es, durch die ich diesen Ort kennen und schätzen gelernt habe. Aus einer jahrelangen Freundschaft hat sich im Laufe der Zeit eine tragende Beziehung entwickelt. Unsere gemeinsamen Reisen und Interessen haben den Entschluss reifen lassen, dass wir unsere Partnerschaft nach meiner Rückkehr aus Afrika gemeinsam leben und gestalten wollen. Ich bin sehr dankbar für diese Erfahrung, die mein Leben in vielerlei Hinsicht bereichert und mir neue Einsichten und Entwicklungen ermöglicht. Seit dieser Zeit ist Taizé auch für mich fast alljährlich eine wichtige spirituelle Oase geworden.

Die Gründung dieser ökumenischen Gemeinschaft geht auf Bruder Frère Roger Schutz zurück, der 1940 zum ersten Mal diesen Ort betrat, um selbst ein kontemplatives Leben zu führen. Es war die Zeit des Zweiten Weltkriegs, als der Ort noch nicht von Nazi-Deutschland besetzt war. Damals konnte Bruder Roger vielen Juden zur Flucht verhelfen. Als auch dieser Teil Frankreichs besetzt wurde, war Frère Roger gerade in der Schweiz und kehrte erst im Jahre 1944 mit drei Freunden nach Taizé zurück.

Rasch wuchs die Zahl der Brüder, die ein beschauliches Leben in Beschaulichkeit anstrebten. Sie beschlossen im Jahre 1949 endgültig ein gemeinsames, einfaches Leben in Ehelosigkeit, geistiger und materieller Gütergemeinschaft zu beginnen. Am Ostertag dieses Jahres legten die ersten sieben Brüder ihre Gelübde ab.

Jugendliche bei einer Gesprächsrunde

Erwachsene bei der Essensausgabe

Zunächst waren es nur evangelische Christen, die sich vom katholischen Ortsbischof die Erlaubnis geholt hatten, die romanische Dorfkirche in Taizé benützen zu dürfen. 1969 trat ein junger belgischer Arzt in die Gemeinschaft ein und legte als erster Katholik sein Gelübde ab. Damit wurde die »Communité de Taizé« die erste »ökumenische Gemeinschaft« der Kirchengeschichte. Roger Schutz schrieb im Winter 1952/53 die Regel von Taizé, in der er für seine Brüder das Wesentliche zusammenfasste, das ein gemeinsames Leben möglich macht.

Seit den 1960er Jahren kamen zunehmend auch Jugendliche nach Taizé und besuchten die Ordensgemeinschaft. Seitdem sehen die Brüder einen Grundauftrag darin, tagtäglich nach dem Abendgebet den Fragen und Zweifeln der Jugendlichen zuzuhören. Die kleine, romanische Dorfkirche war wegen der vielen Besucher sehr bald überfüllt. 1961 begann die Communauté am Rande des Dorfes den Bau der sogenannten Versöhnungskirche. Dieser Bau wurde vom Bauorden und deutschen Freiwilligen der »Aktion Sühnezeichen« unterstützt. Im Laufe der Jahre kamen immer mehr Jugendliche nach Taizé. 1966 fand das erste Jugendtreffen mit 1.400 Teilnehmerinnen und Teilnehmern aus 30 Ländern statt.

Jedes Jahr organisieren die Brüder um die Jahreswende jeweils ein Treffen in einer europäischen Stadt und ein interkontinentales Treffen auf einem anderen Kontinent, wo jeweils 50 bis 100 000 Jugendliche teilnehmen. In den Sommermonaten kommen jede Woche bis zu 5000 Menschen aus allen Kontinenten nach Taizé.

Was mich bei meinem ersten Besuch innerlich berührte, war der Anblick von überwiegend jungen Menschen aus der ganzen Welt. Bei uns wird oft die Situation beklagt, dass Jugendliche in unseren Gottesdiensten kaum sichtbar sind und mit der Kirche nicht mehr viel anfangen können. In Taizé kommen sie ohne Werbung zu Tausenden, um gemeinsam mit anderen einen Sinn und Orientierung für ihr Leben zu finden und über Grenzen hinweg Freundschaften zu schließen. Ich habe auch immer wieder Erwachsene getroffen, die konfessionslos sind (manchmal auch atheistisch) und mit der Kirche in ihren jeweiligen Heimatgemeinden gar keinen Kontakt haben, aber regelmäßig auf den »Hügel« kommen (Taizé liegt auf einer Anhöhe).

Ein Fixpunkt auf der Tagesordnung ist die Einführung zu einer Bibelstelle, die anschließend in kleinen Gesprächsgruppen vertieft wird und das eigene Leben zur Sprache kommt. In großer Offenheit werden persönliche Anliegen ausgetauscht und so entstehen auch unter den Erwachsenen oft tragende Freundschaften. In den Workshops am Nachmittag wird in den unterschiedlichen Varianten diskutiert, wie man aus der gegenwärtigen Konsumindustrie aussteigt oder die weltweit Benachteiligten solidarisch unterstützt. Diese gemeinschaftliche Atmosphäre beflügelt den Dialog und die Kreativität, und es sind auf diesem Wege weltweit viele Initiativen entstanden.

Einfachheit ist in Taizé ein wesentliches Merkmal, es ist fast so etwas wie ein Kontrastmodell für den gegenwärtigen Konsumwahn, mit dem spürbaren Ergebnis, dass Weniger oft Mehr ist. Die Brüder sind in ihrem Engagement auch insofern überzeugend, indem sie einige geflüchtete Familien bei sich und im Ort aufgenommen haben.

Clément Olivier beschreibt die Anziehungskraft von Taizé für Jugendliche folgendermaßen:

> »Sie sind heute langer Reden überdrüssig, sie haben Durst nach Unverfälschtem. Es hat keinen Zweck, ihnen etwas von Gemeinschaft zu erzählen, wenn man ihnen nicht – »Komm und sieh!« – einen Ort zeigen kann, wo an der Gemeinschaft gearbeitet wird. Einen Ort, an dem man aufgenommen wird, wie man ist, ohne beurteilt zu werden, einen Ort, wo man sich nicht in dogmatischen Fragen ausweisen muss, und an dem dennoch nicht verborgen bleibt, dass man sich um Christus schart und dass dort für jeden, der es will, ein Weg beginnt …«[86]

Das ist es wohl, was Jugendliche wie auch Erwachsene anzieht. Manche kommen seit der Gründung auf den Hügel und sind mit Taizé alt gewor-

86 Clément Olivier: Taizé, Herder, Wien 2006, S. 25f.

Stärkung im »Oyak«

Stille bei der »Quelle«

Altarraum in der Versöhnungskirche

den. Auch ökumenische Einheit wird praktiziert, da verschiedene Konfessionen zum gemeinsamen Feiern und Beten zusammenkommen.

> »In Taizé hat man sich völlig von der Karikatur eines Gottes gelöst, der Angst einjagt, verurteilt oder Schuldgefühle weckt. Frère Roger war ein heller, lichtvoller Mensch, der immer wieder auf eine Wirklichkeit zurückkam: Gott ist Liebe. Er legte besonderen Wert auf die Tatsache, dass Gott nicht straft, dass Gott liebt, dass Gott jedem Menschen nichts anderes als seine Liebe schenken kann. Durch seine Worte konnte das Christentum im Kern seiner Wahrheit neu entdeckt werden, macht doch das Bekenntnis »Gott ist die Liebe« seine grundlegende Identität aus.«[87]

Ein Aufenthalt in Taizé erinnert an das Pfingstereignis in der Bibel. Beim gemeinsamen Beten und Singen in unterschiedlichen Sprachen wird der Geist der einen Menschheitsfamilie spürbar. Die Stille spielt auch in den Gebetszeiten eine wesentliche Rolle, was für den Einen oder die Andere oft eine Herausforderung darstellt.
Auch die Leichtigkeit des Lebens und das Feiern hat in Taizé einen fixen Ort, wenn allabendlich im »Oyak« die Jugendlichen gemeinsam Singen und Spaß am Leben haben. Das Temperament der Südländer ist da oft angenehm ansteckend.

Am Ende der Woche ist immer »Schichtwechsel« und es fließen nicht selten wehmütige Abschiedstränen. Es ist spürbar, dass Taizé ein Ort von Gemeinschaft und Vertrauen ist.

87 Olivier: Taizé, S. 105f.

Kaffeebohnen, Sorte Robusta

Kaffeepflanzer mit Rosemarie Boos

Der Geist von Taizé ist gelebte Toleranz gegenüber allen Religionen und Weltanschauungen. Es ist so etwas wie ein Versuchslabor einer kleinen Weltgemeinschaft, wo man miteinander eine friedliche und gerechte Welt gestalten möchte.

Toumba Yere – Genossenschaft von Kaffeebauern

Die Präfektur Basse-Kotto ist ein bekanntes Anbaugebiet für Kaffee. In früheren Jahren gab es in der Zentralafrikanischen Republik über 100 größere Plantagen, die durch die politischen Ereignisse unter Bokassa und den späteren Präsidenten wirtschaftlich zu Grunde gerichtet wurden. Diese Plantagen hatten meist auch eine kleine Fabrik der Kaffeebearbeitung, denn die Kaffeebohne wird nach der Ernte auf dem Boden nachgereift, muss dann enthülst und nach den verschiedenen Qualitäten sortiert werden.

Nachdem die großen Plantagen verschwanden, waren es 2011 hauptsächlich Familien, die kleine, überschaubare Flächen mit Kaffeebäumen bearbeiteten, in erster Linie für den persönlichen Gebrauch, den Rest für den Verkauf. Der Anbau von Kaffee hat hier jedenfalls eine lange Tradition. Durch die kriegerischen Ereignisse seit dem Jahre 2012 (siehe S. 398) wurde die Kaffeeproduktion gegenwärtig bedeutungslos.

Jahrelang waren die Kaffeebauern völlig abhängig von der Willkür der arabischen Händler, welche die wichtigsten Käufer der Kaffeeernte waren. Manchmal war es ein einfacher Tauschhandel, wo der Kaffee mit Stoffen, Zucker oder Baumaterialien beglichen wurde, deren Preise in der Provinz kaum bekannt waren. So verdienten die Käufer zweimal, beim Preis des Kaffees und durch die Ware, mit der sie bezahlten. Die Leute waren mehr oder weniger dieser Kaufstrategie hilflos ausgeliefert, weil es an Alternativen fehlte.

Vipul Kumar – über das Genossenschaftswesen

*Teilnehmer*innen der Fortbildungswoche*

Als im Jahre 2005 die neue Kirche von Mobaye geweiht wurde, waren Gäste aus Österreich eingeladen: Michaela, Madlene und Josef. Sie machten auch Besuche bei Familien. Besonders Madlene hatte Erfahrung mit der Genossenschaftsidee und Kontakte zum Netzwerk des »Fairen Handel«. Nach einigen Diskussionen entstand die Idee der Gründung einer Genossenschaft, um die wirtschaftliche Situation der Kleinbäuer*innen zu verbessern.

Jean Akolosa war der treibende Motor dieser Idee. Er war ein pensionierter Lehrer, der eine Kaffeeplantage errichtete und dessen Frau Albertine Bürgermeisterin von Mobaye war. Er gab der Genossenschaft den Namen »Toumba Yere«, was soviel heißt wie »Armut vertreiben«. Auch verfasste er gemeinsam mit anderen die Statuten und ließ sie in Bangui von einem Juristen prüfen.

Innerhalb kürzester Zeit haben einige hundert Personen ihr Interesse dafür angemeldet. Die Kaffeebauern hatten aber keinerlei Kenntnis über den Sinn und das Funktionieren einer Genossenschaft. Eine Weiterbildung zu diesem Thema war damit die nächste Herausforderung.

Madlene hatte durch ihr damaliges Engagement im Fairen Handel internationale Kontakte und organisierte zwei Weiterbildungen mit Rosemarie Boos und Vipul Kumar.

Rosemarie Boos (aus Deutschland) managt seit vielen Jahren ein Handwerksprojekt in Ghana und hat innerhalb einer Woche ihr Wissen über biologischen Anbau und eine Einführung in die Kriterien des Fairen Handels weitergegeben.

Trotzdem gab es bei vielen Mitgliedern Missverständnisse. Manche sagten: »Jetzt kauft Helmut den Kaffee und vermarktet ihn«, obwohl nie davon die Rede gewesen war. Andere erhofften sich Rekordpreise und damit Rettung aus jeglicher Not. Damit wurde deutlich, dass noch eine ergän-

Lise Archambault, Studentin, beim Vortrag

Das neue Haus für Toumba Yere

zende Weiterbildung notwendig war, denn die Kleinbäuer*innen hatten kaum Kenntnisse über die Organisationsform einer Genossenschaft.

Wir waren daher sehr dankbar, dass Madlene noch eine zweite Fortbildung mit Vipul Kumar organisiert hat. Vipul ist gebürtiger Inder, in Kenia aufgewachsen, hat in England studiert und leitet in Kenia eine Genossenschaft für Honigproduzent*innen, ein absoluter Experte für die Gründung einer Genossenschaft. Etwa 60 Teilnehmer*innen haben an dieser Weiterbildungswoche mit Vorträgen und Gruppenarbeiten teilgenommen.

Es war für alle eine wichtige Erkenntnis, dass Gemeinschaftssinn und Zusammenhalt wichtige Voraussetzungen für die Gründung einer Genossenschaft sind. Gleichzeitig stärkt die Genossenschaft jedes Mitglied gegenüber den Händlern, welche die Vorgaben bei der Bezahlung respektieren müssen. Der Preis war für alle gleich und bei einem Überschuss wurde ein Teil an die Mitglieder verteilt. Von den offensichtlichen Vorteilen dieser Organisationsform konnten die Mitglieder von Tomba Yere innerhalb dieser Fortbildung sehr schnell überzeugt werden.

Zufällig traf ich einen ehemaligen Entwicklungshelfer aus Frankreich, Benoît Lallau, der in der Nachbarpfarre Alindao zu Besuch war. Benoit lehrte als Professor an der Wirtschaftsuniversität in Lille und er bekundete sofort sein Interesse an diesem Projekt.

Er gab uns die Zusage, mit seinen Student*innen in Lille ein Pilotprojekt mit folgendem Thema zu machen: »Grundlagen für eine Genossenschaft in Zentralafrika«. Da Benoit die wirtschaftliche Situation im Land kannte, wollte er innerhalb von einem Semester die Vor- und Nachteile mit seinen Student*innen erarbeiten. Im darauffolgenden Jahr kam schließlich der Brief von Benoit aus Lille, dass sein Pilotprojekt beendet wäre, und er uns

Trocknen des Kaffees

Sortieren des Kaffees

das Ergebnis übermitteln würde. Die Mitglieder der Genossenschaft und ich selbst sahen uns bei der Durchführung dieser Studie überfordert und machten den Vorschlag, ob nicht ein Student oder eine Studentin kommen könnte, um mit uns diesen Plan in die Praxis umzusetzen. Tatsächlich war dies möglich.

So kam im Jänner 2011 die Studentin Lise Archambault, deren Aufenthalt in Mobaye für 6 Monate anberaumt war. Sie war kompetent und engagiert, besuchte die Dörfer und hielt Gesprächsrunden. Das war für etliche Mitglieder, besonders für manche Männer, insofern eine Herausforderung, da sie sich mit einer eher zierlichen Frau und Europäerin auseinandersetzen mussten.

Lise hatte pädagogisches Geschick und fachliche Kompetenz. Sie brachte es zuwege, dass die Genossenschaft 2011 mit einer Gruppe von 200 Familienbetrieben 30 Tonnen Kaffee produzierte und schließlich verarbeitete. Schlussendlich wurden 10 Tonnen exportfertiger Kaffee an einen Händler in Bangui verkauft. Zusätzlich zum Kaufpreis erhielt jeder Produzent eine kleine Prämie aus dem Überschuss, während der Rest für Investitionen zurückgelegt wurde. Von diesem ersten erfolgreichen Pilotprojekt waren die Mitglieder restlos begeistert. Das bestärkte Sie, den eingeschlagenen Weg weiterzuverfolgen.

Inzwischen wurde eine andere Notwendigkeit sichtbar. Die Genossenschaft benötigte auch einen Versammlungsraum, ein Büro für die Verwaltung und ein Lager für gemeinsame Werkzeuge und Geräte. Jean Akolosa fand ein Grundstück für den Bau, ich zeichnete den Bauplan und sorgte für die Errichtung dieses Hauses. Jugendliche pressten an Ort und Stelle Ziegel und brannten sie anschließend. Das Interesse an der Genossenschaft wuchs in der Bevölkerung und bald hatten wir 3.000 Mitglieder, die ihren Mitgliedsbeitrag zahlten.

Die letzten Jahre wurde das Land von Unruhen, Bürgerkrieg, Zerstörungen und Plünderungen heimgesucht. Es ist von diesem und anderen Projekten materiell nicht viel übrig geblieben.

Trotz allem kann den Menschen diese positive Gemeinschaftserfahrung nicht genommen werden. Das Wissen und die Kenntnisse über die Vorteile einer Genossenschaft kann der Grundstein für einen regionalen Wiederaufbau sein.

Leid und Krieg nach 2011

Wenn der Fisch im Wasser weint,
sieht man seine Tränen nicht.

Als ich am 24. Juni 2011 Zentralafrika verließ, war die Welt noch einigermaßen in Ordnung. Man konnte ungehindert reisen, die Leute bestellten ihre Felder, die Genossenschaft der Kaffeebauern »Toumba Yere« machte im Dezember dieses Jahres den ersten Verkauf ihrer Produkte. In einem Pilotprojekt mit 200 Kaffeepflanzern wurde deren Kaffee in eigener Organisation in die Fabrik gebracht, enthülst, sortiert und verkauft. Der Preis stimmte, und es gab zur Überraschung aller sogar einen Überschuss, der zum Teil an die Mitglieder aufgeteilt wurde.

Ein Jahr später, am 10. Dezember 2012, brachte Radio Bangui die Meldung, dass Rebellen im Norden des Landes eingefallen waren.

Diese Rebellengruppe nannte sich »Seleka« (Sango: Bündnis, Allianz) und setzte sich aus verschiedenen Gruppen zusammen: Rebellen aus dem Darfourgebiet, ehemalige Rebellen aus dem Tschad, die vorher bei Umstürzen mitgeholfen hatten und unzufriedene Soldaten aus Zentralafrika. Sie waren gekommen, um den Präsidenten Bozizé zu stürzen.

Dazu ein Blick in die jüngere Geschichte und den Wechsel der Präsidenten von 1960 bis 2020:

1959 **Bartholome Boganda**,
Präsidentschaftskandidat,
Flugzeugabsturz

1960–1966	David **Dacko**	Ernannt
1966	Jean Bedel **Bokassa**	Umsturz
1976–1979	als selbsternannter Kaiser	
1979–1981	**David Dacko**	Umsturz
1981–1993	**André Kolingba**	Umsturz
1986		Wiederwahl
1993–2003	**Ange-Félix Patassé**	Wahl
1999		Wiederwahl
2003–2013	**Francois Bozizé**	Umsturz
2005		Wiederwahl
2013–2014	**Michel Djotodia** (Seleka-Rebellen)	Umsturz
2014–2016	**Catherine Samba-Panza** Präsidentin ad interim	Ernannt
seit 2016	**Faustin A. Touadéra**	Wahl
2020		Wiederwahl

- 5 Gewaltsame Umstürze
- 2 Demokratische Wahlen
- 4 Demokratische Wiederwahlen
- 2 Ernennungen (Interimspräsidentin)
- 21 Erhebungen und Umsturzversuche

Dieser Überblick zeigt, dass die Zentralafrikanische Republik viele gewaltsame Umstürze erlebt hat. Zudem waren von den 59 Jahren Unabhängigkeit des Landes 45 Jahre von einer Militärdiktatur geprägt.

Die früheren gewaltsamen Absetzungen von Präsidenten konzentrierten sich auf die Hauptstadt Bangui. Es kam meist zur Blockade der einzigen Hauptverkehrsstraße zwischen Bangui und Douala und damit brach früher oder später der Widerstand zusammen. Im Zuge dieser Ereignisse kam es dann in der Hauptstadt zu Plünderungen von Geschäften und Zerstörungen von Gebäuden, die der gestürzte Präsident errichten ließ. Mit dem Abdanken des früheren Präsidenten sollten auch seine übrigen Spuren verschwinden. In der Provinz erlebte man die Ereignisse lediglich über das Radio, weil in solchen Fällen ganztägig Militärmusik zu hören war.

Diesmal (2012) aber war es anders. Die Rebellengruppe Seleka war vom Nachbarland Tschad aus gekommen und hatte zuerst alle wichtigen Städte

Seleka Rebellen aus dem Tschad

Situation der Belagerung 2012/2013

des Nordens, Ndele, Ouadda und Sam Ouandja erobert, um dann auch die Städte im Süden und Osten Kagabandoro, Bria, Birao, Bambari, Alindao, Mobaye, Kembe, Bangassou, und Sibut zu überfallen und zu plündern.

Die Gebäude der Administration wie Büros, Wohnungen von Staatsangestellten oder Gemeindegebäude wurden zerstört, die Akten verbrannt und damit eine Art »tabula rasa« geschaffen, um den Zuzug künftiger Immigranten aus dem Sudan und dem Tschad zu erleichtern. Für die Administration entstanden daraus riesige Probleme.

Besonders christliche Missionen wurden völlig ausgeraubt, während muslimische Gemeinden verschont blieben und auch Moscheen nicht von der Zerstörung oder Plünderung betroffen waren.

Das Bild zeigt die Lage im Jahre 2012/13:

- rote Zone: Seleka
- blaue Zone: LRA
- grüne Zone: Anti-Balaka

Als die Rebellen in Damara, 75 Kilometer vor Bangui standen, akzeptierten sie über Vermittlung des Sicherheitsrates der Vereinten Nationen am 11. Jänner 2013 eine Versammlung in Libreville, die einen Frieden ermöglichen sollte. Man wollte damit Zeit gewinnen, aber kaum jemand glaubte an die Sinnhaftigkeit dieses Unterfangens. Wenige Wochen später, am 24. März 2013, marschierten die Rebellen trotz des Vertrages nach Bangui und eroberten die Stadt, unter dem Vorwand, dass Vereinbarungen nicht erfüllt worden seien.

Bei der Feier der Osternacht sagte Bischof Dieudonné Nzapalainga in seiner Predigt:

Menschen auf der Flucht

Flüchtlingslager in Kabo

»Aus Gründen der Sicherheit, feiern wir die Osternacht zu vorgerückter Stunde ... Am Beginn der Schöpfung stehen die Worte: ›Die Erde war wüst und leer, und es war finster auf der Tiefe‹ (Genesis 1,1 – 2,2). Unser Land entspricht im Augenblick diesem ursprünglichen Chaos: Zerstörung des sozialen Gefüges, Flucht des Volkes, Raub des Eigentums, Entführungen, Vergewaltigungen, Panik überall, Misstrauen, Verrat, unsichere Zukunft, Gewalt und Verdächtigungen, Lüge, Rache und Terror. Mit einem Wort, Verzweiflung.«

(http://centrafrique-presse.over-blog.com/article-homelie-de-mgr-dieudonne-nzapalainga-du-dimanche-pascal-116731816.html vom 2. April 2013)

Das Schicksal nahm seinen Lauf und der Rebellenführer Michael Djotodia ließ sich als neuer Präsident ausrufen und feiern. Die undisziplinierten Rebellen waren aber nicht mehr zu stoppen. Unter dem Vorwand, geflüchtete Soldaten oder geheime Waffen zu suchen, drangen sie in jedes Haus ein, fanden zwar nichts, aber stahlen Elektrogeräte, Fernseher, Laptops und alles, was ihnen nützlich erschien. Von Seiten des Volkes gab es anfangs keinen Widerstand.

Erst Monate später fanden sich Jugendliche zusammen, geführt von geflüchteten Soldaten. Die Widerstandsgruppe nannte sich Anti-Balaka, welche die Schuld des Krieges bei den Muslimen sah. In Bossangoa kam es zu Massakern in der muslimischen Bevölkerung, die ihrerseits wieder die Rebellen zu Hilfe riefen, die kamen, Dörfer niederbrannten und viele Menschen erschossen.

In dieser Zeit gab es eine gewaltige Fluchtbewegung der einheimischen Bevölkerung wie der Muslime. Viele der Muslime flüchteten in ihre Heimat Senegal, Tschad, Jemen, Libanon und andere arabische Länder; die

Versammlung des Sicherheitsrates; UNO Soldaten werden entsandt

Blauhelme verschiedener Nationen

Einheimischen suchten Sicherheit auf dem Internationalen Flugplatz von Bangui; andere fanden Asyl in den Nachbarstaaten Kamerun, Tschad, Republik Kongo, oder retteten sich in die weiten Wälder im eigenen Land. Hier war freilich jeder auf sich angewiesen, Hilfe im Krankheitsfall gab es nicht.

Dem selbsternannten Präsidenten Michael Djotodia gelang es nicht, seine plündernden Helfer zu disziplinieren. Der Appell zu einem friedvollen Zusammenleben verhallte ungehört bei den Seleka-Rebellen. Sehr bald kritisierte die Afrikanische Union die fortdauernden Plünderungen der Rebellen und kam zu einer Sitzung im Jänner 2014 in Ndjamena zusammen. Bei diesem Treffen forderte die Afrikanische Union den Rücktritt von Michel Djotodia. An seine Stelle wurde Catherine Samba-Panza als Interimspräsidentin eingesetzt, die zwei Jahre im Amt bleiben sollte.

In dieser Zeit wurden auch die Vereinten Nationen aktiv und entsandten 12.000 UNO-Soldaten nach Zentralafrika. Die Blauhelme stammten aus verschiedensten Ländern. Bei späteren Einsätzen stellte sich heraus, dass die Soldaten aus Ägypten, Mauretanien und Pakistan nicht eingriffen, wenn die Seleka-Rebellen Verbrechen gegen die Bevölkerung oder christliche Kirchen verübten. Natürlich kam es immer wieder zu Kampfhandlungen zwischen den Seleka-Rebellen und der Widerstandsbewegung. Kein Ort des Landes blieb von diesen Auseinandersetzungen verschont.

Immer wieder fragte man sich, warum dieser Angriff überhaupt erfolgte, da es von Seiten Zentralafrikas nicht die geringste Feindseligkeit gab. Gefragt wurde auch, warum die FACA, also das einheimische Militär, nicht wirkungsvolleren Widerstand leistete.

Der Angriff kam nach Meinungen von Politikern nicht ganz unvorbereitet. Schon 2010 hatte eine Rebellengruppe versucht, im Nordosten des Landes bei Birao einzufallen, war aber mit Hilfe des französischen Militärs am Weitermarsch behindert worden. Das Land schien wegen seiner geringen Besiedlungsdichte (622.000 km² mit vier Millionen Einwohnern) wie ein Vakuum auf die Nachbarstaaten zu wirken, hier fruchtbares Land und Lebensraum zu finden. Tatsächlich gab es das Gerücht einer islamischen Initiative zur Besiedlung der ZAR, wie mir ein Verkäufer in Bangui unverhohlen erzählte.

Andererseits gab es auch plausible, wirtschaftliche Gründe, die den Einmarsch nahelegten. Die ZAR hatte im Jahre 2008 von China 4,4 Millionen Euro an Unterstützungsgeldern zur Errichtung von Schulen und Spitälern erhalten. Monate später war Bozizé nach China gereist und hatte versprochen, die Förderrechte der Ölvorkommen bei Boromata im Nordosten des Landes der chinesischen Ölfirma CNPC[88] zu geben. Diese Entscheidung hatte Frankreich und den Tschad verärgert. Die politischen Vertreter fassten den Entschluss, Bozizé zu stürzen. Dies sollte mit einer Rebelleneinheit gemacht werden.

Die Rolle des Militärs war alles andere als ruhmreich. Es war auch früher immer wieder am Umsturz eines Präsidenten beteiligt und stellte eher eine Gefahr als einen Schutz für regierende Machthaber dar. Seit Kolingba waren führende Militärs und andere Posten hauptsächlich mit Stammesmitgliedern besetzt worden, unbeschadet ob die Qualifikation stimmte oder nicht. Es mangelte an Disziplin und Patriotismus. Die Bevorzugung des eigenen Stammes geschah ohne rigorose Kontrolle bezüglich Eignung, Motivation, physische und körperliche Kompetenz. Zudem waren die Soldaten schlecht bezahlt und verlangten oft an Straßensperren Geld, um ihren Sold aufzubessern. Noch schlimmer war es um die Ausrüstung bestellt, die mangelhaft und ungenügend war[89]. In der Provinzstadt Bangassou, die als ein militärischer Stützpunkt galt, konnten die Soldaten den angreifenden Rebellen kaum eine halbe Stunde Widerstand leisten, da es dann an Munition fehlte. Nach kurzem Widerstand flüchteten sie.

Bei den kriegerischen Auseinandersetzungen zeigten die religiösen Leader des Landes, Bischof Dieudonné Nzapalainga, der Imam Omar Kobine Layama und Pastor Grekoyame, Mut und besuchten die Konfliktgebiete, um

88 China National Petroleum Coporation, staatlicher chinesischer Ölkonzern.
89 http://centrafrique-presse.over-blog.com/ vom 2.4.2013.

Der Papst vor der Moschee

Papst Franziskus unter Menschen

die Leute zu besänftigen, den Hass zu mildern und durch ihr gemeinsames Auftreten ein Zeugnis zu geben, dass es sich um keinen religiösen Konflikt handelte, sondern wirtschaftliche und politische Interessen die Ursachen waren.

Der Bischof und der Imam unternahmen auch Reisen ins Ausland (USA, Rom, Paris, Belgien und Deutschland) um persönlich über die tragische Lage in Zentralafrika zu informieren.

Manche Diözesen leisteten spontan Hilfe, wenn Muslime durch die Anti-Balaka in Bedrängnis waren. So wurden in Bangassou an die 2.000 Muslime gerettet, indem sie im kleinen Seminar der Diözese Unterkunft fanden, weil sie in ihrem Wohnviertel mit dem Tod bedroht wurden. Trotz manch anderer Nachrichten waren die kriegerischen Ereignisse in Zentralafrika kein konfessioneller Konflikt.

Der Imam selbst wurde von den Rebellen attackiert, denn sie verlangten, dass er den Djihad ausrufen soll. Er verweigerte aber mit dem Hinweis, dass der Djihad ein Kampf gegen sich selber ist und kein kriegerischer Aufruf gegen andere. Daraufhin wurde er bedroht, so dass er flüchten musste und für zwei Jahre beim Erzbischof Unterkunft fand.

Trotz dieser misslichen Lage fanden im Jahre 2015 zwei Ereignisse statt, die sich positiv auf die Lage auswirkten und Stabilität erhoffen ließen.

Zunächst besuchte im November Papst Franziskus auf einer Reise nach Kenia und Uganda auch die Zentralafrikanische Republik. Französische Diplomaten versuchten den Papst von seinem Vorhaben abzubringen mit der Begründung, dass sie nicht für seine Sicherheit garantieren könnten. Der Vorschlag, dass der Papst nur auf dem Flugplatz Station machen sollte, wurde von der Bevölkerung abgelehnt. Schließlich waren es viele hunderte Pfadfinder, die für die Sicherheit sorgten, indem sie einen menschlichen

Messe in der Kathedrale

Papstmesse im Stadion von Bangui

Schild um die Person des Papstes bildeten und neben dem Auto herliefen, um ihn zu beschützen.

Der Papst liebte das Bad in der Menge und besuchte auch die muslimische Gemeinde in ihrer Moschee. Bischof José Juan Aguirre lobte in einem Brief den Besuch des Papstes und meinte, wenigstens an diesen zwei Tagen seien keine Menschen erschossen worden.

Ein weiteres Ereignis war die Wahl eines Präsidenten im Dezember des Jahres 2015. Entsprechend den Umständen konnte die Wahl nicht überall durchgeführt werden, war aber gültig und nährte die Hoffnung von Sicherheit und Stabilität.

Der neue Präsident Faustin Archange Touadéra musste seinen Einfluss auf Bangui und einige angrenzende Provinzen beschränken und hatte keinen Zugang zu den Provinzstädten des Ostens. Denn in der Zwischenzeit teilte sich die Rebellengruppe auf 14 verschiedene »Führer« oder »Warlords« auf. Diese Rebellengruppen nahmen mit ihren eigenen Leuten den Rest des Landes in Besitz. Aktuell (2020) regiert der Präsident lediglich über 20% des Landes, das entspricht der Hauptstadt mit einigen angrenzenden Provinzen, während der Rest des Landes in den Händen besagter Warlords liegt. Dort verpflichten sie die Bevölkerung zu Steuerzahlungen, verlangen Abgaben für private Initiativen, üben die Gerichtsbarkeit aus. Es versteht sich von selbst, dass der Reichtum des Landes wie Goldminen und Diamantenvorkommen in ihren Händen liegt.

Dass die Lage nach wie vor sehr explosiv ist, zeigen die Ereignisse vom 15. November 2018. An diesem Tag wurde die Mission von Alindao von den Seleka-Rebellen unter der Führung von Ali Darasse angegriffen. Die Gebäude der Mission wurden zerstört, zwei Priester fanden den Tod. Von

Pfarrhaus vor …

… und nach der Zerstörung

den 20.000 Binnenflüchtlingen, die sich rund um dieses Missionszentrum befanden, starben 82 Menschen. Obwohl 50 UNO-Soldaten aus Mauretanien in Alindao stationiert waren und die Verantwortlichen im Haus der Schwestern 100 Meter neben der Mission wohnten, gab es keinen Widerstand. Die Verantwortlichen der UNO-Truppe hatten alles gesehen, aber weder eingegriffen noch Warnschüsse abgegeben. Der Bischof beschuldigte sie sogar der Mitschuld durch ihr Schweigen, das ihr Einverständnis ausdrückte.

Leider war Alindao kein Einzelfall, denn schon vorher waren andere Missionen im ganzen Land zerstört worden, so dass der Gedanke einer muslimischen Invasion nicht ganz von der Hand zu weisen ist.

Gewalt und Zerstörung
(von Mgr. Nestor Yapaupa, Alindao)

Im Februar 2019 drängten die Afrikanische Union und Russland, vertreten durch die Wagner-Gruppe[90] Zentralafrika zu einem Friedensvertrag, der in Khartum geschlossen werden sollte. In dieser Stadt regierte Al Bachir, der selber mit einer Klage des Internationalen Gerichtshofes konfrontiert war. Eingeladen waren die Regierung mit Präsident Touadéra und 14 Warlords, die damals große Teile des Landes beherrschten. Diese Kriegsherren

90 Wagner-Gruppe, ein russisches, privates Sicherheits- und Militärunternehmen, das nicht in das offizielle Militär integriert ist. Gründer ist Jevgenij Prigozhin, der seiner Truppe den Namen »Wagner« (nach Richard Wagner, dem deutschen Komponisten) gab. Seine Einheiten operieren verdeckt aber im Sinne der russischen Regierung. Laut Medienberichten waren Angehörige der Gruppe Wagner während der russischen Machtübernahme auf der Krim aktiv; heute sind sie in der Ostukraine, in Syrien, Zentralafrika und Venezuela tätig.

Bischof Nestor im niedergebrannten Pfarrhof

Missionsstation mit Flüchtlingshütten vor der Zerstörung

hatten hunderte Menschen umgebracht, Missionsgebäude niedergebrannt, geplündert und geraubt. Sie waren eingeladen, während die Oppositionsparteien nicht beteiligt waren.

Tatsächlich kam es zu einem Friedensabkommen mit entsprechenden Verpflichtungen, ohne dass das Wort Amnestie darin vorkam. Im Anschluss an dieses Treffen bekamen alle Vertreter Regierungsaufgaben und verantwortliche Posten, sitzen seither in der Politik und regieren das Land nach wie vor in ihrem Landesteil. Es versteht sich von selbst, dass dieses Abkommen nicht von allen mit Begeisterung angenommen wurde. Der Ruf, dass endlich der Staat wieder seine Rechte überall wahrnehmen müsste und die Rebellenführer ihm unterstellt werden sollten, wurde immer lauter.

Die jüngsten Ereignisse in diesem Land rechtfertigen den Titel vom Leid, das nicht gesehen wird, wie die Tränen eines Fisches im Wasser. Bleibt zu hoffen, dass nach all den Leiden, den Zerstörungen, Plünderungen und Massakern endlich ein Weg beschritten wird, der zu Frieden, Einheit, Sicherheit und Stabilität führt. Ein Land wie Zentralafrika sollte keinen Hunger, keine Armut und auch keine Heimatlosigkeit kennen, denn es ist ein fruchtbares Land mit riesigen Weiten unberührter Natur, die alles gibt, wenn der Mensch in Frieden seiner Arbeit nachgehen kann.

Die Hoffnung verlässt uns nie!

In diesem politischen Kontext erhoben die Bischöfe des Landes zur Feier des 125-jährigen Bestehens der Kirche in Zentralafrika im Jänner 2020 laut ihre Stimme. Sie erinnerten die Regierung an die untragbare Situation der Teilung des Landes in 14 fast autonome Bezirke, in denen die »Warlords« jegliche Macht nach ihrem Gutdünken ausüben. Der Regierung legen sie folgende Worte ans Herz:

> »Die Regierung muss das Gespräch mit den bewaffneten Gruppen aufnehmen um einstimmige und friedliche Lösungen zu finden trotz verschiedener Meinungen und Missverständnissen. Ohne Verzug muss für die Sicherheit der Bevölkerung gesorgt und die Rückkehr der Geflüchteten ermöglicht werden. Unsere militärischen Kräfte müssen im ganzen Land einsatzfähig sein.«

> »Il faut revenir à la table de discussions avec les groupes armés pour trouver des solutions consensuelles et pacifiques à vos différends ou malentendus ... De mettre en oeuvre sans délai des mécanismes de sécurisation de la population civile, de faciliter les mouvements de retour des populations déplacées ou réfugiées, en rendant opérationelles les Forces Armées Centrafricaines déployées à l'intérieure du pays ...«
>
> (Lettre des évêques de Centrafrique, le 12. 01, 2020)

Die großen Anliegen sind, dass die Autorität des Staates wieder im ganzen Staat spürbar wird und die Willkür durch die »Warlords« ein Ende nimmt. Unsicherheit und Angst müssen aufhören und bewaffnete Gruppen sollen entwaffnet werden. Die staatliche Autorität muss sich trotz der Schwierigkeiten Gehör verschaffen und darf nicht passiv bleiben unter den drohenden Blicken der bewaffneten Gruppen.
Seien wir nicht Sklaven unserer ganz persönlichen Interessen und politischen Überzeugungen, sondern lassen wir uns leiten durch einen Geist politischer Beweglichkeit und einen erleuchteten Sinn für Entscheidungen im Interesse und zum Wohl des Volkes.

Conference Épiscopale Centrafricaine, 12. Jänner 2020

»Afrika wach auf!«
Eis Ausblick von Abbé Philippe Grebalet, Bangui

Der Titel ist eindrucksvoll: »Wenn der Fisch im Wasser weint, sieht man seine Tränen nicht.« Es ist so, wenn der Fisch weint, werden seine Tränen weggespült. Es ist offensichtlich, dass im Wasser vergossene Tränen nie wieder zu sehen sind.

Helmut Buchegger hat als Priester in Zentralafrika viel erlebt. Er war Zeuge von zahlreichen politischen, ökonomischen und kulturellen Veränderungen und hat auch positive Entwicklungen dieses Landes miterlebt. In seinen Erinnerungen finden wir davon Spuren, aber gleichzeitig auch Momente der Dekadenz.

Die Zentralafrikanische Republik wurde »Afrikanische Schweiz« genannt. Es war ein Leben in Eintracht und eine Oase des Friedens. Auffallend ist, dass dieses Land wie jedes andere nach einer langen Kolonialisierung um einen Neubeginn kämpft. Fast alle 10 Jahre geschieht ein Umsturz, der den Weg zu einem Neustart verhindert. Es ist offensichtlich, dass dem Land entscheidungsfähige Personen und Denker fehlen. Folgende Fakten sollen die Situation verdeutlichen:

1. Es fehlt an Professionalität, um auf die Bedürfnisse des Landes adäquat reagieren können.
2. Es sollte die Verwaltung neu organisiert werden.

3. Es fehlt ein Konzept einer Wohnungs- und vor allem einer Bildungspolitik.
4. Die politisch Verantwortlichen bevorzugen nur ihre eigene Region und ihren eigenen Stamm.
5. Es herrscht Parteibuchwirtschaft unter Missachtung der fachlichen Kompetenz.
6. Es gibt fragwürdige Allianzen mit ausländischen Investoren, deren Interesse es ist, die natürlichen und mineralischen Ressourcen des Landes auszubeuten.
7. Es gibt einen Mangel an kompetenten, politischen Verantwortlichen.
8. Unsere Armee dient dem Staatsoberhaupt, anstatt die Nation zu schützen.
9. Ein Mangel an Verantwortung äußert sich darin, dass primär die Republik im Vordergrund stehen sollte und nicht der eigene Stamm.

Das gezeichnete Bild ist etwas pessimistisch. Es ist ein düsteres Bild der Geschichte dieses schönen Landes, das reich ist an Bodenschätzen, von denen letztlich nur die multinationalen Unternehmen profitieren.

Was sind die Tränen dieses Volkes?

Das sind im gegenwärtigen Kontext vor allem die Gräueltaten bewaffneter Gruppen an der Zivilbevölkerung. Von den 16 Provinzen des Staates sind gegenwärtig 13 unter der Herrschaft der Rebellen. Das Gemetzel wird fortgesetzt, und wir trauern täglich um unsere Toten. Die internationale Gemeinschaft ist insofern Komplizin, indem sie diesen Konflikt stillschweigend duldet.

Eine weitere Ungerechtigkeit ist die missbräuchliche und illegale Ausbeutung unserer Bodenschätze. Die Unternehmen schlägern das Holz mit dem Einverständnis der Regierung, die Betriebsgenehmigungen ausstellt. Von diesen Geschäften profitieren nur wenige Personen.

Einen ungeheuerlichen Fall gibt es in der Präfektur Ouham-Pende, wo die Chinesen Gold ohne Rücksicht auf die Natur schürfen, den Fluss kontaminieren und die Bevölkerung unter den schädlichen Folgen leidet. Weitere Beispiele von solchen Vorgangsweisen gibt es mit Erdöl und Uran.

Das Volk leidet vor allem an der Ungerechtigkeit. Machtlos erleben wir das Phänomen der Straflosigkeit. Die Henker bekleiden Ministerposten, während die Opfer ihrem eigenen Schicksal überlassen sind.

Ein weiteres Übel ist das Fehlen eines politischen Willens. Bis in das 21. Jahrhundert ist der Einfluss der Kolonialmacht spürbar. Eine geistige Entkolonialisierung ist unbedingt notwendig, damit eine eigenständige Entwicklung möglich wird. Trotz Unabhängigkeit gibt es eine Abhängigkeit aufgrund vieler Abkommen, die am Beginn der Unabhängigkeit von einer unfähigen Elite unterzeichnet wurden.

Wie bereits erwähnt, gibt es die unheilvolle Präsenz der Rebellen auf zentralafrikanischem Boden, wobei sich unsichtbare Profiteure am Geschäft des Krieges beteiligen. Ihr politisches Kalkül besteht darin, das Land zu zerteilen, um es auszubeuten. Wer steckt hinter dieser Kriegsmaschinerie? Was ist der Zweck dieses Krieges? Diejenigen, die den Rebellen alle Türen geöffnet haben, werden von keinen Gerichten belangt, geben sich politisch unbescholten, immer mit der Absicht an der Macht zu bleiben.

Die Tränen dieses Volkes zeigen sich auch in der Unfähigkeit der Regierung, sich gegen die Rebellen zu positionieren. Diese kennen nichts anderes als Töten und Zerstören. Sie verstecken sich hinter einem sogenannten »Religionskrieg«, um ihre kriminellen Pläne voranzubringen. Sehr oft werden die Abkommen (Friedensvertrag von Khartum 2019) von ihnen nicht eingehalten. Sie agieren ohne Angst, kümmern sich nicht um die UN-Truppen, und es gibt den berechtigten Verdacht der Absprache.

Die Leiden der Menschen bestehen auch darin, dass sie trotz Ausbildung keine Arbeit bekommen, weil in der Postenvergabe Clandenken und Korruption herrschen.

Welche Position nimmt die katholische Kirche ein?

Die Kirche in Zentralafrika bezieht zu diesen Ereignissen unmissverständlich Stellung und zeigt in ihren Botschaften deutlich den Weg, um den Menschen dieses Landes ein besseres Leben zu ermöglichen.

Immer wieder prangern die Bischöfe diese Verfehlungen an und appellieren an das Gewissen von Regierung, Politik und Rebellen, auf die Stimme der Vernunft zu hören, um diesen Leiden ein Ende zu setzen. Es braucht die Errichtung einer Kommission für Wahrheit, Gerechtigkeit, Versöhnung und Wiedergutmachung, eine Plattform gegen das Fehlen einer Infrastruktur im Bildungs- und Gesundheitssektor.

Im Kampf gegen den Geist der Günstlingswirtschaft, des Stammesdenkens, der Intoleranz zwischen ethnischen und politischen Gruppen und der Korruption ist eine verantwortungsvolle Staatsführung und solide Verwaltung der natürlichen Ressourcen zum Nutzen der Bevölkerung notwendig.

Gibt es eine Zukunft?

Wir glauben an die Zukunft dieses Landes! Es ist vieles möglich, wenn alle zur Überzeugung kommen, dass die Freiheit gelingen kann. Wir werden eine Zukunft haben, wenn alle verantwortungsvoll und mit Liebe ihre Aufgabe übernehmen. Wir werden eine Zukunft haben, wenn wir die mentale Unterentwicklung bekämpfen.

Die Zukunft gehört uns! Es ist an uns Geschichte zu schreiben und die mentale Kolonialisierung, die eine Form der Sklaverei ist, zu bekämpfen. Wir müssen das System ändern, das in diesem Land seit der Unabhängigkeit (1959) herrscht. Wir sind keine Spinnen, die ihr Netz auf die gleiche Weise weben, seit die Welt existiert. Für eine bessere Zukunft dieses schönen Landes ist ein generelles Umdenken unabdingbar.

Welche Herausforderungen sind zu bewältigen?

Welche Verantwortung hat Europa in den verschiedenen Krisen in Afrika insgesamt und in der Zentralafrikanischen Republik im Besonderen?

Man hat den Eindruck, dass sich das Land seit der Unabhängigkeit kaum entwickelt hat. Die ersten politischen Verantwortlichen konnten sich nicht in die sogenannte Bewegung der »Sonnen der Unabhängigkeiten« einfügen, wie der Schriftsteller Ahmadou Kourouma meint. Dieser entscheidende Schritt sollte ein wichtiges Sprungbrett für die Entwicklung des Landes und die Grundlegung des Staates sein. Dazu braucht es ein Konzept von einem Staat, das keine Volkgruppen ausschließt und sich in die Staatengemeinschaft integriert.

Die Herausforderung besteht darin, alle unterzeichneten Abkommen mit Frankreich zu überprüfen. Es geht um Verteidigungsabkommen, die in sechs Jahrzehnten zu militärischer Intervention in Afrika geführt haben, mit dem Ziel, Despoten an der Macht zu halten oder einen Staatsstreich durchzuführen. Wird Frankreich bereit sein das zu akzeptieren?

Es ist unbedingt notwendig, dass die mit Frankreich verbundenen Länder eine eigene Währung bekommen und sich der finanziellen Abhängigkeit durch Frankreich entledigen. Jenes Land, welches es wagt, sich von dieser Abhängigkeit zu befreien, wird einen Aufstand Frankreichs erleben. Welches Land wird es wagen und wird Frankreich es akzeptieren?

Eine Herausforderung wird sein, zu prüfen, was sich unter dem Deckmantel der »Zusammenarbeit« verbirgt. In Wirklichkeit gibt dies Frankreich die Möglichkeit seinen Einfluss zu verlängern und jede politische Abweichung in seinen ehemaligen Kolonien zu beeinflussen. Mit den Nachrichten- und Sicherheitsdiensten geht die französische »Zusammenarbeit« sogar noch weiter. Wer wird eine Veränderung einleiten? Der Auftrag dieser Dienste besteht vielmehr darin, sich in die Politik einzumischen als klassische Informationsarbeit zu leisten. Es ist offensichtlich, dass dies einer der wirksamsten Hebel des französischen Einflusses ist.

Die persönliche Sicherheit eines afrikanischen Präsidenten schafft eine enge Verbindung zwischen Frankreich und seinen Partnern. Je beharrlicher Frankreich diese Strategie verfolgt, desto sicherer ist es für den afrikanischen Präsidenten, ein »Freund von Paris« zu sein. Er wird darauf achten, die französischen Interessen in seinem Gebiet zu verteidigen und somit direkt von dieser Sicherheit zu profitieren.

Eine Herausforderung sind jene Abkommen, die mit der Zentralafrikanischen Republik (1960), der Elfenbeinküste (1961), Togo (1963), Senegal (1973), Kamerun (1974), Dschibuti (1977), die Komoren (1978) abgeschlossen wurden. In einigen Fällen gab es (nicht veröffentlichte) Klauseln über die Unterstützung der Regierung bei »schwerwiegenden Situationen«.

Diese Herausforderungen sind ein gewaltiges Unterfangen. Es braucht verantwortungsbewusste Politiker, die vor allem die Interessen des eigenen Landes vertreten. Wenn Europa – besonders Frankreich im frankophonen Teil Afrikas – dennoch die gleiche Strategie verfolgt, dann deshalb, weil es eine Komplizenschaft unter den europäischen Staaten gibt.

Es wäre höchst an der Zeit, Europa, insbesondere Frankreich, die Stirne zu bieten, um die Interessen der zentralafrikanischen Nation zu wahren. In der internationalen Politik gibt es keine Freundschaft, es gibt nur Interessen.

Für die prekäre Situation in Afrika trägt Europa eine große Verantwortung. Einen ebenso bedeutsamen Teil der Verantwortung trägt Afrika selbst, das eine selbstbestimmte Entwicklung anstreben muss.

»O Afrika, wach auf! Schlaf nicht! Nimm dein Recht auf Respekt vor dem Leben zurück, lange unterwürfig und als minderwertig geschätzt. Aber von diesem Tag an lass uns die Tyrannei brechen ...« – siehe: Nationalhymne der Zentralafrikanischen Republik.

Abbé Phlippe Grebalet, Bangui, ZAR, April 2020

(Übersetzung aus dem Französischen: Helmut Buchegger)

»Wir haben fast alles verloren, aber wir schätzen uns glücklich, nicht den Glauben verloren zu haben. Wir sind noch imstande und haben den Mut, unseren Feinden in die Augen zu sehen und ihnen Vergebung anzubieten. Wir werden uns niemals vom Geist der Rache erfüllen lassen und verweigern, dass die Angst uns ihr Gesetz aufzwingt. Wir werden unsere Mission fortführen, immer mit dem Leitmotiv der Option für die Armen, und wir werden mit Gottes Hilfe versuchen, unsere Kirche wie auch ihre Strukturen auf der Asche dieser Tragödie neu zu konstruieren.

Wir sind optimistisch, denn die Hoffnung hat uns nie verlassen. Die Herausforderungen sind groß, aber wir sind entschlossen unser Bemühen um die Verkündigung fortzusetzen, selbst in einem schwierigen Kontext.«

(Rundschreiben von Mgr. Cyr-Nestor Yapaupa, Bischof von Alindao)

Schlusswort und Dank

In diesem Buch versuche ich Abschnitte meines Lebens zu beschreiben. Die Jahre in Zentralafrika haben mich geprägt. Ich habe viel Lebensweisheit bei den Menschen erfahren, aber auch in der Tradition verwurzeltes Verhalten, das nicht immer förderlich ist. Dazu gehört der Glaube an die Hexerei, die für mich ein Ausdruck der Hilflosigkeit, vor allem auch eine Konsequenz der Armut ist.

Ein Volk, das viele Jahrzehnte lang von den Kolonialherren ausgebeutet wurde, braucht Zeit, um Eigenständigkeit und Selbstvertrauen zu gewinnen. Im praktischen Engagement konnte ich mit vielen Menschen Projekte verwirklichen, die sowohl ihrem persönlichen Alltag als auch dem Gemeinwohl dienlich waren. Für diese Begegnungen und den jahrelangen Austausch bin ich sehr dankbar.

Vieles, was ich erleben durfte, war nur durch die MIVA Österreich möglich geworden, der ich zu besonderem Dank verpflichtet bin. Mobilität ist in Afrika bei den großen Entfernungen unverzichtbar und eine große Unterstützung in der Pastoral und für das Gemeinwohl. Das Vertrauen, das mir entgegengebracht wurde, ermöglichte die interessanten Reisen durch die Sahara, so dass ich mehrere Länder Afrikas kennenlernen konnte.

Ich danke auch für die vielfache Hilfe in der Heimat. Es gab viel Interesse und praktische Hilfe durch Spenden und Begleitung im Gebet. Auch dieses Buch verdankt seine Existenz den vielen Begegnungen, die mich ermuntert haben, das Erlebte niederzuschreiben. Meine Tagebuchaufzeichnungen waren dabei eine große Hilfe. Allerdings musste ich aus den vielen Erlebnissen, Reisen und Tätigkeiten eine Auswahl treffen.

Da der Schwerpunkt in diesem Buch auf meiner Tätigkeit in Afrika liegt, trat das pastorale Wirken in der Heimat, besonders in der Pfarre Krems St. Veit, etwas in den Hintergrund. Meine Zeit als Kaplan und später als Pfarrer war erfüllend, auch dank des großen Einsatzes aller Mitarbeiter*innen. Es war für mich eine prägende Zeit auch im Sinne von Erfahrung einer lebendigen Gemeinschaft durch Engagement, gemeinsamen Feierns und Erlebens.

Bei der Entstehung des Buches haben mich Madlene Hochleitner und Karl Bruckner ganz wesentlich unterstützt. Sie haben das Entstehen des Buches mit Geduld und Kreativität begleitet. Euch beiden einen ganz herzlichen Dank!

Hubert Gaisbauer, mit dem ich freundschaftlich verbunden bin und der durch seine Pionierarbeit beim ORF bekannt ist, war bereit das Vorwort zu schreiben. Als bekannter Autor schätze ich seine Publikationen sehr. Authentisch hat er die Absicht meines Buches, ja mich selber beschrieben. Danke Hubert für Deine einfühlsamen Gedanken!

Ein großer Dank gilt Mgr. Cyr-Nestor Yapaupa, Bischof von Alindao, der die Einführung in den Landessprachen zu diesem Buch schrieb, Französisch und Sango. Als Bischof dieser Stadt lebt er gegenwärtig (2020) in ganz schwierigen Umständen und leistet seinen pastoralen Dienst unter ständiger Bedrohung.

Eine Zusammenfassung der Situation des Landes mit einem Ausblick auf die Zukunft verfasste Philippe Grebalet, Priester der Diözese Bangui. Ich danke ihm ganz herzlich für seine fast prophetischen Worte am Ende des Buches, wo er eine entwicklungspolitische Analyse formuliert und gleichzeitig hoffnungsvolle Visionen entwirft.

Ich verdanke diesem Kontinent sehr viel und fühle mich nach wie vor mit ihm verbunden. Es ist ein Kontinent, der zu Unrecht vordergründig mit Katastrophen assoziiert wird und dessen Schönheit und Vielfalt weitgehend unbekannt sind.

Afrika soll vor allem nicht jene Wege gehen, die von außen (meist von Europa) zugewiesen werden, sondern selbstbewusst die Entkolonialisierung verwirklichen. Afrika muss Subjekt seiner eigenen Geschichte werden, statt immer nur Objekt der Geschichte anderer zu bleiben.

Wertschätzung möchte ich zuguterletzt folgenden Organisationen erweisen, die seit Jahrzehnten an den gleichen sozialen Brennpunkten tätig sind:

MIVA · Dreikönigsaktion Hilfswerk der Katholischen Jungschar · KMB Katholische Männerbewegung · HORIZONT3000

Weiterführende, geographisch-historische ORIENTIERUNGSHILFE

AFRIKA, ENTSTEHUNG: Hier war das erste feste Land, während alles Übrige auf dem jungen Planeten noch in glühendem Fluss war. Hier gab es die ersten Lebewesen, die aus dem Wasser an Land kamen. Die ersten aufrecht gehenden Urmenschen lebten vermutlich in Ostafrika. Dort soll sich der »homo sapiens« vor 200.000 Jahren entwickelt haben, der dann 100.000 Jahre später den Kontinent verließ und sich über die heutige Sinaihalbinsel langsam über den Rest der Welt ausbreitete. Nicht nur die »Wiege der Menschheit« liegt in Afrika, sondern auch genetisch gesehen sind wir Menschen nach wie vor Afrikaner, wie ein amerikanisches Forscherteam in den achtziger Jahren feststellte. In Afrika kann man die Entstehungsgeschichte unseres Planeten am besten erforschen. Wegen des erdgeschichtlichen Alters gibt es in Afrika auch viele Bodenschätze.

(Lutz van Dijk: Afrika – Geschichte eines bunten Kontinentes, Peter Hammer Verlag, Wuppertal 2016, S. 33f.)

AFRIKA – GESCHICHTE: Die moderne Geschichtsschreibung begann in Südafrika durch die Niederländer, die einen Stützpunkt für den Seehandel nach Indien brauchten. Die ursprüngliche Siedlung für die Seeleute vergrößerte sich während des 17. und 18. Jahrhunderts immer mehr, und die Siedler breiteten sich in der westlichen Kapregion aus. Als die Kompanie Bankrott machte, verloren die Niederländer ihren Einfluss und Truppen des Königsreichs Großbritannien besetzten im Jahre 1797 die Region. Im Jahr 1806 errichteten sie eine britische Kronkolonie, die Kapkolonie. Später setzte ein wahrer Wettlauf um Afrika ein.

Der Brite Mungo war 1795 einer der ersten europäischen Entdeckungsreisenden, der ins Innere des Kontinents vordrang. Ihm folgten der Deutsche Heinrich Barth und der schottische Missionar David Livingstone, die im 19. Jahrhundert weite Teile Afrikas erforschten. Bald wurde Afrika zum Zankapfel zwischen den europäischen imperialistischen Staaten. 1867 rief der belgische König Leopold II. den belgischen »Kongo-Freistaat« aus.

1884 lud der deutsche Reichskanzler Otto von Bismarck 13 europäische Staaten und das Osmanische Reich zur Berliner Konferenz ein. Es gab keinen einzigen afrikanischen Teilnehmer auf dieser Konferenz. Nach Ansicht der Kolonialmächte galt Afrika als »herrenloses Land«, dem gegenüber die Europäer einen »Zivilisationsauftrag« hätten und die Pflicht, die »sittliche und materielle Wohlfahrt zu verbessern«.

Der Rest der Geschichte Afrikas ist von den Kolonialherren bestimmt und besteht in Ausbeutung und Entfremdung mit den dramatischen Folgen bis in die Gegenwart.

(Asfa-Wossen Asserate: Die neue Völkerwanderung, Propyläen, Berlin 2016; S. 47ff.)

AFRIKANISCHE GROSSREICHE: Neben dem Reich der Azande im zentralafrikanischen Raum gab es das Kaiserreich Mali, das sich vom 13. bis zum 17. Jahrhundert über weite Teile Westafrikas erstreckte. Es war nach dem Mongolenreich das zweitgrößte der Welt. Durch die Ausbreitung des Islam wurde das Reich zerstört.

Im heutigen Senegal und Gambia gab es über 500 Jahre lang das föderal gegliederte Königreich Wolof, das erst 1890 seine Unabhängigkeit verlor und Teil des Kolonialreiches »Französisch-Westafrika« wurde. Östlich des heutigen Ghana war das Ashanti-Reich, das zwei Jahrhunderte dauerte, bis es die Briten eroberten. Beeindruckende Zeugnisse sind die jahrtausende alten Pyramiden vom Memphis und die nubischen Denkmäler von Abu Simbel, sowie die zahlreichen Pyramiden bei Meroe (300 v. Chr. bis 300 n. Chr.). Alle diese Pyramiden wurden von Völkern aus Afrika erbaut.

Ein anderes Reich war Äthiopien, in dem König Ezana im Jahre 350 n. Chr. das Christentum als offizielle Religion einführte. Zu diesem Land gehörten auch Teile von Eritrea, dem Sudan und Jemen. Heute noch erinnern die in Stein gehauenen Kirchenbauten (z. B. Lalibela) an diese Zeit.

Im Territorium der heutigen Demokratischen Republik Kongo gab es vom 16. bis zum 19. Jahrhundert das Königreich Luba, dessen Kunst in hohem Ansehen stand. Berühmt ist die Lehmmoschee von Timbuktu aus dem 14./15. Jahrhundert. In der Sahara finden wir im Tassili-Gebirge bedeutende Felsmalereien, die bis zu 2.500 Jahre zurückreichen.

(Cheikh anta Diop: Nations nègres et culture, Présence africaine, Paris 1979.)

AFRIKANISCHER TRAUM EINER WIRTSCHAFTSUNION: Der Tod von Boganda stürzte das Land in eine Krise. Sein politischer Plan war es, eine afrikanische Wirtschaftsunion zu errichten. Doch sein Tod machte diese Vision zunichte. Patrice Lumumba war fast zeitgleich ein weiteres Opfer. Er war der erste gewählte Premierminister vom Kongo und wollte ebenfalls ein vereintes Afrika. Bei der Feier der Unabhängigkeit kritisierte er die belgische Kolonialpolitik scharf und nannte deren Verbrechen beim Namen. Der CIA verdächtigte ihn kommunistischer Absichten und fürchtete eine Hinwendung des Landes zum Kommunismus. Daher wurde Lumumba 1961 in Katanga gefoltert und getötet. Beteiligt waren der CIA, Belgier und Leute aus dem Kongo. Seine Leiche wurde mit Säure zersetzt, der Rest verbrannt. Der Generalsekretär der Vereinten Nationen, Dag Hammarskjöld, war das dritte Opfer. Er verunglückte 1961 mit einem Flugzeug im damaligen Nordrhodesien, wobei auch hier die Ursachen des Absturzes bis heute ungeklärt sind. Alle drei Politiker hatten die Vision von einer zentralafrikanischen Wirtschaftsunion in der Größe Europas. Diese Union hätte die wirtschaftliche Unabhängigkeit von den ehemaligen Kolonialländern enorm gefördert. Ein Plan, den die ehemaligen Kolonialmächte nicht teilten.

(Ludo de Witte: Regierungsauftrag Mord. Der Tod Lumumbas und die Kongo-Krise, Forum Verlag, Leipzig, 2001.)

Agadez im Niger: Die historische Altstadt von Agadez zählt zum UNESCO-Weltkulturerbe. Berühmt ist die Moschee der Stadt. Nach mündlicher Überlieferung soll sie zu Beginn des 16. Jahrhunderts erbaut worden sein. Die Moschee befindet sich in einem guten Zustand; wurde aber immer wieder restauriert. Sie ist aus Lehm hergestellt, spitz zulaufend und 27 Meter hoch. Damit ist das Minarett der höchste Turm aus Lehm südlich der Sahara und von weitem sichtbar. Auffallend ist, dass die Moschee nur ein Minarett hat, was in der Vergangenheit nicht üblich war. Agadez wurde in jüngster Zeit (2017) ein Zentrum der Migration. Schätzungsweise 120.000 Migranten kommen pro Jahr in die Stadt Agadez mit dem Ziel, nach Libyen oder Algerien zu reisen und von dort Europa zu erreichen. Die Europäische Union will diese Migration verhindern, den Grenzschutz unterstützen und gibt viele Millionen € aus, damit Flüchtlinge schon in Afrika zurückgehalten werden. Es ist bekannt, dass Flüchtlinge erpresst und viele von ihnen in der Wüste ausgesetzt werden, wenn die Polizei Schlepper entdeckt.

(https://en.wikipedia.org/wiki/Agadez)

»APOLLO« – Das Gras vom Mond (S. 51): Gras zum Bedecken der Buschhütten war immer im Überfluss vorhanden. In den 60er Jahren gab es viele Kaffeeplantagen in Zentralafrika, die ein paar Mal im Jahr mit Handarbeit vom Unkraut befreit werden mussten. Um diese Arbeit zu erleichtern wurde ein Entwicklungsprojekt aus Europa angeboten, das gentechnisch verändertes Gewächs vorsah, das klein bleiben und den Wuchs des Unkrauts verhindern sollte. Es wurde überall auf den Plantagen angebaut. Allerdings mutierte die Pflanze zu einem holzigen, fingerdicken Gestrüpp, das bald die Plantagen überwucherte. Diese eingeführte Pflanze verbreitete sich über das ganze Land und verdrängte das übliche hohe Gras. Da die Leute die Hintergründe nicht kannten, gaben sie diesem Gewächs den Namen »Apollo«, weil es zur Zeit der ersten Mondlandung geschah. Sie sagten: »Dieses Gras ist vom Mond gekommen.«

BAUMWOLLFABRIK: Selbst Alindao hatte in den siebziger Jahren eine solche Fabrik, allgemein UCCA (Union cotonière centrafricaine) genannt. In dieser Fabrik wurde die Baumwolle entkernt und die losen Fasern zu Ballen gepresst. Diese bekamen eine Nummer und wurden von großen Lastwagen in die Hauptstadt gebracht. Interessant war die Energieversorgung dieser Fabrik. Zu meinem großen Erstaunen gab es im Fabriksgelände eine kleine Lokomotive, die schon in den fünfziger Jahren aufgestellt wurde und Strom lieferte. Als ich sie in Betrieb sah (1973–1976) wurde sie nicht mit Kohle oder Holz befeuert, sondern mit Baumwollkernen, die der Abfall der Produktion waren. Eine Energieversorgung zum Nulltarif praktisch. Als schließlich ein Gleitlager der Triebachse brach, entschloss man sich, die Lokomotive durch einen Generator mit Dieselmotor zu ersetzen. Die Lokomotive selbst versenkte man in ein großes Erdloch, das unmittelbar neben der Maschine ausgehoben wurde. Vorher konnte man noch Teile erhalten, wenn sie einem nützlich erschienen. Ich erbat mir eine 10 mm dicke Eisenplatte, geeignet als Herdplatte für Feuerstellen und einen Block mit Wasserrohren, der uns als Warmwasserspeicher für die Dusche diente.

BERLINER KONFERENZ (S. 55): Auf der Berliner Konferenz, vom deutschen Kanzler Bismarck im Jahre 1884 einberufen, wurde der Kontinent Afrika unter die europäischen Länder aufgeteilt. Damals war kein einziger Vertreter Afrikas zugegen, obwohl zumindest in Äthiopien ein Herrscher regierte. Die Gier nach Land und Reichtum bemäntelte man mit dem Hinweis einen Auftrag der Zivilisierung und der Verbesserung der materiellen Wohlfahrt zu haben. Afrika kannte vorher keine Grenzen. Diese wurden 1887 für den ganzen Kontinent geschaffen. Seit dieser Zeit wurde der Kontinent mit Ausnahme von Äthiopien und Liberia kolonialisiert.

(Asfa-Wossen Asserate: Die neue Völkerwanderung, Propyläen, Berlin 2016, S. 49.)

BIAFRA-KRIEG: Als Kaplan unterrichtete ich auch in der Schule. Ich erinnere mich noch gut an den Krieg zwischen Biafra und Nigeria, von dem ich meinen Schülern erzählte. Ein Grund für den Konflikt lag darin, dass sich Biafra von den Muslimen des Nordens bedroht fühlte. Ein anderer Grund lag im Ölreichtum, den man zu dieser Zeit im Nigerdelta entdeckte. Dieser Krieg dauerte drei Jahre (1967 bis 1970) und verursachte großes Leid für die Bevölkerung. Verschärft wurde die Lage, weil auch der Hunger als Waffe eingesetzt wurde. Das hat etwa 2 Millionen Menschen das Leben gekostet.

BOKASSA JEAN BEDEL: Jean-Bedel Bokassa wurde 1921 in Bobangui, Lobaye, geboren. Er diente in der französischen Armee und wurde 1963 Generalstab des zentralafrikanischen Heeres. Nach dem Silvesterputsch 1965 hob er die Verfassung auf und erklärte sich zum Präsidenten der Republik und Chef der Regierung. Er vereinte in seiner Person die gesamte Macht des Staates. 1976 änderte er nochmals die Verfassung und erklärte Zentralafrika zu einem Kaiserreich. Er rief sich selbst zum Kaiser aus und setzte sich am 4. Dezember 1977 die Krone im Stadion auf, da sowohl Papst Paul VI. wie auch der damalige Erzbischof von Bangui Joachim Ndayen sich weigerten, die Zeremonie vorzunehmen. Er selbst nannte sich Kaiser Bokassa I. Selbst die Autokennzeichen änderten sich. Lauteten sie früher RCA (République Centrafricaine), so hießen sie jetzt ECA (Empire Centrafricaine).

Sein Untergang begann mit der Unzufriedenheit der Studenten. Es gab ein Gesetz, das sie verpflichtete, Uniformen in den Gymnasien zu tragen. Die folgenden Demonstrationen richteten sich nicht direkt gegen das Gesetz, sondern gegen die Ausstände der Gehälter für die Eltern, die aus diesem Grund nicht in der Lage waren der gesetzlichen Forderung nachzukommen. Als schließlich viele Studenten verhaftet und an die 80 getötet wurden, intervenierte Frankreich, brachte David Dacko mit einem Militärflugzeug nach Bangui und setzte ihn in das Amt des Präsidenten ein. Einen politischen Grund der Intervention fand Frankreich auch in der Tatsache, dass Bokassa Libyen eine Militärbasis in Bouar versprach. Das wollte Frankreich unter allen Umständen verhindern.

(Pierre Saulnier: La République Centrafricaine,
La Stamperia Savonese, Savona 2005, S. 66f.)

BOKO HARAM: Die politischen Spannungen zwischen dem Süden und dem Norden begannen schon in den 90er Jahren. Später brach die Rebellion von

»Boko Haram« wie ein Geschwür auf und wurde weltweit bekannt. Letztendlich ging es um Gerechtigkeit. Der christlich geprägte Süden verfügt über die riesigen Ölvorkommen im Atlantik und im Nigerdelta. Dieser Reichtum stand nur wenigen Reichen des Südens zur Verfügung, während der Norden so gut wie nichts von diesem Segen spürte. Armut und Not einer ganzen Generation machten die Lage explosiv.

Der Reichtum des Südens wurde zum Feindbild für junge Menschen. Ursache dafür war in ihren Augen die westliche Zivilisation mit christlicher Prägung. Ihrem Widerstand gaben sie den Namen »Boko haram«, was so viel heißt wie »Verbot der Zivilisation des Westens«. Sie war in ihrer Vorstellung für die Not verantwortlich. Der Unterschied der Religionen, christlich im Süden und muslimisch im Norden, brachte eine zusätzliche Rechtfertigung für den Kampf gegen diese Ungerechtigkeit. Das führte zu einer blutigen Rebellion gegen alles Westliche und Christliche.

(Lutz v. Dijk: Afrika, Geschichte eines bunten Kontinentes, P. Hammer Verlag, Wuppertal, 2016, S. 220 ff.)

CHARLES DE FOUCAULD: Charles de Foucauld (vollständiger Name: Charles Eugène Vicomte de Foucauld de Pontbriand) wurde 1858 in Straßburg geboren und verlor sehr früh seine Eltern. Er machte eine Militärausbildung, wurde aber wegen seiner Lebensführung suspendiert. Knapp 30-jährig fand er zum Glauben zurück, wurde zunächst Trappist und wirkte in Frankreich und Syrien. Einige Zeit lebte er als Einsiedler in Nazareth. Im Jahre 1901 empfing er die Priesterweihe. Dann ging Charles de Foucauld in die algerische Sahara, wo er unter den dortigen Stämmen lebte. Er erforschte die Kultur der Touareg, zog sich in die Gegend von Tamanrasset zurück um ganz in der Einsamkeit aber auch bei den verlassensten Menschen zu leben. 1914 errichtete er eine Eremitage auf dem Assekrem-Plateau in 2.700 m Höhe im Hoggar-Gebirge. Schon in dieser Zeit keimte der Gedanke an die Errichtung einer geistlichen Gemeinschaft auf, die sich aber Zeit seines Lebens nicht verwirklichte. Erst 1936 entstand die Gemeinschaft der »Kleinen Brüder Jesu« und 1939 folgten die »Kleinen Schwestern Jesu«.

Im Zuge des 1. Weltkrieges wurde Bruder Karl, wie er auch genannt wird, 1916 von plündernden Touareg erschossen. Sein Grabmal ist heute in El Golea.

(Jean Francois Six: Charles de Foucauld-Aufzeichnungen und Briefe, Herder, Freiburg 1961;
Schauber – Schindler: Heilige und Namenspatrone, Pattloch Verlag, Augsburg 1992)

CHARLES L'WANGA: Das Ausbildungszentrum für Katecheten bekam diesen Namen, weil es sich bei Charles L'Wanga (Karl Lwanga) um einen heiligen Laien aus Uganda handelt, der 1865 in Bulimu geboren wurde. L'Wanga war der Führer einer 13-köpfigen Gruppe junger Männer, die am Hof von König Mwanga Dienste leisteten. Diese Jugendlichen wurden Christen, was dem König derart missfiel, dass er sie einkerkern ließ. Da sie sich von ihrem Glauben nicht trennten, sondern beteten und Gottesdienst feierten, ordnete der König an sie zu töten. Zusammen mit anglikanischen Christen erlitten sie am 3. Juni 1886 in Namugongo den Feuertod. Charles L'Wanga wurde 1934 zum Patron der Katholischen Aktion der Jugend Afrikas ernannt. Papst Paul VI. sprach 1964 Charles L'Wanga zusammen mit seinen Gefährten heilig.

(Schauber – Schindler: Heilige und Namenspatrone, Pattloch Verlag, Augsburg 1992, S. 270.)

CONSTANTINE: Die Stadt hat mich besonders beeindruckt, weil sie auf einem felsigen Hügel liegt und von dem über 100 Meter tiefen Bachbett des Rhumelflusses durchzogen wird. Das Flusswasser hat in jahrtausendlanger Arbeit diesen Graben gebildet. Brücken sind ein wesentliches Bild dieser Stadt. Der römische Kaiser Konstantin I. (312 n. C.) gab dieser Stadt den Namen. Wie ganz Algerien so war auch Constantine von den Franzosen besetzt. Im Zuge der Unabhängigkeitsbestrebungen der Bevölkerung von Algerien wurde die Stadt im Jahre 1963 unabhängig und frei.

EL MINA: El Mina hat eine bewegte Vergangenheit. 1482 erbaten die Portugiesen von einem einheimischen Herrscher die Erlaubnis zur Errichtung einer Befestigung als Handelsstützpunkt, der bald zum Hauptquartier der Portugiesen an der westafrikanischen Goldküste wurde, an dem mit Gewürzen, Gold, Elfenbein, Erdnüsse und Sklaven gehandelt wurde. Ab 1500 begann die christliche Missionierung der afrikanischen Einwohner der Region. Die erste Kapelle wurde 1503 errichtet. Die Niederländer versuchten wiederholt das Fort zu erobern, bis es schließlich 1637 gelang. Sie errichteten eine Garnison von etwa 150 Soldaten und verstärkten die Befestigungen. 1872 verkauften die Niederländer El Mina an Großbritannien und lösten dadurch einen Krieg zwischen dem Reich der Aschanti aus, die schließlich überwältigt wurden. El Mina wurde zum Symbol des Sklavenhandels. Erst 1957 errang Ghana die Unabhängigkeit.

(https://de.wikipedia.org/wiki/Elmina)

FIDEI DOMUM: Der Ausdruck »fidei donum« geht auf Papst Pius XII. zurück, der 1957 im Rundschreiben »Fidei donum« die europäischen Bischöfe ermunterte angesichts des großen Priestermangels in der Dritten Welt Diözesanpriester in Missionsgebiete zu senden. Dieser Vorschlag sah den Aufenthalt von Weltpriestern für eine begrenzte Zeit vor. Gedacht war ein Einsatz auf Kontinenten wie Afrika, Asien und Lateinamerika. Der Papst appellierte damit an die Solidarität der reicheren Kirchen Europas mit den armen Kirchen in diesen Kontinenten. In der Folge nahmen etliche Priester diese Gelegenheit in Anspruch und wirkten in Missionsgebieten. Ich war einer von ihnen.

HAITI – GESCHICHTE: Haiti ist ein kleiner Staat auf der Insel Hispaniola in den Großen Antillen. Der Name Haiti kommt aus der Sprache der Taino Indianer und bedeutet »bergiges Land« (aiti). Christoph Kolumbus landete hier im Jahre 1492. Zehn Jahre später war die indigene Bevölkerung, Arawaks oder Tainos genannt, fast vollständig ausgerottet. Die mangelnden Arbeitskräfte wurden durch Sklaven aus Afrika ersetzt. Dreihundert Jahre später (1791) kam es zu einem blutigen Sklavenaufstand, inspiriert von der französischen Revolution. Die Sklaven waren siegreich und ihr Führer Dessalines erklärte sich zum Kaiser. Selbst Napoleon konnte die Insel nicht zurückerobern. Im Jahre 1804 wurde Haiti eine Republik. Das Land hatte aber immer unter Gewaltherrschern zu leiden. Im Jahre 1957 kam der Landarzt Francois Duvalier, »Papa Doc« genannt, an die Macht und führte mit den »Tontons Macoutes«, eine gefürchtete Geheimpolizei, ein strenges Regime. 1971 folgte ihm sein Sohn Jean Claude Duvalier, »Baby Doc« nach, wurde aber 1986 gestürzt. Das Land litt sehr unter dem schweren Erdbeben 2010 und dem Hurrikan Matthew im Jahre 2016. Es ist heute (2019) das ärmste Land Amerikas.

(Der neue Fischer Weltalmanach 2019, Fischer Taschenbuch, Frankfurt am Main 2018.)

HAITI – ZITADELLE: Die Festung liegt auf einem 950 m hohen Berg. Die Mauern sind bis zu 43 m hoch und bis zu 4 Meter dick. In der Zitadelle fanden im Ernstfall bis zu 15.000 Menschen Platz. Ursprünglich standen dort etwa 600 Kanonen. Noch heute sind 45.000 Kanonenkugeln vorhanden. Auf dem Dach waren Zisternen um Regenwasser zu sammeln. Die Nahrung reichte für 5.000 Soldaten. Seit 1982 gehört diese Festung zum UNESCO Weltkulturerbe.

(Tagebuchaufzeichnungen von der Reise in Haiti 1990.)

JEAN MARC ELA (GEB: EBOLOWA, KAMERUN 1936 GEST: 2008 VANCOUVER, KANADA): Jean Marc Ela stammt aus dem Süden Kameruns. Seine Eltern waren Kleinbauern und ernteten Kakao. Nach dem Besuch einer Missionsschule wurde er 1964 Priester. Nach seinem Studium in Straßburg war er 10 Jahre lang Missionar bei den Kirdi in Nordkamerun. Später betreute er eine Pfarre in Yaoundé und übernahm Gastprofessuren in Louvain-la-Neuve und Lumen Vitae, Brüssel.

Er forderte eine Demokratisierung des politischen Systems und wurde deshalb von der Regierungspartei als Verräter gebrandmarkt. Nach einer Warnung vor möglichen Anschlägen auf sein Leben und das seiner Angehörigen, floh er nach Kanada. Er lehrte an der Universität Laval in Quebec Soziologie und ist Mitbegründer der afrikanischen Befreiungstheologie.

(https://de.wikipedia.org/wiki/Jean-Marc_Ela)

JEAN PIERRE MBEMBA: Mbemba hat in Brüssel Wirtschaft studiert und war mit dem früheren Präsident Mobutu verschwägert. Nach dem Sturz von Mobutu im Jahre 1997 flüchtete er und gründete später eine private Militärgruppe MLC (Mouvement de Libération du Congo). Diese Gruppe wurde auch »Banjamolenge« genannt und war durch Grausamkeit ausgezeichnet. Sie sollte eine Befreiungsbewegung gegen den neuen Machthaber von Zaire Josef Kabila sein.

Als im Jahre 2002 General Bozizé einen Umsturzversuch unternahm, um den zentralafrikanischen Präsidenten Patassé zu stürzen, erbat der Präsident, der kein Vertrauen in das bestehende Heer hatte, militärische Hilfe von Mbemba, der seine Jugend- und Kindersoldaten dem bedrängten Präsidenten zu Hilfe schickte. Zusammen mit der Präsidentengarde versuchten sie Patassé zu retten. Nach sechs Monaten Belagerung der Hauptstadt Bangui erkannte Patassé die Aussichtslosigkeit und flüchtete. Bozizé eroberte Bangui und ernannte sich zum neuen Präsidenten.

Wegen der Grausamkeiten der Banjamolenge des Mbemba, wurde dieser 2006 in Belgien verhaftet und dem Internationalen Gerichtshof in Den Haag überstellt. Das Gericht hatte 5000 Opfer, verursacht durch die Banjamolenge, festgestellt. Die Anklage lautete: Verbrechen gegen die Menschlichkeit. Nach zehnjähriger Verhandlung wurde er zu 18 Jahren Gefängnis verurteilt, so dass er noch 8 Jahre im Gefängnis verbleiben musste.

Als im Jahre 2018 Präsidentschaftswahlen in der DRK abgehalten wurden, erging die Bitte an Den Haag, den verurteilten Mbemba für die Kandidatur freizugeben. Tatsächlich wurde die Kerkerhaft vorzeitig beendet, nicht aus juristischen sondern aus politischen Gründen, wie es offiziell hieß. Jean Pierre Mbemba kehrte nach Kinshasa zurück und wurde triumphal empfangen. Allerdings verweigerte der Verfassungsgerichtshof des Landes die Kandidatur im Hinblick auf die begangenen Verbrechen. Was europäischen Vorstellungen recht ist, genügte nicht den Richtern in Kinshasa. Laut Nachrichten von *centrafrique-presse.over-blog.com vom 4. März 2020*, sollen die Opfer der Banjamolenge in diesem Jahr entschädigt werden soweit es möglich ist. Eine späte Gutmachung wie ein Eingeständnis der Verbrechen.

(https://de.wikipedia.org/wiki/Jean-Pierre_Bemba; http://centrafrique-presse.over-blog.com vom 27.12.2018)

Koptische Kirche: Als Gründer der christlichen Kirche in Ägypten gilt der Evangelist Markus. In der Auseinandersetzung um die wahre Person Christi entstand im 4. Jhd. ein Zwiespalt zwischen der Kirche in Alexandrien und der Kirche von Antiochien. Der Mönch Eutyches und der Patriarch Dioskur kamen zur Ansicht, dass die menschliche Natur Jesu ganz in Gott aufgegangen sei (Monophysitismus). Dagegen lehrte die Kirche in Antiochien und Rom, dass Jesus ganzer Mensch sei. Im Konzil von Chalcedon 451 wurde die Lehre der Alexandriner verworfen. Seit dieser Zeit geht diese Kirche ihren eigenen Weg und wird auch »alexandrinische« Kirche genannt. Damals kam es zur Spaltung der nicht-chalcedonischen oder altorientalischen Kirchen (u. a. Syrer, Armenier, Kopten, Äthiopier) und der chalcedonischen Kirchen (orthodoxe Kirchen, katholische Kirche).

Anfangs wurden alle Bewohner Ägyptens Kopten genannt, eine arabische Übersetzung. Heute wird der Begriff Kopten allein für die Christen der koptischen Kirche verwendet. Wegen der Spannungen zwischen Kopten und Muslimen sind viele Kopten ausgewandert. Die koptische Kirche hat ein eigenes Oberhaupt und zählt heute zwischen 15 und 20 Millionen Gläubige.

(Joseph Lortz: Die Geschichte der Kirche, Bd. 1, Aschendorffsche Buchdruckerei, Münster / Westfahlen 1962, S. 133f.; https://de.wikipedia.org/wiki/Koptisch-orthodoxe_Kirche)

Likundu: Likundu kann mit dem Hexenglauben im Mittelalter in Europa verglichen werden. Einem Menschen werden geistige Kräfte zugeschrieben, mit deren Hilfe sie anderen Personen wie auch der Gemeinschaft (geringe Fruchtbarkeit der Felder oder Totgeburten bei Tieren) Schaden zufügen kann. Die Gesellschaft reagiert darauf mit Anklage gegen den Beschuldigten. Es kommt vor, dass die betroffene Person sogar durch Selbstjustiz getötet wird. Im Gesetz der ZAR genügt eine Anklage, die bei Verurteilung mindestens für fünf Jahre Gefängnis nach sich zieht. Oft gibt es die Auflage, die Strafe an einem anderen Ort zu verbüßen. Das bedeutet oft den Tod des Verurteilten, weil er in der Fremde keine Angehörigen hat, die ihn ernähren, da der Staat nicht für den Unterhalt sorgt.

Es kommt auch vor, dass ein Zauberer, »nganga«, befragt wird, der dann einen Schuldigen sucht und findet. In den achtziger Jahren wurde das Gesetz unter Präsident Kolingba verschärft, so dass nun sogar die Todesstrafe verhängt werden kann.

Lumen Vitae: Das internationale Zentrum «Lumen Vitae » in Brüssel ist ein Institut der Dokumentation, des Unterrichtes und der Forschung über die religiöse Ausbildung. Es wurde im Jahre 1946 gegründet und diente anfangs zur Ausbildung der Religionslehrer*innen in Belgien. Im Jahre 1957 wurde das Institut auch für Missionare*innen und in der Pastoral tätigen Menschen geöffnet. Das Internationale Zentrum Lumen Vitae wird von Jesuiten geleitet. Einen Aufschwung erlebte es nach dem II. Vatikanischen Konzil durch die Beschäftigung mit der Theologie der Befreiung. Im Geist des Konzils wurde das Institut zu einem wichtigen Ort der Begegnung neuerer und älterer Theologien, ausgehend von Afrika, Asien, Lateinamerika und Nordamerika.

(https://fr.wikipedia.org/wiki/Centre_international_Lumen_Vitae)

Maidguri: Maiduguri ist die Hauptstadt des Bundesstaates Borno und zählte 1.065.000 Einwohner. Heute schätzt die Gesellschaft für bedrohte Völker die Zahl der dort lebenden Menschen auf drei Millionen, da viele Menschen vor den Angriffen der »Boko Haram«-Gruppe aus anderen Orten des Bundesstaates in die Stadt geflohen sind. Die Stadt ist relativ wohlhabend und ein Umschlagplatz für Erdnüsse. Maiduguri wurde erst Anfang des 20. Jahrhunderts als britischer Verwaltungsstützpunkt gegründet, blieb aber trotz der Präsenz der Engländer Sitz des Sultans. 1951 wurde in Maiduguri die erste »Islamija Schule« gegründet, eine Schule, die sowohl islamische wie auch westliche Bildung vermittelte.

(https://de.wikipedia.org/wiki/Maiduguri)

Malaria: Eine Gruppe ehemaliger Entwicklungshelfer*innen aus Frankreich, der Niederlande und Österreich traf sich wiederholt um Erinnerungen an Afrika aufzufrischen. Nach einiger Zeit gründeten die Beteiligten 2007 den Verein »RCActions«. Neben gesellschaftlichen Zielen stand besonders die Gesundheit afrikanischer Kinder im Vordergrund. Mit Hilfe einheimischer Helfer errichtete sie in Bangui Bassins für die Kultur von »Spirulina«, eine Alge, die für Prävention und Behandlung von Malaria hervorragend geeignet ist. Die Produktion dieser Alge, die sich im Wasser der Bassins bildet, ist nicht schwierig, bedarf aber einiger Arbeitsgänge: Abschöpfen der Algen, Auspressen und Trocknen des Produktes und schließlich die geordnete Verabreichung an Kinder oder auch Erwachsene. Vor einiger Zeit wurde ein zweites Projekt mit der Pflanze »Artemisia« begonnen, das vielversprechend, aber erst im Aufbau begriffen ist.

(Aus Berichten jährlicher Treffen)

M'BORORO: Die M'Bororo oder auch Peul ziehen mit ihren Rinderherden von einer Weidefläche zur anderen und leben von Verkauf ihrer Tiere. In Zentralafrika gibt es M'Bororo in größerer Zahl in der Region von Bouar und Bambari. Sie bekennen sich zum Islam, während die Bevölkerung ihrer traditionellen Religion folgt. Fallweise werden sie jetzt auch sesshaft. Ihre Siedlungen sind mit Zäunen umgeben, während die einheimische Bevölkerung das nicht kennt. Die Frauen tragen Schmuck. Die jungen Männer schmücken sich anlässlich der Feier der Initiation.

(Pierre Saulnier: La République Centrafricaine, La Stamperia Savonese, Savona 2005; S. 25.)

MEXIKO – VERHÄLTNIS ZWISCHEN KIRCHE UND STAAT: Im Mexikanischen Unabhängigkeitskrieg 1810 bis 1821 stand die katholische Amtskirche auf Seiten der Kolonialmacht Spanien und exkommunizierte sogar zwei führende Vertreter der Unabhängigkeitsbewegung, die Priester Miguel Hidalgo und José María Morelos. 1917 kam es zu antiklerikalen Bestimmungen und der Gründung einer von Rom unabhängigen, mexikanischen Staatskirche im Februar 1925. Später verzichtete der Staat auf die Anwendung der Gesetze von 1917, aber es gab keinen offiziellen Religionsunterricht. Selbst Prozessionen waren untersagt, Priester durften damals nur in Zivilkleidung gehen und hatten kein aktives Wahlrecht. Da die Kirche keine juristische Person war, konnte sie auch keine Gebäude errichten. Daher wurden von den Christen »Asociaciones« gegründet, die als rechtliche Basis für Kirchenbauten, Kindergärten, Schulen, etc. dienten. Seit 1992 gibt es eine neue Regelung und es wurden zwischen Rom und Mexiko wieder diplomatische Beziehungen aufgenommen.

(https://de.wikipedia.org/wiki/Römisch-katholische_Kirche_in_Mexiko)

MOLDAUKLÖSTER: Die Moldauklöster ließ Stefan der Große im 15. und 16. Jhdt. zum Dank für die Siege über Ungarn, Polen und die Türkei errichten. Die Klöster sind durch die Wandmalereien an den Außenmauern berühmt. Diese Fresken zeigen byzantinischen Einfluss, während die Architektur von der Gotik geprägt ist. Die Bilder entsprechen der »biblia pauperum«, wie sie im Mittelalter in Europa üblich war, um den Gläubigen, die des Lesens und Schreibens unkundig waren, die Heilige Schrift nahe zu bringen. Heute sind diese Gebäude ein UNESCO Weltkulturerbe.

(https://de.wikipedia.org/wiki/Moldauklöster)

PYRAMIDEN VON MEROE: Die Pyramiden von Meroe wurden zwischen 600 v. C. und 350 n.Ch. errichtet. Insgesamt soll es an die 900 Pyramiden und Gräber geben. Sie geben Zeugnis von der Größe und dem Wohlstand der damaligen Epoche. Die Pyramiden wurden aus Sandstein und in späterer Zeit mit Ziegeln erbaut. Sie sind mit maximaler Höhe von 30 Metern wesentlich kleiner als die Pyramiden in Ägypten und haben steilere Seitenwände. Sie dienten den Königen, Königinnen und hohen Beamten des Reiches in Kusch und Nubien als Grabstätten. Von einer solchen Königin ist auch in der Bibel die Rede (Apg 8,27).

(Joseph Ki-Zerbo: Histoire de l'Afrique noire, Verlag Hatier, Paris 1972, S. 71; https://de.wikipedia.org/wiki/Pyramiden_von_Meroe)

ROMERO PREIS: Der Romero Preis wurde zu Ehren des 1980 ermordeten salvadorianischen Erzbischofs Oscar Arnulfo Romero von der Aktion der Katholischen Männerbewegung Österreichs im gleichen Jahr eingeführt.

Erzbischof Romero war in diesem Jahr in El Salvador während eines Gottesdienstes erschossen worden, weil er gegen die willkürlichen Ermordungen durch die Militärjunta in seinem Land auftrat und die Soldaten aufforderte, an diesen Verbrechen nicht teilzunehmen. Der Preis ist für Menschen gedacht, die sich in Afrika und Lateinamerika für Menschenrechte, Entwicklung und soziale Gerechtigkeit engagieren. Die Preisträger erhalten ein Preisgeld

(James R. Brockman: Oscar Romero, Paulusverlag, Freiburg / Schweiz 1990.)

SANGO: Sango ist neben Französisch eine Amtssprache in der Zentralafrikanischen Republik. Diese Sprache wird vom Stamm der Sango gesprochen. Dieser Stamm lebt am Oubangui-Fluss und betreibt Fischfang. Als gute Geschäftsleute brachten sie ihre Waren bis in die Hauptstadt Bangui. Dadurch wurde ihre Sprache einem größeren Teil der Bevölkerung bekannt.

Dominierte anfangs die französische Sprache, so beantragte die Partei MESAN im Jahre 1963, dass die Sprache Sango aufgewertet und als Amtssprache verwendet werden soll. Die offizielle Bedeutung als Amtssprache wurde 1995 wurde beschlossen. Heute verständigen sich etwa 8% der Bevölkerung in Französisch, während der Rest neben dem eigenen Dialekt Sango spricht.

(Bouquiaux Luc: Dictionnaire Sango – Français, Seite 21, SELAF – PARIS 1978.)

SCHILLUK: Die Schilluk sind eine zu den Niloten gehörige Volkgruppe. Sie leben nördlich und westlich der Stadt Malakal und am westlichen Ufer des Weißen Nils und des Flusses Sobat. Ihre Bevölkerungszahl wird auf 500.000 geschätzt, womit sie die drittgrößte Volksgruppe Süd-Sudans nach den Dinka und Nuer ist. Die Schilluk sind vor allem Fischer, leben aber auch vom Ackerbau und der Rinderzucht. Im Zuge des Sezessionskrieges 2004 wurden bis zu 100.000 Schilluk vertrieben.

(https://de.wikipedia.org/wiki/Schilluk)

SKLAVENINSEL GOREE: Die Insel wurde schon 1444 von den Portugiesen besetzt, kam dann 1617 an die Niederländische Westindienkompanie, wurde 1663 von den Engländern erobert und kam schließlich durch viele Kämpfe mit den Engländern an Frankreich. Insgesamt 17 Mal soll die Insel den Besitzer gewechselt haben. Die Insel Goree war nicht das größte Zentrum für die Auslieferung von Sklaven. Häfen wie Saint Louis (Senegal) oder solche in Golf von Guinea und Angola waren noch bedeutender.

(https://de.wikipedia.org/wiki/Gorée)

SKLAVEREI – SKLAVENJAGD: Nach Aufzeichnungen von Cheick Mohammed el Tounsy konnte jeder Mann beim Sultan in Kairo oder Khartum die Erlaubnis zur Sklavenjagd erhalten und bekam als Zeichen der Autorisierung eine Lanze. Als Gegenleistung mussten einige Sklaven abgeliefert werden. Der Führer der Sklavenjäger selbst musste für die Leute und die Ausrüstung aufzukommen. Die Truppe teilte sich auf und überfiel die Dörfer, um sich nachher wieder an einem bestimmten Ort zu treffen. Dörfer, die sich weigerten freiwillig Sklaven zu liefern oder die Widerstand leisteten, wurden erobert, die Jüngeren gefesselt, Alte und Verwundete getötet und die Hütten niedergebrannt. Bis zu 80 »Selati«, Sklavenjagden, wurden pro Jahr durchgeführt. Man schätzt, dass jährlich an die 20.000 Sklaven nach Ägypten gebracht worden sind; fast die Hälfte starb auf dem 3000 Kilometer langen Weg nach Kairo.

In den afrikanischen Ländern gab es immer schon Sklaverei. Allerdings ist der transatlantische Sklavenhandel mit diesem in keiner Weise zu vergleichen. Die Europäer installierten ein System des Menschenraubes, bei dem die Menschen nichts anderes waren als ein Stück Vieh oder eine Ware, die sich gewinnbringend verkaufen ließ. Familien wurden auseinandergerissen, Männer, Frauen und Kinder gefangen genommen und in andere Erdteile verschleppt. Anfangs besaß Portugal das Monopol auf den afrikanischen Sklavenhandel, später waren es die Spanier.

Wie unmenschlich der Sklavenhandel betrieben wurde, bezeugt ein Dokument aus dem Jahre 1696, in dem der portugiesischen Guinea-Kompanie erlaubt wird, »10.000 Tonnen Neger« pro Jahr einzuführen. Über 400 Jahre lang dauerte der Sklavenhandel mit mindestens 12 Millionen entwurzelten Menschen und den traumatischen Folgen für die Familien. Ihm folgte dann die Kolonialisierung mit einer Dauer von 70 bis 130 Jahren unterschiedlich nach Ländern.

(Lutz van Dijk: Afrika-Geschichte eines bunten Kontinentes, Peter Hammer Verlag, Wuppertal 2016; S. 101.)

TAG DES AFRIKANISCHEN KINDES: Im Jahre 1976 beschloss die weiße Burenregierung in Südafrika, dass für die afrikanischen Schüler »Afrikaans« als Unterrichtssprache eingeführt werden soll. Am 16. Juni war eine große Demonstration im südafrikanischen Township Soweto angekündigt. Die schwarzen Schülerinnen und Schüler waren oft bis zu 70, 80 oder mehr Kinder in den Klassenräumen. Im Winter gab es keine Heizung, und oft waren die Fenster kaputt. Sie hatten keine Bücher und die Lehrer erhielten nur einen Bruchteil an Lohn dessen, was Lehrer an Schulen für weiße Kinder bekamen. Das war reine Erniedrigung.

Als der Marsch behindert wurde, wichen die Studenten auf eine andere Strecke aus. Ein Offizier der Polizei schoss schließlich mit scharfer Munition und tötete den Schüler Hector Peterson. Bei der folgenden Panik wurden

21 Kinder erschossen. Dieses Blutbad war der Auftakt zu vielen Sympathiekundgebungen, an denen auch 300 weiße Studenten teilnahmen. Bei den Aufmärschen sollen an die 500 Studenten und Studentinnen erschossen worden sein. Noch im selben Jahr wurde das Gesetz zurückgenommen und Englisch als verpflichtende Sprache ab der 5. Schulstufe eingeführt. Seit diesen furchtbaren Ereignissen wird dieser Tag als »Tag des afrikanischen Kindes« begangen.

(Lutz van Dijk: Afrika, Geschichte einer bunten Kontinentes, Peter Hammer Verlag, Wuppertal 2015, S. 198ff; https://de.wikipedia.org/wiki/Hector_Pieterson)

THEOLOGIE DER BEFREIUNG: Die Theologie der Befreiung entstand in Lateinamerika und war ein Ergebnis des II. Vatikanischen Konzils (1962–1965). Sie versteht sich als »Stimme der Armen« und will deren Befreiung von Ausbeutung und Ungerechtigkeit.

»Die Theologie der Befreiung beschränkt sich nicht darauf, die Welt gedanklich zu ergründen, sondern versucht, sich als ein Moment in dem Prozess zu verstehen, mittels dessen die Welt verändert wird, weil sie im Protest gegen die mit Füßen getretene menschliche Würde, im Kampf gegen die Ausbeutung der weitaus größten Mehrheit der Menschen, in der Liebe, die befreit, und bei der Schaffung einer neuen, gerechten und brüderlichen Gesellschaft – sich der Gabe des Reiches Gottes öffnet.«

Gründer und Namensgeber war Gustavo Gutierrez. Viele Bischöfe hatten sich radikal den Armen zugewandt und für Gerechtigkeit eingesetzt. Für Oskar Romero war sein Engagement tödlich, denn er wurde im Jahre 1980 in El Salvador während der heiligen Messe erschossen. Die Hierarchie ging zunächst auf Distanz zur Befreiungstheologie, weil eine zu enge Beziehung zum Marxismus bei der Gesellschaftsanalyse vermutet wurde. Heute sind diese Bedenken weitgehend ausgeräumt, denn das Christentum hat sich wesentlich für Gerechtigkeit einzusetzen.

(Gustavo Gutiérrez: Theologie der Befreiung, Chr. Kaiser Verlag, München 1973, Zitat auf S. 21.)

TOTENPLATZ: Dem Toten die letzte Ehre zu geben ist eine Verpflichtung von großer Wichtigkeit. Dahinter steht die Überzeugung, dass der Verstorbene nach seinem Tod Einfluss auf lebende Angehörige hat. Im Tod wird der Mensch mächtig, daher wird man alles tun, um die Wertschätzung zum Ausdruck zu bringen. Die Bestattung ist Aufgabe des Dorfes. Wegen der

Hitze in Afrika muss die Beerdigung rasch erfolgen. Der Tote ist vor dem Haus auf einem Bett aufgebahrt, die Leute lagern rund um die Bahre. Zum Trommelklang wird gesungen und je nach religiöser Zugehörigkeit gebetet.

Die Angehörigen sind verpflichtet für Getränke und Essen zu sorgen, ein Umstand, der manche Familien in enorme Schulden stürzt, die sie jahrelang zurückzahlen müssen. Nach der Beerdigung kehrt ein Teil der Trauergäste heim, andere aber bleiben noch in der Nähe der Familie. Es kann auch zu Zwischenfällen kommen, wenn der Verstorbene etwa Schulden hinterlassen hat. In einem solchen Fall passiert es, dass der Kreditgeber ins Grab springt und die Beerdigung verhindert bis er das Geld erhält oder zumindest eine Garantie für eine baldige Tilgung der Schuld. Bei den Mbugu ist es Brauch, dass im Fall des Todes des Mannes die Frau als schuldig angesehen wird. Es wird ihr als Strafe alles genommen (Hausrat, Geschirr, Kleidung ...), so dass sie mittellos dasteht. Bei den Sango ist es üblich, dass die Frau des verstorbenen Bruders von einem anderen Bruder geheiratet werden muss, falls keine Kinder aus dieser Ehe vorhanden sind. In der Bibel ist in diesem Sinn von Leviratsehe (Schwagerehe, Dt. 25,5 – 10) die Rede.

Ziegelofen in Gerersdorf: Mein Schulweg von Gerersdorf nach Pöggstall führte an einem Ziegelofen vorbei. Der Besitzer hieß Ferdinand Zach. Ich vergnügte mich oft nach der Schule auf diesem Gelände, sah den Leuten zu, wie sie nach alter Methode den Lehm in die Formen klatschten und zum Trocknen auf den ebenen Boden auswarfen. Manchmal erklärte mir Herr Zach auch den Vorgang des Ziegelbrennens. *»Du trocknest die Ziegel in der Sonne, und wenn sie hart genug sind, schlichtest Du sie aufeinander. Unten sind Öffnungen zum Heizen notwendig. Diesen Ziegelturm verschmierst Du mit Lehm wie mit einem Verputz. Dann entzündest Du in den Hohlräumen Feuer, anfangs nur leicht, damit die Feuchtigkeit entweichen kann und die Ziegel keine Risse bekommen. Schließlich musst Du heizen bis alles durchglüht ist und warten, bis alles ausgekühlt ist.«*

Viele Jahre später waren mir diese Erfahrungen bei meinem Einsatz in Zentralafrika sehr hilfreich, wo ich Ziegel brannte. (Aus meinen Kindheitserinnerungen in Gerersdorf).

Literaturverzeichnis

Altvater, Elmar, et al.: Die Armut der Nationen, Rotbuch Verlag, Berlin 1987.

Asserate, Asfa-Wossen: Die neue Völkerwanderung, Propyläen, Berlin 2016.

Bertaux, Pierre: Fischer Weltgeschichte, Afrika, Fischer Bücherei, Band 32, Frankfurt 1966.

Bitala, Michael: Hundert Jahre Finsternis, Picus Verlag, Wien 2005.

Boff, Leonardo und Clodovis: Wie treibt man Theologie der Befreiung?, Patmos Verlag, Düsseldorf 1986.

Burgis, Tom: Der Fluch des Reichtums, Westend Verlag GmbH, Frankfurt 2016.

Cosmao, Vincent: Changer le monde, Les éditions du Cerf, Paris 1980.

Diallo, M. Moustapha: Visionäre Afrikas, Peter Hammer Verlag, Wuppertal 2014.

Dijk, Luz van: Afrika, Geschichte eines bunten Kontinentes, P. Hammer Vlg., Wuppertal 2016.

Diop, Cheikh Anta: Nations nègres et culture I, Présence africaine, Paris 1979.

Dongala, Emmanuel B.: Kinder von den Sternen, Roman, Peter Hammer Verlag, Wuppertal 2000.

Döris, Bernd: Der lachende Kontinent, Terra Mater Books, Benevento Publishing Salzburg-München 2019.

Eckert, Andreas, Ingeborg Grau und Arno Sonderegger (Hg.): Afrika 1500–1900, Geschichte und Gesellschaft, Promedia, Wien 2010.

Gutierrez, Gustavo: Theologie der Befreiung, Kaiser Verlag, München 1973.

Hochschild, Adam: Schatten über dem Kongo, rororo, Berlin 2002

Italiaander, Rolf: Schwarze Weisheiten, Droste Verlag, Düsseldorf 1978.

Joris, Lieve: Das schwarze Herz Afrikas, Piper Verlag, München 2004.

Kabou, Axelle: Weder arm noch ohnmächtig, Lenos Verlag, Basel 1993.

Kapuscinski Ryszard: Afrikanisches Fieber, Eichborn Verlag, Frankfurt am Main 1999.

Kapuscinski, Ryszard: Die Welt im Notizbuch, Piper Verlag, München 1992.

Ki-Zerbo, Joseph: Histoire de l'Afrique noir, Hatier, Paris 1972.

Kourouma Ahmadou: »Les Soleils des indépendences«, Presses de l'Université de Montréal, Montréal1968.

Lanier, Günter: Land der Integren, Burkina Fasos Geschichte, Politik und seine ewigen Frauen, Guernica Verlag, Linz 2017.

Lanier, Günther: Afrika. Exkursionen an den Rändern des Weltsystems, Guernica Verlag, Linz 2019.

Lindqvist, Sven: Durch das Herz der Finsternis, Unionsverlag, Zürich 2002.

Maximilian, Margit: Schrecklich schönes Afrika, Kremayr & Scheriau, Wien 2011.

Menacho, Antonio: Por tierras de Chiquitos, Imprenta »Sirena«, Santa Cruz 1991.

Mitterhöfer, Jakob: Thema Mission, Ist Glaubensverbreitung noch zeitgemäß? Die missionarische Dimension der Gemeinde, Herder, Wien 1974.

Möller, Gerd und Elfriede: Bolivien, Goldstadtverlag, Pforzheim 1981[3].

Morgenrath, Christa und Eva Werneke (Hg.): Imagine Afrika 2060, Peter Hammer Verlag GmbH, Wuppertal 2019.

Moyo, Dambisa: Dead Aid, Haffmans & Tolkemitt, Berlin 2011.

Neumann Martin: Las Casas, Herder, Freiburg 1990.

Olivier, Clément: Taizé. Einen Sinn fürs Leben finden, Herder, Wien 2006.

Pakoua, Adolphe: Centrafrique Chronique et autopsie d'une crise, EDILIVRE, Paris 2014.

Rosny, Eric de: Heilkunst in Afrika, Peter Hammer Verlag, Wuppertal 1998.

RÜTHE, Kirsten: Afrika genauer betrachtet, Edition Konturen, Wien-Hamburg 2017.

SARR, Felwine: Afrotopia, MSB Matthes & Seitz, Berlin 2019[4].

SCHMID, Berhard: Frankreich in Afrika, Unrast Verlag, Münster 2011.

SCHMITZ, Josef: Die Weltzuwendung Gottes, Imba-Verlag CH Freiburg und Laetare-Verlag, Stein/Nürnberg 1971.

SEITZ, Volker: Afrika wird arm regiert, Deutscher Taschenbuch Verlag, München 2009.

SONDEREGGER, Arno, Ingeborg Grau und Birgit Englert (Hg.): Afrika im 20. Jahrhundert, Geschichte und Gesellschaft, Promedia, Wien 2011.

SOYINKA, Wole: Die Last des Erinnerns, Patmos Verlag, Regensburg 2001.

SWELLENGREBEL, Hans: Mission in Central Africa, America Star Books, Maryland 2015.

TENE-KOYZOA, Auguste: Centrafrique – Histoire Économique et Sociale au XXème Siècle, L'Harmattan, Paris 2010.

THOMAS, Louis Vincent: Les religions d'Afrique Noire, fayard/ denoël, Paris 1969.

TRAORÉ, Aminata: L'Afrique humiliée, Librairie Arthème Fayard, Paris 2008.

ZIEGLER, Jean: Ändere die Welt, C. Bertelsmann, Biefefeld 2014.

ZIEGLER, Jean: Das Imperium der Schande, C. Bertelsmann, Bielefeld 2005.

ZIEGLER, Jean: Der Hass auf den Westen, C. Bertelsmann, Bielefeld 2008.

ZIEGLER, Jean: Die neuen Herrscher der Welt, C. Bertelsmann, Bielefeld 2002.

ZIEGLER, Jean: Wir lassen sie verhungern, C. Bertelsmann, Bielefeld 2011.

Bildnachweis

Bei den hier nicht genannten Abbildungen liegt das Bildrecht beim Autor.

Die begleitenden Karten beruhen alle auf einer Basiskarte:
© SIMPLYMAPS.de, https://simplymaps.de/karten-download/weltkarten/vektor-weltkarte-physisch-40mio/

32 oben: © Public Domain, CarlesVA, https://commons.wikimedia.org/wiki/File:Port_de_la_Goulette.jpg

38 oben: © CC BY-SA 4.0, Louis Bartholomé Marcos, https://upload.wikimedia.org/wikipedia/commons/0/04/Constantina_06.jpg

39 li.: © CC BY-SA 4.0, Abdelmadjid Louadfel, https://de.wikipedia.org/wiki/Datei:Constantine,_les_gorges_du_Rhummel,_l%27arche_naturelle_et_le_pont_suspendu.jpg

51 re.: © Public Domain, Lyle Conrad, https://commons.wikimedia.org/wiki/File:Starved_girl.jpg

53 li.: © CC BY-SA 3.0, Amcaja, https://upload.wikimedia.org/wikipedia/commons/0/0c/Logging_truck_and_bush_taxi_accident.jpg

54 li.: © Michaela Ehrenhauser

87 li.: © CC BY-NC 4.0, Verney Lovett Cameron, http://slaveryimages.org/s/slaveryimages/item/420

87 re.: © CC BY-NC 4.0, Verney Lovett Cameron, http://slaveryimages.org/s/slaveryimages/item/2730,

89 re.: © Autor: Père Jules Remy, Broschüre zum 100 Jahr Jubiläum 1994

111 li.: © Public Domain, Présence Congolaise https://commons.wikimedia.org/wiki/File:Barth%C3%A9lemy_Boganda_in_1958.jpg

111 Mitte: © Public Domain, Moshe Pridan, https://commons.wikimedia.org/wiki/File:David_Dacko_and_David_Ben-Gurion.jpg, Ausschnitt

111 re.: © NIC, ISISP archival database, Nicolae Ceauşescu – Portraits, 8/1966; Fototeca online a comunismului românesc, #36860X4X5 (5.12.2020), https://commons.wikimedia.org/wiki/File:Bokassa_with_Ceausescu_(cropped).jpg

114 li.: © Michaela Ehrenhauser

117 oben: © https://simplymaps.de/karten-download/weltkarten/vektor-weltkarte-physisch-40mio/

127 li.: © CC BY-SA 4.0, Thomas Fuhrmann, https://commons.wikimedia.org/wiki/File:Rothschild%27s_giraffe_(Giraffa_camelopardalis_rothschildi)_-_Murchison_Falls_National_Park_01.jpg

127 re.: © CC-BY-SA-3.0, Sven-steffen arndt, https://commons.wikimedia.org/wiki/File:South_Sudan_Malakal_Marketplace_Aug_2005.jpg

138 li.: © CC BY 3.0, Olaf Tausch, https://de.wikipedia.org/wiki/Datei:Gro%C3%9Fer_Tempel_(Abu_Simbel)_01.jpg

138 re.: © CC BY 3.0, Marc Ryckaert (MJJR), https://de.wikipedia.org/wiki/Datei:Aswan_Coptic_Cathedral_R01.jpg

139 re.: © CC-BY-SA-4.0, Hassan Kasim, https://commons.wikimedia.org/wiki/File:%D8%A3%D8%B3%D9%88%D8%A7%D9%86.jpg

141 li.: © CC BY 3.0, Olaf Tausch, https://commons.wikimedia.org/wiki/File:Hatschepsut-Tempel_06.JPG

141 re.: CC BY-SA 2.5, Przemyslaw Idzkiewicz, https://commons.wikimedia.org/w/index.php?curid=239179

154 li.: © CC BY 2.5, Giorces, https://commons.wikimedia.org/w/index.php?curid=18296820

155 re.: © CC-BY-2.0, David Stanley, https://commons.wikimedia.org/wiki/File:Chott_El_Djerid_(39230531145).jpg

159 li.: © CC BY-SA 4.0, Emmachx, https://commons.wikimedia.org/wiki/File:Assekrem.jpg

159 re.: © Public Domain, Library of Congress, https://commons.wikimedia.org/wiki/File:Charles_de_Foucauld_(1858-1916)_-_Last_living_photo.jpg

185 re.: © CC-BY-2.0, David Mapletoft, https://commons.wikimedia.org/wiki/File:El_Escorial,_Madrid,_Spain.jpg

189 li.: © Vuok

189 re.: © CC-BY-SA-4.0, Vanneau Asocial, https://commons.wikimedia.org/wiki/File:Paul_VI_-_Oscar_Romero.png, Ausschnitt

206 oben: © CC BY-NC-SA 4.0, African Arguments, https://africanarguments.org/2017/07/18/a-forgotten-community-the-little-town-in-niger-keeping-the-lights-on-in-france-uranium-arlit-areva/

207 li.: © CC-BY-SA 2.0, Ferdinand Reus, https://commons.wikimedia.org/wiki/File:Overloaded_truck.jpg?uselang=de

211 li.: © CC-BY-SA-4.0, Fankywilly, https://commons.wikimedia.org/wiki/File:Embarquement_%C3%A0_la_gare_ferroviaire_de_Yaound%C3%A9.jpg

216 li.: © CC BY-SA 3.0, Bjørn Christian Tørrissen, https://commons.wikimedia.org/wiki/File:Chichen-Itza-Castillo-Seen-From- East.JPG

216 re.: © CC-BY-SA-1.0, Hajor~commonswiki, https://commons.wikimedia.org/wiki/File:Mexico.Oax.MonteAlban.Panorama.02.jpg

217 li.: © CC-BY-SA 3.0, DavidConFran, https://commons.wikimedia.org/wiki/File:Piedras_Grabadas_Danzantes_Monte_Alb%C3%A1n.JPG

217 re.: © CC BY-SA 4.0, Tlazotlaliztli, https://commons.wikimedia.org/wiki/File:Popocatepetl_visto_desde_Tlacotepec,_Morelos,_M%C3%A9xico..JPG

246 re.: © CC BY-SA 3.0, Petre Sporer, https://de.wikipedia.org/wiki/Kloster_Moldovi%C8%9Ba#/media/Datei:Moldovita_monastery1.jpg

247 re.: © CC-BY-3.0, Christeoph Radtke, https://commons.wikimedia.org/wiki/File:Bulgarien,_Sofia,_Alexander-Newski-Kathedrale.JPG?uselang=de

251 re.: © CC-PD-Marc, Fotograph: ZwHmjlymnSeDvq, https://commons.wikimedia.org/wiki/File:Oranta-Kyiv.jpg

257 oben: © CC BY 3.0, Schlurcher, https://commons.wikimedia.org/wiki/File:Kreml-Moskau.jpg

257 oben: CC BY-SA 4.0, AlexTref871Valeriy1960, DmitriyGuryanov, Aleks G, ProtoplasmaKid, Sergey Korovkin 84, Alvesgaspar, https://commons.wikimedia.org/w/index.php?curid=45621542, Ausschnitt

264 re.: ©CC BY-SA 3.0, Mad Dr, https://commons.wikimedia.org/wiki/File:Majdanek_-_ashes_mount.jpg

267 li.: © CC-PD-Marc, Informationsquelle: National Geographic; https://commons.wikimedia.org/wiki/File:Fray_Bartolom%C3%A9_de_las_Casas.jpg

269 li.: © Public Domain, https://commons.wikimedia.org/wiki/File:Citadelle_Laferri%C3%A8re_Aerial_View.jpg

273 li. und re., 274li.: © Hildegard Schandl

276 re.: © CC BY-SA 4.0, SantiagoGG, https://commons.wikimedia.org/wiki/File:Illimani_visto_desde_La_Paz.jpg

307 li.: © CC-BY-SA-04, Clementalline, https://commons.wikimedia.org/wiki/File:ANTIBALAKA_MEMBERS_BOSSANGOA.JPG

307 re.: © CC-BY-2.0, hdptcar Bangui, https://commons.wikimedia.org/wiki/File:CAR_military_forces_in_Bangui.jpg

325 li. und re.: © Marcellin Ndode Sakossi

358 li.: © Baumeister Ing. Heinz Hagen

363 li.: © Ing. Heinz Hagen

385 li.: © Ing. Heinz Hagen

387 re.: © Foto: M. Ehrenhauser

390 li.: © Christian Pulfrich, CC-BY-SA 4.0, https://commons.wikimedia.org/wiki/File:Lichtergottesdienst_Taiz%C3%A9.jpg

390 re.: © Michael König, CC-BY-SA-3.0, https://commons.wikimedia.org/wiki/File:Mk_Fr%C3%A8re_Roger.jpg

400 li.: © CC-BY-SA 2.0, htptcar, https://commons.wikimedia.org/wiki/File:Rebel_in_northern_CAR_02.jpg?uselang=de

400 re.: © https://simplymaps.de/karten-download/weltkarten/vektor-weltkarte-physisch-40mio/

401 li.: © Olaf Derenthal, Mobaye

401 re.: © CC-BY- 2.0, Htptcar, https://commons.wikimedia.org/wiki/File:IDP_camp_Kabo_01.jpg

402 li.: © CC-BY-3.0-BR, Marcello Casal JR/ABr, https://de.wikipedia.org/wiki/Datei:UN_meeting_on_environment_at_General_Assembly.jpg

402 re.: © CC-BY-SA 4.0, Tsidoti, https://commons.wikimedia.org/wiki/File:Trying_out_new_Peacekeeping_Uniforms.jpg

404 li.: © 2015 KNA, www.kna-bild.de, 151130-93-000320

404 re.: © 2015 KNA, www.kna-bild.de, 151130-93-000005

405 li.: © 2015 KNA, www.kna-bild.de, 151130-93-000013

405 re.: © 2015 KNA, www.kna-bild.de, 151130-93-000328

406 re.: © Foto: Kirche in Not, ACN 20181220-81638

407 li.: © Foto: Kirche in Not, ANC 20190124-82855

407 re.: © Olaf Derenthal, Mobaye

PERSONENVERZEICHNIS

A

B

C

D

E

F

G

H

K

L

M

N

O

P

R

S

Ortsverzeichnis – Europa

Ortsverzeichnis – Afrika

Zentralafrikanische Republik

Ortsverzeichnis – Lateinamerika

Bolivien

Brasilien

Haiti

Mexiko

SACHVERZEICHNIS

Helmut Buchegger, geb. 1939 in St. Pölten

1945–1953	Volks- und Hauptschule in Pöggstall
1953–1954	Kurzstudium an der Bundesgewerbeschule für Maschinenbau und Elektrotechnik St. Pölten
1954–1957	Arbeit in der Landwirtschaft des Großvaters, Winterkurse in der Landwirtschaftlichen Fortbildungsschule Pöggstall
1957–1962	Aufbaumittelschule Horn
1962–1967	Philosophisch-Theologisches Studium St. Pölten,
1962–1967	Reisen in die Staaten des Ostens: Rumänien (8), Tschechoslowakei (2), Ungarn (2), Russland (3), Jugoslawien (2), Polen (2), Bulgarien (1) und Ostdeutschland (1)
1967–1982	Priesterweihe und fünf Jahre Kaplanstätigkeit in Langenhart, Neulengbach, Krems
1972–1973	Studienaufenthalt in Paris

1973–1982 Erster Aufenthalt in der Zentralafrikanischen Republik

Reisen von Österreich nach Zentralafrika per Auto

1973	Reise per Schiff
1975	Erste Reise mit Lastauto
1978	Zweite Reise mit Lastauto
1981	Dritte Reise nach ZAR mit fünf Autos
1986	Vierte Reise in die ZAR mit drei Autos
1989	Fünfte Reise in die ZAR mit vier Autos

Reisen von Zentralafrika nach Österreich

1980	Per Auto von Alindao über Juba, den Nil entlang nach Österreich
1998	Überstellung eines zweimotorigen Flugzeugs von Bangui nach Rotterdam
1982–1983	Studienjahr bei Lumen Vitae, Brüssel/Belgien
1983	Sprachkurs in Madrid
1983–1984	Kaplanstätigkeit: Maria Lourdes, St. Pölten, Waidhofen/Thaya

---

1984–1997 Pfarrer in Krems St. Veit:

Reisen nach dem Fall des Eisernen Vorhangs: Rumänien 1989 und 1990, Reisen nach Lateinamerika: Mexiko 1988, Haiti 1990, Bolivien 1992, Fliegerprüfung in Gneixendorf bei Krems 1993 PPL, Wien 1997 CPL

1997–2011 Zweiter Aufenthalt in der Zentralafrikanischen Republik

---

2011	Rückkehr nach Österreich und Pension

Verlag Bibliothek der Provinz